Edith Ennen
Frauen im Mittelalter

EDITH ENNEN

Frauen im Mittelalter

Dritte, überarbeitete Auflage

VERLAG C.H.BECK MÜNCHEN

Mit 24 Abbildungen auf Tafeln, einer Karte
und 2 Tabellen im Text

CIP-Kurztitelaufnahme der Deutschen Bibliothek

Ennen, Edith:
Frauen im Mittelalter / Edith Ennen. – 3., überarb. Aufl.
München : Beck, 1987.
ISBN 3 406 32134 8

ISBN 3 406 32134 8

Dritte, überarbeitete Auflage. 1987
Umschlagentwurf von Bruno Schachtner, Dachau

Satz und Druck: C. H. Beck'sche Buchdruckerei, Nördlingen
Printed in Germany

Meinem Patenkind
Edith Elisabeth Fiederling
geb. Brockhaus
zugeeignet

Inhalt

Zweites Kapitel

Drittes Kapitel

Vorwort zur dritten Auflage

Das Manuskript zu dem jetzt in dritter Auflage erscheinenden Buch wurde vor über drei Jahren abgeschlossen. Die Grundkonzeption und die Darstellung insgesamt sind geblieben. Die Flut neuer Veröffentlichungen, Tagungen, an denen ich teilnahm, eigene Weiterarbeit, Gespräche mit Freunden und Kollegen veranlaßten mich zu einigen Ergänzungen: Die Studientagungen der Akademie der Diözese Rottenburg-Stuttgart, die Schriften von Konrad Ruh, Anneliese Triller und Martina Wehrli-Johns vermittelten mir einen tieferen Einblick in die Frauenmystik, den meinen Lesern weiterzugeben ich mich bemüht habe. Sophie von Gandersheim verdankt ihre gerechtere Behandlung den Hinweisen von Hans Goetting. Dem Wunsch von Hermann Heimpel, mehr zum jüdischen Frauenleben zu sagen, konnte ich dank der Arbeit von Thérèse und Mendel Metzger ansatzweise nachkommen; die in diesem Werk u.a. benutzten ikonographischen Quellen habe ich wie die literarischen im allgemeinen nicht ausgewertet. Die Rezensenten, die das bedauern, sind sich der Grenzen nicht bewußt, die durch die Spezialisierung der Wissenschaft nun einmal gegeben sind. – Auf verantwortbare Kosten der breiten Darstellung der Kölner Verhältnisse habe ich die Möglichkeiten der Frauen in der flandrischen Stadt Gent behandelt. Auf demographischem Gebiet im weitesten Sinn des Wortes bleiben nach wie vor viele Fragen offen; auf die erstaunlich geringe Zahl weiblichen Dienstpersonals in England machte mich Kurt Ulrich Jäschke aufmerksam, es ist in Deutschland vielleicht anders – aber hier fehlt es mir an exakten Daten, wie bei vielen Problemen, die Frauen der Unterschichten und Randgruppen betreffen – die Quellen fließen nun einmal reicher für die mittleren und oberen Schichten. Allen fremden und eigenen Wünschen nach Erweiterungen konnte ich nicht nachkommen. Das Buch soll seine handliche Form behalten. Ich erstrebe keine lexikalische Vollständigkeit. Anmerkungen und Schrifttumsverzeichnis – auch sie natürlich unvollständig, aber mit Bedacht ausgewählt – bieten dem Leser hinreichend Möglichkeiten, sich weiter zu informieren.

Vielen Helfern bin ich zu Dank verpflichtet: Frau Arlette Kosch für die sorgfältige Registerarbeit, Franz Irsigler und „seiner Mannschaft", Rudolf Bungert, Dr. Rudolf Holbach und Wolfgang Schmid für das Mitlesen der Korrekturen, dem Verlag für die schöne Ausstattung und Dr. Ernst Peter Wieckenberg für die einfühlsame Betreuung.

Bonn, im Frühjahr 1987 *Edith Ennen*

Einleitung

Das Mittelalter und wir

Warum diese Einleitung zu diesem Thema, so möchte mancher fragen. Sie soll einer Beurteilung der Frau im Mittelalter vorbeugen, die allzusehr aus unserem gegenwärtigen Blickwinkel erfolgt. Das geschieht oft und verzerrt das Bild. Wohl verbindet uns hier in Europa noch vieles mit unserem Mittelalter. Noch immer wohnen die meisten von uns in Städten, die im Mittelalter entstanden sind; ja, wir bewundern gerade ihre mittelalterlichen Züge. Wir sind entzückt über eine gut restaurierte, von Fachwerkhäusern gesäumte, mit Brunnen geschmückte Straße in einer alten Stadt in Süddeutschland oder Niedersachsen. Wir bestaunen den Arco Etrusco Perugias in Umbrien als steinernes Zeugnis des bis in die Etruskerzeit kontinuierlich zurückreichenden urbanen Lebens und starren in der Toskana bewundernd zu San Gimignanos Wohntürmen hoch. Aber – niemand von uns wohnt noch unter mittelalterlichen Bedingungen in einem mittelalterlichen Haus, und die für Touristen so attraktiven Altstadtkerne sind abends oft verödet. Nicht nur unsere Hochhäuser und die Inneneinrichtung unserer Wohnungen mit ihrem technischen Komfort, die Bequemlichkeit und Schnelligkeit unseres Verkehrs zu Wasser, zu Lande und in der Luft, unsere vielen wirksamen Hilfen gegen Schmerz und Krankheit möchten einem mittelalterlichen Menschen als Zauberei und Satanswerk erscheinen – er wäre hilflos und verwirrt durch die Widersprüchlichkeit unserer Lebensformen, die Allgegenwart und Ohnmacht unseres Staates, die administrativen Zwänge, die ihm in der Stadt verwehren, nach Belieben eine Straße zu überqueren, und die Ungebundenheit in Brauch und Sitte, die Verwissenschaftlichung und Spezialisierung, die uns eine Fülle praktischer Geräte, Licht-, Wärme-, Informationsquellen schenkt, deren Funktion wir oft nur mangelhaft verstehen und die wir notfalls nicht selbst reparieren können; fremd fühlte er sich sogar in den von seinen frommen Zeitgenossen erbauten Kathedralen, die außer den gottesdienstlichen Zeiten nur einen kleinen Raum dem Beter zugestehen, im übrigen durchwandert werden von Neugierigen, die offensichtlich keine gläubigen Pilger sind; er fühlte sich verloren in der hastenden, gleichgültigen Menschenmenge auf den Straßen, abgestoßen von unverkennbaren Zeichen der Macht- und Geldgier, neiderfüllter Protzerei und platter Diesseitigkeit. Er möchte uns beneiden und bewundern – aber vielleicht noch mehr verabscheuen und bedauern.

Mit einer solchen Haltung kann sich ein Historiker einem vergangenen Zeitalter nicht nähern. Er möchte nicht urteilen, sondern zunächst einmal verstehen. Das Wort „Mittelalter" verdanken wir Renaissance und Humanismus; sie haben es in einem Selbstgefühl geprägt, das wir nicht mehr teilen. Wollen wir konkret feststellen, was uns vom Mittelalter trennt, was uns vielleicht noch mit ihm verbindet, dann können wir nicht gleich von diesem vollen Jahrtausend zwischen 500 und 1500 insgesamt ausgehen, denn von seinen archaischen Anfängen trennt uns viel mehr als vom 15. Jahrhundert, das wir nur noch mit einem Fragezeichen dazu rechnen. Wir haben uns daran gewöhnt, dieses Jahrtausend in drei Abschnitte zu zerlegen: das frühe, das hohe und das späte Mittelalter. Ich setze das frühe Mittelalter von 500 bis 1050 an, das hohe von 1050–1250, das späte von 1250 bis 1500. Wir müssen gleich hinzufügen, daß Italien die Renaissance, aber kein Spätmittelalter hat. Zeit und Raum sind die wichtigsten Kategorien der Geschichte. Neben der Zeitstellung eines Faktums, einer Institution, kultureller und wirtschaftlicher Verhältnisse ist immer auch ihre räumliche Bindung zu beachten. Wir sind uns bewußt, daß – einmal noch abgesehen von der immer wieder festzustellenden Gleichzeitigkeit des Ungleichzeitigen – alle Periodisierungen ein unzulänglicher Versuch sind, den ununterbrochenen Strom der Geschichte nachträglich zu zergliedern, daß es viele Stellen gibt, an denen dieser Strom die Richtung ändert, seinen Lauf beschleunigt oder verhält – es wird nie volle Einigkeit darüber geben, welche Epochenscheiden die herausragendsten sind.

I

Der Zusammenbruch des römischen Weltreiches als einer großartigen politischen Ordnung bedeutet zwar das Ende der Antike als Geschichtsperiode, aber keineswegs ihre Vernichtung als ausstrahlende geistige Kraft. Auch lassen sich haltbar gebaute Städte, Festungen und Paläste, entwickelte Fertigkeiten und Techniken, festgewurzelte Lebensgewohnheiten nur langsam beseitigen oder verändern. Das erschwert es, Antike und frühes Mittelalter zeitlich voneinander abzugrenzen.[1] Der Geschichtsschreiber des 6. Jahrhunderts, Gregor von Tours, selbst kein Franke, hat uns die Geschichte des Frankenreiches erzählt, das zum mindesten für Frankreich und Deutschland den Beginn der mittelalterlichen Geschichte darstellt. Der Merowinger Chlodwig hatte es mit einer energischen und bedenkenlosen Politik zum Großreich gemacht und durch seine Taufe, der sich die Franken anschlossen, in die christliche katholische Kirche eingegliedert; er nahm nicht, wie die ersten Germanenreiche im Mittelmeerraum, das arianische Bekenntnis an. Der germanisch-fränkische Bevölkerungsanteil im Reich Chlodwigs war größer als der Prozentsatz der Germanen in Italien, Nordafrika und Spanien. Chlodwigs Reich grenzte an die germanischen Stammesgebiete der Sachsen und Alemannen. Aber auch in seinem Reich gab es nicht nur eine – nach Westen zunehmend breite – Unterschicht gallo-römischer Bevölkerung, sondern auch noch eine, wenn auch schmale gallo-römische Oberschicht, Nachkommen des senatorischen Reichsadels im spätrömischen Gallien; sie stammten aus der Gegend südlich der Loire, an der Rhone und an der unteren Saône, einem Raum, aus dem immer wieder dem Norden und Osten kulturelle Anregungen zuströmen sollten. Das gemeinsame christ-katholische Bekenntnis einte sie mit den fränkischen Großen, Heiraten zwischen Romanen und Franken waren erlaubt. Zum gallischen Senatorenadel gehört auch Gregor von Tours; er ist stolz auf seine hohe römische Abkunft, er schätzt den Wert der Bildung. Aber „er betrachtete Vergangenheit und Gegenwart als Christ ... er fühlte sich bereits im Frankenreich zu Hause. An ihm ist zu sehen, wie dünn am Ende des 6. Jahrhunderts die Fäden geworden waren, die den alten senatorischen Adel noch mit der römischen Vergangenheit verbanden."[2] So starben die unmittelbaren Verbindungen mit der Antike langsam ab,[3] ihre geistigen und kulturellen Schätze, oft durch das Christentum vermittelt, dessen Annahme durch die Franken nach unseren Maßstäben noch sehr äußerlich blieb, wurden bewahrt. Was uns bei den Merowingern als Gewalttätigkeit und Zuchtlosigkeit erschreckt, erklärt sich aus der Übergangssituation, in der sie sich befinden: herausgerissen aus alten Bindungen, plötzlich reich geworden, Herren über eine ihnen fremde Welt, gewohnt sich selbst zu helfen, von staatlichen Institutionen noch nicht diszipliniert, noch einem magischen Weltbild verhaftet. – Im 6. Jahrhundert setzen im Merowingerreich die Klostergründungen ein, Stätten vertiefter Religiösität und der Bildung.

Der volle Durchbruch zum Mittelalter erfolgte im Karolingerreich, im 8. Jahrhundert. Es ist symptomatisch, daß die Geblütsheiligkeit der Merowingerkönige, deren magisches Zeichen das ihr „Königsheil" begründende lange Haar war, bei den Karolingern durch die Wahl des Volkes, der bei Pippin eine Weisung des Papstes vorausging, und die kirchliche Salbung ersetzt wurde. Die Salbung ist das deutlichste Zeichen einer Verchristlichung des Königtums.

Durch den Übergang des fränkischen Königtums auf die Karolinger verlagerte sich der politische Schwerpunkt Europas nach Nordwesten in die Region zwischen Maas, Mosel und Rhein. Das Kaisertum Karls des Großen machte den Frankenkönig zum Schutzherrn der Christenheit.[4] In seinem Reich waren das heutige Frankreich, Belgien, Luxemburg, die Niederlande, Deutschland bis zur Elbe, die Schweiz, ein Teil Österreichs, Oberitalien, eine spanische Grenzmark vereint. Seine Größe war auch die Schwäche dieses Reiches, das nur die gewaltige Persönlichkeit Karls zusammenhalten konnte; seine Infrastruktur – Verkehrsverhältnisse, Wirtschaft, administrative Organisation – entsprach nicht den Erfordernissen eines Großreiches.

Die Gesellschaft des frühen Mittelalters kannte keine Gleichheit ihrer Mitglieder. Weder nach ihren Rechten noch vor dem Gesetz noch in der Teilhabe an der politischen Verantwortung, an Ämtern und Würden waren die Menschen gleich, Männer wie Frauen. Zur rechtlichen Ungleichheit kamen schroffe soziale Unterschiede. Allerdings waren die Schranken zwischen den gesellschaftlichen Schichten nicht unüberwindlich. Es gab durchaus eine soziale Mobilität, aber auch einen die rechtliche Stellung ändernden Aufstieg und Abstieg. Wir müssen zwischen volksrechtlicher Zugehörigkeit einer Person und ihrer sozialen Stellung unterscheiden. Die Rechtsfragen wurden in den sog. germanischen Stammes- oder Volksrechten, den Leges Barbarorum, geregelt.[5] Sie werden uns eingehend beschäftigen. Der Normträger der Leges ist der freie Mann, nicht der Adlige. Es gab aber überall durch Herkunft, Einfluß und Reichtum herausgehobene Familien; es gab sie auch im Merowingerreich unter den Franken neben dem Senatorenadel und jungen Dienstadel.[6] Die zahlenmäßig größte Schicht nahmen allmählich die Unfreien ein. Die Unfreiheit war gestaffelt; auf der untersten Stufe standen Unfreie, die zur Fahrhabe ihres Herrn gehörten, also nicht als „Person" galten; sie unterschieden sich nur durch ihre Zugehörigkeit zur christlichen Gemeinde von den Kaufsklaven, die uns noch im 11. Jahrhundert in Zolltarifen begegnen, meist heidnische Kriegsgefangene. Die christliche Kirche hat die Sklaverei nie grundsätzlich verboten, wohl aber Freilassung und Freikauf von Sklaven als gutes Werk empfohlen und praktisch dazu beigetragen, daß in Mitteleuropa die Sklaverei verschwand und durch die mindere Form der Hörigkeit ersetzt wurde. Unfreie stiegen im Mittelalter sowohl als Einzelne – der König konnte durch die rechtssymbolische Handlung des Schatzwurfes einem Unfreien zur volksrechtlichen Freiheit verhelfen – als auch in ganzen Gruppen auf. Daneben stand aber auch ein Abstieg verarmter Freier in die Unfreiheit; daran waren gerade alleinstehende Frauen beteiligt. Aufstieg und Abstieg waren mitbedingt durch Entwicklung der Besitzverhältnisse.

Grundbesitz war das einzige sichere Vermögen; dabei ist die germanische Form des Eigentumsbegriffs zu berücksichtigen: Er kennt ein vom Eigentum abgelöstes Nutzungsrecht. Das ermöglichte es den frühmittelalterlichen königlichen, adligen und geistlichen Großgrundbesitzern, die ihre enormen Güter nicht selbst voll erschließen konnten, einem Teil ihrer Unfreien Nutzungsrechte an einer kleinen Ackerstelle zuzugestehen; hier konnten sie sich und ihre Familien ernähren und dem Herrenhof, dem sie zugeteilt waren, Abgaben und bei den saisonalen Arbeitsspitzen auch Frondienste leisten. Die großen Grundherrschaften waren nämlich dezentralisiert, sie umfaßten jeweils mehrere Herrenhöfe mit zahlreichem unfreien Gesinde, das nebst Frauen und Kindern auch im Winter, wo es kaum nutzbringend beschäftigt werden konnte, durchzufüttern war. Es war rentabler, einem Teil dieses Gesindes die Möglichkeit zur wirtschaftlichen Selbständigkeit zu geben. Der Vorgang war von größter volkswirtschaftlicher Bedeutung; es entstand ein, wenn auch höriges Bauerntum.[7] Welcher große Arbeitsanteil den Mägden am Herrenhof, der hörigen Bauersfrau zufiel, wird zu zeigen sein.

Die Wirtschaft der Zeit war überwiegend eine grundherrschaftlich verfaßte Agrarwirtschaft. Die Grundherren besaßen Land und Leute, deren Arbeitskraft der Grundherr unentgeltlich nutzen konnte. Die Grundherren strebten nach Selbstversorgung, waren aber nicht autark; es existierten lokale Märkte; seltene unentbehrliche Waren – wie Salz – oder Luxuswaren wurden im Fernhandel beschafft. An diesem Handel beteiligten sich die Grundherren durch Unfreie, die sie auf Handelsfahrt schickten; daneben reisten freie Kaufleute unter Königsschutz mit ihren Waren über Land und See, ein gefahrenvoller Beruf, von dem Frauen ausgeschlossen waren. Der Handel bedurfte des Geldes: Pippin und Karl der Große haben eine Münzreform durchgeführt, die das Münzwesen zentralisierte – ohne dauernden Erfolg –, die Währung auf Silber umstellte – in Italien allerdings liefen immer noch Goldstücke um – und schließlich den Denar aufwertete. Der Denar (= Pfennig) war Fernhandelsgeld; wir sind im Zeitalter der Pfennigwährung. Im Gewerbe gab es nur noch vereinzelt freie Lohnarbeit; es war überwiegend grundherrlich organisiert. Große Grundherren besaßen Manufakturen für die Herstellung von Textilien; in ihnen waren fast nur Frauen beschäftigt.

Fragen wir nach den Städten,[8] dann müssen wir regional unterscheiden. In Italien blieben die urbanen Lebensformen der Bevölkerung trotz mancher Erschütterung erhalten. In Gallien und den ehemals römischen Provinzen der Rhein- und Donaulande verfielen die alten Römerstädte mehr oder minder; soweit sie allerdings Bischofssitze wurden oder weltlichen Herren dienten, behielten sie wichtige Funktionen und gewannen die Chance wieder aufzublühen. Rechts des Rheines und nördlich der Donau gab es in Handelsplätzen an der Küste, in Burgen und Märkten des Binnenlandes eine Fülle präurbaner Siedlungskerne. Das Frühmittelalter kannte wenig Staat, fast keine Bürokratie, dafür war die Bedeutung des Hauses und der Familie groß. Die Reiche der Zeit waren Königreiche, die Stämme hatten ihre Herzöge, die adlige und auch die kirchliche Grundherrschaft waren von der staatlichen Gewalt weitgehend eximiert. Herrschaft mußte damals unmittelbar und ganz persönlich wahrgenommen werden. Daher das „Reisekönigtum", das Fehlen einer festen Residenz, das Umherziehen von Pfalz zu Pfalz. Der König hatte seine Kanzlei, in der Kleriker – denn nur sie waren noch Träger einer schriftlichen Bildung – seine Urkunden ausfertigten. Diese Urkunden, mit denen sich eine eigene historische Disziplin, die Diplomatik, befaßt, waren nach einem strengen Formular ausgestellt. Eine Urkunde betrifft stets ein Rechtsgeschäft, oft eine Schenkung oder Privilegienverleihung; sie erfolgt mitunter auf Bitte von Intervenienten, darunter auch Frauen. Die Gesetzgebung wird nach dem Aufhören der karolingischen Kapitularien spärlich, die Privilegien sind gelegentlich Gesetzesersatz. Eine größere Laienschriftlichkeit erhielt sich in Italien.

Der König hatte Amtsträger, die Grafen, mit umfassender Kompetenz als Richter, Verwaltungsbeamte, militärische Führer. Sie wurden nicht mit Geld sondern mit Land bezahlt, erhielten ein Dienstgut und gerieten leicht außer Kontrolle der Zentralgewalt, zumal das Amt erblich wurde und seine Inhaber über eigenes Land und eigene Machtstellung verfügten. Sie sind nicht „Beamte" in unserem Sinn des Wortes. In der Karolingerzeit entstand das Lehnswesen – es ist ein verbreiteter, aber großer Laienirrtum, es mit der Grundherrschaft, die viel älter ist, zu verwechseln. Für den vassalitischen Dienst erhielt der „Mann" vom „Herrn" ein Amt (beneficium, feudum); Herr und Mann schuldeten einander Treue, der Herr „Huld", der Mann „Rat und Hilfe"; Hilfe bedeutet Waffenhilfe, die zunächst recht kleinen Reiterheere des Mittelalters bestanden im wesentlichen aus Lehnsleuten des Königs oder eines Großen. Lehnsmann zu sein war nicht standesmindernd. „Feudalismus" im strikten Sinn des Wortes bedeutet, daß in einem Staat das Lehnswesen sich voll durchgesetzt hat, wie das in Frankreich, nicht in gleichem Umfang in Deutschland geschehen sollte. Die heute beliebte Verwendung des Wortes ist überdehnt und irreführend. Im frühen Mittelalter sind Frauen meistens noch nicht Lehnsträger.

Der Einzelne war damals geborgen im Schutz seiner Verwandten. Die älteren Rechtshistoriker sprachen viel von der germanischen Sippe; sie haben deren Bedeutung überschätzt. Die Sippe, so wie wir sie heute sehen, schloß in dieser Frühzeit die Verwandten von Vater- und Mutterseite zusammen. Die Verwandten hatten natürlich auch Pflichten; dazu gehörte es, den Totschlag eines Angehörigen zu rächen. Es bestand im Frühmittelalter eine Selbsthilfe des Einzelnen, die heute als gesetzlos verurteilt wird. Aber damals gab es das staatliche Monopol der legitimen Gewaltanwendung noch nicht. Wohl setzten die Leges Geldbußen, das sog. Wergeld, fest, die der Totschläger als Sühneleistung den zur Blutrache verpflichteten Angehörigen zahlen mußte; aber oft verbot es ihnen ihr Stolz, „den Verwandten im Beutel zu tragen", d.h. sich die Rache abkaufen zu lassen. Ein Totschlag konnte zu langjährigen Fehden führen, die eine ganze Region in Aufregung und Unruhe versetzten. Gregor von Tours berichtet sehr anschaulich von einem solchen Fall (VIII. Buch, Kapitel 47). Die Kirche, der König, seine Amtsträger, die einen Anteil an der Geldbuße erhielten, hatten ein Interesse daran, daß Wergeld gezahlt wurde. Auch die Fehde war ein rechtmäßiges Mittel zur Durchsetzung von Rechtsansprüchen des Einzelnen. Erst am Ende des Mittelalters gelang es, die Fehde rechtlich auszuschalten. Das staatliche Monopol der legitimen Gewaltanwendung ist ein hohes Rechtsgut, das gerade auch dem schwachen Mitglied der Rechtsgemeinschaft, d.h. des Staates zugutekommt. Das Selbsthilferecht des Einzelnen hat den Menschen im frühen Mittelalter viel Friedlosigkeit und Ungemach beschert. Die Sippe war ihren Mitgliedern auch zur Eideshilfe verpflichtet. Auch hier geht es um eine archaische Einrichtung, die uns vollkommen fremd ist. Beim mittelalterlichen Prozeß bemühte sich das Gericht – bis ins 12. Jahrhundert und mancherorts noch länger – nicht primär um Feststellung des Tatbestandes. Beweismittel vor Gericht waren Gottesurteile – der gerichtliche Zweikampf, die Feuer- und Wasserprobe – und der Reinigungseid. Der Beschuldigte mußte ihn u.U. mit „Eideshelfern" leisten. Diese Eideshelfer waren keineswegs Tatzeugen oder Unschuldszeugen, sie schwuren, daß der vom Beschuldigten geleistete Eid ein reiner Eid und kein Meineid sei. Das konnten, nach damaliger Auffassung, die Verwandten am ehesten beschwören. In den Gottesurteilen wirkte das magische Weltbild der Germanen noch nach. Nur allmählich setzte sich gegenüber diesen altertümlichen, uns sehr fremd anmutenden Prozeßformen der Inquisitionsprozeß durch, der darauf ausging, die Tat und die Tatumstände zu klären. (Mit geistlichen Inquisitionsprozessen hat das unmittelbar nichts zu tun.) Diese Andeutungen mögen zeigen, wie fremd uns vieles im Rechtsleben des Frühmittelalters ist.

Waren die Sippengenossen einander gleichgeordnet, so galt im Hause, das die für die Frau zweifellos wichtigste Lebensordnung darstellte, der Wille des Hausherrn. Das Haus genießt einen besonderen Frieden. Ihn hat der Hausherr zu gewährleisten, daher besitzt er auch eine weitgehende Verfügungsgewalt über seine Hausgenossen, d.h. seine Frau, seine unmündigen Söhne, seine unverheirateten Töchter und das Gesinde. Diese Gewalt heißt Munt (mundiburdium). Als Muntwalt muß der Hausherr die Hausgenossen schützen, vor Gericht vertreten, er kann sie auch strafen, im Fall „echter Not" auch verkaufen.

In der Endphase der Karolingerzeit wurde Europa von inneren Verfallserscheinungen ebenso bedroht wie von äußeren Feinden: von Normannen, Ungarn, Sarazenen. Die sächsischen Herrscher vertrieben die Ungarn aus dem Reich, die französischen Könige befriedeten die Normannen, die italienischen Seestädte – Venedig, Pisa, Genua – bezwangen die Sarazenen. Die von den Königen und Großen getragene politische Ostbewegung begann schon in der Karolingerzeit und erhielt mächtigen Auftrieb durch die Markenpolitik und die Reichskirchenpolitik Ottos I. Unter seinem Enkel gelangten Polen durch die Errichtung des Erzbistums Gnesen, Ungarn durch die des Erzbistums Gran zur kirchlichen Selbständigkeit gegenüber dem deutschen Reich. Zum bislang germanisch-romanisch bestimmten christlichen Abendland gehörten nun auch die slawischen Völker. Otto I. hatte das Kaisertum der deutschen Könige erneuert. Der erste Salier Konrad II. ließ sich 1033 in Payerne (Peterlingen) zum König von Burgund krönen, in der schönen romanischen Grabeskirche der Bertha, der Mutter Adelheids, der zweiten Gemahlin Ottos I. Die Frauen der sächsischen und salischen deutschen Herrscher gehören zu den hervorragendsten Frauengestalten der deutschen Geschichte.

Nachhaltiger noch als die politischen Ereignisse hat eine gemeineuropäische Unterströmung Europas Schicksal gestaltet: die Zunahme der Bevölkerung und die Ausdehnung des Siedlungsraumes durch Urbarmachung. Die Bevölkerung Europas wuchs seit dem 7. Jahrhundert. Ein trockenwarmer Klimaschub zwischen 750 und 1150 begünstigte die Entwicklung. „Aus der Verflechtung des Mittelmeers mit der barbarischen Randzone", sagt Chaunu,[9] „ergibt sich vielleicht eine bessere Ernährung. Die Germanen hatten einen Wanderackerbau mit sehr langen Rotationen betrieben; dagegen sicherten Viehzucht und ergänzende Nutzung des Brachlandes höchstwahrscheinlich eine nicht ganz so niedrige Versorgung mit tierischem Eiweiß. Im übrigen brach am Scharnier der beiden Kulturräume das auf, was man vielleicht etwas vorschnell die technische Revolution des Hochmittelalters genannt hat. Der schwere Pflug, das tiefe Umpflügen, Sattel, Hufbeschlagung, Kummet, im Grunde der Einsatz des Pferdes überhaupt – all das gehört in den Raum zwischen Loire und Rhein, all das nimmt Ende des 8. Jahrhunderts seinen Ausgang in ein paar Werkstätten und verbreitet sich von dort aus durch die Christenheit, die nach und nach immer zahlreicher wird." Die Bevölkerungszunahme sollte bis rund 1300 anhalten. Nach den Angaben des Domesday Book – eine auf Befehl Wilhelms des Eroberers 1087 angelegte Beschreibung von England mit statistischen Angaben zu Bevölkerung, Grundbesitz, Viehbestand, Steuerertrag usw. – betrug damals die Bevölkerung des Königreichs England 1100000 Einwohner; für 1346 kann man 3700000 berechnen. Das Bevölkerungswachstum stand in Wechselwirkung mit der Rodung der Wälder, bald auch Trockenlegung von Sumpfland, mit der Intensivierung des Ackerbaus, der „Vergetreidung" und den technischen Verbesserungen.[10]

Die großen Fortschritte, dank einer immens harten Arbeit der bäuerlichen Bevölkerung, genügten aber noch nicht, den Hunger aus Europa zu verbannen. Das konnte erst ein Ausbau der Markt- und Verkehrswirtschaft schaffen.

II

Die positiven Folgen von Bevölkerungswachstum und Urbarmachung, die in dem von uns Hochmittelalter genannten Zeitabschnitt (1050–1250) erst voll zur Wirkung kommen konnten, waren die sich allmählich verbessernden Besitzverhältnisse der bäuerlichen Hintersassen, ein größerer Wohlstand breiter Schichten, Dorfgemeindebildung, Wiedererstehung einer städtischen Marktwirtschaft und Entfaltung eines Bürgertums, das sich als neue rechtlich und sozial aufsteigende Gruppe zwischen Herren und Knechte schob. Die Bevölkerungszunahme reichte nicht nur aus, die Zahl der ländlichen Siedlungen zu erhöhen, neue Marktsiedlungen entstehen zu lassen und die aufblühenden Städte mit Zuwanderern vom Land zu füllen; schließlich zogen bäuerliche Siedler aus dem Westen in die dünner besiedelten slawischen Gebiete jenseits der Elbe. Diese bäuerliche Ostbewegung begann im 12. Jahrhundert, gehört vor allem aber dem 13. und 14. Jahrhundert an. Im deutschen Reich stiegen die unfreien Dienstmannen des

Königs und großer Herren, die sog. Ministerialen, zur Freiheit auf; wir finden sie dann im städtischen Patriziat oder landsässigen Niederadel.

Mehr Freiheit ist also ein hervorragender politischer Programmpunkt dieser Periode. Die Bauern rebellieren gegen die Grundherren,[11] verlassen die Höfe und verlangen und erhalten oft bessere Bedingungen. Die Bürger wollen frei werden von den Lasten alter Hörigkeit und von stadtherrlicher Bevormundung. Ihre führende reiche Schicht lehnt sich vor allem gegen die bischöflichen Stadtherren auf. Im 12. Jahrhundert kommt es zu bedeutenden Städtegründungen: die Zähringer gründen Freiburg, Heinrich der Löwe vollendet die von den Schauenburgern begonnene Gründung Lübecks. In der Folgezeit nehmen die Gründungen zu und um 1300 sind die guten Verkehrslagen mit Städten besetzt. In Italien entstehen Stadtstaaten mit eigenem Landgebiet.

An der Erringung besserer und freierer Lebensbedingungen haben die Frauen keinen feststellbaren aktiven Anteil, aber sie profitieren davon.

Diese Zeit ist aber auch erfüllt von einer tiefen Sehnsucht nach Frieden. Die Fehden des Adels, die Wildheit kriegerischer Dienstmannschaften bedrohen ihn. Die Friedensbewegung entsteht in Südwestfrankreich, wo die Zentralgewalt besonders schwach, die Anarchie besonders groß war, seit den letzten Jahrzehnten des 10. Jahrhunderts. Sie ist vor allem ein Werk der Bischöfe; sie erhält neuen Auftrieb durch die „treuga Dei", den Gottesfrieden, der Waffenruhe während festgelegter „Heiliger" Zeiten vorschreibt, zur Advents- und Weihnachts-, Fasten- und Osterzeit, während der Wochentage von Freitag bis Sonntag. Einen solchen Frieden verkündete der Kölner Erzbischof Sigewin 1083 im Kölner Dom.[12] Damit setzte sich diese Bewegung im deutschen Reich durch. Darauf schaltete sich das Königtum ein: Aus dem Gottesfrieden des Bischofs wurde der Landfriede des Königs. Im 13. Jahrhundert schließen auch die weltlichen Fürsten und die Städte Landfriedensbündnisse. Die Gottes- und Landfrieden setzen schwere Lebens- und Leibesstrafen fest; jetzt wird der Totschlag zum Friedensbruch, der gegen die Allgemeinheit gerichtet ist und von ihr geahndet wird, d.h. nicht nur die Familie des Ermordeten betrifft.

Seit der Adel in Burgen wohnt, werden seine Fehden zu militärisch schwierigen Operationen. Auch die Städte beginnen seit dem 11. Jahrhundert sich zu befestigen. Eine große befestigte Stadt wie Köln – die letzte Stadtmauererweiterung wird 1179/80 vorgenommen – wird für die zeitgenössischen Reiterheere praktisch uneinnehmbar. Die relativ große Sicherheit gegen äußere Angriffe kommt der bürgerlichen Wirtschaft zugute, der Handel umspannt auch Nord- und Osteuropa, Nordafrika und Kleinasien, Exportgewerbe entstehen, das grundherrliche Gewerbe tritt zurück, es ist der Konkurrenz des städtischen Berufshandwerks nicht gewachsen. Aber nicht immer herrscht innerer Frieden in den Städten. In Italien zieht der Adel freiwillig oder gezwungen in die Stadt, baut dort seine Wohntürme, und die Geschlechter befehden sich in der Stadt von Wohnturm zu Wohnturm. Aber auch Bischof Burchard von Worms z.B. sah sich veranlaßt, strenge Strafen gegen Totschlag zu verhängen, da von seinen Wormser Dienstmannen „fast täglich" in viehischer Weise Menschen erschlagen wurden, für nichts und wieder nichts, in der Trunkenheit oder in hochmütigem Übermut, so daß allein von den Dienstmannen der Bischofskirche im Lauf eines Jahres 35 – das „fast täglich" war also doch etwas übertrieben – getötet wurden.[13]

Die Kirche förderte den Frieden, sie führte aber auch einen dem bürgerlichen an Bedeutung ebenbürtigen Freiheitskampf. Der sog. Investiturstreit – auf den hier nicht eingegangen werden soll – führte dazu, geistliches Amt und weltliches Zubehör zu trennen, die Herrschaft der Laien in der Kirche – Bischofsernennung durch den König z.B. – zu mindern. Die lateinische Christenheit unterscheidet zwischen Kirche und Staat; die römische Kirche ist keine Staatskirche wie die seit 1054 getrennte orthodoxe, eine bis heute wirksame Unterscheidung. Die Herrschaft des Adels in der Kirche, d.h. die Besetzung der Bischofsstühle mit Angehörigen des Adels, das Vorherrschen adliger Männer und Frauen in den älteren Klöstern und in den Stiften wird gegen Ende dieses Zeitabschnitts erschüttert. Das Ordensleben unterliegt einer permanenten Reform:[14] Gorze, Cluny stehen am Beginn. Die religiöse Unruhe des 12. Jahrhunderts, der Wunsch auch vieler Frauen nach einer wahren Nachfolge des armen Christus führt zu Ketzertum und neuen Ordensgründungen, zunächst der Zisterzienser und Prämonstratenser, schließlich der Franziskaner und Dominikaner. Das Christentum wird jetzt auch innerlich akzeptiert. Klöster, Stifte und Kathedralschulen sind Stätten der Kultur und Gelehrsamkeit – in hervorragender Weise auch für Frauen.

Die Bedeutung der Kirche im Leben aller Menschen jener Zeit können wir uns kaum noch vorstellen. Schon rein äußerlich beherrschten in den Städten die zahllosen Kirchen das Stadtbild. Der Kirchenraum stand in keinem Verhältnis zur Einwohnerzahl der Städte, eine solche nützliche Berechnung lag dem Menschen damals fern. In seiner einfühlsamen Darstellung der Stadt Köln als Kunstwerk[15] spricht Borger von der „aufgipfelnden Türmelandschaft, die sich als Akzent eindeutig über diejenige der heranwachsenden Bürgerhäuser erhob. Es kann kein Zweifel sein, die Vorstellung der Zeit setzte in den Kirchen das eigentliche Gewicht. ... Merkwürdig erscheint: Es gibt dabei keine Bauten für Vergnügungen, wohl noch nicht einmal ein städtisches Tanzhaus, für das es zum Zeitpunkt dieser Stadtexistenz noch keine Bedürfnisse gegeben zu haben scheint. Diese Tatsache wiederum verweist darauf, die Kirchen der Stifte und Klöster wie diejenigen der Pfarren befriedigten auch die Ansprüche der Schaulust ... auch die Feste sind damals noch ganz in den Kirchenrahmen eingebunden." Vergegenwärtigen wir uns den Gegensatz zwischen den bürgerlichen Wohnungen, überwiegend bescheidenen Holz- und Fachwerkhäusern, mit einem Kienspan erhellt, einfachem Gerät aus Holz oder derber

Keramik und dann den weiten, kerzenerhellten Kirchenraum mit Weihrauchduft, mit goldenen Geräten und goldschimmernden Gewändern der Priester! Die Kirche unterhielt Schulen, sie trug die Sorge für Arme, Kranke und Fremde. Sie setzte die Maßstäbe. Der König „geht nicht unter der Krone", wenn es der Beichtvater dem sündigen verwehrt. Die Kirche verwahrt die Reliquien des Herrn, seiner Mutter, der vielen Heiligen, der mächtigen Fürbitter, zu denen der Gläubige auf langer gefahren- und mühevoller Reise pilgert. Wir mögen lächeln über den Wunderglauben der Zeit – er war eine Realität.

Der moderne Rombesucher wundert sich oft, daß auf dem Kapitol Marc Aurel ohne Steigbügel zu Pferde sitzt; die Römer kannten keine Steigbügel. Der Steigbügel taucht seit dem 8. Jahrhundert in archäologischen Funden im Westen auf; er ist Voraussetzung des harten Reiterkampfes mit eingelegter schwerer Lanze. Der Steigbügel gibt dem Ritter erst so viel Halt, daß die ganze Wucht von Mann und Roß hinter dem Lanzenstoß saß. Zum Reiterdienst war der Lehnsmann verpflichtet. Diese Art des Kriegsdienstes erforderte einen großen Aufwand: Pferde waren teuer; sie brauchten Futter, sie konnten im Kampf umkommen. Das kostbare Streitroß wurde nur zum Kampf, nicht unterwegs zum Marsch benutzt; die Knappen mußten für die zusätzlichen Pferde und das Gepäck sorgen. Der Reiter brauchte eine teure Rüstung. Die Kriegsausrüstung eines Reiters kam in etwa dem Preis von 20 Ochsen gleich. Zunächst setzte in Frankreich mit seinem ausgebildeten Lehnswesen die Aufwertung des nun „Ritter" genannten Reiters ein. Schließlich wurde „Ritter" ein Sammelbegriff,[16] der Hoch- und Niederadel umfaßte, auch Herzöge und Könige miteinbezog. Das bedeutet natürlich keine Nivellierung der tatsächlichen Machtverhältnisse. Aber es hatte sich ein Leitbild des Ritters entwickelt, das sie alle trotz rechtlicher Unterschiede und sozialer Ungleichheit umschloß. Am Zustandekommen dieses Leitbildes des „Ritters", in unserem heutigen Sinn des Wortes noch nachwirkend, hatten das vasallitische Dienstethos, das Ordo-Denken, kirchliche Ideen des miles christianus, der Frauendienst Anteil. Die ursprüngliche Wildheit dieser Berufskrieger wurde gezügelt durch das eigentümlich ritterliche Ethos, mit der Ehre als zentralem Gedanken, der neben Tapferkeit auch Opfermut einbegriff. Dieses Leitbild war nicht ohne Widersprüche, und erst recht klafften Idee und Wirklichkeit oft auseinander. Während sich das Laieninteresse dem Rittertum gerne zuwandte, haben die Historiker diese Erscheinung oft beiseitegelassen; in den letzten Jahren ist das Rittertum wieder stärker diskutiert worden; dabei hat sich herausgestellt, daß vieles kontrovers ist und daß auf jeden Fall nationale Spielarten des Rittertums als solche erkannt werden müssen. Auch das ist klar geworden, daß nur eine kleine Schicht der Gesellschaft dem Ritterstand angehörte.

Zum Rittertum gehörten die Aufnahmeriten, der Ritterschlag, die Schwertleite, die ritterlichen Kampfspiele, die Turniere. Sie werden seit

1127 auch in Deutschland praktiziert. Sie und der ritterliche Minnedienst erscheinen oft als Signum der Stauferzeit.

Europa holte auf im Hochmittelalter: In Unteritalien und Sizilien herrschten nicht mehr Byzanz und die Sarazenen, sondern die Normannen; 1194 wurde der Staufer Heinrich VI. im Dom zu Palermo zum König des sizilisch-normannischen Reiches gekrönt. In Spanien machte die Reconquista Fortschritte: 1236 wurde Cordoba, 1248 Sevilla für das christliche Abendland zurückerobert. Ein Aufbruch in die Ferne wurden die Pilgerfahrten, nach St. Gilles in Frankreich, nach Rom, nach Santiago de Compostela und schließlich die bewaffnete Pilgerfahrt zum Heiligen Land, der Kreuzzug. Die Aufrichtigkeit des religiösen Motivs – dabei spielt der Kreuzzugsablaß eine Rolle – ist nicht zu bezweifeln, aber höchst weltliche Motive, Abenteuerlust, Beutegier, ritterliches Standesethos spielten durchaus mit, ja auch wirtschaftliche und gesellschaftliche Faktoren. Duby und Herlihy[17] haben sie für Südfrankreich und Italien festgestellt: Hier hatte sich die frérèche, der Gemeinschaftsbesitz des ritterlichen Allodialgutes von Brüdern entwickelt. Die Gemeinschaft war reich genug, um ein oder zwei berittene Krieger auszurüsten, wodurch die Standesqualität der Familie bewahrt blieb und die Verwaltung der Güter durch die Zurückbleibenden weiterging. Das Verfahren setzte aber eine strenge Disziplin innerhalb der Familie voraus und eine möglichst konstante Kinderzahl, die durch die Restriktion der Ehen erreicht wurde oder dadurch, daß Erben mehr oder minder freiwillig in Klöstern und Stiften untergebracht wurden. Ein Beispiel: Die maconnesische Familie Les Hongre zählte 1096, zu Beginn des ersten Kreuzzuges, fünf Männer, zwei waren Mönche, zwei gingen nach Jerusalem und kamen nicht zurück. Der in der Heimat gebliebene Humbert erbte den Allodialbesitz. 1147 nahm ein Enkel Humberts am zweiten Kreuzzug teil und überließ seinem Bruder das Erbe. Deshalb u. a. war die Familie zu Beginn des 13. Jahrhunderts noch vermögend.

Die Folgen der Kreuzzüge sind oft überschätzt worden. Der Orienthandel der italienischen Städte hatte schon vorher begonnen; die Beziehungen von Amalfi und Venedig mit Byzanz gehen ins 10. Jahrhundert zurück. Die italienischen Seestädte zogen allerdings dank ihrer Flotten wohl den größten materiellen Gewinn aus den Kreuzzügen. Für die kulturelle Befruchtung der christlichen Welt durch die Araber – der Gebrauch der arabischen Zahlen und die Anwendung der 0 gehört erst dem 15. Jahrhundert an – waren Sizilien und Spanien wohl wichtiger.

III

Mit 1250 habe ich den Beginn des Spätmittelalters ziemlich früh angesetzt und ein gewichtiges Datum der politischen Geschichte – den Untergang der Staufer- zum Grenzstein gemacht. Keine Frage, daß dieser Untergang eine Zäsur in der gesamteuropäischen Geschichte bedeutet. Manche Historiker ziehen 1350 vor, die Zeit des Schwarzen Todes. Aber der Umschlag der Bevölkerungskurve – in der Tat das epochale Ereignis des Spätmittelalters – setzte schon vorher ein. Bei der hohen Sterbequote des Mittelalters genügte dazu ein leichtes Nachlassen der Geburtlichkeit. Schon 1312–17 erfaßte eine große Seuche Mitteleuropa, sie stand mit einer Hungersnot in Verbindung, war aber keine Pest. Ein extremes Beispiel der von der Pest verursachten Bevölkerungsverluste ist Florenz: Florenz verlor zwischen 1338 und 1426: 60,2–69 Prozent seiner Bevölkerung; vor dem Schwarzen Tod hatte Florenz in Italien den dritten Platz der Einwohnerzahl nach hinter Venedig und Mailand inne, um 1550 den siebten Platz. Im allgemeinen dürfte die Sterblichkeitsquote durch die Pest bei 30 Prozent gelegen haben. Nach den Epidemien wurden in den vor allem von der Pest heimgesuchten Städten die Lücken oft durch erhöhte Geburtlichkeit und durch Zuzug vom Lande wiederaufgefüllt. Das Land hatte jetzt aber nicht mehr überschüssige Bevölkerung in die Städte geschickt, es gab von seiner Substanz ab. Ländliche Siedlungen wurden aufgegeben, sie „fallen wüst“. Die Wüstungen sind eine europäische, allerdings zeitlich und regional differenzierte Erscheinung. Daß die Pest gerade in den Städten so hohe Opfer forderte, war eine Folge der durch den Mauerbau erzwungenen dichten Besiedlung und der schlechten hygienischen Verhältnisse. Die Pest ist bekanntlich zunächst eine Nagerpest, die Flöhe von den Ratten auf die Menschen übertragen. Die Konfrontation mit dem jähen Tod, wie ihn die Pest bringt, mit einem Massensterben in der unmittelbaren Umgebung, hat die Menschen tief berührt. Die Angst vor Tod und Hölle quälte sie. Die Kunst des Sterbens, die ars moriendi wird eine eigene Gattung der Erbauungsliteratur; die Totentanzdarstellungen kommen auf, das Leiden wird in der sakralen Kunst mit erschütterndem Realismus dargestellt. Die religiöse Erregtheit sucht den Heilsbesitz der Kirche. Die Bedrohung durch die Pest aber rief auch Lebenslust, ja Lebensgier hervor – diese Phänomene werden uns eingehend beschäftigen.

Das späte Mittelalter ist eine Zeit der Widersprüche: Verweltlichung, Hang zum Luxus, Genußsucht auf der einen Seite – aber andererseits auch eine große Frömmigkeit, die in sich widersprüchlich ist: Einmal neigt sie zur Massenhaftigkeit, möglichst viele Meßstiftungen, Prozessionen, Wallfahrten, zur nahezu hysterischen Emotion, dann wieder hat sie einen Hang zur Innerlichkeit und Einfachheit. Die Stadtwirtschaft ist voll ausgereift. Wir können jetzt wenigstens Anhaltspunkte über städtische Einwohnerzahlen mitteilen. Allerdings stehen uns meistens nur vereinzelte Angaben zur Verfügung, keine statistischen Reihen. Die schriftliche Überlieferung gibt uns im allgemeinen keine Einwohnerzahlen an die Hand, sondern nur Häuser- oder Haushaltslisten, die zu Steuer- und ähnlichen Zwecken angefertigt wurden. Die in der Literatur genannten Zahlen sind dann über die Einschätzung der Haushaltsgrößen zustandegekommen, deren Richtigkeit öfters auf Zweifel stößt. Für Mitteleuropa rechnen wir die Städte über 10000 Einwohner zu den Großstädten, die Städte unter 2000 Einwohner zu den Kleinstädten. Es ist für die Beurteilung des städtischen Lebens sehr wichtig, sich diese Zahlen vor Augen zu halten. Höher lagen die Einwohnerzahlen in Italien. Mailand dürfte schon um 1300 etwa 100000 Einwohner, Neapel 50000, Palermo 44000 gehabt haben; Genua hatte im 15. Jahrhundert 84000 Einwohner innerhalb der Mauern, das ist doppelt so viel wie Köln. Der Anteil der Stadtbewohner an der Gesamtbevölkerung lag bei 20 bis 25 Prozent, es gab aber Ballungszentren wie Oberitalien oder die südlichen Niederlande mit einem viel höheren und andere Gebiete mit einem weit niedrigeren Anteil.

In den Städten haben sich bedeutende Exportgewerbe, vorzüglich des textilen Sektors entwickelt; zwar ist der Handwerksbetrieb noch die normale wirtschaftliche Einheit im Gewerbe, aber die handwerklichen Erzeugnisse werden für den Export verlegerisch zusammengefaßt. Es gibt – vor allem im 15. Jahrhundert – schon größere Betriebe, vor allem im Metallgewerbe, es gibt Unternehmergewinne im Bergbau- und Hüttenwesen.[18] Es entstehen große Vermögen. Allgemein nimmt die Vermögensdifferenzierung zu. Die Marktverflechtung ist beträchtlich. Es wird um Absatzmärkte gerungen, alte Gewerbelandschaften leiden Not, neue steigen auf. Die städtische Wirtschaft arbeitet mit Geld und Kredit. Längst sind nicht mehr die Juden die einzigen Geldverleiher. Sie werden ins Pfandleihgeschäft abgedrängt, ja aus manchen Städten nach den großen Judenverfolgungen des 14. Jahrhunderts herausgedrängt. Im Geld- und Bankwesen führen die Italiener. Italien begann schon im 13. Jahrhundert wieder systematisch mit der Goldprägung: Genueser Pfunde, venetianische Dukaten, Florentiner Gulden; letztere laufen in Mitteleuropa um und regen zur einheimischen Goldprägung an. Der städtische Kaufmann arbeitet mit Wechseln; er hat seine Schreibkammer im Hause, führt Bücher, besucht die großen Messen, hat aber auch schon Faktoren an wichtigen Handelsplätzen. Er hat seinen Betrieb rationalisiert. Die Handwerksgesellen im zünftisch organisierten Gewerbe, die Mägde im Haushalt sind freie Lohnarbeiter. Der Anteil der Frauen am städtischen Wirtschaftsleben ist vielseitig und groß.

Arbeitsloses Herreneinkommen gibt es nur noch auf dem Land. Aber auch hier gehen unternehmerische Grundherren in den Naturalienhandel. Der Getreidehandel überwindet im 15. Jahrhundert weite Strecken; er vermag schlechte Ernten einer Region auszugleichen und gewerbereiche Gebiete mit Getreide zu versorgen. Gewerbelandschaften entwickeln sich auf dem Lande: Die Seldner und Häusler, die Kötter und Brinksitzer auf dem Lande können ohne gewerblichen Nebenbetrieb gar nicht existieren. Spezialkulturen gewinnen hohe Bedeutung: der Weinbau erreicht in Mitteleuropa seine größte Ausdehnung, die Farbpflanzen – Waid für Blau und Krapp für rot – werden typisch für ganze Regionen. Der landwirtschaftlich genutzte Grund und Boden bleibt für die Mehrzahl der Menschen die Hauptgrundlage ihrer wirtschaftlichen Existenz. Grundbesitz wird für den Kaufmann eine sichere Kapitalanlage. Der Handwerker hält auch in der Stadt Vieh, hat dort seinen Garten und vielleicht noch einen Acker vor den Toren. Innerhalb der Stadtmauern befinden sich immer noch landwirtschaftlich genutzte Flächen.

Die europäischen Agrarlandschaften driften immer stärker auseinander. Auf Abel geht die nicht unumstrittene These von der spätmittelalterlichen Agrarkrise zurück.[19] Er weist den Preisen eine Schlüsselfunktion zu, und zwar der Preisschere zwischen den niedrigen Erlösen für Getreide und den steigenden Preisen für gewerbliche Waren. Sein methodischer Neuansatz ist die statistisch unterbaute Herausarbeitung von Konjunkturen. Er ist sich bewußt, daß auch andere Faktoren, vor allem die Agrarverfassung, diese Prozesse mitprägten. Pitz betont den tiefgreifenden strukturellen Wandel in der spätmittelalterlichen Landwirtschaft, durch den sie „die Formen des marktverflochtenen Einzelbetriebes annahm". In der Agrarverfassung zeigen sich die Ansätze des Auseinandergehens der Entwicklung in Ost und West. Während im Westen und Süden Deutschlands die Eigenwirtschaft der Grundherren zurückging, die Grundherrschaft vielfach zur Rentengrundherrschaft wurde und in Nordwesteuropa ein freies wohlhabendes Pächtertum entstand, bildeten sich im Osten große Eigenwirtschaften neu, aber nicht eingebunden in ein Verbundsystem von bäuerlichem und grundherrschaftlichen Betrieb, dessen Entstehen wir in der Karolingerzeit beobachteten, sondern als marktorientierte, auf Frondiensten und Gesindezwangsdiensten erbuntertäniger Landbevölkerung aufgebaute Gutsbetriebe. Hier entstand neue Unfreiheit auf dem Lande. Ein stimulierender Faktor dieser Entwicklung war der osteuropäische Getreidehandel, in den sich der Adel seit dem späteren 15. Jahrhundert zunehmend einschaltete. Dem Mittelalter gehören aber nur die ersten Ansätze dieser unheilvollen Entwicklung an, die z.B. in Mecklenburg das freie Bauerntum vernichtete.

Ganz andere Entwicklungen sind im mediterranen Raum zu beobachten. In der Toskana haben die städtischen Grundbesitzer die Landschaft verändert.[20] Zum klassischen Besitzrecht wurde hier die mezzadria, das privatrechtliche Pachtverhältnis in der Form des Teilbaus. Es kam zu einer weitgehenden Zersprengung der dörflichen Siedlungen. Die städtischen Eigentümer rundeten ihren Landbesitz ab und setzten inmitten des Besitzes ihren neuen Pachthof; auf ihm konnten sie die Zeit der sommerlichen Hitze und der Pest verbringen. Der Getreideanbau wurde zurückgedrängt zugunsten der Reben, des Ölbaums und anderer die Anlage größerer Kapitalien erfordernden Nutzpflanzen. Von Ölbaum zu Ölbaum schlang sich der Wein und darunter wuchs der Weizen. – Natürlich bedarf es starker Sonnenkraft für diese Mischkultur. Sie hatte auch eine günstige Arbeitsverteilung über das ganze Jahr zur Folge, was für die Familienbetriebe der contadini – wir werden sie noch genau kennenlernen – wichtig war. Dagegen entstand in Spanien eine höchst extensive Landwirtschaft, die Zucht der Merinoschafe, deren Wolle in der flandrischen, englischen und florentinischen Tuchindustrie guten Absatz fand. Gewaltige Schafherden durchwanderten Spanien, um im Winter sich von der Winterbegrünung der Ebenen zu nähren, im Sommer im Gebirge gute Weide zu finden. Auch in England ergab sich ein starker Anreiz, aus Ackerland Schafweide zu machen; im 15. Jahrhundert begannen die sog. enclosures, die Einhegungen, die zu Besitzumschichtungen und sozialen Veränderungen führten, zum Aufstieg der Schafhalter, zum Abstieg mancher Bauern.

Es erstaunt nicht, daß die Zeit erfüllt war von sozialen Unruhen: Bauernunruhen in England im ausgehenden 14. Jahrhundert, in Deutschland im 15. Jahrhundert; Unruhen in den Städten.[21] Die eigentlichen Führer der städtischen Aufstände sind in den aufsteigenden Schichten zu finden, die sich jetzt nicht mehr so sehr gegen die Stadtherren wenden, sondern gegen das alleinige Regiment des Patriziats. „... es ging bei den spätmittelalterlichen sozialen und politischen Unruhen weder um Stände- noch um Klassenkonflikte. Immer waren es komplexe soziale Gruppen, die sich gegen den Rat oder das Herrschaftssystem erhoben", so Maschke, dem wir die gültige Darstellung der Sozialstruktur in den deutschen spätmittelalterlichen Städten verdanken.[22] In diese städtischen sozialen Schichten und Gruppen waren die Frauen eingebunden. Soweit möglich werden wir das auch statistisch zu fassen versuchen. Wie die Frauen damals lebten, sich kleideten – nicht unbehelligt von Vorschriften des Rates –, wie ihre Wohnungen, ihr Hausgerät beschaffen waren, das wird uns beschäftigen.

Auf dem kulturellen Sektor ist eine gewisse Säkularisierung offensichtlich. Ein Bildungsmonopol des Klerus besteht nicht mehr. Immer mehr Laien – auch bürgerliche, verheiratete Frauen, nicht nur Nonnen – können jetzt lesen, schreiben und rechnen; man rechnet mit Rechenpfennigen.[23] Das Bildungsangebot wird breiter, die Schuldichte nimmt zu. Der Rat der Städte gewinnt mancherorts Einfluß auf die an den Pfarrkirchen entstandenen Lateinschulen. Universitäten – vor 1300 auf Italien, Frankreich und England beschränkt – entstehen jetzt auch in Mitteleuropa: Prag (1348), Heidelberg, Köln, Erfurt, Leipzig, Krakau. Auch der Universitätsbesuch aus bürgerlichen Kreisen nimmt zu. Der Bedarf der Landesherren, auch der großen Städte an gelehrten Juristen wächst.

Ein zweiter neuer Grundzug ist die zunehmende Rationalität des Verhaltens im Alltag; sie ist kennzeichnend für das Berufsbewußtsein des Kaufmanns dieser Zeit, wir wiesen schon drauf hin.

Dem steht wiederum die Mystik gegenüber und die besondere Ausprägung, die sie in der devotio moderna, der Ende des 14. Jahrhunderts einsetzenden religiösen Erneuerungsbewegung gewann. Sie ging von den Niederlanden aus und erfaßte vor allem Nord- und Mitteldeutschland. Ihre organisatorische Form fand diese „temperierte Spiritualität" (Meuthen) im

Verband der Fraterherren oder Brüder vom gemeinsamen Leben und in der Kongregation der dem Kloster Windesheim bei Zwolle unterstellten Chorherren. Die Fraterherren gewannen auch großen Einfluß auf die Jugenderziehung, gelegentlich unterhielten sie Schulen, vor allem leiteten sie Wohnheime für Schüler – der mittelalterliche Schüler wandert; in Emmerich am Niederrhein finden wir eine Reihe von Kölner Bürgersöhnen im Fraterherrenkolleg. Es entstehen gerade auch am Niederrhein – ebenso im Elsaß – in vorreformatorischer Zeit Gymnasien, in denen die antiken Autoren gelesen und Griechisch betrieben wurde.

Die devotio moderna war eine Reformbewegung, die durch die offenbaren Mißstände im kirchlichen Leben mitbedingt war: die Überziehung des Versorgungsprinzips, Pfründenhäufung, Bildungsrückstand der niederen Geistlichkeit, Verweltlichung des Klerus. Die Notwendigkeit einer Reform wurde allgemein eingesehen. Wie im 11. und 12. Jahrhundert sind es auch jetzt wieder die Orden, die Ernst machen mit der Reform, angefangen von den alten Orden, den Benediktinern, die Reformzentren bilden (in Norddeutschland die Bursfelder Kongregation), hin zu den Bettelorden, wo strengere Richtungen entstehen, bis zur Gründung neuer Orden. Daneben stehen Vereinigungen von Laien. Die religiöse Unruhe hat auch die Frauen stark ergriffen, davon ausführlich später. Dieses Spätmittelalter mit seinen Anzeichen der Säkularisierung, der Rationalität, des Luxus, der Lebensgier, mit seiner Mystik, seiner teils verinnerlichten und teils höchst äußerlichen Frömmigkeit – dieses pluralistische Zeitalter steht uns näher als das archaische Zeitalter vor der Wende des ersten Jahrtausends.

Wie damals eine deutsche Stadt aussah – eine kompakte Silhouette, eingebunden in Mauern und Torburgen, mit spätgotischen Hallenkirchen, Rathaus, Fachwerkbürgerhäusern, das können wir in Einbeck oder Celle, in Oberehnheim oder in Murten noch erleben, auch die Maler der Zeit haben uns manches Städtebild jener Tage bewahrt, wenn es auch nur einer Geburt Christi oder Anbetung der hl. Drei Könige als Hintergrund dient.

Aber Italien hat die Renaissance. Das durch allzu vielfältige Verwendung etwas abgegriffene Wort steht hier als Epochenbezeichnung. Die italienische Renaissance beginnt im 14. Jahrhundert. Schon immer unterschied sich die soziale Entwicklung Italiens von der jenseits der Alpen durch die – im ganzen Mittelmeerraum anzutreffende – Stadtsässigkeit des Adels. In Italien, das eine Mittlerstellung zwischen Byzanz, dem Orient und Europa innehatte, ging der stadtsässige Adel in den Handel, und damit fiel die Scheidewand zwischen dem reichen Händler und dem handeltreibenden Adligen. Die italienischen Städte bauten sich ein Kolonialreich von den griechischen Inseln bis hin zum Schwarzen Meer auf. Aus den vielen sich bekämpfenden Stadtrepubliken wurden großräumige, aber stadtstaatlich organisierte Gebilde: Venedig, Mailand, Genua, Florenz. Venedig blieb aristokratische Republik, andere Stadtkommunen wurden zu Signorien umgeformt. Für ihre Entstehung schließe ich mich den Ausführungen Sestans an.[24] Von der Kommune gewählt, ist die Macht der Signori, der Renaissancefürsten, unbeschränkt; sie ist ohne sakrale Weihe. In diesen urbanen und säkularisierten Staaten mit ihrer offenen Gesellschaft erwächst das Ideal einer auf individueller Leistung beruhenden Lebensgestaltung, die den ganzen Menschen formen soll, einer neuen allgemeinen Bildung im Rückgriff auf die Antike und bewußter Abwendung von der dunklen Periode zwischen der Antike und der eigenen, als neue Epoche empfundenen Zeit. Die starken korporativen Zwänge des Mittelalters sucht man abzustreifen zugunsten der Entfaltung des Individuums. Renaissance – das bedeutet ein neues Lebensgefühl; wie es sich in Staat und Diplomatie, in der Kunst, im gesellschaftlichen Leben ausdrückt, können wir hier nicht im einzelnen schildern. Der mit dem der Renaissance verknüpfte Begriff des Humanismus ist enger; er bedeutet vor allem die Zuwendung zu den antiken Autoren, die Einbeziehung des Griechischen in die schulische und akademische Ausbildung. Der entscheidende Durchbruch des Humanismus erfolgt in Mitteleuropa erst in der zweiten Hälfte des 15. Jahrhunderts. „Ein weites Feld tut sich mit dem Problem der europäischen Rezeption der italienischen Renaissance auf" (Meuthen). Frankreich geht wohl voran.

Die Menschen des 15. Jahrhunderts stoßen zu neuen Ufern vor. Das Zeitalter der Entdeckungen beginnt. Genuesen, Portugiesen und Spanier erschließen die neue Welt. Antwerpen an der Schelde wird um 1500 der Umschlagplatz der Waren oberdeutschen Gewerbefleißes mit den Gewürzen, Südfrüchten, dem Zucker neuerschlossener Gebiete. Die fehlende Infrastruktur Portugals und Spaniens bringt beide Länder um den vollen Gewinn aus ihren Kolonien. Die Spanier legen ihre ältesten Kirchenbauten auf den kanarischen Inseln noch als spätgotische Hallenkirchen an – darin steht dann wie heute noch in Telde auf Gran Canaria ein Antwerpener Schnitzaltar –, und die Portugiesen nehmen als Rückfracht nach Madeira, das damals ganz Europa mit Rohrzucker versorgte, flämische Gemälde mit, die man heute im Museum in Funchal bewundern kann. Vergessen wir aber auch nicht die Technik: die Anfänge der Artillerie, die Entwicklungen im Maschinenbau, im Uhrenbau – kennzeichnend auch dafür, daß den Menschen die Zeit kostbar wird –, den Buchdruck. Die Wiegendrucke vor 1500 (Inkunabeln) werden auf 27000 Titel geschätzt; es gab vor 1500 etwa 260 Druckorte, allein in Venedig 151 Druckereien. Unnötig auszuführen, was gerade diese Erfindung für das geistige Leben, für Information und Kommunikation bedeutete.

Zur Methode der vorliegenden Darstellung möchte ich sagen, daß sie natürlich nicht umhin kann, die Erträge fundierter wissenschaftlicher Bemühungen um das Thema mit Kritik zu übernehmen, daß sie sich auch bemüht, unmittelbar aus den Quellen zu schöpfen. Längere Quellenzitate schienen mir unentbehrlich, man kann kaum erwarten, daß ein interessierter Laie eine ihm lediglich angegebene Stelle selbst nachliest. Vor allem schien es mir wichtig, Entwicklungslinien herauszuarbeiten und nicht bei isolierten Einzelaussagen stehenzubleiben. Für eine unabdingbare – aber gerade bei diesem Thema oft vernachlässigte – methodische Forderung halte ich es, die Belege nach ihrer Zeitstellung und räumlichen Bindung zu ordnen und zu interpretieren. Das ist bei einer auf das Mittelalter gerichteten Betrachtung besonders wichtig: Das mittelalterliche Europa hat starke Kulturgefälle, ausgeprägte Innovationszentren und Reliktzonen, die Rechtszersplitterung ist enorm, die Wirtschaftsräume decken sich oft keineswegs mit den politischen Herrschaftssphären bzw. Staaten, keine große Stadt, auch wenn sie einem bestimmten Wirtschaftsraum zuzuweisen und typologisch einzuordnen ist, entbehrt der individuellen Züge. Nur Fallstudien zur Lage der Frauen in einer bestimmten Stadt oder ländlichen Herrschaft usw. ergeben ein wirkliches Bild. Genügte für den Fachmann im engen Sinn des Wortes dabei vielfach der Hinweis auf die Literatur, so mußte dem Laien – im weitgefaßten Sinn – schon eine Skizze gezeichnet werden, es galt dabei auch, vor ungerechtfertigten Verallgemeinerungen zu bewahren. Gerade weil die Frauen ihre Umwelt und ihr Schicksal nicht in demselben Ausmaß wie die Männer selbst mitgestalten konnten, ist es unerläßlich, die wechselnden rechtlichen Bedingungen ihrer Lage, ihre gesellschaftliche Stellung, ihren wirtschaftlichen Alltag im zeitlichen Wandel und in der regionalen Differenzierung zu erfassen. Die Analyse der verfassungsrechtlichen Gegebenheiten, des Wirtschaftslebens, der Sozialstruktur wird ergänzt durch personengeschichtliche Daten und Kurzbiographien. Erst sie geben die volle Wirklichkeit wieder, die wir mit Gesetzesvorschriften, Statistik und Durchschnittszahlen allein nicht fassen können.

Unsere Zeit ist keineswegs die erste, die sich mit diesem Problem befaßt. Die Frauenbewegung des 19. Jahrhunderts hat Arbeiten entstehen lassen, von denen einige es heute noch verdienen, gelesen zu werden, Arbeiten aus männlicher wie weiblicher Feder. Vor allem die Wirtschaftshistoriker haben sich schon vor dem Ersten Weltkrieg dem Frauenthema zugewandt. Wir greifen die prägnantesten Beispiele heraus: Marianne Weber legte 1907 eine umfangreiche Untersuchung „Ehefrau und Mutter in der Rechtsentwicklung“ vor. Sie wandte sich an ein breites Publikum. Natürlich ist ihr Buch in dem einen und anderen Bezug überholt; es stünde schlecht um die Geschichtswissenschaft, wäre dem nicht so. Heute noch gültig ist die klare, durchschlagende Kritik der Mutterrechtstheorien und des angeblichen Verhältnisses von Eigentums- und Eheentwicklung. Schon auf Grund des damaligen Forschungsstandes konnte sie die von Friedrich Engels „aus Morgan und Bachofen destillierte und von da in unzählige vulgär-sozialistische ehe- und familiengeschichtliche Darstellungen – darunter Bebels vielgelesenes Buch, aber auch in massenhafte Erzeugnisse der Frauenliteratur – übernommene Entwicklungstheorie“ zurückweisen. Ihre Schlußfolgerungen besagen: 1. Das Mutterrecht ist keine ursprünglich überall dem Vaterrecht vorausgehende Institution. 2. Mutterrecht und Mutterherrschaft sind nicht identisch. 3. Unhaltbar ist der Schluß, daß die Entstehung des Privateigentums das Vaterrecht habe entstehen lassen. Sie konstatiert: „Die Frau ist nirgends derartig verknechtet, wie gerade dort, wo die Hausgemeinschaft der Großfamilie die Allgemeinform des ländlichen Wirtschaftsbetriebes bildet: in der russischen Großfamilie und südslawischen Zadruga." Diese Formen bestehen heute nicht mehr. „... Gerade der Besitz individuellen Privateigentums auch durch die Frau gab ... Anlaß, die absolute Willkür des alten Patriarchalismus durch Ehevertrag zu brechen".

Einem der hervorragendsten deutschen Rechtshistoriker, Richard Schröder (1838–1917), verdanken wir eine mehrbändige, heute in vielem überholte, aber noch nicht ersetzte Geschichte des ehelichen Güterrechts in Deutschland und einem Nationalökonomen der sog. jüngeren Historischen Schule, Karl Bücher (1847–1930), wichtige Aufschlüsse zur Berufstätigkeit der Frau im späten Mittelalter. Auf der Hildesheimer Tagung des Hansischen Geschichtsvereins am 22. Mai 1907 hat Julius Hartwig ein ausgezeichnetes Referat über die Frauenfrage im mittelalterlichen Lübeck gehalten.

Nach dem Zweiten Weltkrieg setzte die Société Jean Bodin einen Markstein mit dem zweibändigen Werk „La Femme", in dem im globalen Rahmen vor allem die Rechtsstellung der Frau – sie bildet das Gerüst für alle weiteren sozial- und wirtschaftsgeschichtlichen Fragen – in allen Zeitaltern untersucht wird.

Augenblicklich stehen wir einer Flut von Neuerscheinungen gegenüber. Es liegen ernstzunehmende Gesamtübersichten vor: Die Arbeit von Shulamith Shahar, Die Frau im Mittelalter;[25] sie leidet vor allem daran, daß sie erst im 12. Jahrhundert einsetzt und daher allein schon die großen Wandlungen, die sich im Mittelalter vollziehen, nicht herausstellen kann. Es fehlen präzise verfassungsrechtliche Kenntnisse: Grundherrschaft und Lehnswesen werden z.B. nicht auseinandergehalten. Wenn die Verf. auf S. 59 sagt, daß die meisten Nonnen „kaum das Lateinische beherrschen", enthüllt das eine starke Verkennung des Bildungsstandes in vielen Frauenklöstern und -stiften. Ich bezweifle, daß eine Abiturientin unserer Tage so viel Latein kann wie die Nonne Bertha, die das Leben der hl. Adelheid von Vilich beschrieb – von den großen gelehrten Frauen – Roswitha von Gandersheim, Hildegard von Bingen – ganz zu schweigen. In einem Buch, in dem die dos konsequent (S. 86, 124, 125, 206 und passim) als Neutrum gebraucht, iuventus und iuvenis (S. 130) verwechselt wird, sollte man die Lateinkenntnisse anderer etwas vorsichtiger beurteilen. Die Arbeit ist wesentlich auf Westeuropa beschränkt. Es soll nicht verkannt werden, daß sich richtige Erkenntnisse und eine Fülle interessanter Details in dem Buch finden. Eileen Power starb, bevor sie das von ihr geplante Buch über die Frau im Mittelalter fertigstellen konnte. Postan hat aus ihrem Nachlaß ein hübsch illustriertes Büchlein zusammengetragen, das gediegenen Einblick vor allem in die englischen Verhältnisse bietet. Die französische Archivarin

Régine Pernoud, die das Rüstzeug der Mediaevistik und die Gabe lebendiger Darstellung besitzt, hat nach ihren biographischen Arbeiten über Eleonore von Aquitanien, die Königin Blanche und die Jungfrau von Orléans 1980 die schöne Untersuchung „La femme au temps des cathédrales" vorgelegt, die vor allem auch der geistigen und kulturellen Wirksamkeit der Frau im Mittelalter gerecht wird. „Die Frau in der deutschen Wirtschaft" behandelte die von H. Pohl 1983 veranstaltete Tagung der Gesellschaft für Unternehmensgeschichte (Beiheft 35 der Zeitschrift für Unternehmensgeschichte). Tiefdringende Studien zur Frauenfrömmigkeit verdanken wir – seit langem schon H. Grundmann – und Kaspar Elm. Der Frauenmystik im Mittelalter galten die 1984 und 1986 von P. Dinzelbacher und D. R. Bauer geleiteten Tagungen der Akademie der Diözese Rottenburg-Stuttgart; die Ergebnisse der Tagung des Jahres 1984 liegen im Druck vor. K. Ruh, lange schon durch seine feinsinnigen Studien zur Frauenmystik u. a. bekannt, leitete die Tagung über „Abendländische Mystik im Mittelalter", die 1984 im Kloster Engelberg stattfand und deren Referate und Berichte jetzt im Druck erscheinen sollen. Die vielerorts zu konstatierende Zuwendung zur Geschichte des Alltags im Mittelalter arbeitet auch Rahmenbedingungen weiblichen Lebens und Wirkens heraus: Resultate einschlägiger Tagungen veröffentlichten die Institute für Realienkunde in Krems/Österreich, für Anthropologie der Universität Göttingen, für vergleichende Städtegeschichte in Münster. W. Affeldt kündet im Jahrbuch der historischen Forschung in der Bundesrepublik Deutschland interdisziplinäre Studien zur Geschichte der Frauen an. Erschienen ist 1986 der Band zur Geschichte der Frauen im Frühmittelalter; er bringt, wie der Herausgeber betont" vorerst Mosaiksteine" zum Thema. Die von A. Kuhn und P. Ketsch herausgegebenen Quellenbände „Frauen im Mittelalter" bieten viel Material, genügen aber nicht strengeren editorischen Ansprüchen; z. B. wird das Buch Weinsberg nach Hässlein (so statt Hässlin) zitiert, dem Zender 1961 in den Rhein. Vierteljahrsblättern „grauenhafte Fehler" nachwies. Warum nicht die Ausgabe in den Publikationen der Gesellschaft für rheinische Geschichtskunde?

Erstes Kapitel
Das frühe Mittelalter 500–1050

1. Die Stellung der Frau in germanischer Sicht

Die Germanen der Völkerwanderungszeit, mit denen wir es in diesem Kapitel eigentlich zu tun haben, sind nicht mehr die Germanen des Tacitus.[26] Was wir von den Germanen der taciteischen Zeit, also des ersten nachchristlichen Jahrhunderts wissen, ist sehr bruchstückhaft; da wo die Bodenfunde die schriftlichen Quellen nicht überprüfbar machen, in den Fragen des Rechtes und der sozialen Verhältnisse, bleibt vieles unklar und umstritten. Die Germanen der ersten nachchristlichen Jahrhunderte sind in Stämme gegliedert. Die kleinste aber wichtigste Einheit ist das „ganze Haus", über das der Hausherr gebietet; es gibt Anfänge einer Grundherrschaft, eine kleine Herrenschicht, viele Freie, etliche Sklaven. Die Agrarwirtschaft wird durch Handel und Gewerbe ergänzt. Neben den archäologischen Zeugnissen stehen die Nachrichten antiker Schriftsteller und epigraphisches Material.[27] Die ausführliche Schilderung in der Germania des Tacitus, die ein sehr positives Bild von den germanischen Frauen entwirft, müssen wir kritisch lesen. Tacitus wollte einmal der Gesellschaft des weltstädtischen Rom mit ihrem Zerfall der alten Vätersitte einen Spiegel vorhalten, dann steht sein Werk in einer historiographisch-ethnographischen Tradition, die den Quellenwert seiner Aussagen erheblich mindert; er gibt vielfach allgemeine antike Barbarentypologie, die nicht durch eigene Beobachtung ergänzt und korrigiert wird. In dichterischer Intuition entwirft er ein idealisiertes Bild der Germanin; es gipfelt in dem berühmten Satz „inesse quin etiam sanctum aliquid et providum putant" – die Germanen glauben, daß den Frauen etwas Heiliges und Seherisches eigne. In seinen „Historien" hat Tacitus von der klugen Seherin Veleda berichtet. Sie gehörte zum Stamm der Bructerer und spielte eine Rolle im niederrheinischen, von dem adligen Bataver Julius Civilis angeführten Aufstand (69 n. Chr.), dem sich auch ihr Stamm angeschlossen hatte. Der römische Führer Cerialis, ein Verwandter des Kaisers Vespasian, beendete den zusammenbrechenden Aufstand auf diplomatischem Weg; er verhandelte auch mit Veleda, die ihren Landsleuten für den Krieg gegen die Römer Günstiges prophezeit hatte. Hielt er sie für manipulierbar? Sie war zweifellos politisch einflußreich.

Wenn Tacitus in den „Historien" die Bataver am Schluß des Krieges sagen läßt, sie wollten lieber die römische Befehlsgewalt als eine Weiberherrschaft ertragen, so entspricht das, wie überhaupt das von ihm in den

„Historien" entworfenen Bild der Veleda, nicht dem hehren Bild der Seherin, das er in der „Germania" skizziert. Von germanischen Priesterinnen früherer Zeit, kimbrischen Frauen berichtet Strabo: Sie opfern den Göttern Kriegsgefangene und verkünden aus dem strömenden Blut und den Eingeweiden den Ihren den Sieg. Man wird es demnach als einigermaßen gesichert ansehen können, daß die Germanen den Frauen magische Kräfte beimaßen. Die germanischen Frauen nahmen an kriegerischen Kämpfen nicht unmittelbar teil; sie blieben bei der Wagenburg, von dort haben sie wohl die Krieger ermuntert und bei äußerster Bedrängnis ihnen geholfen; sie haben als Gefangene und Versklavte ihr Schicksal würdevoll und ehrbar getragen. Der Germane erwartete von seinen Frauen und Töchtern unbedingte Sittenreinheit. Er überließ den Frauen die Leitung des Hauswesens und die Arbeit auf dem Feld zusammen mit den Sklaven. Wie bei allen indogermanischen Völkern war die Familienstruktur ausgesprochen patriarchalisch.

Im römischen Kaiserreich war die rechtliche Stellung der Frau sehr viel günstiger. Die römische mater familias hatte immer hohes Ansehen genossen. Seit Augustus wurde die Frau durch Wegfall der Geschlechtsvormundschaft nach dem Tod des Vaters, dessen Rechte also nicht mehr auf einen anderen männlichen Verwandten übergingen, voll handlungsfähige und selbständige Rechtspersönlichkeit. Das 76 n. Chr. ergangene Senatskonsult Vellejanum, das später noch oft herangezogen wurde und sich das Mittelalter hindurch erhielt, nahm den Frauen allerdings die Fähigkeit, für andere Bürgschaft zu leisten; das bedeutete für sie eine Beschränkung im Geschäftsleben. Die römisch-rechtliche dos ist von der dos der germanischen Leges verschieden. Im römischen Recht ist die dos die Mitgift der Braut; der germanischen dos entspricht die römische donatio ante nuptias (Schenkung des Mannes an die Braut vor der Ehe). Gemeinsam ist beiden Rechten, daß die dos Kennzeichen der legitimen Ehe – im Gegensatz zum Konkubinat – ist. Die dos hatte im klassischen römischen Recht die soziale Aufgabe, den Belangen der Frau zu dienen. Der justinianische Begriff der dos beließ dem Mann nur noch ein formales Eigentum.[28] Endgültig seit Justinian hatte die Frau das Recht, dem Mann die Verfügung über die dos zu entziehen, falls er sie durch Verschleuderung gefährdete. Die patriarchalische Familienstruktur blieb allerdings auch in Rom gewahrt, und die Kinder gehörten ausschließlich dem Vater.

Daß die großen Wanderungsbewegungen, der Zusammenstoß mit Rom und die Begründung germanischer Reiche auf ehemals römischem Gebiet tiefgreifende Veränderungen in der materiellen Kultur und der gesellschaftlichen Struktur der germanischen Völkerschaften bewirken mußten, liegt auf der Hand. Die sozialen Unterschiede wurden schroffer, die Zahl der Sklaven nahm erheblich zu. Die Germanen erwiesen sich in vielen Dingen als gelehrige Schüler der ihnen zivilisatorisch immer noch weit überlegenen Römer; römisches und christliches Gedankengut drang auch in ihre Rechtsvorstellungen ein. Die germanischen Stammesrechte, die Leges,[29] bieten eine Fülle textkritischer Probleme. Das Recht, das sie überliefern, ist keineswegs „urgermanisch". Es ist vom römischen Vulgarrecht, das im weströmischen Reich galt und zu unterscheiden ist vom oströmischen Corpus iuris des Justinian, und von christlichen Vorstellungen beeinflußt – allerdings in höchst unterschiedlicher Weise. Der römisch-vulgarrechtliche Einfluß ist besonders groß in den Rechtsaufzeichnungen der Germanen, die sich in Gebieten des ehemaligen römischen Weltreichs mit starkem verbliebenem römischen Bervölkerungsanteil niedergelassen hatten: der Goten und Burgunder, weniger der Langobarden, aber auch der salischen Franken; diese „Leges" sind zugleich die ältesten, sie entstanden vom ausgehenden 5. bis ins 7. Jahrhundert; zur zweiten Gruppe zählen die Leges, die unter fränkischer Herrschaft in Gebieten mit überwiegend oder ausschließlich germanischer Bevölkerung entstanden sind, der ripuarischen Franken im Rheingebiet aus dem 7./8. Jahrhundert, der von den Franken abhängigen Alemannen (Pactus Alamannorum) und die Leges der Bayern und Alemannen aus der ersten Hälfte des 8. Jahrhunderts.

Der terminus ante quem der Lex der Bayern ist das Jahr 748; in ihr sind christliche Auffassungen sehr ausgeprägt. Die Gesetze der Sachsen, Thüringer und Friesen schließlich wurden auf Befehl Karls des Großen im frühen 9. Jahrhundert aufgezeichnet. Dieser Differenzierungen und der zeitlichen Unterschiede müssen wir uns bewußt bleiben.

Inhalt der Leges sind u.a. Bußkataloge für Verbrechen gegen das Eigentum und das Leben – der Selbsthilfe und Blutrache sollen Grenzen gesetzt werden –, standesrechtliche Bestimmungen, Ehegesetze und das Erbrecht, das in einer Agrargesellschaft besonders wichtig ist. Hier überwiegt der germanische Rechtsgrundsatz, daß die Erben geboren und nicht gekoren sind. Ausnahmen betreffen zunächst die Schenkungen an die Kirche. Eine erschöpfende kritische Analyse aller Passagen, die sich mit der Frau beschäftigen, an Hand des heutigen Standes der Legesforschung, ist ein Desiderat, das ich hier nur anmelden, nicht erfüllen kann.

Was ich über die Bedeutung des „Hauses" im frühen Mittelalter sagte, läßt schon erwarten, daß die Familie damals streng patriarchalisch organisiert war. Zwar war die Frau keineswegs rechtlos. Aber sie war rechtlich handlungsunfähig, sie konnte nicht vor Gericht selbständig auftreten, ihr Vermögen nicht selbst verwalten, sie war im Erbrecht benachteiligt. Vom jungen Mädchen wird äußerste Sittenreinheit, von der Ehefrau unbedingte Treue verlangt – dem Mann gegenüber ist das Gesetz nachsichtiger. Vergewaltigung einer Frau wird streng geahndet, aber auch Entblößen ihres Hauptes, Zerren an den Haaren, Verletzung der weiblichen Schamhaftigkeit wird bestraft. Sehr ungleich wird die Ehescheidung behandelt. Die Frau untersteht der Muntgewalt des Vaters oder des nächsten männlichen Verwandten – das bedeutet u.a. das Recht des Muntwaltes, sie zu verheiraten –, nach ihrer Heirat der Muntgewalt des Mannes bzw. noch dessen

Verwandten. Ein Nachteil für die Frau besteht darin, daß sie im Lauf ihres Lebens wenigstens zwei Familien angehört, der elterlichen und der ihres Mannes – beiden nicht so voll und ganz wie der Mann seiner angestammten Familie. Je ausgesprochener agnatisch die Familienstruktur wird, umso fühlbarer ist das für die Frau. In bäuerlichen Verhältnissen hat sich die schwierige Stellung der „Schnur" (Schwiegertochter) bis in unsere Tage erhalten.

Die Ehe wird nach germanischem Recht zwischen dem Muntwalt der Frau und dem künftigen Gatten vereinbart. Dabei wurde vom Bräutigam der Muntschatz gegeben, die dos. Diese dotierte Muntehe war die volle und die normale Form germanischer Eheschließung. Die Frau war dabei weitgehend Objekt, aber es ist irreführend, von einer Kaufehe zu sprechen. Die Frau wird durchaus als Person angesehen und geachtet; die dos war kein Kaufpreis, sondern Ablösung des personalrechtlichen Gewaltverhältnisses der Familie über die Frau.[30] Auch Wührer betont in seiner Studie zum altschwedischen Recht, daß die Ehe im altnordischen Recht keinen sachenrechtlichen Inhalt hatte, sondern ein personenrechtlicher Vertrag zwischen zwei Geschlechtern war.[31] Ebensowenig hat sich die germanische Ehe aus der Raubehe entwickelt. Der Begriff des Frauenraubs setzt die Vertragsehe als die von ihr verletzte Regelerscheinung voraus. Ein Dekret des Merowingerkönigs Childebert II. bedroht Frauenraub mit dem Tode.

Bei der germanischen Muntehe treten zwei Akte schärfer hervor:[32] die Verlobung (desponsatio) und die Trauung (traditio puellae). Die Verlobung bestand im Abschluß eines rechtsförmlichen Vertrages, in dem der Bräutigam durch Vorleistung des Muntschatzes oder mindestens durch eine Anzahlung den Muntwalt des Mädchens verpflichtete, ihm das Mädchen mit der Muntgewalt zu übertragen. Zog sich der Bräutigam vom Verlöbnis zurück, wurde er bußfällig. Das Verlöbnis verpflichtete die Braut zur Treue gegenüber dem Verlobten; Treubruch der Braut durch Geschlechtsverkehr mit einem anderen war nach langobardischem Recht ein todeswürdiges Verbrechen. Die Trauung, die Übergabe des Mädchens durch den Muntwalt, fand im Kreis der Verwandten statt, begleitet von einem festlichen Gelage. Durch rechtsförmliche Handlungen – Kniesetzung, Fußtritt, Handergreifung – machte der Bräutigam den Erwerb der Munt über die Braut offenkundig. Daran schloß sich die Heimführung der Braut im feierlichen Zug in das Haus des Mannes, schließlich das Beschreiten des Ehebettes vor Zeugen. Die Braut erhielt vom Mann nach der Brautnacht die Morgengabe, durch die sie als rechtmäßige Ehefrau ausgezeichnet wurde. Der Ehevertrag wurde also zwischen Muntwalt und Bräutigam abgeschlossen. Neben der Vollehe, der dotierten Muntehe, gab es die sog. Entführungsehe, wenn die Entführung mit der Zustimmung des Mädchens erfolgt war; sie hatte allerdings rechtliche Nachteile. Eine Ehe war auch die undotierte, muntfreie Friedelehe. Ob sie aber jemals eine der dotierten Muntehe voll ebenbürtige Eheform war, ob es also einen germanischen

Eheformendualismus gab, ist fraglich.[33] Die Friedelehe beruhte auf der freien Zuneigung der Partner; die eheliche Gemeinschaft wurde bei ihr durch öffentliche Heimführung und Bettbeschreitung begründet, die dos wurde ersetzt durch die Morgengabe für die Frau nach der Brautnacht, die sich dann auch als zusätzliche Gabe zur dos bei der Muntehe findet. Die Form der undotierten Ehe diente im Adelsstand öfters dazu, den Eintritt einer Frau niederen Standes und ihrer Kinder in Stand und Familie ihres Mannes zu verhindern. Die in Fürstenhäusern noch in neuerer Zeit vorkommende „morganatische Ehe" oder „Ehe zur linken Hand" geht letzten Endes auf die Friedelehe zurück, kann aber nicht mit ihr gleichgesetzt werden; sie war in ihrer vom herkömmlichen Eherecht abweichenden Form ein Sonderrecht des Hochadels, war aber eine vollwertige Ehe, auch im kirchlichen Sinn. – Die Friedelehe führte keine Standesgemeinschaft der Ehegatten herbei.

Ein durchgängiger Zug der Leges ist der Vorrang der Söhne vor den Töchtern innerhalb der ersten Erbenklasse – mit Ausnahme des westgotischen Rechtes. Kroeschell vermutet hier eine Einwirkung römischer Rechtsanschauung. An diesem günstigen westgotischen Erbrecht halten auch die mittelalterlichen Rechtsaufzeichnungen, die Fueros, im christlichen Spanien fest, ebenso an der westgotischen Maxime „ne sine dote coniugium fiat" (ohne dos keine Ehe). Die dos hieß in Spanien arras im Plural, weil sie auch einen Ring und andere Geschenke des Bräutigams einschloß. Ohne förmliche Dotierung blieb das der Friedelehe verwandte Verhältnis der barraganía. Die mit einem noch unverheirateten jungen Mann oder einem Witwer im gemeinsamen Haushalt zusammenlebende barragana, vor der Kirchenreform auch die einem städtischen Priesterhaushalt vorstehende barragana war eine respektierte Frau, deren Kinder Erbrechte besaßen. Sie ist im Mittelalter noch häufig anzutreffen in den privilegierten Neusiedlungen der Reconquista. Schwierig wurde die Stellung eines solchen Paares, wenn der Mann verheiratet war, vor allem wenn er mit der barragana in derselben Stadt lebte wie seine Ehefrau.[34] Die im „Zwielicht zwischen germanischem Altertum und Spätantike" (Franz Beyerle) stehenden Gesetze für die im Rhôneraum ansässig gewordenen Burgunder[35] gehen größtenteils auf den Burgunderkönig Gundobaud zurück und sind vor 501 entstanden. Die Erbfolge wird so geregelt, daß die Tochter, wenn kein Sohn da ist, an seiner Statt in das Vater- und Muttererbe tritt. Gottgeweihte Jungfrauen bekommen, wenn ein oder zwei Brüder da sind, ein Drittel als väterliches Erbe, bei vier oder fünf Brüdern einen entsprechenden Kopfteil; dieser Anteil fällt nach ihrem Tod den Nächstverwandten heim (§ 14). Eine Frau, die nach dem kinderlosen Tod ihres Mannes sich nicht wieder verheiratet, soll ein Drittel der ganzen Habe ihres verstorbenen Gatten bis zu ihrem Todestag besitzen; dann fällt es den rechten Erben ihres Mannes zu. Sie hat auch freie Hand wieder zu heiraten, muß dann aber auf das Drittel der Habe ihres ersten Gatten verzichten (§ 42).

Wenn die Mutter die Vormundschaft übernehmen will, soll ihr die Verwandtschaft nicht vorgezogen werden (§ 85). Wer ein Mädchen raubt, muß den für sie geschuldeten Brautpreis neunfach zahlen und strafweise 12 Schillinge (§ 12, Absatz 1). Ein freier Mann, der einer Sklavin Gewalt antut, muß, falls er der Notzucht überführt wird, dem Herrn der Sklavin 12 Schillinge zahlen. Tut es ein Sklave, so erhält er 150 Stockhiebe (§ 30). Durch Zeugen bewiesenes gewaltsames Entblößen des Hauptes oder Zerren an den Haaren einer freien Frau durch einen freien Mann kostet 12 Schillinge für die Frau und 12 Schillinge Strafgeld, bei einer Freigelassenen 6 Schillinge, bei einer Sklavin drei Schillinge und entsprechendes Strafgeld. Ein Sklave, der das einer Freien antut, erhält 200 Stockhiebe, bei einer Freigelassenen 100, einer Sklavin 75. Wenn die betreffende Frau sich aber selbst in Händel eingelassen hat, kann keine Klage angestrengt werden (§ 33). Zur Ehescheidung wird verfügt: Trennt sich ein Weib von seinem rechtmäßigen Mann, so soll man es im Sumpf ertränken. Verstößt ein Mann grundlos sein Weib, so hat er ihm noch einmal den Betrag zu zahlen, den er als Brautpreis dafür aufgewendet hatte, und als Strafgeld 12 Schillinge. Bewiesener Ehebruch, bewiesene Hexerei und Grabschändung gestatten einem Mann, sein Weib zu verstoßen; das Gericht hat dann die Pflicht, über die Übeltäterin nach dem Gesetz zu richten. Aus einem anderen Grund kann kein Ehemann seine Frau verstoßen. „Doch wenn er es vorzieht, so mache er sich aus dem Hause, lasse indessen all sein Gut darinnen. Da muß sie denn mit ihren Kindern ihres Mannes Habe an sich nehmen" (§ 34). Der Sklave, der einem freien Weibe Gewalt antut, wird, wenn die Frau ihn anklagt und die Untat beweist, getötet. Wenn sich ein freies Mädchen freiwillig mit einem Sklaven zusammentut, werden beide getötet. Wollen aber die Verwandten das Mädchen nicht bestrafen, so geht es seines freien Standes verlustig und wird unter die Sklavinnen des Königs versetzt (§ 35). Eine Witwe, die sich verfehlt, kann den betreffenden Mann nicht heiraten (§ 44). Die Verfehlung einer Braut wird an Hand einer bestimmten Klage erörtert, in der ein königliches Urteil erging, das als „Zuchtmaßstab" dienen soll: Die Witwe Aunegilde hatte sich, selbmündig, dem Schwertpfleger des Königs Fridegisel versprochen, auch aus eigenem Wunsch und Willen. Auch ihr Wittum, ihre dos, hatte sie größerenteils vom Bräutigam in bar erhalten. Sie zerriß das Verlöbnisband und wandte sich – lief, heißt es im Text – dem Baldomod zu. Dadurch machten sich beide der Todesstrafe schuldig, die nur deshalb nicht zur Anwendung kam, weil die heiligen Ostertage bevorstanden, so wurden beide nur zur Wergeldzahlung verurteilt (§ 52). Ertappte Ehebrecher, Mann wie Weib, sind zu töten.

In manchen Leges finden sich ganze Bußkataloge für das Entblößen einer Frau. Ein besonderer Fall wird in den Gesetzen des Langobardenkönigs Liutprand (733) behandelt.[36] Wir bringen die Stelle im Wortlaut: „Es wurde uns berichtet, daß ein verdorbener Mensch – aliquis homo perversus –, während eine Frau in einem Fluß badete, alle ihre Kleider, die sie dort hatte, wegnahm, so daß sie nackt zurückblieb, und wer des Weges kam und an dem Platz vorüberging, sündhafterweise ihre Blöße sah. Denn einesteils konnte sie doch nicht immerzu im Flusse stehenbleiben, andererseits schämte sie sich nackt zu ihrem Hause zurückzugehen. Wir setzen also fest, wer eine solche unerlaubte Frechheit an den Tag legt, der zahlt der Frau, der gegenüber er sich so verbotenen Tuns erfrecht, sein Wergeld. Und das erklären wir deshalb: hätte ihr Bruder oder Mann oder ein Nahverwandter ihn dabei betroffen, so hätte er eine blutige Auseinandersetzung mit ihm gehabt; und wie leicht hätte der eine es gehabt, wenn er die Oberhand behalten konnte, den anderen zu töten. Da ist es dann doch besser, er lebt und zahlt sein Wergeld, als daß unter den Verwandten Fehde und eine höhere Buße aufläuft". Hier wird auch das Bemühen des gesetzgebenden Königs deutlich, die Rache einzuschränken.

Die Rechtsstellung der Frau in der fränkischen Monarchie hat Ganshof mit der ihm eigenen Exaktheit untersucht.[37] Allgemein bekanntgeworden ist die Bestimmung der Lex salica,[38] des Rechtes der Salfranken, daß den Frauen am Grundeigentum, der terra, bzw. in einer anderen Fassung des Textes, der terra salica kein Erbrecht zustehe. Unter terra salica ist wohl das ererbte Gut im Gegensatz zum neuerworbenen Kaufgut zu verstehen. Dieser Rechtssatz hat im 14. Jahrhundert – in verfälschter Form – dazu beigetragen, daß die Frau in Frankreich vom Erbe der Krone ausgeschlossen wurde. Eine Geschlechtsvormundschaft kennt das fränkische Recht nur in frühmerowingischer Zeit. Anders, für die Frau ungünstiger, verfährt das sächsische Recht, dem sich hierin das thüringische und das friesische anschließen. Es praktiziert in aller Strenge die Geschlechtsvormundschaft, auch für jene Frau, die weder unter der Gewalt des Vaters noch des Ehegatten steht, also für die Witwe. Vormund der Witwe wird der Sohn aus der ersten Ehe ihres verstorbenen Gatten oder der Bruder oder sonstige nächste männliche Verwandte des Gatten. Dementsprechend wurde die Eheschließung zwischen dem Muntwalt und dem künftigen Gatten, auch wenn die Frau Witwe war, vereinbart. Wenn ein Mann starb und nur Töchter hinterließ, kam diesen zwar das gesamte Erbe zu, die Vormundschaft über sie stand dem Bruder oder nächsten männlichen Verwandten des Verstorbenen zu, also nicht etwa der Mutter. Wenn die Witwe, die eine Tochter hatte, wieder heiratete und einen Sohn bekam, dann stand diesem die Vormundschaft über die Tochter zu; im umgekehrten Fall ging die Vormundschaft über die Tochter zweiter Ehe nicht an den aus erster Ehe stammenden Sohn, sondern an den Bruder oder nächsten Verwandten des Vaters.

Sowohl das salische wie ripuarische Recht setzen für die Tötung einer gebärfähigen Frau eine Buße in Höhe von 600 Schilling fest. Die Lex Ripuaria bestimmt für die Schwangere, die mit ihrer Leibesfrucht getötet wird, 700 Schillinge.[39] Es ist der zweithöchste Satz in diesem Wergeldkatalog; nur wer einen Bischof totschlug, mußte noch mehr – 900 Schillinge – büßen. Wenn ein Ripuarier einen zugewanderten Franken tötete, betrug das Wergeld 200 Schillinge. In dieser Zeit vorherrschender Naturalwirtschaft kam eine Zahlung in Geld oder in Silber nicht in Frage. Die Geldangabe diente als Wertmaßstab; die Lex gibt Gegenwerte an: Ein gehörnter, sehender, gesunder Ochse gilt 2 Schillinge, eine gehörnte, sehende, gesunde Kuh 1 Schilling, ein Schwert mit Scheide 7 Schillinge usw. Das Wergeld der schwangeren Frau kam also ganzen Ochsen- und Kuhherden gleich; man konnte auch eine stattliche Anzahl von Männern dafür mit Rüstungen ausstatten, bestehend aus Brünne, Helm, Beinschienen, Schwert mit Scheide, Schild und Lanze. Wer hatte das schon? Die Sühne bestand in der Vernichtung der wirtschaftlichen Existenz des Täters – wenn die Verwandten der Frau ihn nicht lieber töteten. Das friesische Recht kennt eine interessante Sonderbestimmung. Wer einer Frau, die Gewandbesatz (fresum) anfertigt, gegen die Hand schlägt, soll das mit einer um den vierten Teil größeren Buße büßen, als wenn er es einer nicht so kunstfertigen Frau antut. Wahrscheinlich liegt hierin ein Hinweis auf die in Friesland früh einsetzende Textilindustrie. Das bayerische Recht setzt mit ausführlicher christlicher Motivation die Strafen für Abtreibung der Leibesfrucht fest.

Nach der Eva ad Amorem, der Lex für die Franken am Niederrhein, fiel die väterliche Erbschaft an die Söhne, die mütterliche an die Töchter. Im alemannischen, bajuwarischen und sächsischen Recht erben die Töchter, wenn Söhne fehlen. Entsprach die Wirklichkeit immer diesen Gesetzen? Wenn wir die Urkundenbücher der Klöster Weißenburg im Elsaß und von St. Gallen, beide im alemannischen Rechtsbereich, durchmustern, stellen wir fest, das so viele Frauen über väterliches und mütterliches Erbe verfügen, daß man nicht immer das Fehlen von Brüdern als Voraussetzung annehmen kann.[39a] Nach fränkischem Recht zahlte bereits im 6. Jahrhundert der Gatte die dos seiner Frau, nicht mehr deren Muntwalt. Damit verlor die dos den Gegenleistungscharakter; sie diente als Witwenversorgung. Die Frau war vermögensfähig; die Verwaltung ihres Vermögens war aber Sache des Ehemannes. Allerdings durfte er ihre Liegenschaften nicht veräußern. Sondergut, über das die Frau frei verfügen konnte, war ihre persönliche Ausstattung an Kleidung und Schmuck, die sog. „Gerade".

Ein „klares Entwicklungsprofil" – so Schott – zeigen die Langobardengesetze, die wir durch einen langen Zeitraum verfolgen können. Sie stellen nach Heinrich Brunner die hervorragendste legislative Schöpfung der Leges dar. Das 643 ergangene Edictum Rothari betont sehr stark die Vormundschaft über die Frau: (§ 204) „Kein freies Weib, das innerhalb der Herrschaft unseres Königtums nach Langobardenrecht lebt, darf selbstmündig nach ihrem freien Gutbefinden leben. Vielmehr muß sie stets unter Männermunt (oder in der des Königs) bleiben. Auch hat sie nicht die Befugnis, etwas an fahrendem oder festem Gut ohne den Willen ihres Muntwaltes zu vergeben oder zu veräußern." Es heißt aber weiter: „Wenn jemand ein freies Mädchen oder Weib in Muntgewalt hat – Vater oder Bruder ausgenommen – und will sie gegen ihren Willen einem Manne geben, dann verliert er ihre Munt; sie kann dann entweder zu ihren sonstigen Verwandten gehen oder sich dem Königshof anvertrauen". Im Gesetzbuch Rotharis wird aber auch bestimmt (§ 182), daß eine verwitwete freie Langobardin sich nach ihrer Wahl einen Freien zum Mann nehmen darf. Die Witwe genießt also hier ein Vorrecht, das der nach sächsischem Recht lebenden Frau nicht zustand. Liutprand hat die ältere Bestimmung, daß derjenige, der eine Freie mißhandelt, ihre Munt verliert, bestätigt und ergänzt: „auch an einen freien Mann soll er" – der Muntwalt – „sie ja nicht ohne ihre Einwilligung verheiraten. Denn schlimmer kann sie nicht mißhandelt werden, als wenn sie den zum Manne nehmen muß, den sie nicht will" (§ 120). Ein Gesetz des Fürsten Aregis von Benevent – Benevent war nach der Eroberung des Langobardenreiches durch Karl den Großen selbständig geblieben – räumt der Frau auch die Möglichkeit ein, etwas von ihrem Gut vor dem Richter, geleitet von 2 oder 3 Verwandten, mit Zustimmung des Muntwaltes rechtskräftig zu verkaufen (§ 29). Das Langobardenrecht stellt auch die Versorgung der unverheiratet im Vaterhaus lebenden Tochter sicher (§ 65, Liutprand 13. Jahr): „Wer noch eine Tochter in offenem Haar zu Hause hat, aber keinen ehelichen Sohn hinterläßt: kann von seinem Gut niemandem mehr als zwei Drittel zuwenden, mit welchem Rechtstitel auch immer, sei es als Schenkung oder für sein Seelenheil. Das letzte Drittel also muß er seiner Tochter hinterlassen, wie das schon König Rothari, glorreichen Andenkens bestimmt hat. Indem nun nach dem älteren Edikt, falls einer ein Gedinge macht und nachher eine Tochter ihm geboren wird, sie für ihr Drittel das Gedinge bricht, und für die Hälfte seines Gutes deren zwei oder mehr [falls sie geboren werden]: nachdem nun ferner im Edikt zu lesen steht, daß das Gedinge eine Schenkung sei, bedünkte uns, daß man durch keine Schenkung, auch nicht gegen ein Ablohngeld, seine Tochter dieses Drittels seines Gutes enterben kann, noch auch der Hälfte, falls es deren zwei sind oder mehr." Im 16. Jahr Liutprands wird zum Schutz der Witwen (§ 100, S. 265) verfügt: „Niemand darf einer Frau, die unter seiner Muntgewalt steht, nach ihres Mannes Tod vor Jahresfrist den Schleier oder klösterliche Kleidung antun. Wenn sie aus eigenem Willen sich vor Jahresfrist dazu entschließt, dann soll sie in die Pfalz des Königs kommen und seiner Gnaden ihren Willen erklären. Und erst, nachdem sie vom König sorglich ausgefragt und verhört ist, soll sie mit seiner Erlaubnis das Kleid gottgeweihten Lebens nehmen. Wenn aber jemand wagt, vor Jahresfrist ohne Bewilligung des Königs ihr dies anzutun, muß der dem König sein Wergeld erlegen. Die Munt über die Frau sowie ihr Eigengut aber steht fortan unter der Gewalt der Pfalz. Wer ihr solch Tun vor Jahresfrist ansinnt, verlangt es von ihr aus Gewinnsucht und dergleichen weltlichem Trachten, nicht aber aus Liebe zu Gott oder um ihre Seele zu bewahren. Denn nach dem Tode ihres Mannes, solang der Schmerz noch frisch ist, kann ihr Gemüt leicht dahin gebracht werden, wohin man will. Findet sie aber dann zu sich zurück, und naht sich ihr ein sinnlicher Genuß, dann verfällt sie – was schlimmer ist – in Unzucht: Sie wird nicht als Nonne erfunden, und Laie sein kann sie nicht ..." (§ 101): „Nimmt eine Frau den Schleier gottgeweihten Lebens oder will sie ... in ein Kloster eintreten, hat sie schon Söhne, in deren Munt sie doch steht, oder Töchter, so mag sie mit einem Drittel ihres Eigenguts in das Kloster gehen. Und dieses soll nach ihrem Tod dem Kloster, in das sie eintrat, verbleiben. Hat sie indessen keine Söhne oder Töchter, dann mag sie, wenn sie will, mit der Hälfte ihres Guts ins Kloster eintreten ..." (§ 112). Mädchen sind mit der Vollendung des 12. Jahrs heiratsmündig.

Aistulf nimmt sich auch der Tanten an: Sein Gesetz aus seinem 5. Herrschaftsjahr – 755 – bestimmt: „10. Zwar ist uns wohlbekannt, was da im ältern Gesetzbuch eingetragen ist: wenn ein Bruder ohne Söhne und Töchter stirbt, dagegen Schwestern hinterläßt, daß sie ihn dann beerben sollen. Doch konnten Vaterschwestern das Besitztum ihrer Neffen nicht bekommen, weil das Gesetz nichts von den Tanten sagt. Vielmehr erbten die Schwestern oder Nächstgesippten. Und wenn sie dergestalt im offenen Haarschmuck [d. h. unverheiratet] daheim unausgestattet saßen, litten sie Not und heirateten gar Sklaven. Also gab Gott uns ein und Wir beschlossen, folgendes anzuordnen: Stirbt fürderhin ein Langobarde unter Hinterlassung einer oder mehrerer Schwestern, die er daheim im Haarschmuck zurückläßt und eines oder mehrerer Söhne, da sollen seine Söhne darauf denken, daß ihre Vaterschwestern, eine jede ohne Not da leben kann. Und je nach Höhe ihres Vermögens, sollen sie dafür sorgen, daß ihre Tante nichts entbehren muß, weder an Nahrung noch an Kleidung, auch nicht an ihrer Bedienung. Und will sie unter fester Regel in einem geweihten Kloster leben, dann sollen ihre Neffen sie ausstatten, daß dort für sie gesorgt ist und es so genehm ist. Wenn aber der besagten Neffen einer ohne Söhne oder Töchter stirbt, auch ohne Testamentserben, dagegen Schwestern hinterläßt: da sollen ihre Tanten, falls sie daheim im Haarschmuck verblieben sind, mit diesen ihren Nichten anteilsgleich das Gut der Neffen bzw. Brüder erben, so viele es ihrer auch sind" (S. 367).

Schließlich prangern die späteren Gesetze eine Fülle von Mißständen an. Liutprand verurteilt scharf die Kuppelei (§ 130): „Es sagt jemand zu seinem Weib und gibt ihr diese schlimme Freiheit: Geh, leg dich doch zu jenem Mann. Oder er sagt zu jenem Mann: Komm und beschlafe meine Frau. Geschieht solch eine böse Tat und ist es eine erwiesene Sache, daß sie der Mann herbeigeführt hat, da setzen wir dies fest: Das Weib ... soll sterben. Denn diese Sache durfte sie nicht tun noch sie verschweigen ... Ihr Mann aber ... soll den Verwandten seines Weibes büßen, wie wenn man sie bei einem Streithandel getötet hätte ... Jener andere Mann aber, der mit dem fremden Weib Ehebruch beging, wenn auch auf ihres Mannes Rat hin, soll den Verwandten des Weibes zuhanden gestellt werden."

Er berichtet von einem Aufruhr auf dem Lande, der von Frauen verübt wurde (§ 141): „Man hat Uns folgendes berichtet: Ein paar unsaubere und bösartig verschlagene Kerle hatten es zwar selbst nicht gewagt, mit Waffengewalt eigenmächtig in ein fremdes Dorf (vicus) oder Haus (casa) einzudringen, aus Furcht vor jener Buße, die im alten Gesetzbuch darauf gesetzt ist. Sie hießen aber ihre Weiber sich zusammenrotten, soviel sie ihrer auftreiben konnten, freie wie unfreie, und schickten sie gegen Leute von geringerer Wehrhaftigkeit (minore virtute). Jene also ergriffen die Leute dieses Ortes, brachten ihnen Wunden bei und stifteten auch sonstiges Unheil mit Gewalt, grausamer als die Männer. Indem das nun vor uns kam und die schwächeren Leute wegen ihrer Mißhandlung Klage führten, ließen Wir den nachfolgenden Entscheid ins Gesetzbuch aufnehmen. Wenn hinfort Weiber sich vermessen, so etwas irgendwo zu tun, dann setzen wir vor allem erstlich fest: Erfahren sie dabei Verunglimpfung und Schmach, oder versetzt man ihnen Wunden oder Schläge, auch den Tod: da brauchen die, die in der Notwehr sie verletzen oder umbringen, es den Weibern bzw. ihren Männern oder ihrem Muntwalt nicht zu büßen. Überdies soll die Obrigkeit an jenem Ort, wo dies geschah, die Weiber festnehmen und sie kahlscheren und in den Dörfern rings um diesen Ort auspeitschen lassen [dabei wird nicht nach dem Stand unterschieden], auf daß in Zukunft Weiber nicht mehr wagen, solche Schlechtigkeit zu treiben. Und wenn bei diesem Anlaß jene Weiber jemanden verprügelt oder verwundet haben, dann sollen ihre Männer die von ihnen beigebrachten Wunden oder Schläge je nach Inhalt des Gesetzbuches büßen. Und das verordnen wir deshalb ... weil wir solche Vergatterung von Weibern (mulierum collectionem) weder dem Heerschild noch einem Aufstand der Landbewohner (seditionem rusticanorum) gleichsetzen können; denn so etwas tun Männer und nicht Weiber."

Fürst Aregis (nach 774) ist sehr darum besorgt, daß langobardische Witwen sich ehrbar verhalten – es scheint nicht immer der Fall gewesen zu sein. „Eine ehrlose, verbotene Mode hat sich in diesen Zeiten ausgebreitet! So manche Weiberchen machen nach ihres Mannes Tod, der ehemännlichen Gewalt entledigt, ihrer Selbstbestimmung Freiheit sich desto hemmungsloser zunutze. In den vier Wänden ihres Hauses legen sie zwar Nonnentracht an, um nicht ehemännischer Gewalt sich fügen zu müssen ... Und so, unter dem Deckmantel der Religion, legen sie alle Scheu ab und gehen allem umso freier nach, was ihr Herz erfreut. Denn nun stürzen sie sich in Vergnügungen, ergehen sich in Festgelagen, jagen sich Weine durch die Kehle, besuchen häufig Bäder und treiben unter Mißbrauch ihres Standes Üppigkeit und Kleiderluxus. Sodann, wenn sie mal durch die Straßen wallen, verschönern sie ihr Gesicht, pudern ihre Hände weiß und entzünden Begierden, um denen, die sich daran ergetzen, Feuer zu mischen. Oft auch sind sie recht schamlos darauf aus, nach Wohlgestalt Ausschau zu halten und mit der eigenen bemerkt zu werden. Und kurz gesagt: sie lockern ihrer Seele Zügel für jedwede Unzucht und Wunsch. Und in der Tat: wenn erst einmal der Zunder eines ausschweifenden Lebens Feuer fängt, lassen sie ihn mit allen Reizmitteln der Sinne zu Ende glimmen. So zwar, daß sie ... sich insgeheim nicht nur zur Hingabe an einen, nein, gar an viele hinlegen. Und wenn der Leib nicht schwillt, kann man es nicht einmal leicht nachweisen. Solch fluchwürdige Pest verdammen wir durchaus und setzen fest: Ist jemand mit solch einer [Person], einer Ledigen oder einer Witwe, die den Schleier heiliger Andacht anlegt, verwandt und bringt er sie nicht spätestens in Jahresfrist in einem Kloster unter und wird sie deshalb [hinterher] beim Laster der Unzucht betroffen, so muß jener sein Wergeld an die Pfalz erlegen. Der Fürst aber ... mag mit demselben Wergeld und mit Eigengut sie in einem Kloster unterbringen" (S. 388ff.). Bemerken wir abschließend, daß auch in Innergermanien sich für die Frau günstige Bestrebungen durchsetzen. In England beginnt die Umgestaltung der rechtlichen Stellung der Frau schon in vornormannischer Zeit: Um 1030 wird die Einwilligung des Mädchens zur Eheschließung gesetzliche Voraussetzung.[40]

Die Wirklichkeit entsprach der in den Gesetzen zum Ausdruck kommenden Hochschätzung der weiblichen Ehre. Aber ebenso wie es einem vornehmen Franken als ehrenvoller galt, seine Verwandten blutig zu rächen, als sich mit dem Bußgeld zufrieden zu geben, so entbrannten auch Fehden, wenn es um die Unschuld und den guten Ruf einer Frau ging. Ich zitiere Gregor von Tours:[41] „Zu Paris geriet damals – 579 – ein Weib in schlimmen Verdacht, man sagte ihr nämlich nach, sie habe ihren Mann verlassen und mit einem anderen Buhlschaft getrieben. Daher kamen die Verwandten des Mannes zu ihrem Vater und sprachen: Entweder beweise, daß deine Tochter unschuldig ist, oder sie muß sterben, auf daß nicht ihr Ehebruch Schande bringe über unser Geschlecht. Ich weiß, sprach der Vater darauf, daß meine Tochter ganz unschuldig ist, und es ist kein Wort wahr von dem, was böse Menschen behaupten. Doch damit diese Beschuldigung nicht wieder auftauche, will ich ihre Unschuld durch einen Eid härten. Da sagten sie: Wenn sie schuldlos ist, so bekräftige das durch einen Eid über dem Grabe des hl. Märtyrers Dionysius [St. Denis]. Das werde ich tun, sagte der Vater. So verabredeten sie sich und kamen bei der Kirche des hl. Märtyrers zusammen; und der Vater legte seine Hände auf den Altar und schwor, daß seine Tochter ohne Schuld sei. Die andern dagegen von der Partei des Mannes schrien, er habe einen Meineid geschworen. So wechselten sie erst Worte, dann zogen sie die Schwerter, stürzten aufeinander los und metzelten einander gerade vor dem Altar nieder. Sie waren aber von hoher Geburt (maiores natu) und hervorragender Stellung bei König Chilperich. Viele wurden mit dem Schwerte verwundet, die heilige Kirche mit Blut bespritzt, die Türen von Speeren und Schwertern durchbohrt, ja bis zum Grabe drangen die greulichen Geschosse. Nur mit Mühe wurde Friede geschaffen, der Ort aber blieb für den Gottesdienst geschlossen, bis alles zur Kenntnis des Königs käme. Sie beeilten sich selbst, sich dem König vorzustellen, aber sie wurden nicht zu Gnaden angenommen, sondern sie wurden an den Bischof der Stadt verwiesen und angeordnet, wenn sich etwa ihre Schuldlosigkeit herausstellen sollte, sollten sie wieder in die Kirchengemeinschaft aufgenommen werden. Darauf wurden sie von dem Bischof Ragnemod, der die Kirche von Paris leitete, wieder in die kirchliche Gemeinschaft aufgenommen, nachdem sie ihr Vergehen gesühnt hatten. Das Weib aber machte einige Tage darauf, als sie vor Gericht beschieden wurde, mit dem Strick ihrem Leben ein Ende."

2. *Die christliche Eheauffassung und das kirchliche Recht*

In diametralem Gegensatz zur germanischen steht die christliche Auffassung der Ehe. Die christliche Ehe kommt durch den freien Konsens der Ehepartner zustande; das Persönlichkeitsrecht der Frau wird gewahrt. Die christliche Eheauffassung war an die allerdings unterschiedlich interpretierbaren Prinzipien der biblischen Offenbarung – Einehe, Unauflöslichkeit der Ehe, Verbot des Inzestes – zwingend gebunden. Das Verbot der Verwandtenehen ging dabei sehr weit. Eine ganz neue Forderung stellt die Unauflöslichkeit der Ehe dar. Die radikale Eheethik Jesu verwarf die mosaische Regelung der rechtmäßigen Entlassung der Frau durch einen Scheidebrief des Mannes. Paulus lehnt die Scheidung – nach jüdischem wie nach antik römischem Recht – ab, hält aber im Fall der Trennung einer Mischehe eines christlichen mit einem nichtgläubigen Partner die Wiederverheiratung für statthaft (1 Kor. 7, 8–21).[42] Im Brief an die Epheser vergleicht der Apostel das Verhältnis christlicher Ehegatten zueinander mit dem Verhältnis Christi zu seiner Kirche. Der Mann ist das Haupt der christlichen Ehe wie Christus das Haupt der Kirche, er soll seine Frau lieben, wie Christus die Kirche liebt. Deshalb wird der Mann Vater und Mutter verlassen und seiner Gattin anhängen: Und es werden zwei in einem Fleische sein. „Dieses Geheimnis ist groß, ich aber sage in Christus und in der Kirche" (Eph. 5, 22–33). Natürlich sahen die kirchlichen Autoritäten in der Frau „das schwächere Geschlecht, die sündige Eva". Aber Mann wie Frau sind nach christlicher Lehre von Gott geschaffen und von Christus erlöst. „Da ist nicht Jude, nicht Heide, da ist nicht Sklave, nicht Freier, da ist nicht Mann, nicht Weib; denn alle seid ihr eins in Christus Jesus" (Gal. 3, 28). Die Gleichheit von Mann und Frau im Heilsgeschehen und die Personwürde der Frau sind dadurch anerkannt. Vom Priesteramt schloß die christliche Kirche – wie das Judentum – bis heute die Frau aus. Der altkirchlichen Einrichtung der Diakonissen – ältere fromme Frauen, meist Witwen, die karitative und seelsorgliche Aufgaben in der Gemeinde wahrnahmen – war keine dauernde Fortwirkung beschieden. „Das Diakonisseninstitut", sagt Kalsbach[43] auf Grund einer von den Paulusbriefen ausgehenden Untersuchung, „gehört in das Missionsstadium der Kirche. Als dieses überwunden war, ... da verliert es seine Bedeutung ... Die Geschichte des kirchlichen amtlichen Frauendienstes verläuft im Orient in den beiden, in ihrer Verbindung wie in ihren Unterschieden klaren Etappen des Viduates [aszetische Witwenschaft] und des Diakonissenamtes ... der diakonale Gedanke, der im Morgenland die Verbindung zwischen Witwe und Diakonisse herstellt, [ist] im abendländischen Viduat nicht nachweisbar, mit anderen Worten die Voraussetzung des Diakonissenamtes fehlt." In der zweiten Hälfte des 4. Jahrhunderts entstehen in Italien die ersten Frauenklöster, oft von Damen der Aristokratie am Rande der christlichen Stadtgemeinde gegründet. Hier entwickelten sich Freiräume und Wirkungsmöglichkeiten für die unverheiratete Frau – der Oberschicht. Die christkatholische Kirche hat die Ehe vorbehaltlos akzeptiert im klaren Gegensatz zu den Irrlehren der Antinomisten, Gnostiker und Manichäer; den höheren Wert spricht sie der gottgeweihten Jungfräulichkeit zu. Das ist der Kern der augustinischen Doktrin.[44] Der Geschlechtsakt wird primär dem Fortpflanzungszweck zugeordnet; reiner Lustgewinn und Verhütungspraktiken werden abgelehnt. In seinen zwei Büchern über „Ehe und Begierde – de nuptiis et concupiscentia" –, in denen sich Augustinus mit dem Vorwurf der Pelagianer auseinandersetzt, durch seine Erbsündenlehre werde die Ehe als solche verurteilt, und in seiner Schrift „Gegen zwei pelagianische Briefe – contra duas epistolas Pelagianorum" – bezeichnet der große Kirchenlehrer die eheliche Keuschheit als ein Geschenk Gottes, und die Verbindung von Mann und Frau um der Zeugung willen nennt er ein „natürliches Gut der Ehe". Nach ihm haben diese Feststellungen ihre volle Gültigkeit nur für gläubige Ehegatten. Wie Émile Schmitt in seiner jüngst erschienenen Untersuchung der augustinischen Ehelehre ausführt, kommt der Taufe als Quelle der Heiligung der Ehegatten eine fundamentale Bedeutung zu; in voller Übereinstimmung mit der zitierten Stelle des Epheserbriefes entwickelt Augustinus seine Vorstellung vom Geheimnis der mystischen Hochzeit Christi und der Kirche und anerkennt für die christlichen Ehegatten ein auf die Wiedergeburt durch die Taufe gegründetes „statut sacramental". Diese Ideen bleiben lebendig; sie sind im 9. Jahrhundert weitverbreitet, u. a. bei dem Erzbischof Hinkmar von Reims.[45] Ebenso stellt Augustinus die gottgeweihten Jungfrauen der alten Kirche den römischen Vestalinnen gegenüber, von denen auch ein jungfräuliches Leben gefordert wurde, und sieht da „einen großen Unterschied". Denn „es ist nicht die Jungfräulichkeit an sich, die der Ehre wert ist, sondern nur die gottgeweihte, die zwar im Fleische bewahrt wird, aber nur in Kraft der religiösen Hingabe des Geistes ..." Dieser Vorrang der gottgeweihten Jungfräulichkeit und der Enthaltsamkeit vor der Ehe ist die „einhellige Überzeugung der Alten Kirche" (Zumkeller, S. 411). In der libido carnalis sieht Augustinus nicht etwas Naturgegebenes, sondern eine Straffolge der Ursünde. Hierzu der Kommentar Zumkellers: „Daß durch Augustins falsche Einstufung der libido auch auf seine Ehelehre ein Schatten fällt, haben nicht nur die Pelagianer behauptet, die in der libido etwas rein Naturgegebenes sahen und eine Störung der Harmonie zwischen Geistigem und Leiblichem im Menschen nach dem Sündenfall nicht zugeben wollten. Gerade in neuerer Zeit sind Stimmen laut geworden, die der augustinischen Ehemoral vorwarfen, sie verfange sich in einem nicht überbrückbaren Dualismus zwischen einem ganz vergeistigten Vollkommenheitsideal einerseits und den psychologischen menschlichen Realitäten und täglichen Schwierigkeiten des ehelichen Lebens andererseits. Was ist dazu zu sagen? Wenn man auch zugeben muß, daß Augustinus durch seine negative Einstellung zum Geschlechtstrieb zu rigoristischen Auffassungen über die Bedingungen des sittlich erlaubten ehelichen Verkehrs gelangte, so kann doch von einem Dualismus der erwähnten Art nicht die Rede sein ... zeigt sich in Augustins Ehelehre nur der johanneisch-paulinische Dualismus Fleisch-Geist, der übrigens von Augustinus, dank seiner personalistischen Betrachtungsweise der Ehe, unter Hinweis auf die allvermögende Gnade Christi durchaus gemeistert wird" (S. 415f.).

Die sakramentale Auffassung der Ehe muß im Rahmen der geschichtlichen Entwicklung der Sakramentenlehre gesehen werden. Augustinus entwickelt noch keine allgemeine Sakramentenlehre. Petrus Damiani (1007–1072), der an der Wende vom frühen zum hohen Mittelalter lebte, der glühende Eiferer für die Reinheit der Kirche, nennt 12 Sakramente: Taufe, Firmung, Krankensalbung, Bischofssalbung, Königssalbung, Kirchweihe, Beichte, Weihe der Kanoniker, Mönche, Nonnen und Einsiedler – und das Sakrament der Ehe.

Sehr viel früher hat sich das kirchliche Eherecht entwickelt. Altchristliches und römisches Eherecht begegnen uns in Wechselwirkung: „... die Entwicklung des nachklassischen römischen Eherechts (– und auch die des Eheschließungsrechts –) seit dem 4., besonders aber seit dem 5. Jahrhundert vollzog sich zunehmend unter dem Einfluß der christlichen Eheauffassung ..., wie denn auch andererseits ein kirchliches Eherecht im eigentlichen Sinne sich erst unter dem prägenden Einfluß des römischen Eherechts entwickelte und juristische Konturen gewann" (Mikat).[46] Grundlage der Eheschließung war danach der Ehekonsens. Der Konsens, die Willensneigung der Brautleute (affectio maritalis) war das die Ehe konstituierende Element. Es kommt am stärksten darin zum Ausdruck, daß sich die Brautleute das Sakrament der Ehe selbst spenden. Für die Frau bedeutet die Konsensehe die Grundlegung ihrer persönlichen Gleichberechtigung mit dem Mann in der Ehe. Die kirchliche Konsensehe setzte sich aber erst im 12. Jahrhundert voll durch.

Über die Eheschließungsform war damit noch nichts gesagt. Die kirchlichen Ehegebote der Unauflöslichkeit der Ehe und der Ehehindernisse der Verwandtschaft verlangten Öffentlichkeit der Eheschließung. Aber gerade sie hat die Kirche vor dem Tridentinum nie restlos durchzusetzen vermocht; das Übel der heimlichen Ehen blieb im ganzen Mittelalter bestehen.

Bei der Missionierung der Germanen mußte das Ringen der Kirche um eine Ethisierung und Verchristlichung der Ehe neu einsetzen. Seit 741, seit dem Reformbündnis von Bonifatius mit den Söhnen Karl Martells, wirkten Kirche und Staat auch in den Fragen des Eherechts zusammen, was den Reformbeschlüssen große Durchschlagskraft sicherte. Zwar lassen die eherechtlichen Kapitel der Reformsynoden von Les Estinnes und Soissons (744) die damals kontroverse Frage über die Begrenzung der verbotenen Verwandtschaftsgrade offen und das Verbot der Wiederverheiratung trifft nur die Frau. Aber, führt Mikat aus: „Die Prinzipien des kirchlichen Eherechts (– mochten sie inhaltlich im einzelnen noch so umstritten sein –) werden jetzt mit einer den innerkirchlichen Bereich übersteigenden Geltungskraft versehen, die Grenzen zwischen kirchlichem und weltlichem Recht werden fließend, die ‚decreta canonum' treten als Fundament der künftigen eherechtlichen Ordnung stärker in Erscheinung, und Verstöße gegen diese Ordnung werden von nun an nicht nur kraft kirchlichen Rechts dem Gericht der Bischöfe unterstellt" (Mikat, S. 21). Kapitel 15 der 755 von König Pippin einberufenen und wohl auch in seiner Anwesenheit abgehaltenen Synode von Ver bei Senlis gebot die Öffentlichkeit aller Ehen Adliger wie Nichtadliger. Nun war aber das fränkische Eheschließungsrecht, wie wir sahen, ohnehin vom Öffentlichkeitsrecht beherrscht; das galt für die Muntehe wie für die Friedelehe. Hier setzt Mikat mit seiner scharfsinnigen Untersuchung ein und fragt nach dem Interpretationshintergrund dieser Bestimmung. Er macht darauf aufmerksam, daß schon in einem Schreiben des Papstes Leo des Großen aus dem Jahr 458 oder 459 an Erzbischof Rusticus von Narbonne der Begriff „publicae nuptiae" in enger Verbindung mit der Dos-Bestellung begegnet. In der Dosbestellung sah der Papst ein wichtiges Abgrenzungsmerkmal der Ehe gegenüber dem Konkubinat. Ob Papst Leo damit an römisches Recht[47] oder jüdisch-mosaische Rechtsvorschriften anknüpfte, kann hier offenbleiben; wichtig ist, daß er den Abschluß einer gültigen Ehe von der Bestellung einer dos abhängig machte, daß es Analogien zwischen der germanischen dos und der im Alten Testament erwähnten Brautgabe gab und daß seine Formulierung auf ganz unterschiedliche Formen der Dosbestellung bezogen werden konnte. Dieser Papstbrief konnte im germanisch-fränkischen Raum als autoritative Bekräftigung der Muntehe gelten, zu deren charakteristischen Elementen die Dotierung der Braut durch den Bräutigam gehört. So löst Mikat m. E. überzeugend die bis dahin offene Frage, weshalb die Kirche im germanischen Bereich die Muntehe als rechte Ehe ansieht und nicht die Friedelehe. Muntehe und Friedelehe waren für sie keine echte Alternative, denn sie bestimmte keineswegs nur vom Konsensgedanken her, was in ihren Augen eine echte Ehe war. Gegen die Friedelehe sprach auch ihre leichte Lösbarkeit, die Tatsache, daß sie neben einer Muntehe geführt werden konnte und insofern das Prinzip der Einehe tangierte. In der merowingisch-fränkischen Zeit wurde zudem die Unterscheidung zwischen einer Friedelehe und den Konkubinaten oder Kebsverhältnissen schwieriger, was zur Folge hatte, daß sich Muntehe und Friedelehe schärfer voneinander abhoben. Ewig hat gezeigt,[48] wie fließend bei den Merowingerherrschern die Grenzen zwischen Konkubinen und Friedelfrauen geworden waren. In welchem Umfang die Friedelehe zur fränkischen Zeit auch in breiteren Bevölkerungsschichten anzutreffen war, können wir nicht mehr feststellen; sie stellte aber doch wohl eine Ausnahme dar, die es vor allem bei den Vornehmen gab. Die Regelform der Ehe war – auch bei den merowingischen Herrschern – die Muntehe.

Eine kirchliche Benediktion der Ehe läßt sich für den Westen seit der Mitte des 4. Jahrhunderts nachweisen. Ein Hinweis, daß die Kirche bei der Eheschließung unter Christen mitwirken solle, findet sich schon in einem Brief des Ignatius von Antiochien an Polykarp von Smyrna. In fränkischer Zeit sind kirchliche Trauungen bezeugt für Ermentrude, die Frau, und für Judith, die Tochter des Westfrankenkönigs Karl des Kahlen, durch Erzbischof Hinkmar von Reims. Allerdings findet hier die kirchliche Einsegnung der Ehe nicht als selbständiger Ritus statt, sondern ist eingebunden in den Krönungsordo, der ja ebenfalls sakramentalen Charakter hat. Im allgemeinen vermögen die tief verwurzelten alten Hochzeitsbräuche sich erfolgreich durchzusetzen und ihren weltlichen, oft durch überschäumende Festesfreude ausgezeichneten Charakter zu behaupten. Bischof Rudolf von Bourges verbietet seinen Priestern die Teilnahme an Hochzeitsfeiern, an diesen „weltlichen, eitlen Festlichkeiten".[49]

Für die Unfreien – und in gestufter Unfreiheit befand sich in karolingischer Zeit die große Masse der Bevölkerung – galten regelmäßige Beschränkungen der Ehefreiheit. Hier mußte sich der Gedanke der Ehefähigkeit zuerst einmal durchsetzen. Darauf drang wenigstens in der Theorie die Kirche, denn nur die Anerkennung der geschlechtlichen Verbindungen Unfreier als Ehen bot die Möglichkeit, die vielfältigen Formen freier Sexualbeziehungen gerade mit Unfreien den kirchlichen Forderungen – kein Geschlechtsverkehr außerhalb der Ehe – zu unterwerfen. Die Gesetze der westgotischen Könige Chindasvinth und Reccesvint (7. Jahrhundert), die den Sklaven den Bestand ihrer Ehe auch ohne Zustimmung der Herrn bei einjähriger Verschweigung garantierten, waren „in den Rechtsaufzeichnungen der germanischen Stämme ohne Parallele" (Nehlsen).[50] Bei den Langobarden hat erst Liutprand im Jahr 734 die Sklavenehe wirksam geschützt. Entwicklungen innerhalb der Grundherrschaft kamen, wie wir zeigten, in der Karolingerzeit hinzu, um eine Familiengründung Unfreier wirtschaftlich zu ermöglichen und durchzusetzen – das war ein Fortschritt, der vor allem unfreien Frauen zugutekam.

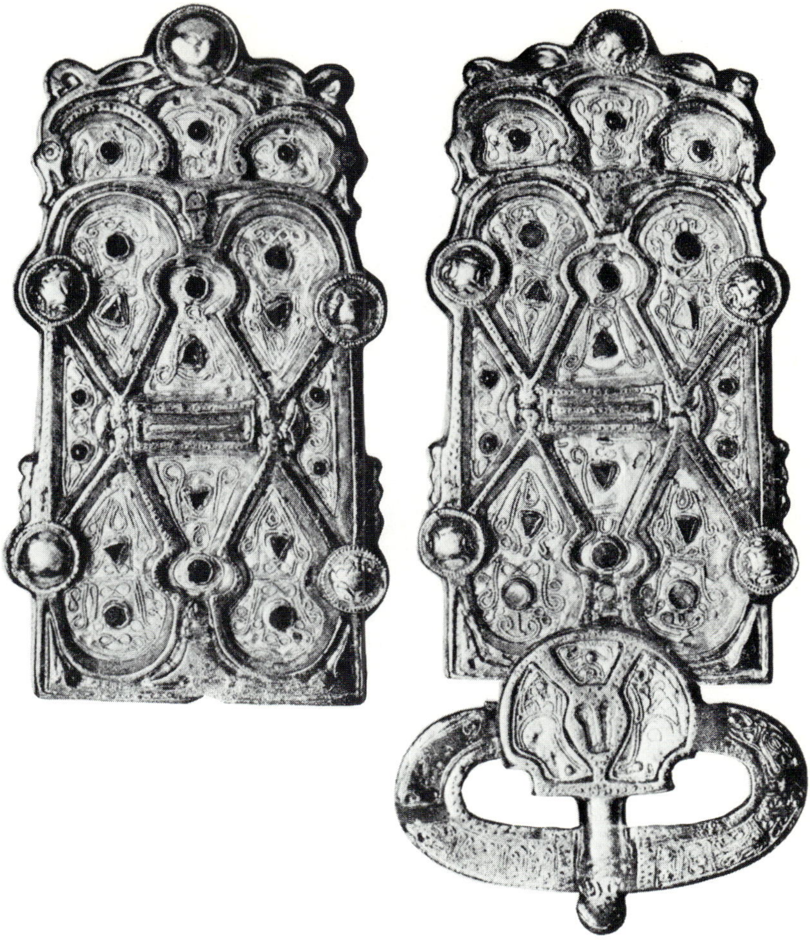

1. Gürtelgarnitur der Merowingerkönigin Arnegundis

2. Canossaszene: Fußfall König Heinrichs IV. vor der Markgräfin Mathilde

3. Von den Frauen der Merowingerkönige zur Consors regni der Ottonen und Salier

Im fränkischen Reich stand das Königtum dem Haus der Merowinger zu. Erbberechtigt war nur der Mannesstamm; eine feste Thronfolgeordnung gab es nicht. Das Reich wurde geteilt, den ersten Anspruch hatten die volljährigen Söhne des verstorbenen Herrschers, doch auch die Friedelkinder und Unehelichen hatten ein gewisses Erbrecht; es bedurfte der Bestätigung durch den Vater. Auch Brüder des verstorbenen Königs kamen als Thronerben in Betracht.[50a] Als Chlothar I. 561 starb, hinterließ er vier Söhne, unter die das Reich aequa lancea geteilt wurde, wobei auch zu berücksichtigen war, daß jeder Merowinger als Frankenkönig einen Anteil an der Francia – am nordgallischen Raum – erhalten mußte. So erhielt Charibert Paris, Guntram Orléans, Sigibert I. Reims und Chilperich I. Soissons. Als Charibert schon 567 starb, wurde eine Dreiteilung geschaffen, die Hauptstadt Paris kam unter gemeinsame Herrschaft.

Die Ehefrauen der Merowinger kamen entweder aus anderen Königshäusern oder aus Magnatenfamilien oder auch aus dem Gesinde.[51] Die Ehen mit Königstöchtern waren Muntehen, die königliche Gattin konnte auch nicht entlassen werden. Die Merowinger hatten zwar recht viele Frauen, aber sie führten nicht mehrere Muntehen nebeneinander. Die Königinwitwe spielte, wenn sie am Hof blieb, oft eine sehr gewichtige Rolle. Das muß man wissen, um den Bruderkrieg zu verstehen, der unter den Söhnen Chlothars entbrannte und an dem Frauen verhängnisvollen Anteil hatten. Gregor von Tours erzählt (IV. Buch, Kap. 27): „Als nun König Sigibert sah, daß seine Brüder sich Weiber wählten, die ihrer nicht würdig waren, und sich so weit erniedrigten, selbst Mägde zur Ehe zu nehmen, da schickte er eine Gesandtschaft nach Spanien und freite mit reichen Geschenken um Brunichilde, die Tochter König Athanagilds. Denn diese war eine Jungfrau von feiner Bildung, schön von Angesicht, züchtig und wohlgefällig in ihrem Benehmen, klugen Geistes und anmutig im Gespräch. Der Vater aber versagte sie ihm nicht und schickte sie mit großen Schätzen dem Könige. Der versammelte die Großen seines Reichs, ließ ein Gelage anrichten, und unter unendlichem Jubel und großen Lustbarkeiten nahm er sie zu seinem Gemahl. Und da sie dem Glauben des Arius ergeben war, wurde sie durch die Belehrung der Bischöfe und die Zusprache des Königs selbst bekehrt, glaubte und bekannte die heilige Dreieinigkeit und wurde gesalbt". – Die Salbung bezeichnet die Aufnahme Irrgläubiger in die rechtgläubige Kirche. – „Und bis auf den heutigen Tag verharrt sie in Christi Namen im katholischen Glauben.

Als König Chilperich dies sah, freite er, obschon er bereits mehrere Weiber hatte, um Galsvintha, Brunichildens Schwester, wobei er durch seine Gesandten versprach, die anderen Weiber zu verlassen, wenn er nur ein ihm ebenbürtiges Königskind zur Ehe empfinge. Der Vater glaubte diesen Versprechungen und übersandte ihm seine Tochter gleich wie die frühere mit reichen Schätzen. Galsvintha war aber älter als Brunichilde. Und als sie zum König Chilperich kam, wurde sie mit großen Ehren aufgenommen und ihm vermählt; auch wurde sie von ihm mit großer Liebe verehrt. Sie hatte nämlich große Schätze mitgebracht. Sie trat auch zur rechtgläubigen Kirche über und wurde gesalbt. Aber des Königs Liebe zu Fredegunde, die er schon früher zum Weibe gehabt hatte, brachte schweren Streit zwischen ihnen. Galsvintha beklagte sich beim König über die Kränkungen, die sie unaufhörlich zu ertragen habe, und daß sie bei ihm nichts gelte, daher bat sie, er möge die Schätze behalten, welche sie mit sich gebracht habe, aber sie selbst frei in ihr Vaterland heimziehen lassen. Der König aber ging heimtückischerweise nicht darauf ein, sondern begütigte sie durch sanfte Worte. Endlich ließ er sie durch einen Dienstmann erdrosseln und fand sie tot in ihrem Bette ... Der König aber nahm, als er die Tote beweint hatte, nach wenigen Tagen abermals Fredegunde zu seinem Gemahl." Eine solche gewaltsame Beseitigung einer Königin war bei den Merowingern immerhin selten; schuld war die verzehrende Leidenschaft des Königs für Fredegunde, die zum Gesinde seiner früheren Gemahlin Audovera gehört hatte.

Die Ermordung Galsvinthas war neben den territorialen Auseinandersetzungen[52] eine wesentliche Ursache des nun in voller Schärfe ausbrechenden Konfliktes zwischen Sigibert und Chilperich; er endete 575 mit der Ermordung Sigiberts auf Anstiften der Fredegunde: „Als Sigibert nach dem Hofe kam, der Vitry genannt wird – bei Arras –, sammelte sich um ihn das ganze Heer der Franken, hob ihn auf den Schild und setzte ihn sich zum König. Da drängten sich zwei Dienstleute, welche die Königin Fredegunde berückt hatte, mit tüchtigen Messern, die man Scramasax nennt und die vergiftet waren, an ihn heran, als ob sie ihm eine Sache vorzutragen hätten, und stießen sie ihm in beide Seiten. Da schrie er laut auf, stürzte zusammen und hauchte nicht lange danach den letzten Atem aus" (Gregor IV, 51). Brunichilde war zu dieser Zeit mit ihren Kindern in Paris. Herzog Gundowald, ein Gegner Chilperichs, rettete den fünfjährigen Sohn Sigiberts, Childebert II., aus Paris, während Brunichilde selbst zunächst in die Gefangenschaft Chilperichs geriet, sich aber 577 in das Herrschaftsgebiet ihres Sohnes flüchten konnte. Zwischen Brunichilde und Fredegunde herrschte der blanke Haß; Brunichilde hat aber nicht gedungene Mörder beauftragt, und sie hatte auch ein eigenes politisches Konzept; die ehemalige westgotische Prinzessin hat ein anderes Verhältnis zur Macht, einen anderen politischen Stil als die von der Dienstmagd zur Königin steil aufgestiegene Fredegunde, die „regina pulchra et ingeniosa nimis et adultera".[53] Brunichilde veranlaßte ein Bündnis mit König Guntram, wurde aber von einer Aristokratengruppe in der Champagne und an der Maas, deren Kopf der Metropolit Aegidius von Reims war, ausgeschaltet; diese Großen nahmen freundschaftliche Beziehungen zu Chilperich auf. Doch gelang es

Brunichilde, dieses Bündnis zu Fall zu bringen. Im Herbst 584 wurde Chilperich, der „Nero und Herodes unserer Zeit", wie Gregor ihn nennt, ermordet. Gregor kreidet ihm unter anderen gewichtigeren Missetaten an, daß in zwei von ihm verfaßten Büchern die Verse „lahm" sind; sie „können nicht auf ihren Füßen stehen, denn aus Unkenntnis setzte er kurze Silben statt langer und lange statt kurzer". Immerhin – er hatte gewisse literarische Interessen und war wohl der wendigste Politiker unter seinen Brüdern gewesen. Jetzt gewann König Guntram von „Burgund", wie sein Reichsteil später genannt wurde, das Übergewicht; er nahm Fredegunde und ihren drei Monate alten Sohn Chlothar unter seinen Schutz und legte die Hand auf Paris. Die Alleinherrschaft hat er aber nicht erstrebt, er respektierte die Regierung Childeberts und die Regentschaft für Chlothar. Allerdings verschlechterten sich bald seine Beziehungen zu Fredegunde. 585 und 586 wurden Childebert die Söhne Theudebert und Theuderich geboren. Im Vertrag von Andelot 587 wurden die Streitfragen mit Childebert II. geregelt. Die beiden Höfe – Paris-Reims – vereinbarten auch eine Ausschaltung der Guntram feindlich gesinnten Großen des Ostlandes, Austrien. Es war dieselbe Gruppe, die auch Brunichilde reserviert bis feindlich gegenüberstand. Die Aktion fand ihren Abschluß in dem Prozeß gegen den Metropoliten Aegidius von Reims. Dieser gemeinsame Sieg Guntrams und Brunichildis' war zugleich ein Sieg des monarchischen Prinzips. Das bald „Neuster" genannte Reich der Chilperichfranken war jetzt räumlich stark eingeengt; Fredegunde spielte da eine ziemliche Rolle, war aber in einer schwierigen Lage, bis sie sich 591 mit Guntram aussöhnte, mit dem sie sich entzweit hatte. Als Guntram 593 starb, trat Childebert II. sein Erbe an, starb aber bereits 596 im Alter von 26 Jahren. Das Zeitalter Brunichildes brach an. Ihr Enkel Theudebert II. folgte im Ostreich, Theuderich II. in „Burgund". Die Opposition der austrasischen Großen wuchs wieder an. 597 starb ihre Todfeindin Fredegunde. Brunichildis' Enkel besiegten Fredegundes Sohn Chlothar II. Die austrasische Adelsopposition hat vielleicht Brunichilde veranlaßt, ihre politischen Ziele, die Einheit des Reiches herzustellen und die Monarchie zu festigen, nicht mit Theudebert, dem Herrschaftsnachfolger ihres verstorbenen Gemahls Sigibert, sondern mit Theuderich, dem Nachfolger Guntrams, zu verfolgen. Sie bediente sich dabei des Senatorenadels, ernannte gegen den Widerstand der fränkischen Großen den Romanen Protadius zum Hausmeier Theuderichs und nach dessen Ermordung den Römer Claudius. Im Bruderkrieg zwischen ihren Enkeln siegte Theuderich und nahm Theudebert gefangen; er wurde mit seinem Sohn nach Chalon gebracht, wo beide umgekommen sind, nachdem Brunichilde vergeblich versucht hatte, durch eine Klosterhaft des Enkels und Urenkels das Schlimmste zu verhindern. Theuderich rüstete nun zum Kampf mit Chlothar II., starb aber, 27 Jahre alt, 613 in Metz. Ein schwerer Schlag für Brunichilde. Sie ließ sofort den elfjährigen Sohn Theuderichs, Sigibert II., zum König erheben. Das bedeutete praktisch eine lange Regentschaft der alten Königin und stieß auf einmütigen Widerstand der Großen. Sie riefen Chlothar II. ins Land. Das Heer, das Brunichilde Fredegundes Sohn entgegenstellte, löste sich kampflos auf. Brunichilde floh, wurde aber gefangengenommen und Chlothar ausgeliefert. Er ließ sie auf ein wildes Pferd binden und zerreißen. „Ihr Grab war das Feuer, ihre Gebeine wurden verbrannt".[54] „Der Tod dieser Westgotin," sagte Steinbach, „die mit Hilfe von Nachfahren römischer Senatoren eine neue Zentralregierung zu schaffen versucht hatte, war das grausige Ende der Bemühungen, von Burgund her das Reich zu erneuern. Der Versuch ist am Widerstand des burgundisch-austrischen Adels gegen die Königsherrschaft gescheitert."

Schicksale merowingischer Königinnen. Wir halten fest, daß ihre mitunter entscheidende politische Einflußnahme zu Lebzeiten des Gatten nicht auf einer verfassungsrechtlichen Position beruhte; als Königinwitwe-mutter-großmutter, also als Regentin und Vormund, vermochten starke Frauen durchaus sich durchzusetzen.

Eine ganz andere friedliche Welt des Gebets und der guten Werke scheint sich uns aufzutun, wenn wir uns jetzt nach Poitiers begeben, in das von der hl. Radegundis gestiftete Kloster Sainte-Croix. Als Chlothar I., der Vater von Charibert, Guntram, Sigibert und Chilperich, im Jahr 531 den Thüringerkönig Herminafrid besiegte, führte er dessen Nichte Radegundis als Gefangene mit sich und nahm sie zur Frau. Als er ihren Bruder ungerechterweise hatte töten lassen, zog sie sich in das von ihr gestiftete Kloster zum Hl. Kreuz in Poitiers zurück. Es wohnten dort etwa 200 Nonnen. Das Kloster lag dicht bei der Stadtmauer; jenseits der Mauer erbaute Radegundis eine Marienkirche, in der sie ihr Grab fand, heute ist es die Kirche Sainte Radegonde. Dort siedelte sie zur geistlichen Betreuung des großen Klosters Mönche an. Ihr Kloster unterstand zunächst dem Ortsbischof. Radegunde hatte es wegen Mißhelligkeiten mit dem Bischof dann dem Schutz des Königs unterstellt. Nach ihrem Tod erwirkte der Bischof eine Verfügung König Childeberts, daß ihm die Aufsicht über das Kloster zustehen solle. Das spielt auch bei dem gleich zu schildernden Klosterstreit eine Rolle. Die in ihrem leidvollen Lebensschicksal gereifte Radegunde blieb auch in der maßvollen Askese ihres Klosterlebens an weltlichen Dingen – den politischen Ereignissen am Königshof – interessiert und sah – wie so viele fromme Frauen nach ihr – im Kloster einen Hort der Bildung; sie hat den Dichter Venantius Fortunatus nach Poitiers gezogen. Er stammte aus Venetien, verfügte noch über die Bildung der alten Rhetorenschulen und war 565 an Sigiberts Hof gekommen, wo man viel Gefallen an seiner – uns in vielen Produkten manieriert anmutenden Poesie – fand. Da wo sein Gefühl und Erleben wirklich beteiligt war, gelang ihm echte Dichtung. So schrieb er im Namen Radegundens an ihren in Konstantinopel lebenden Vetter, den letzten Sproß der thüringischen Königsfamilie, eine ergreifende poetische Epistel über den Untergang des thüringischen Reiches. Auch der beklagenswerten Galsvintha widmete er ein langes Gedicht. Er hat auch eine Biographie Radegundens verfaßt. Sie starb 587; Gregor von Tours selbst war bei ihrem Begräbnis zugegen und hat die Wunder aufgezeichnet, die damals geschahen. Hier erschließt sich uns wirklich eine andere Welt: ein später Abglanz antiker Bildung, eine frühe Blüte christlicher Gesittung.

Leider blieb auch diese Oase nicht verschont von der Wildheit der Zeit. Nach dem Tod der Radegundis brach in ihrem Kloster Hader und Zwietracht aus.[55] Zwei merowingische Prinzessinnen, Chrodechildis, eine Tochter Chariberts, und Basina, eine Tochter Chilperichs, waren in das Heiligkreuzkloster eingetreten, Basina unfreiwillig. Zur Nonne waren beide ungeeignet; vor allem Chrodechildis in ihrer ungezügelten barbarischen Wildheit, durchdrungen vom Stolz auf ihr Merowingerblut. Sie entfesselte nach dem Tod der Radegundis einen wahren Aufruhr gegen die Äbtissin Leubowera, die aus adligem, aber nicht königlichem Geschlecht war. Sie verführte ihre Cousine Basina und 40 Nonnen mitzumachen; sie mußten ihr schwören, Leubowera zu vertreiben. Chrodechilde und ihr Anhang zogen aus dem Kloster Ste. Croix aus nach St. Hilaire, sie widersetzten sich gewalttätig bischöflicher Vorladung und allen Zurechtweisungen. Der Streit schwelte lange, bis es zur Eskalation kam. Gregor hat die Schlußphase wieder farbenreich geschildert (X. Buch, Kap. 15, 16): „Das Ärgernis aber, das in dem Kloster zu Poitiers aus der Saat des Teufels erwachsen war, erhob sich täglich zu größerem Übel; denn nachdem Chrodechilde ... Mörder, Giftmischer, Hurer, Landflüchtige und Verbrecher anderer Art um sich gesammelt hatte und zum Aufruhr bereit saß, gab sie jenen Leuten Befehl, bei Nacht in das Kloster einzubrechen und die Äbtissin mit Gewalt fortzuschleppen. Diese hörte aber den herankommenden Aufruhr und verlangte, man solle sie zu der Lade des heiligen Kreuzes tragen – denn sie litt an Gichtschmerzen –, damit sie durch dessen Beistand geschützt würde. Als aber die Männer einbrachen, zündeten sie eine Kerze an und liefen mit ihren Waffen überall in dem Kloster umher und suchten die Äbtissin. Da sie aber in die Kapelle kamen, fanden sie sie vor dem Schrein des heiligen Kreuzes am Boden liegen. Und einer von ihnen, der noch schlimmer war als die übrigen, machte sich schon bereit, die Greueltat zu begehen, um die Äbtissin mit einem Schwerte zu zerhauen, als ein anderer ihn, ich glaube mit Beistand der göttlichen Vorsehung, mit seiner Klinge durchbohrte. Da das Blut hervorstömte und er zu Boden stürzte, konnte er den Vorsatz nicht ausführen, den er in seinem verruchten Sinne gefaßt hatte. Inzwischen bedeckten die Pröpstin Justina" – sie war eine Nichte Gregors; seine Informationen stammen also direkt aus dem Kloster, kommen aber von einer Partei – „und die andern Schwestern die Äbtissin mit der Decke des Altares, der vor dem heiligen Kreuze stand, und löschten die Kerze aus. Aber jene kamen mit gezückten Schwertern und Lanzen, zerrissen ihr das Kleid, zerfleischten den Nonnen beinahe die Hände und ergriffen die

Pröpstin, da es dunkel war, anstelle der Äbtissin ..." Schließlich brachte diese Räuberhorde die Äbtissin – die Pröpstin ließen sie los, als sie ihren Irrtum erkannten – in Haft und plünderte das Kloster aus. Der Aufstand griff immer weiter um sich, so daß der König schließlich eine Bischofskonferenz einberief, die diese Untaten durch kirchenrechtliche Strafen abstellen sollte. Es nahm übrigens auch der Bischof Eberegisel von Köln daran teil, so weite Kreise zog diese Geschichte. Die Bischöfe verlangten zunächst, daß der Aufruhr durch den zuständigen Amtsträger des Königs, den Grafen Macco von Poitiers, unterdrückt würde. Chrodechilde trat den Leuten des Grafen mit dem Kreuz des Herrn, „dessen Wunderkraft sie früher verachtet hatte", entgegen mit den Worten: „Braucht, ich erfordere euch, keine Gewalt gegen mich, die ich eine Königin bin, eines Königs Tochter und die Base eines anderen Königs; tut es nicht, es möchte sonst einst die Zeit kommen, da ich mich an euch räche." Der Aufstand wurde aber mit roher Gewalt unterdrückt. Der Äbtissin wurde vor dem bischöflichen Gericht unter anderen Anklagen, die sie zurückweisen konnte, vorgeworfen, sie habe am Brett mit Würfeln gespielt, weltliche Personen hätten mit ihr geschmaust, ja, es sei sogar eine Verlobung in dem Kloster gefeiert worden; ferner habe sie sich unterstanden, ihrer Nichte von einer schwerseidenen Altardecke Kleider machen zu lassen, die goldenen Blättchen, welche am Saume der Decke gewesen seien, abzuschneiden, auch habe sie dieser Nichte aus Prunksucht eine mit Gold verzierte Kopfbinde anfertigen lassen ... Die Äbtissin antwortete in Bezug auf das Brettspiel, wenn sie bei Lebzeiten der heiligen Radegunde gespielt habe, so treffe sie deshalb geringere Schuld, auch verböten weder die Regel noch die Kirchengesetze ausdrücklich das Spiel. Aber auf den Befehl der Bischöfe hin versprach sie, willig und reuig die Buße zu leisten, die ihr auferlegt würde. Was die Schmausereien beträfe, sagte sie, so habe sie keine neue Sitte im Kloster eingeführt, sondern es so gehalten, wie es zu Zeiten der heiligen Radegunde üblich gewesen, sie habe christlich gesinnten gläubigen Personen geweihtes Brot verabreicht, die sog. Eulogien, daß sie selbst mit ihnen jemals geschmaust habe, könne man ihr nicht nachweisen. Wegen der angeführten Verlobung gab sie an, sie habe in Gegenwart des Bischofs, der Geistlichkeit und angesehener Leute den Brautschatz für ihre Nichte, die eine Waise sei, empfangen – das bedeutet, daß sie als „Muntwalt" der Nichte tätig geworden ist – erklärte aber, wenn dies ein Vergehen sei, so wolle sie vor allen um Verzeihung bitten; aber ein Gelage habe sie auch dabei im Kloster nicht angestellt. „... wegen der Altardecke ... stellte sie eine Nonne von edler Geburt als Zeugin, daß diese ihr einen schwerseidenen Überhang, den sie von ihren Eltern mitgebracht, zum Geschenk gegeben habe, davon habe sie ein Stück abgeschnitten, um es nach ihrem Belieben zu verwenden; von dem übrigen habe sie, soviel dazu erforderlich gewesen sei, als Decke zum würdigen Schmuck des Altares verwendet, den Rest aber ... ihrer Nichte als Purpurbesatz an das Kleid gemacht; wegen der goldenen Blättchen und der mit Gold verzierten Stirnbinde stellte sie den Grafen von Poitiers als Zeugen, daß sie durch ihn von dem Bräutigam der Nichte zwanzig Goldgulden empfangen habe, davon habe sie dies bestritten ..." Daraufhin wurde sie mit einer väterlichen Ermahnung bedacht. Das Gericht der Bischöfe schloß hingegen Chrodechilde und Basina aus der Kirchengemeinschaft aus. Basina bereute, Chrodechilde blieb uneinsichtig; auf Bitten des Königs wurden sie aber wieder in die Kirchengemeinschaft aufgenommen, Basina kehrte ins Kloster zurück, Chrodechilde wurde ein ihr seinerzeit vom König geschenkter Hof zum Aufenthalt angewiesen.

Aus der Vita der heiligen Radegundis und unserem voraufgehenden Bericht erfahren wir, daß die merowingischen Königinnen Purpurgewänder und reichen Schmuck trugen. Wie kostbar Kleidung und Schmuck waren, haben uns die Ausgrabungen unter St. Denis[56] und unter dem Kölner Dom[57] gezeigt. 1959 wurde unter dem Mittelschiff der heutigen Kirche St. Denis – ein Bau aus dem 13. Jahrhundert – das Grab der Königin Arnegundis entdeckt, auch sie eine Frau Chlothars I. und die Mutter Chilperichs. Sie trug ein Hemd aus feinem Leinen, darüber ein Kleid aus violetter Seide, beides reichte nicht ganz bis zu den Knien; sie trug Leinenstrümpfe, die von kreuzweise um die Waden gelegten Riemen gehalten wurden. Über das Kleid fiel eine lange Tunika von rotbrauner Seide, die fast bis zu den Füßen reichte und vorne in ganzer Länge offen war. An der Hüfte wurde das Kleid durch einen Ledergürtel zusammengehalten, der mit zwei Reihen ausgeschnittener Dreiecke, durch die vergoldete Lederstreifen durchgezogen waren, verziert war. Am Hals fanden sich zwei goldene Scheibenfibeln mit eingelegten Almandinen. Sie hielten die Tunika zusammen, die sich unten öffnete, so daß man das violette Kleid, die verzierten Riemenzungen der Strumpfbänder und die Schuhgarnitur sehen konnte. Auf der linken Brust war eine sehr lange Nadel aus Silber und Gold durch die Tunika gesteckt. Die Tunika war mit einem feinen Stoff abgefüttert; ihre langen Ärmel waren oberhalb der weiten Ärmelöffnungen mit einem Streifen roten Satins geschmückt, der mit Rosetten und Dreiecken aus Goldfäden bestickt war. Die Schuhe aus dünnem Leder wurden durch kreuzweise gelegte Riemen gehalten, die mit einer silbervergoldeten Schnallengarnitur verschlossen waren. Ein Schleier aus Satin bedeckte den Kopf und fiel bis zu den Hüften herab. Eine kostbare, große, vergoldete Gürtelgarnitur, die bei der Bestattung wohl unter die Tunika gelegt worden war, wurde sicher über der Tunika sichtbar getragen. Es fanden sich auch zwei Körbchenohrringe. Der Name der Toten ist durch die eingravierte Aufschrift des goldenen Siegelrings überliefert, den sie am linken Daumen trug.

Ein ähnlich reiches Frauengrab hat Doppelfeld 1959 sechs Meter tief unter dem Kölner Domchor gefunden. Köln war Residenz eines merowingischen Teilreiches, dessen Selbständigkeit Chlodwig zwar beseitigt hatte, das aber weiterhin seine aula regia besaß und immer wieder von merowingischen Herrschern aufgesucht wurde. Um 550 sind die fürstlichen Bestattungen einer hochgestellten Frau und eines Knaben anzusetzen. Doppelfeld vermutet in der Dame Wisigarde, die Braut des Theudebert, Königs des Ostreiches, gestorben 547.[58] Die Gewänder der Dame wurden hier nicht gefunden, wohl aber Grabbeigaben und Schmuck: die mit goldumsponnenen Fäden durchwirkte Stirnbinde, mit der freigeborene fränkische Jungfrauen ihr langes offenes Haar zusammenhielten, vor allem war sie Brautschmuck, ferner Ohrringe aus Gold, Fingerringe, ein Armring mit verdickten Enden aus massivem Gold, Brustschmuck, Fibeln, Goldketten, Münzanhänger, großer Halsschmuck, Gürtelgehänge, darunter ein Spinnwirtel, Schere, Messer, Schuhschnallen mit silbervergoldeten Riemenzungen usw. Dem Grab waren auch Gläser und Münzen beigegeben.

Unsere Kenntnis von den Frauen der karolingischen Hausmeier ist begrenzt.[59] Dabei haben sie zum Aufstieg der Karolinger durch den Landbesitz, den sie einbrachten, erheblich beigetragen. Pippin der Mittlere, erster de facto Beherrscher des fränkischen Gesamtreiches, wählte mit ausgeprägtem Sinn für die Stärkung des karolingischen Hausgutes Plectrudis zur Gemahlin, eine Tochter des in der Trierer und mittelmoselländischen Geschichte hervorragenden Seneschalls Hugobert und seiner Frau Irmina, Stifterin der Abtei Echternach und nach dem Tod ihres Gatten Äbtissin des Trierer Klosters Oeren; Pippin legte damit den Grundstein für den karolingischen Güterkomplex an der mittleren Mosel. Plectrudis hatte nämlich keine Brüder, nur Schwestern, und war daher eine reiche Erbtochter – aber nicht nur das. Sie veranlaßte ihren Gatten u. a. zur Gründung des Klosters Kaiserswerth, von dem aus christlicher Einfluß nach Osten ausstrahlen konnte. Sie schenkte ihrem Gatten zwei Söhne, die vor dem Vater starben, aber beide Söhne hinterließen. Pippin übertrug Plectrudis die Vormundschaft über ihren Enkel Theudoalt, dem er die Hausmeierwürde zusprach, wie für den jugendlichen Merowingerkönig Dagobert III. Im Bewußtsein, daß ihrem Enkel die größte Gefahr von Pippins Friedelsohn Karl drohe – er verdiente sich früh seinen späteren Beinamen „der Hammer – Martell", nahm Plectrudis beim Tod ihres Mannes – 714 – Karl in Haft und bemächtigte sich des Schatzes. Ihre Herrschaft wurde später als „grausamer denn nötig" und „mit der Verschlagenheit eines Weibes geführt" gekennzeichnet. Den Aufstand, der sich erhob, vermochte sie nicht niederzuschlagen, sie floh nach Köln. Karl Martell erkämpfte sich die Macht, stellte die Reichseinheit her und gebot schließlich der Ausbreitung des Islam Einhalt. Plectrudis hat in Köln die Kirche Maria im Kapitol gestiftet, an der wohl erst durch Erzbischof Bruno ein Benediktinerinnenkloster entstand.[60] In Köln entwickelte sich eine besondere Plectrudistradition. Daß Plectrudis nicht den vollen Rang einer Heiligen gewann, erklärte Hlawitschka damit, daß an St. Maria im Kapitol keine klösterliche Gemeinschaft bestand, die einen Kult hätte aufbauen können. Ältestes Zeugnis ihrer Verehrung ist die noch vorhandene, etwa 1150/60 entstandene romanische Reliefplatte mit der Inschrift S. Plectrudis regina. Für das 13. Jahrhundert ist ein starkes

Plectrudis-Brauchtum bezeugt: Feier der Memorie jeweils am 10. August, Wein- und Geldspenden am Plectrudistag an Hebdomadare, Küster und Nonnen, Vorhandensein eines Plectrudis-Pokals zur Weinspendung an die Nonnen usw.

Karl Martells Sohn Pippin, von den Franken proklamierter, von den Bischöfen gesalbter König – wir wiesen auf die tiefe Bedeutung dieses Aktes hin – heiratete Bertrada d. Jüngere, eine Tochter des Grafen Heribert von Laon, Enkelin der älteren Bertrada. An diese jüngere Bertrada war altes Familiengut der Irmina-Hugobert-Sippe gefallen; ihre Großmutter, eben die ältere Bertrada, war vermutlich eine Schwester der Plectrudis. Die ältere Bertrada hat gemeinsam mit ihrem Sohn Heribert das Eifelkloster Prüm gegründet, das die jüngere Bertrada mit ihrem Gatten wieder begründete und reich dotierte. Bertrada, die ihren Gatten überlebte – Pippin starb am 24. 9. 768, sie am 12. 6. 783 – hat als Königinwitwe eine politische Rolle gespielt; sie versuchte in den bald ausbrechenden Streitigkeiten der Söhne Pippins – er hatte den Westen und Norden für Karl, die mittleren und südlichen Länder für Karlmann bestimmt – zu vermitteln. Sie startete 770 eine große Friedensaktion, erwirkte einen Ausgleich mit Tassilo von Bayern und mit den Langobarden; sie vermittelte die Heirat Karls mit der Tochter des Langobardenkönigs Desiderius. Schon die geplante Verbindung stieß auf heftigen Widerstand des Papstes Stephan III., der vor einer Heirat des edlen fränkischen Königsgeschlechts mit einer Frau aus dem „treulosen und stinkenden" Volk der Langobarden warnte – im eigenen politischen Interesse – und rechtliche Gegenargumente ins Feld führte: Karlmann wie Karl seien bereits verheiratet. Karl war in der Tat zuerst mit Himiltrud, der Mutter seines Sohnes Pippins des Buckligen, liiert; es handelte sich da wohl um eine Friedelehe, der Papst betrachtete sie offensichtlich als legitim. Einhard bezeichnet Himiltrud später als Konkubine. Aber der Plan Bertradas scheiterte, und 771 beendete Karlmanns Tod den Bruderzwist und Bertradas politische Rolle. Karl hat die Tochter des Langobardenkönigs zwar geheiratet, sich aber bald wieder von ihr getrennt. Er heiratete dann Hildegard, die fränkisch-alemannischer Abstammung war, ihm drei Söhne – Karl, Pippin und Ludwig – schenkte und ebensoviele Töchter – Hrodtrud, Bertha und Gisela. Nach Hildegards Tod heiratete er die Fränkin Fastrada, Mutter seiner Töchter Theodrada und Hiltrud. Eine weitere Tochter Hruodheid stammt von einer namentlich nicht bekannten Konkubine. Als Fastrada gestorben war, heiratete er die Alemannin Liutgard, von der er keine Kinder hatte. Nach deren Tod lebte er mit vier Konkubinen zusammen: Madelgarda, der Mutter Rothilds, Gerswind von sächsischem Geschlecht, die ihm eine Tochter Adaltrud gebar, mit Regina, Mutter von Drogo und Hugo, mit Adallinde, die ihm Theoderich gebar. Einhard unterscheidet nur echte Gemahlinnen und Konkubinen und kennt keine Friedelfrauen Karls, obwohl es sie gegeben hat; wir befinden uns in einer Übergangszeit, die eine präzise Unterscheidung der germanischen

Ehetypen erschwert infolge des wachsenden kirchlichen Einflusses. Aber auch die rechtliche Stellung der Kinder und vor allem der Söhne spielte eine Rolle: Die Söhne der Friedelfrauen bzw. Konkubinen Pippin d. Bucklige, Theoderich, Drogo, Hugo werden alle in Klöster geschickt. Die Frage der Nachfolge in der Herrschaft steht mit den Heiraten in engem Zusammenhang. Heirat wird immer bewußter als Möglichkeit zum Aufstieg wie zum Abstieg eines Geschlechts angesehen. Begünstigung der Verwandtschaft durch einheiratende Frauen konnte zu Parteiungen führen, die Muntehe bedingte Abschichtung der Söhne mit allen Folgen. Einhard berichtet, Karl habe seinen Töchtern zwar weitgehende Freiheiten erlaubt, aber keine einem seiner Leute oder einem fremden Mann zur Frau geben wollen, er habe ohne ihre Gesellschaft am Hof nicht leben mögen – war das der einzige Grund? Der älter werdende Kaiser scheute offenbar die Folgen von Muntehen, er wünschte wohl keine Kinder aus Dotalehen mehr. Die Frauen am Hof hatten dann keinen politischen Einfluß, aber sie verliehen ihm Glanz und nahmen teil an dem sich reich entfaltenden kulturellen Leben.

Weiblicher politischer Einfluß wurde erst wieder stark unter Karls Nachkommen, so unter seinem Sohn und Nachfolger Ludwig, dessen späterer Beiname pius – mit „der Fromme“ übersetzt – wohl erst dem 10. Jahrhundert angehört[61] und uns bei der Beurteilung seiner Persönlichkeit nicht zu sehr beeinflussen sollte. Ludwig heiratete in zweiter Ehe die junge schöne Judith, eine Welfin, eine sehr gebildete Dame; ja, ihre Verbindungen zur Welt der Gelehrten und Dichter waren enger als die ihres Gemahls. Sie suchte vor allem die Zukunft ihres Sohnes Karl zu sichern, der 823 geboren wurde, also viel jünger war als Ludwigs Söhne erster Ehe: Lothar geboren 795, Pippin geboren um 803 und Ludwig geboren um 806. Auf die Teilungspläne des Reiches, die Anlaß vieler Wirren boten, in die Judith sich einmischte, haben wir hier nicht näher einzugehen; wir bemerken nur,[62] daß Karl der Große 806 eine Teilung des Reiches unter seine Söhne vorsah, die nur unterblieb, weil zwei von ihnen vor dem Vater starben. Ludwig der Fromme wollte unter kirchlichem Einfluß 817 in der vielberedeten Ordinatio Imperii den fränkischen Brauch der Reichsteilung insofern abändern, als er Lothar die Kaiserwürde, den beiden jüngeren Brüdern nur Unterkönigreiche zugestand, hat sich aber 829/30, als er wieder stärker unter den Einfluß weltlicher Großer geriet, erneut dem Teilungsbrauch zugewandt.

Judith ging es um ihren Sohn.[63] Sie setzte zunächst auf den Paten ihres Sohnes Lothar. Ihr engster Vertrauter wurde Bernhard von Septimanien, dessen Berufung an den Hof sie bewirkte. Sie geriet in den Verdacht eines Verhältnisses mit ihm und auch in den Verdacht der Zauberei. In dem großen Aufstand von 830 gegen Ludwig mußte Bernhard nach Barcelona fliehen, Judith wurde in das Radegundiskloster nach Poitiers gebracht und hart bedrängt, Ludwig zur Abdankung zu bewegen. Es kam aber zu einem Umschwung, Judith wurde 831 in Aachen rehabilitiert. Bei dem gemeinsamen Aufstand der Söhne gegen Ludwig 833/34 wurde sie nach Tortona in Italien verbannt, fand aber Wege, Botschaften über die Alpen zu bringen; noch einmal konnte Ludwig sich durchsetzen, aber die Ausstattung von Judiths Sohn Karl blieb eine offene Frage. Erst Pippins Tod machte den Weg frei für die von Judith angestrebte Lösung. Bevor sie Wirklichkeit wurde, starb Ludwig. Judith half ihrem Sohn nach bestem Vermögen im Kampf um sein Erbe und führte ihm ein Heer zum Entscheidungskampf bei Fontanetum (Fontenoy sw. Auxerre). zu. Es kam dann aber zu einer Entfremdung zwischen Mutter und Sohn; vor dem Abschluß des Vertrages von Verdun (im August 843), der das Reich Karls d. Gr. unter die Enkel aufteilte, eine Teilung, die nicht mehr rückgängig gemacht werden sollte, ist Judith am 11. April 843 gestorben.

Die von Graf Bernhard von Aquitanien verlassene Gattin Dhuoda schrieb krank – wohl aussätzig – und als Verbannte in Uzès an der unteren Rhone für ihre beiden Söhne ein gelehrtes Handbuch, ein Beweis für die kulturelle Ausstrahlungskraft und literarische Produktivität Aquitaniens. Sie benutzte einen breiten Fundus gelehrter Literatur, die sie nach ihrem Verständnis vereinfachte. Die „profilierteste Gestalt" unter den Karolingerfrauen (so Konecny) hat man Angilberga genannt; sie stammte aus einem jener fränkischen Adelsgeschlechter, die fest in Italien verwurzelt waren, von den Supponiden in Parma, und wurde 851 mit Ludwig II. – dem ältesten Sohn Lothars I. – verlobt, dem bei der Erbteilung Italien zugesprochen worden war. Ludwig war 844 bereits zum König der Langobarden gekrönt worden. Angilberga hatte ein starkes Herrscher- und Familienbewußtsein, Sinn für Macht und Besitz. Sie steht im Kreis ähnlich gearteter Frauen: ihrer Tochter Irmgard, der Gemahlin Bosos von Vienne,[64] Liutgard, Gemahlin Ludwigs d. J., Ageltrudis, Witwe Widos von Spoleto, die beim Anrücken des deutschen Herrschers Arnulf die Tore Roms schließen ließ und die ewige Stadt und die Kaiserwürde für sich und ihren Sohn Lambert verteidigte – allerdings ohne Erfolg. Angilberga hat aktiv an der Politik teilgenommen, und zwar seit Ludwigs Erkrankung und Jagdverletzung 864. Sie wird bereits „consors et adiutrix regni" genannt, als erste mittelalterliche Herrscherin. Söhnelos wollte sie Italien und die Kaiserkrone den ostfränkischen Karolingern zuspielen und verhandelte 872 mit Ludwig d. Deutschen; der oberitalienische Adel erklärte sich jedoch für Karl d. Kahlen. Sie verfügte über einen reichen Grundbesitz, den sie klug und gewinnbringend zu verwalten verstand. Sie erbaute in Piacenza ein Kloster, förderte mehrere Klöster und zog sich 877, zwei Jahre nach Ludwigs II. Tod, in ein Kloster zurück.

Von der Unauflöslichkeit des Ehebandes, wie es die Kirche predigte, war man also noch weit entfernt. Allmählich griffen die kirchlichen Autoritäten schärfer durch. So Papst Nikolaus I. im Ehestreit Lothars II.[65] Lothar lebte in kinderloser Ehe mit Theutberga und betrieb die Scheidung, um seine Friedel Waldrada heiraten und seinen Friedelsohn legitimieren zu können.

Theutberga hatte an den Papst appelliert. Die kirchliche Eheauffassung eröffnete den Frauen, wenn sie als Objekte der Politik wie hier behandelt wurden, neue Möglichkeiten.

Noch in einem anderen, nicht ganz so bekannten Ehestreit hat Papst Nikolaus I. Partei ergriffen. Hier begegnet uns im schweren und glanzvollen Leben der karolingischen Prinzessin Judith, Königin von England und Gräfin von Flandern, ein Frauenschicksal, das die Realität der fränkischen Spätzeit spiegelt, den Widerstreit zwischen den Normen und den harten Forderungen der Politik, aber auch den Sieg treuer Gattenliebe und die Bedeutung ehelicher Verbindungen für die Stellung einer Dynastie und die kulturelle Entfaltung einer Landschaft. Wir verdanken Heinrich Sproemberg[66] die wissenschaftliche Biographie der Judith.

Sie war eine Tochter des westfränkischen Herrschers Karls des Kahlen und wird erst anläßlich ihrer Verlobung erwähnt. Diese Verlobung mit Ethelwulf, Oberkönig der Angelsachsen, im Juli 856 war eine Haupt- und Staatsaktion. Ethelwulf war damals mindestens 50 Jahre alt, aber offensichtlich noch recht rüstig, er war Vater eines eben erst sechsjährigen Sohnes und besiegte die Normannen 851 in der Schlacht bei Ockley. Judith war 12 bis 13 Jahre alt, besaß damit gerade das kanonische Mindestalter für Frauen. Eine Erschwerung bei dem Ehebündnis war von Anfang an, daß Ethelwulf aus erster Ehe eine Schar von Söhnen besaß, deren ältester, Ethelbald, als sein Stellvertreter schon Regent in England war. Die zweite Heirat Ethelwulfs mit Judith hatte politische Hintergründe. Karl dem Kahlen gab die Freundschaft und verwandtschaftliche Verbindung mit dem angelsächsischen Oberkönig erwünschte Gelegenheit, sich gegenüber den fränkischen Nachbarkönigen und seinen eigenen Vasallen zu profilieren. Zwistigkeiten mit seinem Bruder, Ludwig dem Deutschen, und der Ansturm der Normannen machten ihm zu schaffen. Seine Familie rücksichtslos seinen politischen Interessen dienstbar zu machen, war ihm selbstverständlich. Für Ethelwulf, der das vom Vater ererbte Oberkönigtum der Westsachsen gegenüber den Teilreichen behaupten mußte, bedeutete die eheliche Verbindung mit einer Urenkelin Karls des Großen einen klaren Gewinn für sein Ansehen. Die Hochzeit wurde mit großer Pracht in Verberie an der Oise bei der Pfalz Senlis[67] gefeiert unter Mitwirkung – wie wir schon hervorhoben – des Erzbischofs Hinkmar von Reims, einer der bedeutendsten Persönlichkeiten Westfrankens. Bei der Eheschließung wurde Judith nach fränkischem Brauch zur Königin der Westsachsen[68] gekrönt. Die erhaltene lateinische Krönungspredigt Hinkmars belehrte Judith über ihre Pflichten als Frau und Herrscherin. Darauf folgte die Übergabe des Ringes, die besondere Formel zur Krönung und die Einsegnung der Königin. Dem glanzvollen Auftakt entsprach aber nicht der Empfang in England, wo sich Ethelwulf einer Verschwörung Ethelbalds mit den angelsächsischen Großen gegenübersah, der wohl die Sorge vor einer stärkeren Betonung der Königsgewalt nach karolingischem Muster zugrundelag. Es kam zu einer Reichsteilung. In seinem Testament sprach Ethelwulf seinem Sohn Ethelbald das Oberkönigtum und die Obergewalt über das ganze Reich zu. Judith, deren Königtum anerkannt wurde, kommt in diesem Testament nicht vor, sie war aber von ihrem Gatten mit bedeutendem Besitz in England bewidmet worden.

Schon 858 starb Ethelwulf. Ethelbald ergriff die Regierung – und heiratete Judith. Diese Heirat zwischen Stiefmutter und Stiefsohn widersprach den kirchlichen Vorschriften und der weltlichen Gesetzgebung. Aber offenbar hat der westfränkische Hof aus politischen Gründen diese Ehe anerkannt, und die Kirche hat sie toleriert; älterer angelsächsischer Brauch hat sich dabei durchgesetzt. Die Initiative zur Eheschließung lag bei Ethelbald. Aber zweieinhalb Jahre nach der Hochzeit – 860 – starb auch er. Die kinderlose Witwe Judith kehrte nach Veräußerung ihres englischen Besitzes in Ehren nach Frankreich zurück. Sie wurde in der festen Stadt Senlis unter väterlichem und königlichem Schutz und Bewachung (custodia) durch den Bischof samt ihrem Schatz verwahrt. Ihr blieb nur die Wahl, hier in strenger Haft zu leben oder einen Mann nach dem Befehl ihres Vaters anzunehmen.

Nach zwei freudlosen Jahren nahte im Frühjahr 862 die Rettung: Es gelang ihr mit Ritter Balduin, der ihre Liebe gewonnen hatte, verkleidet in Nacht und Nebel aus Senlis zu entfliehen. Balduins Herkunft ist umstritten; soviel ist wohl sicher: Ein ebenbürtiger Partner für eine karolingische Prinzessin war er nicht. Allerdings war der Mangel an Königshäusern germanischen Geblüts schon immer eine Schwierigkeit für die Verheiratung der karolingischen Prinzessinen; deshalb hat man nicht unbedingt auf Ehepartnern aus der hohen Aristokratie bestanden. Aber diese Ehe Judiths paßte keineswegs in das politische Kalkül ihres Vaters. Vielleicht hatte Balduin im Gefolge von Judiths Bruder Ludwig den Zugang zu Judith gefunden; Ludwig stimmte der Heirat seiner Schwester mit Balduin zu. Die beiden jungen, aber schon mit dem Königstitel geschmückten Brüder Judiths, Ludwig der Stammler und Karl von Aquitanien, schlossen Ehen, die der Vater nicht anerkennen wollte. Die dritte Ehe Judiths besaß einen politischen Hintergrund: den Aufstand der Söhne und Großen gegen den autoritären Karl den Kahlen. Diesesmal aber hatte Judith aus Liebe geheiratet. Der wohl schon vorgewarnte königliche Vater sprengte durch seinen eiligen Marsch nach Senlis die Verschworenen auseinander, es gelang ihm aber nicht, das junge Paar zu ergreifen. Er berief ein Hofgericht, das Balduin wegen Frauenraubes – obwohl feststand, daß Judith ihm freiwillig gefolgt war – und Untreue verurteilte; Balduins Lehen wurden eingezogen. Karl rief auch die Kirche an; die am Hof weilenden Bischöfe exkommunizierten unter Anführung Hinkmars Balduin und Judith.[69] Damit verfielen auch Judiths Ansprüche an das in Senlis deponierte englische Gold, Hinkmars unversöhnliche Feindseligkeit gegen das junge Paar entsprach seiner scharfen Verurteilung jeglichen Frauenraubes, der damals um sich griff.

Balduin und Judith flohen zunächst an den Hof des lothringischen Herrschers Lothar II., der die Schicksalsgenossen gerne aufnahm. Wahrscheinlich wurden sie hier getraut. Karl der Kahle forderte ihre Auslieferung. Balduin wußte, daß er mit seiner jungen Frau am Hof Lothars auf die Dauer nicht sicher war und tat einen kühnen Schachzug: Er floh mit Judith über die Alpen zur Kurie und appellierte an den Papst, „er vertraue mehr auf die Hilfe der Apostel Petrus und Paulus als auf den Schutz der Könige dieser Erde".[70] Die Rechtslage war verwickelt. Die kirchenrechtliche Verurteilung Balduins setzte die gewaltsame Entführung voraus, von einer solchen war aber keine Rede. Nach fränkischem Recht unterstand Judith als Witwe nicht mehr der Muntgewalt des Vaters.[71] Diese Frage war vom kirchlichen Standpunkt aus, der im Konsens der Brautleute den rechtskonstitutiven Akt der Ehe sah, nicht ausschlaggebend, wenn auch Judiths dritte Ehe keine dotierte Muntehe war. Aber Balduin hatte den Königsschutz gebrochen, unter dem Judith stand, und das Recht seines Lehnsherrn verletzt.

Der Papst ging sehr vorsichtig vor. Politisch spielte seine Auseinandersetzung mit Hinkmar über die Grenzen der päpstlichen und der erzbischöflichen Gewalt eine Rolle. Er nahm die Appellation Balduins an. Daß Judith sich vor ihm rückhaltlos für Balduin erklärte, hat sein Verhalten mitbestimmt. In einem Brief an Karl den Kahlen betont er, daß Judith ihm mit eigenem Mund gesagt habe, daß sie Balduin über alles liebe und ihm freiwillig gefolgt sei.[72] Er bat den König, Balduin zu verzeihen und ihn in Gnaden wieder aufzunehmen, er fürchte, Balduin könne sich sonst mit den Normannen verbinden. Im Brief an die königliche Mutter Judiths betont er Balduins Schuld und reumütiges Bekenntnis. Er sieht sich als Vermittler in einem Familienkonflikt.

Seine Rechtsauffassung geht aus einem Brief hervor, den er an Karl wegen der ebenfalls ohne väterliche Erlaubnis geschlossenen Heirat seines jüngeren Sohnes Karls von Aquitanien richtete. Er tadelt die Ehe wider den Willen des Vaters, lehnt es aber ausdrücklich ab, aus diesem Grund die Ehe aufzulösen.[73] Der Fall Balduins lag ähnlich. Die Bischöfe bat er, beim König Fürsprache für Balduin einzulegen. Hinkmar willfahrte dieser Bitte nicht; ihm ist es zuzuschreiben, daß der König erst im Oktober 863 Judith vor sich kommen ließ, und zwar in Verberie, wo ihre erste Hochzeit stattgefunden hatte. Balduin forderte unter Berufung auf den Papst sofortige Vornahme der offiziellen Eheschließung, die dann auch in Auxerre vorgenommen wurde. Aber noch drei Jahre nach der Hochzeit war Balduin vom König nicht ausgestattet worden. Der Papst mahnt den König, auch hierin das Seinige zu tun.[74] Das Stichwort „dos" fällt zwar nicht, schließlich gehörte zur Verzeihung auch die Restituierung Balduins in seine Lehen, aber der Gedanke der Dosbestellung dürfte mit im Spiel gewesen sein. Der zähen Energie Balduins gelang es schließlich, auch die Bewidmung mit Flandern zu erreichen.

Über Judith hören wir nichts mehr. Sie hatte ihr Lebensglück gefunden. Ihre königliche Abkunft und ihre reiche Mitgift stärkten die Stellung ihres Gatten, dem auf diesem gefährdeten Außenposten des westfränkischen Reiches in einem von Wasser und Wald beherrschten Gebiet, das der politischen Ordnung entbehrte, eine schwere Aufgabe gestellt war. Judiths enger Verbindung zum westfränkischen Hof war es auch zuzuschreiben, daß in diesen östlichsten Gebieten Westfrankens die karolingische Kultur eine dauernde und tiefe Wirkung gewann. Sie schenkte Balduin zwei Söhne, Balduin II., Nachfolger seines Vaters, und Rudolf, Graf von Cambrai. Balduin II. hat die Normannengefahr überstanden, seine Burg in Brügge zum Herrschaftszentrum gemacht und die selbständige Stellung der flandrischen Grafen im französischen Staat begründet. Bis 1127 blühte die flandrische Dynastie, deren Stammutter Judith war. Kurz nach der Mitte des 10. Jahrhunderts schrieb der Priester Witger die Genealogie von Judiths Enkel, Arnulf dem Großen von Flandern. Dem kognatischen Familienempfinden der Zeit entsprechend hebt er vor allem Judith hervor, die Ahnin aus königlichem Geschlecht; er nennt sie sehr klug und schön.[75]

Im deutschen Reich – von dem wir seit der Ottonenzeit sprechen können – vollzog sich ein bemerkenswerter Aufstieg der Ehefrauen der Herrscher.[76] Die Königin war „consors regni, particeps imperii". Sechs Wochen nach der Kaiserkrönung Ottos I. findet die Bezeichnung „consors regni" Eingang in den deutschen Kanzleigebrauch; bis dahin war diese Formel – spätantiker Herkunft – auf das „Kaiserland" Italien beschränkt. Wir lernten sie bei Angilberga kennen. Kaiserin Theophanu, die byzantinische Prinzessin, wird 972 feierlich in das consortium imperii aufgenommen: „in copulam legitimi matrimonii consortiumque imperii" und „coimperatrix augusta necnon imperii regnorumque consors" genannt. Im Osten hatte das Mitkaisertum eine lange Tradition.[77] Adelheid, die Tochter König Rudolfs II. von Burgund und der Königin Bertha, deren Grab in der Abteikirche zu Payerne 1818 wieder entdeckt wurde, heiratete in erster Ehe König Lothar von Italien, der am 22. 11. 950 starb. Nach langobardischer Rechtstradition hätte Adelheid einen Nachfolger designieren können; aber schon am 15. 12. ließ sich der Markgraf Berengar von Ivrea mit seinem Sohn Adalbert in Pavia wählen und krönen; er setzte die junge Königswitwe gefangen. Adelheid ließ sich aber durch die Festungshaft in Garda nicht zu einer ungewollten Heirat zwingen, sondern suchte und fand 951 nach einer abenteuerlichen Flucht den Schutz und die Hand des verwitweten deutschen Königs Otto I. Sie brachte ihm einen zusätzlichen Rechtstitel auf die italienische Königswürde mit. Es dauerte noch bis zum 2. 2. 962, daß Otto in Rom zum Kaiser, Adelheid zur Kaiserin gesalbt und gekrönt wurden. Beide Gatten – Lothar und Otto – haben Adelheid reiche Dotalgüter ausgesetzt. Sie hat daraus vor allem Klöster beschenkt. Allerdings konnte sie über ihr Wittum in Italien uneingeschränkter verfügen als über das in Deutschland.[78] Schon zu Lebzeiten Ottos I. nahm Adelheid, wie die Interventionen der Königsurkunden beweisen, an den Regierungsgeschäften teil. Mutter der Königreiche, Mutter Europas ist Adelheid genannt worden; in der Tat, ihre Tochter erster Ehe Emma hatte 966 den westfränkischen König Lothar geheiratet und die Karolingerin Mathilde, König Lothars Schwester und Nichte Ottos I., war Adelheids Schwägerin, die Frau ihres am ottonischen Hof erzogenen Bruders, des Burgunderkönigs Konrad, geworden. Nach Ottos I. Tod kam es zu Spannungen in der königlichen Familie. Adelheid pflegte Beziehungen zur Herzogin Judith von Bayern, die Otto II. nicht paßten, da er damals mit Recht eine bayerisch-schwäbische Machtkonstellation befürchtete. Ein anderer Streitpunkt war, wie gesagt, die Verfügungsberechtigung über das deutsche Dotalgut. Von 975 bis 980 weilte Adelheid überwiegend in Burgund und Italien. 980 kam es in Pavia zur Aussöhnung mit ihrem Sohn. 982 erscheint sie in Capua wieder als Intervenientin und blieb dann bis zum frühen und unerwarteten Tod Ottos II. am 7. 12. 983 am kaiserlichen Hof.

Schon 967 hatte sich Otto I. bemüht, seinen Sohn und Mitregenten Otto II. mit einer byzantinischen Prinzessin zu verheiraten. Zunächst ohne Erfolg. Erst nach einem Regierungswechsel in Konstantinopel 969 ergab sich eine neue Basis für die Regelung der Beziehungen zu Byzanz. Zur Gattin des deutschen Thronfolgers wurde Theophanu bestimmt, eine Nichte des armenischen Generals Johannes Tzimiskes, der damals die vormundschaftliche Regierung in Byzanz übernommen hatte. Im Frühjahr 972 kehrte die kaiserliche Gesandtschaft mit der Braut nach Italien zurück. Die Enttäuschung, daß Theophanu keine geborene byzantinische Prinzessin war, wurde durch den persönlichen Liebreiz des sechzehnjährigen Mädchens ebenso wie durch die wohl damals erfolgte Anerkennung des Kaisertums der Ottonen durch Byzanz wettgemacht. Aber auch für den byzantinischen Usurpator bedeutete die Verbindung mit dem deutschen Herrscher einen Gewinn. Die Hochzeit Ottos mit Theophanu fand am 14. April in Rom statt. Papst Johannes XIII. segnete das Paar im Petersdom und krönte Theophanu neben ihrem Gemahl zur Kaiserin. Theophanu erhielt nach deutschem Eherecht ihre legitima dos, bedeutende Liegenschaften in Italien und Deutschland, und konnte wenige Tage später neben ihrer Schwiegermutter Adelheid in Papsturkunden für Klöster in Pavia als Intervenientin fungieren.

Über Trauung und Dosbestellung des deutschen Kaisers mit der und für die Byzantinerin unterrichtet uns ein prachtvoller gleichzeitiger Rotulus aus Purpurpergament,[79] das an den Seiten und unten von goldenen Randleisten mit Blattmotiven in Blau und Weiß, oben von einer mit feinen Miniaturen geschmückten Kopfleiste eingefaßt ist. Die Schreibfläche ahmt ein byzantinisches Purpurgewebe nach mit einem Muster von ganzen und halben Kreisen, die in doppelter geperlter Umrahmung symbolträchtige Darstellungen von Tierkämpfen zeigen. Auf diesem bewegten Purpurgrund leuchtet in ruhiger Klarheit die Goldschrift. Vorbild für das Formular war die Dotalurkunde, die Kaiserin Adelheid von ihrem ersten Gatten Lothar erhalten hatte, deren Wortlaut auf die Formeln der privatrechtlichen libelli dotis zurückging. Die Predigtarenga der Urkunde – zum Formular der Herrscherurkunde gehört eine Arenga, eine allgemein und stark rhetorisch gehaltene Einleitung zum Hauptzweck der Urkunde, nicht ohne programmatischen Aussagewert – ist zugleich ein Zeugnis der christlichen Eheauffassung des Herrschers. „Gott ..." heißt es da, „entnahm dem Menschen eine Rippe, schuf ihm zur Hilfe eine Gefährtin und bestimmte in seiner wunderbaren Vorsehung, daß beide nun ein Fleisch sein, Vater und Mutter verlassen und dem Gatten anhängen sollen ... der Herr Jesus Christus, menschliche Gestalt aus dem Schoß der unversehrten Jungfrau annehmend und wie ein Bräutigam sich der Kirche vermählend, verwandelte, um zu zeigen, wie gut und heilig die gesetzmäßig gefeierte Hochzeit sei, das Wasser in Wein ... er sagte im Evangelium: Was Gott verbunden hat, soll der Mensch nicht trennen". Im dispositiven Teil der Urkunde heißt es dann: „So habe auch ich Otto beschlossen, auf den Rat meines Vaters, des Kaisers, die getreue Theophanu, berühmte Nichte des Kaisers Johannes von Konstantinopel, in der großen Stadt Rom unter dem Segen des Papstes Johannes zum Bunde gesetzmäßiger Ehe und zum Mitkaisertum mir anzuverloben und unter der Leitung und dem Schutz Christi zur Gattin anzunehmen. Kund sei daher ... daß ich meiner geliebten Braut in gesetzmäßiger Mitgift (dote legitima) nach der Sitte meiner Vorfahren zu ewigem Recht Besitztümer innerhalb der italischen Grenzen wie auch in meinen transalpinischen Reichen gewährt habe." Im Frühsommer 980 wurde – nach zwei Töchtern Adelheid und Sophie – dem Herrscherpaar der erste Sohn, der spätere Kaiser Otto III. geboren. Der männliche Thronfolger Otto war beim Tode seines Vaters also drei Jahre alt. Während seiner Unmündigkeit haben drei Frauen, die Kaiserinwitwen Adelheid und Theophanu und die Äbtissin Mathilde von Quedlinburg, Adelheids Tochter, die Last der Verantwortung um die Geschicke des großen Reiches mitgetragen.[80] Feste Regeln für eine Regentschaft gab es nicht. Die ottonische Partei wandte sich zuerst an Adelheid, die sich mit ihrer Tochter Mathilde und ihrer Schwiegertochter Theophanu in der Herrscherpfalz zu Pavia aufhielt, und bat sie, nach Deutschland zu kommen. Aber bald nach der Übergabe des königlichen Kindes durch den Herzog von Bayern hat Theophanu als Mutter und „coimperatrix" die Leitung übernommen. Sie war dazu hervorragend geeignet und hat ihr Ziel, das Reich und das ottonische Kaisertum ihrem Sohn zu erhalten, mit zäher Willenskraft, mit Scharfblick und Klugheit erreicht. Man hat ihr vorgeworfen, die alternde Kaiserin Adelheid herrschsüchtig ausmanövriert und gekränkt zu haben. Diese Vorwürfe stammen vor allem von Adelheids Biographen, Abt Odilo von Cluny, und sind wohl etwas übertrieben. Mathilde Uhlirz sieht als Grund der unleugbar scharfen Rivalität der Kaiserinnen vor allem ihre gegensätzliche Auffassung über die Verwendung von Adelheids Dotalgut, das Theophanu als Reichsgut ansah; sie hebt hervor, daß Mathilde, diese kluge und tieffromme Frau, mehr auf der Seite der Theophanu als der ihrer Mutter stand. Wie gebändigt durch Erziehung und christliche Sitte erscheint bei beiden Frauen ihr Ringen um die erste Stelle – denken wir zurück an die Merowingerzeit. Theophanu hat natürlich nicht ohne Helfer und Ratgeber regiert; die gegebenen Mitregenten waren der Erzkanzler und Erzbischof von Mainz Willigis und der Kanzler Hildebald. Die Kanzlei war damals die einzige bleibende Behörde! Es trat kein Wechsel in der Leitung der Kanzlei ein. Die Dokumente der königlichen Regierungstätigkeit, die Königsurkunden, ergingen auch während der Minderjährigkeit Ottos III. (984–995) im Namen des kindlichen Königs. Von den Diplomen der erwachsenen Vorgänger unterscheiden sie sich nur dadurch, daß sie fast ausnahmslos Intervenienten nennen, nächst den beiden Kaiserinnen am häufigsten Erzkanzler und Kanzler. Nur zweimal hat Theophanu selbst geurkundet, und zwar auf der Romreise, die sie gegen Ende ihres Lebens im Spätherbst 989 unternahm.[81] In Rom stellte Theophanu divina gratia imperatrix augusta für das Kloster S. Vincenzo am Volturno eine Besitzbestätigung aus; im April des Jahres in Ravenna, das nicht zu Reichsitalien gehörte, urkundete sie zugunsten des Abtes der Abtei Farfa, diesesmal als Kaiser, sogar in einer vermännlichten Form ihres Namens: Theophanius gratia divina imperator augustus. Der Anlaß der Romreise ist unbekannt. Zimmermann bemüht sich, die Bedeutung ihres Aufenthaltes in Rom zu erschließen. Sie gewährte die Freilassung der 981 Otto II. als Geiseln ausgelieferten Fürstensöhne von Salerno und Amalfi. An eine expansive Kaiserpolitik in Unteritalien war damals nicht zu denken, die Byzantinerin Theophanu wäre dafür wohl auch nicht zu haben gewesen. Es wird vermutet, daß sie von Rom aus und über Byzanz mit Rußland in Verbindung getreten ist. Der Kiewer Fürst Wladimir war bei seiner Heirat mit einer byzantinischen Prinzessin zum Christentum übergetreten; das bedeutete die Annahme des Christentums orthodox-griechischer Prägung im russischen Reich. Rom versuchte, den Fürsten selbst und Rußland doch noch für den Katholizismus zu gewinnen; Gesandtschaften gingen nach Rußland, eine während des Aufenthaltes der Kaiserin; es wird vermutet, daß sie die eigentliche Auftraggeberin dieser Gesandtschaft war und der byzantinischen Gemahlin Wladimirs – der Prinzessin Anna, um die ihr Schwiegervater seinerzeit vergeblich für ihren verstorbenen Gatten geworben hatte – Geschenke übersenden ließ. Sie hat vielleicht teilgenommen an Beratungen über die Ostmission.

Gleichzeitig mit ihr weilte der Prager Bischof, der hl. Adalbert, in Rom; er soll von Theophanu heimlich empfangen worden sein. Adalberts Flucht aus dem bischöflichen Amt in ein klösterliches Leben wurde von Erzbischof Willigis, zu dessen Kirchenprovinz Prag gehörte, mißbilligt, daher die heimliche Zusammenkunft mit der Kaiserin – vorausgesetzt, daß die Nachricht stimmt. Auch ein Zusammentreffen mit dem 990 in Rom weilenden Erzbischof Sigerich von Canterbury ist nicht unmöglich. Während ihrer Romreise begannen Spannungen zwischen der Kurie und Frankreich, die durch den Übergang des Königtums auf die Kapetinger ausgelöst wurden. Dabei war nach dem Aussterben der westfränkischen Karolinger in direkter Linie Karl, Herzog von Niederlothringen, Lehnsmann der Kaiserin, übergangen worden. Wenn nun der neue König Hugo Capet dem von ihm nominierten neuen Erzbischof Arnulf von Reims die Reise nach Rom zum Empfang des Palliums verwehrte, stand dahinter wohl die Befürchtung, der Erzbischof könne mit der Lehnsherrin Karls von Niederlothringen konspirieren. Tatsächlich bestand eine Verbindung zwischen Arnulf und Theophanu. Arnulf selbst war ein illegitimer Sproß der westfränkischen Karolinger. Die Quellenlage gestattet leider nicht, über diese begründeten Vermutungen hinauszukommen; daß die Kaiserin in Rom mit einer Vielzahl weltweiter politischer Probleme konfrontiert wurde, hat Zimmermann überzeugend dargetan.

Theophanu hat dem Sohn die Schätze ihrer Bildung erschlossen, sie hat ihn nicht seiner sächsischen Herkunft entfremdet. Ein stolzes Herrscherbewußtsein erfüllte sie, ein starkes Rechtsempfinden zeichnete sie aus. Sie starb am 15. Juni 991 in der Pfalz zu Nimwegen, etwa 35 Jahre alt. In St. Pantaleon in Köln fand sie ihre letzte Ruhestätte, wo schon Ottos I. Bruder, der Kölner Erzbischof Bruno, bestattet war.

Als Otto III. 997 zum zweiten Italienzug aufbrach, betraute er seine Tante Mathilde als „matricia" mit der Statthalterschaft in Deutschland. Sie war – dank ihrer für eine Frau bewundernswerten Klugheit[82] – der großen Aufgabe gewachsen, starb aber schon am 6. Februar 999. Adelheid erlitt das traurige Schicksal, ihre Kinder zu überleben. 999 besuchte sie noch einmal das Grab ihrer Mutter in Payerne, dessen Abtei Cluny unterstellt war. In der von ihr gegründeten Benediktinerabtei Selz, die 995 in ihrer und Ottos Gegenwart eingeweiht worden war, fand sie ihr Grab;[83] sie starb am 16. Dezember 999.

Eine Kennerin der kirchlichen und weltlichen Schriftsteller war die Kaiserin Kunigunde, die Gemahlin Heinrichs II., des Nachfolgers Ottos III., aus luxemburgischem Geschlecht. Sie korrespondierte mit dem Mainzer Erzbischof Aribo; Ademar von Chabannes widmete u. a. ihr seine Schrift über den hl. Martialis; sie wird als Heilige verehrt. Ihr ebenfalls heilig gesprochener Gatte Heinrich II. hatte 1007 das Bistum Bamberg errichtet. Im Bamberger Dom fand das 1513 vollendete Ehrenmal Kunigundens von Tilmann Riemenschneider seinen Platz.

Eine „ausgeprägte Persönlichkeit" nennt Gerd Wunder, ihr letzter Biograph, die Gemahlin Gisela des ersten Herrschers aus salischem Haus, Konrad II.[84] Sie hat den Historikern manches Rätsel aufgegeben; ihr Alter, die Reihenfolge ihrer Ehen verursachten angesichts einer widersprüchlichen Überlieferung Kopfzerbrechen. Sie ist wohl um 990 geboren, war eine Tochter des Herzogs Hermann II. von Schwaben und der Gerberga,

Tochter des Königs Konrad von Burgund, des Bruders der Kaiserin Adelheid. Geboren ist Gisela in Schwaben, vorausgesetzt, daß ihre Mutter Gerberga erst in zweiter Ehe den Grafen Hermann von Werl in Westfalen geheiratet hat. So hat sie denn ihre Kindheit in Schwaben, ihre Jugend in Werl verbracht und wurde zuerst mit dem Grafen Bruno von Braunschweig verheiratet, der um 1010 ermordet wurde. Nach dem Tod ihres Bruders Hermann III. wurde sie mit dem jungen Babenberger Ernst vermählt, dem sie das Herzogtum Schwaben zubrachte. Diese Heirat lag im Rahmen der Politik Heinrichs II. gegenüber den deutschen Herzögen. Ernst verunglückte im Mai 1015 auf der Jagd; er trug sterbend seinen Rittern auf, seine Frau zu ermahnen, „die Ehre zu wahren und seiner nicht zu vergessen". Ihre dritte Ehe hat Gisela aber nach eigenem Wunsch und gegen den Willen Heinrichs II. geschlossen – ob Ernst diese Entwicklung ahnte? Sie heiratete 1016 den späteren deutschen König Konrad II. Zwischen ihnen bestand das Ehehindernis zu naher Verwandtschaft nach den damaligen strengen kirchenrechtlichen Vorschriften; bei der starken Versippung der aristokratischen Geschlechter untereinander haben solche Ehehindernisse immer wieder zu Schwierigkeiten, ja mitunter Tragödien geführt. In der Ahnenreihe Konrads steht Otto I., in der Ahnenreihe Giselas Ottos I. Schwester Gerberga, so hatten sie in Heinrich I. einen gemeinsamen Stammvater. Otto I. war ein Ururgroßvater Konrads, Gerberga eine Urgroßmutter Giselas, sie war sozusagen Konrads Nichte; vielleicht war auch ihre Großmutter väterlicherseits eine Tochter des Herzogs Liudolf, gest. 957, dessen Schwester Liutgard die Urgroßmutter Konrads II. war. Auch ihre Eltern waren miteinander verwandt, das galt in kirchlichen Augen ebenfalls als Makel. Heinrich II. war aus politischen Gründen gegen die Heirat. Aber sie kam zustande, und 1017 brachte Gisela ihren Sohn, den späteren deutschen Herrscher Heinrich III. zur Welt; sie hat Konrad noch zwei Töchter geboren, die aber sehr jung starben. Mit dem Tod Kaiser Heinrichs II. 1024 erlosch das sächsische Herrscherhaus, Anwärter auf die Krone waren Giselas Gatte und sein gleichnamiger jüngerer Vetter. Die Entscheidung fiel am 4. 9. 1024 für Giselas Mann; am 8. 9. wurde er von Erzbischof Aribo von Mainz zum König gekrönt – aber nicht Gisela, Aribo hat ihr die Krönung verweigert, sei es wegen des Makels ihrer Geburt, sei es wegen der zu nahen Verwandtschaft mit ihrem Gatten. Aber Erzbischof Pilgrim von Köln fand sich bereit: Am 21. 9. krönte er Gisela in Köln. Sie tritt anschließend oft mit ihm zusammen als Intervenientin in den königlichen Urkunden auf, und als ihr junger Sohn 1028 in Aachen zum König und damit Nachfolger seines Vaters Konrad gewählt wurde, hat wiederum Pilgrim von Köln die Krönung vorgenommen: ein reichsrechtlich bedeutsames Faktum, das Krönungsrecht des Kölner Erzbischofs war damit begründet. Gemeinsam mit ihrem Gatten führte sie nach seiner Erhebung auf den Thron Karls des Großen in Aachen den Königsumritt durch: von Aachen über Lüttich nach Paderborn, Merseburg und Fulda, dann nach Regensburg, Konstanz, Basel, Straßburg, Speyer bis nach Tribur – zur Huldigung der Lothringer wieder nach Aachen und Trier.

Gisela hatte bestimmenden Einfluß auf die Regierungsgeschäfte; sie hat die Mühsal der „Reiseherrschaft" mit dem König geteilt. Urkundlich nachweisbar war das Königspaar achtmal in Paderborn, fünfmal in Goslar, Nimwegen, Tribur, Worms, Straßburg und Regensburg, viermal in Magdeburg, Merseburg, Bamberg, Augsburg, Basel und Limburg a.d. Haardt. Die Bevorzugung Paderborns hängt mit den guten Beziehungen zum Bischof Meinwerk zusammen – wir werden seine Mutter noch näher kennenlernen. Die große Halle der Paderborner Königspfalz neben dem Dom ist heute wieder aufgebaut. Hier hat Gisela öfters die hohen Festtage Weihnachten, Ostern, Christi Himmelfahrt gefeiert. Im Frühling 1026 begleitete sie das Heer, das der König über die Alpen nach Verona führte, um die Herrschaft in Oberitalien wieder zu befestigen. Wenn es zu Kämpfen kam, blieb sie in einer benachbarten sicheren Pfalz. Erst nach einem Jahr konnten Konrad und Gisela am Ostertag 1027 in Rom die Kaiserkrone empfangen: „Zwei Könige gaben der Feier erhöhten Glanz und geleiteten das Kaiserpaar von der Kirche in sein Quartier: Giselas Oheim, der alte König von Burgund, und der Seefahrerkönig Knut von Dänemark und England. Es war wohl der Höhepunkt des Ansehens für die Kaiserin. Sie war an den Verhandlungen mit dem König von Burgund vermittelnd beteiligt (es ging um die künftige Nachfolge des kinderlosen Oheims), und damals wurde auch die Verlobung ihres Sohnes Heinrich (III.) mit Gunhild, der Tochter Knuts des Großen, vereinbart". (G. Wunder)

Herzog Ernst II. von Schwaben, Giselas Sohn aus ihrer zweiten Ehe, hatte sich schon einmal der Opposition gegen Konrad angeschlossen. Gisela brachte aber eine Aussöhnung zustande. 1027 empörte Ernst sich wiederum, verfiel schließlich der Ächtung und fand einen ruhmlosen Tod. Seinen erbenlosen Tod quittierte der königliche Stiefvater mit den Worten: „Bissige Hunde haben selten Junge". Was mag Gisela empfunden haben? „Selbst die Kaiserin Gisela ließ ihren schlecht beratenen Sohn fallen", sagt der Dichter und Biograph Konrads II. Wipo, „was betrüblich zu sagen, aber lobenswert gehandelt ist."

1033 ließ sich Konrad in Payerne zum König von Burgund krönen – ohne Gisela. Er begründete seinen Anspruch nicht auf das relativ schwache persönliche Erbrecht Giselas – mächtiger Konkurrent war Odo II. von Blois – sondern reichsrechtlich als Rechtsnachfolger seines Vorgängers Heinrich II.

Noch einmal – 1036 – begleitete Gisela den König nach Italien. Pfingsten 1039 starb Konrad in Utrecht. Gisela geleitete mit ihrem Sohn den toten Kaiser rheinaufwärts zur neuen Grablege in Speyer, dem Machtmittelpunkt des salischen Hauses. Anfänglich tritt sie noch in Urkunden Heinrichs III. als Intervenientin auf; aber es kam zu Meinungsverschiedenheiten; Gisela zog sich nach Goslar zurück, wo sie am 14. Februar 1043 an der Ruhr starb.

Des Kaisers „necessaria comes", unentbehrliche Gefährtin, nennt Wipo diese consors imperii. Sie war eine Frau von hohem Ehrgeiz und Machtgefühl, die geborene Herrscherin; sie war schriftkundig und gebildeter als ihr königlicher Ehegatte. Sie war freigebig, von großer Gewandtheit, hielt auf Zucht, widmete sich auch weiblichem Tun. Und sie war schön. Im Grab von Speyer fand sich noch die Fülle ihres goldblonden Haares.

Am Hof Konrads II. war seine Nichte Beatrix aufgezogen worden,[85] Tochter des verstorbenen Herzogs Friedrich von Oberlothringen, die er seinem treuen Parteigänger, dem harten Gewaltmenschen Bonifaz von Tuszien aus dem Hause Canossa vermählte, dessen Machtbereich sich vom südlichen Alpenrand bis vor die Tore Roms erstreckte; Beatrix brachte ihm ein ansehnliches Heiratsgut in Lothringen ein. Sie war ergriffen von den Ideen der kirchlichen Reformbewegung und wirkte auch auf ihren Gatten in dieser Hinsicht ein wenig ein – aber 1052 wurde Bonifaz ermordet und Beatrix mußte um das Erbe ihrer Kinder kämpfen. Sie gewann als Bundesgenossen und zweiten Gatten den verwitweten Herzog Gottfried den Bärtigen von Niederlothringen. Nicht nur politische Motive, auch echte Zuneigung verband beide: Gottfried bestellte bei einem Goldschmied einen Siegelring für Beatrix – das älteste bekannte Frauensiegel aus dem Hochmittelalter. Der Steinschnitt zeigt die Markgräfin sitzend, mit einem Buch in der Hand. Die Umschrift lautet: „Du sollst immer glücklich sein, von Gott geliebte Beatrix". Beatrix hat – den italienischen Kanzleigepflogenheiten zuwider – den Ring noch nach dem Tod Gottfrieds zum Siegeln eigner Urkunden benutzt.

In den Kämpfen Herzog Gottfrieds mit dem deutschen Herrscher kam sie als Gefangene nach Deutschland. Dort starben zwei ihrer Kinder erster Ehe. Für ihre Tochter Mathilde, die ihr allein verblieb, bedeutete Deutschland feindselige Fremde. Sie wurde mit dem Stiefsohn ihrer Mutter, Herzog Gottfried dem Buckligen, verlobt, sie verabscheute ihren Bräutigam.

Werner Goez verdanken wir die erste Biographie dieser Frau, die eine so bedeutsame Rolle im großen Streit zwischen Papst und Kaiser, zwischen Kirchenreform und weltlichem Machtstreben spielen sollte. Der frühe Tod Heinrichs III. trug Herzog Gottfried dem Bärtigen große politische Verantwortung im Reich ein; Beatrix vertrat ihn jenseits der Alpen mit allen Rechten und Pflichten. Goez vergleicht ihre politische Rolle mit der Angilbergas. Nach Gottfrieds des Bärtigen Tod – 1069 – wird endlich Mathildens Heirat mit Gottfried dem Buckligen vollzogen; sie war von Anfang an unglücklich. Mathildens erstes Kind – ein Knabe – starb bald nach der schweren Geburt. Beatrix hatte damals einem Kloster im Appenin 12 Dörfer „für die Gesundheit und das Leben meines Kindes Mathilde" gestiftet. Ende des Jahres 1071 verließ Mathilde ihren Gatten und floh zu ihrer Mutter nach Italien. Sie widerstand allen Versuchen Gottfrieds, die eheliche Gemeinschaft wieder aufzunehmen.

Immer schon war die Kirchenreform beiden Fürstinnen eine Herzenssache. Sie ist die Basis der engen Beziehungen beider zum Reformpapst Gregor VII., eine Beziehung die – zu Unrecht – mißdeutet wurde. Als der schon lange schwelende Streit zwischen dem Reformpapst einerseits, dem deutschen König und der Mehrheit des deutschen Episkopats andererseits auf der Reichsversammlung in Worms eskalierte, da warf man dem Papst auch vor „daß er die ganze Christenheit mit einem Weibersenat regieren wolle und die Kirche mit dem Gestank bösen Ärgernisses erfülle, weil er mit einer fremden Frau Tischgemeinschaft halte und sie beherberge, vertrauter als notwendig". Die Anspielung auf Mathilde war unmißverständlich. Das Vertrauen zwischen Papst und Markgräfin wurde dadurch nicht gestört, der Briefwechsel aber spärlicher und in der Diktion „amtlicher". Die politische Zusammenarbeit intensivierte sich. Als Mathilde nach der Ermordung Gottfrieds des Buckligen den Klostereintritt erwog, ließ der Papst das nicht zu. Sie werde in der Welt gebraucht, und so übernahm sie die Herrschaft über das gesamte Erbe, über die Hausgüter und auch über die Lehen. Sie besaß aber wohl nicht die Selbstsicherheit ihrer Mutter, sie brauchte männliche Ratgeber. Während Beatrix ihre Urkunden unterzeichnete „... von Gottes Gnaden, was ich bin", zeichnete Mathilde „... von Gottes Gnaden, wenn sie überhaupt etwas ist".

Der Kampf zwischen König und Papst trieb dem Ereignis „Canossa" zu.[86] Wir haben es hier nicht zu interpretieren, uns interessiert Mathildens Anteil. Sie war eine Cousine des Königs, d.h. die Großeltern waren Geschwister. Als die Verhandlungen des als Büßer zum Papst gekommenen Königs, dem es um die Lösung vom Kirchenbann ging, der ihm die Regierungstätigkeit unmöglich machte, zu scheitern drohten und der König schon an Abreise dachte, soll er durch einen Fußfall vor Mathilde deren Fürsprache erreicht haben. „Consobrina valens, fac me benedicere, vade!" (Mächtige Cousine, geh, erwirke mir den Segen). Mathildens Biograph Donizo illustrierte seine Vita, die erst nach dem Tod der Gräfin fertig wurde, mit Miniaturen; eine zeigt diesen Fußfall. Mathilde thront in einem prächtigen Gewand, die Stirn mit einem Goldband geschmückt unter einem von Säulen getragenen Arkadenbogen; neben ihr weist auf einem Faltstuhl sitzend Abt Hugo von Cluny auf sie als Fürsprecherin hin. Der König hat sich der Gräfin zugewandt auf sein rechtes Knie niedergelassen; Mathilde bittet ihn mit ihrer geöffneten rechten Hand aufzustehen, den Zeigefinger der linken hat sie mahnend erhoben. Rex rogat abbatem, Mathildim supplicat atque (Der König bittet den Abt und fleht Mathilde an) steht darunter. Heinrich wird in königlicher Tracht mit Krone und Reichsapfel dargestellt. Wie weit man die Aussagen des Bildes ganz wörtlich nehmen darf, steht dahin, die Vermittlertätigkeit Mathildens ist verbürgt. Der König erhielt die Lösung vom Bann, der Kampf ging weiter. Damals hat Mathilde ihren ganzen Besitz heimlich dem apostolischen Stuhl vermacht, sie hat diese Schenkung 1102 wiederholt.

Sie hat viel getan, die päpstliche Sache zu fördern, sie griff sogar mit eigenen Truppen in die kriegerischen Auseinandersetzungen ein. Sie traf auf wachsenden Widerstand; 1081 wurde sie vom deutschen König ihrer Lehen für verlustig erklärt und mit der Reichsacht belegt. In der Toskana hielt nur Graf Guido zu ihr. Als Gregor VII. 1084 im Exil von Salerno starb, vertrat Mathilde weiter die Sache der Reform und beeinflußte auch die Papstwahlen. Die Erhebung des Kardinalbischofs Otto von Ostia, eines Franzosen, der in Cluny Mönch und Prior gewesen war, rettete die Reform: Urban II. verband die Reformstrenge Gregors mit diplomatischem Geschick. Er bezog auch die Mathildischen Güter und sie selbst in sein Kalkül ein, er befürwortete die Heirat der jetzt 42jährigen Mathilde mit dem siebzehnjährigen Welf, einem Halbitaliener wie Mathilde; sein Großvater war Azzo II. Markgraf von Este. Die Heirat – eine Scheinehe, wie es vereinbart wurde – sollte die deutsche Fürstenopposition stärken. In der Tat hat Welf zunächst einen erfolgreichen Widerstand gegen Heinrich zugunsten Mathildens geleistet, dann aber Mathilde verlassen. Wieder im vollen Besitz ihrer Herrschaft adoptierte Mathilde jetzt Guido Guerra, den Sohn ihres treuen Vasallen Graf Guido, aber auch diese Verbindung lokkerte sich wieder. Das Verhältnis zu Urbans II. Nachfolger Paschalis blieb distanziert. Berater waren jetzt zwei Kardinäle, zugleich Leiter der Bischofskirchen von Reggio und Parma. Mathilde regierte im übrigen sehr selbstherrlich, scheute auch nicht davor zurück, im Widerspruch zu den Prinzipien der Reform die Investitur eines Mailänder Erzbischofs mit Ring und Stab vorzunehmen und Bischöfe einzusetzen. In den Konflikt der Kurie mit Heinrich V. griff sie nicht mehr ein, ja sie hat sogar dem König die erbliche Nachfolge in ihren Hausgütern zugestanden, die doch längst dem apostolischen Stuhl vermacht waren. Hatte sie im Alter die Übersicht verloren? Heinrich hatte auf ihre Bitten die sie beratenden Kardinäle freigelassen. Ihre Kräfte ließen offenbar nach. Schließlich konnte sie die Burg bei Bondeno – zwischen Mantua und Modena – nicht mehr verlassen. Unter dem geistlichen Beistand des Bischofs von Reggio starb sie am 24. Juni 1115, 69 Jahre alt.

Nicht jede Frau war der Last politischer Verantwortung voll gewachsen: Agnes von Poitou, die Witwe des früh verstorbenen Kaiser Heinrichs III., eine hochgebildete, tieffromme und von den Idealen der Kirchenreform durchdrungene Südfranzösin übernahm 1056 pflichtbewußt, aber im Grunde ihres Herzens sich nach dem Kloster sehnend, die Regentschaft für den unmündigen Sohn, war aber nicht immer glücklich in ihren Entscheidungen. Sie reagierte unentschlossen, als es 1061 zum päpstlichen Schisma kam, auch deshalb vielleicht bezeichnete sie sich 1062 in einem Brief an Abt und Konvent des Klosters Fruttuaria als „imperatrix et peccatrix“ – als Kaiserin und Sünderin. Damals entführte der Führer der gegen sie gerichteten Fürstenopposition Erzbischof Anno von Köln ihr den Sohn. Sie hat nicht um ihr Recht gekämpft, wenn sie nach neuen Forschungen[86a] auch nicht sofort, sondern erst nach der Mündigkeitserklärung des Sohnes nach Italien ging, im Frühsommer 1065. Nach längerem Aufenthalt in Fruttuaria zog sie verschleiert, im Büßergewand, den Psalter in den Händen haltend in Rom ein. Ihre Seelenführer waren Petrus Damiani und Johannes von Fécamp, bedeutende Vertreter der Kirchenreform.

Wie stand es um die Königinnen im Nachbarland Frankreich? Am 3. Juli 987 wurde Hugo Capet, der große Gegner der westfränkischen Karolinger, zum König von Frankreich – so können wir jetzt das westfränkische Reich nennen – gewählt, und am 30. Juli wurde sein Sohn Robert in Orléans gekrönt; die Nachfolge war gesichert. Bis 1328 haben die Kapetinger Frankreich regiert, eine Stetigkeit königlicher Machtausübung, die dem deutschen Reich nicht beschieden war. Allerdings – mit der Macht der Könige war es zunächst nicht weit her. Wirklich verfügen konnten sie nur über die königliche Krondomäne, jenen schmalen, aber strategisch wichtigen Raum mit Orléans, Paris, Senlis; dazu kam die Kontrolle der Metropolitankirchen Reims, Sens, Tours, und Bourges. An Ausdehnung stand ihr Gebiet hinter dem ihrer stolzen und unabhängigen Vasallen zurück. Vormundschaftliche Regierungen gab es im 10. und 11. Jahrhundert in Frankreich nicht. Die Rolle der deutschen Königinnen und Kaiserinnen war ungleich glanzvoller als die der Gemahlinnen dieser „neuen" Könige.

Als echter Emporkömmling griff Hugo Capet hoch bei der Wahl der Ehefrau für seinen Nachfolger:[87] Eine byzantinische Prinzessin sollte es sein. Ein entsprechendes Schreiben ging an die Kaiser Basileios und Konstantin. Es blieb ohne Folgen; dann bot sich eine politisch mehr versprechende Gelegenheit: Rozala-Susanna, eine Tochter jenes italienischen Königs Berengar, der seinerzeit Adelheid gefangenhielt, war mit dem Grafen Arnulf II. von Flandern – wir kennen seine Urahnin Judith – vermählt. Sie wurde zur passenden Zeit Witwe, war allerdings 10 bis 15 Jahre älter als Robert. Die Ehe reihte Flandern in den Kreis der Fürstentümer ein, die Hugo und Robert anerkannten. Sie zerbrach schon 992; sie war wohl gar nicht vollzogen worden. Es folgte Berta, Witwe des Grafen Odo von Blois, auch eines mächtigen Gegners der Kapetinger. Berta hat den jungen König Robert geradezu verführt, und er ließ sich verführen zum Ärger seines Vaters. Willfährige Bischöfe segneten die wegen leiblicher und geistlicher Verwandtschaft kanonisch unzulässige Ehe ein; Berta war eine Tochter von Adelheids Bruder Konrad von Burgund und besaß mit Robert in Heinrich I. einen gemeinsamen Ahnen, außerdem war Robert Pate eines Sohnes der Berta. Schließlich trennte sich Robert, nachdem auch der Erbe ausgeblieben war, von Berta, konnte sie aber auch nicht ganz aufgeben und betrog mit ihr seine dritte Gemahlin Konstanze, eine Tochter des Grafen von der Provence. Der häusliche Zwist spaltete auch den Hof in zwei feindliche Parteien. Konstanze hat sich zu rächen versucht. Sie hat ihre jüngeren Söhne gegen den Vater aufgehetzt. Sie überlebte ihren Gatten, und als ihr Sohn Heinrich I. 1031 auf dem Thron nachfolgte, hat sie auch gegen ihn einen großen Aufstand angezettelt. Es kam zu einem regelrechten Krieg zwischen Mutter und Sohn. Konstanze – Amazonidis wird sie genannt – mußte aber einsehen, daß ihr Sohn ein furchtbarer Gegner war; sie warf sich ihm schließlich weinend zu Füßen, um seine Gnade zu erringen. Sie war eine jener „schwarzen" Frauen, sagt Dhondt, „wie sie sich im 11. Jahrhundert mehrfach finden". Zuletzt war sie nur noch Gift und Galle, verabscheute ihren Gatten, haßte ihre Kinder, lebte nur, um Schlechtes zu tun und haßte zweifellos auch sich selbst. Das Gefühl für die Macht hatte bei ihr die Stelle der Liebe eingenommen.

Heinrich I. hatte zwei Frauen, eine farblose Mathilde aus der kaiserlichen Verwandtschaft in Deutschland, die auch nicht für einen Stammhalter sorgte, und dann Anna, Tochter des christlichen Großfürsten Jaroslaw von Kiew, der selbst eine schwedische Prinzessin geheiratet hatte und offensichtlich Verbindungen mit dem Okzident suchte. Seine Frau nahm am Fürstenhof in Kiew eine bedeutende Stelle ein. Er hatte drei Töchter, verheiratete eine mit König Swen II. von Dänemark, eine mit König Andreas I. von Ungarn. Die dritte hätte er gerne mit dem Herrscher des deutschen Reiches verheiratet. Aber Heinrich III., der damals um Agnes von Poitou warb, und wünschte, daß der französische König damit einverstanden sei, deutete – so die Vermutung von Dhondt – dem Franzosen die Möglichkeit an, die sich in Kiew bot, mit der gebotenen Zurückhaltung, denn noch war Heinrich verheiratet. 1044 wurde der französische König Witwer; nach der Zusammenkunft mit Heinrich III. in Ivois 1048 schickte er eine Gesandtschaft nach Kiew – wohl kein zufälliges Zusammentreffen – und erhielt Anna. Heinrich I. hat damals offenbar mit Bedacht keine Gemahlin aus den Familien der einheimischen französischen Fürsten gewollt; er wollte auch unbedingt eine den kanonischen Vorschriften voll entsprechende Ehe schließen, die kirchliche Reform hatte sich in Rom durchgesetzt, und er wollte es mit dem Papst nicht verderben. In Mitteleuropa war es aber schwer, eine Verwandtschaft zu vermeiden. Anna schenkte ihm drei Söhne, von denen einer jung starb. Sie hat zu Lebzeiten Heinrichs keinen politischen Einfluß ausgeübt. Sie schloß sehr bald nach Heinrichs Tod (1060) eine zweite Ehe mit Raoul von Valois, der ihretwegen seine Gattin – wegen Ehebruchs angeblich – verstoßen hatte. Die Heirat entfachte in Frankreich einen großen Skandal – der sich aber auch wieder beruhigte. Nach dem Tod des zweiten Gatten kehrte Anna in ihre russische Heimat zurück.

Fazit: Eine lange Reihe von Frauen ist an uns vorbeigegangen – ob wir sie nur kurz erwähnten, ich wollte mich nicht dem Vorwurf aussetzen, zu viel von den Großen der Erde zu sprechen, ob wir ihr Bild deutlicher zeichneten –, alle waren sie herausgehoben aus der Mühsal eines Lebens in „knechtischer" Arbeit, geschützt vor Hunger – sattzuwerden war der Luxus des Frühmittelalters – und Kälte, respektiert, bewundert; sie hatten Dienerschaft, waren kostbar gekleidet und trugen viel Schmuck, sie prangten auf den Festen des Hofes, Dichter und Gelehrte ehrten sie, sie waren selbst sprachkundig, literarisch interessiert, gebildet, kannten – wenn auch oft nur aus dünnem enzyklopädischen Aufguß – das Altertum; sie genossen ihren Besitz, ihr Dotalgut, fast alle liebten sie die Macht; sie waren fromm, wie hohe Damen damals fromm waren, gingen zur Kirche, gründeten und beschenkten Klöster. Aber – sie wurden oft als junge Mädchen in ein fremdes Land gebracht, weit weg von ihren Verwandten, wo ein fremder Mann auf sie wartete. Glück war es, wenn sie einmal im Leben den Mann ihrer Wahl heiraten konnten, wie Judith Ritter Balduin, wenn sie sich bei einem starken Mann geborgen fühlen konnten wie Adelheid bei Otto, bei Konrad Gisela. Oft vermochten sie in der Fremde nicht heimisch zu werden, gingen als Witwen wieder in die alte Heimat zurück. Sie waren tapfer, sie gaben nicht leicht auf. Galsvintha zwar, die mit Schätzen beladen an den Hof des Frankenkönigs gekommen war, wollte bloß und arm wieder nach Hause – nur weg von der tückischen Fredegunde. Viele haben gekämpft: für ihre unmündigen Söhne und Enkel, gegen Adelsopposition für das Königreich bis zum bitteren Ende wie Brunichilde. Sie haben mit Bischöfen und Päpsten verhandelt, gegen schwertgewohnte Männer mit List und Diplomatie gestritten, sie besaßen den Sinn für die Macht, den Stolz des Herrschers: Theophanius imperator. Sie bezahlten ihre Stellung nicht nur mit politischen Heiraten, sie wurden verstrickt in die inneren Spannungen in der Königsfamilie, da stand der Sohn wider den Vater, kämpften die Brüder um Krone und Erbe. Ihre persönlichen Gefühle – wer achtete darauf im Streit um Macht und Besitz. Nicht immer ernteten sie Dank von den Kindern, denen sie so eifrig geholfen. Die Witwenschaft gab ihnen oft reiche politische Möglichkeiten der Regentschaft, sie verzehrten sich dabei wie schon zu Lebzeiten des Gatten in der Reiseherrschaft, den Strapazen des Herumziehens von Pfalz zu Pfalz, der weiten Reise von Deutschland nach Italien und Burgund. Sie starben früh – wie Theophanu und Gisela – oder verschwanden resignierend im Kloster. Es fällt auf, daß in Italien der consors regni-Titel zuerst auftaucht, daß dort die beiden Markgräfinnen von Tuszien eine bedeutende politische Wirksamkeit entfalteten, deren Grundlage zweifellos ihre Güter waren; sie treten dabei auch als Lehnsherrinnen auf.

4. Die Frauen des Hochadels in der Welt und in Kloster und Stift

Die Königinnen waren fast alle verwandt mit den Familien des Hochadels, für dessen unverheiratete Töchter Klöster und Stifte bereitstanden; es waren mit reichem Grundbesitz ausgestattete Herrschaftszentren. Im strengeren Kloster galt etwas mehr Askese und engere Bindung. Radegundis hatte sich nach Arles in Südfrankreich gewandt, um von Caesarius und Casaria eine Klosterregel für Ste. Croix in Poitiers zu erhalten, ein Beweis für die Ausstrahlungskraft des altgallischen Mönchtums.[88] Auch die von der Königin Brunichilde in Autun gestifteten Klöster befolgten die Caesariusregel. Unter den 84 von Gregor von Tours erwähnten Klöstern befanden sich neun Frauenklöster.

Um die Wende vom 6. zum 7. Jahrhundert brachten die Iren, Columban und seine Gefährten, neue Impulse. Trotz Columbans (gest. 615) persönlichem Scheitern hielt der Zustrom irischer Mönche ins Frankenreich an. Seine Regel wurde von den neuen Klöstern des 7. Jahrhunderts, darunter auch Frauenklöstern wie Nivelles, angenommen. Die volkstümliche Heilige Gertrud von Nivelles möchte ich als Exponentin der iro-fränkischen Klosterkultur hervorheben: wegen der Mittel- und Nordeuropa füllenden Verbreitung ihres Kultes.[89] Ihr Leben und Wirken sind zudem sicher bezeugt. Ihre Vita wurde schon 20 Jahre nach ihrem Tod geschrieben. Sie war eine Tochter des austrischen Hausmeiers der Merowinger, Pippin von Landen, und trat in das von ihrer Mutter Itta gegründete Kloster Nivelles ein. Als Äbtissin rief sie irische Mönche nach Nivelles, die sie und ihre Klosterfrauen im Gesang unterrichteten. Sie gründete ein Spital für die peregrini, die Iren, und sorgte für diese Wandermissionare – zur strengen Askese der irischen Mönche gehörte die Loslösung von Heimat und Familie. Sie beschenkte neben ihrem eigenen Kloster auch das von den beiden Iren Foillan und Ultan gegründete Kloster Fosses. Gertrud ließ für ihr Kloster Bücher und Reliquien aus Rom kommen, damals ein nicht ganz einfaches Unterfangen, das Geldmittel und Beziehungen erforderte. Aber sie hatte ja auch die Machtfülle der aufstrebenden Karolinger hinter sich. Bei dem Iren Ultan fragte sie an, wann sie sterben werde. Er nannte ihr als Todestag den 17. März, den Festtag des Nationalheiligen Irlands Patrick. So geschah es denn, sie starb am 17. März 659 im Alter von 32 Jahren. Ihre erste Vita berichtet schon von der wunderbaren Errettung von Seeleuten ihres Klosters auf der Meerfahrt durch ihre Fürbitte. Ihre spätere kirchliche und volkstümliche Verehrung beruht, wie Zender darlegt, auf fünf in der ältesten Vita berichteten Tatsachen, es sind: ihre Herkunft von den Pippiniden, das bedeutet Verwandtschaft mit Karl dem Großen, die Besitzverhältnisse des Klosters Nivelles, ihre Freundschaft mit den irischen Missionaren, ihre Hilfe für Seeleute in Not und ihre Fürsorge für Fremde, ihr guter Tod am Tage des hl. Patrick. Sie wurde wenige Jahrzehnte nach ihrem Tode als Heilige verehrt, zunächst in der näheren Umgebung von Nivelles, aber schon im 8. Jahrhundert beginnt die Verbreitung des Kultes. Vor der Jahrtausendwende lassen sich bereits Schwerpunkte erkennen: der rheinisch-flämisch-wallonische Raum, das mittlere Maingebiet und Streubelege in Oberdeutschland. Wichtig für die Verbreitung ihres Kultes in Niederdeutschland und Skandinavien im späten Mittelalter wird ihr Reisepatronat. Sie wird Patronin von Friedhofskapellen und Fremdenspitälern.

Zender hat mit der ihm eigenen Akribie die Belege zusammengestellt, interpretiert und kartiert.

An der Missionierung der rechtsrheinischen germanischen Stämme durch Bonifatius[90] hatten Frauen seiner angelsächsischen Heimat entscheidenden Anteil. Die Gebetshilfe, die Büchergeschenke der Äbtissin Eadburg des Marienklosters auf der Insel Thanet trösten „den Fremdling in Germanien mit geistigem Lichte", wie Bonifatius ihr um 735 schreibt. Zu seiner Unterstützung kamen nach Deutschland: Lioba und Walburg, beide mit ihm verwandt, Tecla und Cynehild. Cynehild war eine Tante des Lul, Bischofs von Mainz, und mit ihrer Tochter Berhtgit dank ihrer gelehrten Bildung später als Lehrerin in Thüringen tätig. Tecla wurde Äbtissin von Kitzingen und Ochsenfurt. Lioba war ursprünglich Nonne im Kloster Wimborne. In einem Brief aus England erinnert sie Bonifatius an seine Freundschaft mit ihrem Vater, seine Blutsverwandtschaft mit ihrer Mutter: „Ich bin die einzige Tochter meiner Eltern und obwohl ich es nicht verdiene, wünsche ich Dich an Bruders Statt annehmen zu dürfen, weil ich auf keinen Menschen meiner Verwandtschaft mit solcher Zuversicht meine Hoffnung setze wie auf Dich." Als Bonifatius begann, im Maintal um Würzburg Frauenkonvente einzurichten,[91] kam sie mit vielen Gefährtinnen; ihr wurde das Kloster Tauberbischofsheim unterstellt, Ausstrahlungspunkt für kleinere Klöster, deren Oberäbtissin sie blieb. Sie unterwies auch gerne junge Mädchen. Ihr Biograph Rudolf von Fulda rühmt ihre Kenntnis der Bibel, der Schriften der Väter und des kanonischen Rechts sowie ihren Leseeifer. Die Frankenkönige Pippin, Karlmann, Karl d. Gr. verehrten Lioba, Karls Gemahlin Hildegard liebte sie. Sie war geprägt von der benediktinischen Haltung des Maßes. – Zu ihr wurde Walburg gesendet,[92] die Schwester der angelsächsischen Brüder Willibald, Bischof von Eichstätt, und Wunibald; er gründete 752 das Kloster Heidenheim, das einzige deutsche Doppelkloster für Mönche und Nonnen im 8. Jahrhundert. Nach Wunibalds Tod (761) wurde Walburg Vorsteherin des Klosters. Ihr Nonnenkonvent trat nun stärker hervor. Walburg starb 779. Ihre Gebeine wurden in die Kirche St. Walburg in Eichstätt übertragen. Walburg ist Nebenpatronin des Bistums. Eine englische Nonne in Heidenheim, Hugburc,[93] schrieb die Biographie Walburgs und ihrer Brüder.

Wolfhard von Herrieden, der 893 in das Eichstätter Domstift übersiedelte, verdanken wir 894/99 aufgezeichnete, zuverlässige Berichte über die Walburgisverehrung im Kloster Monheim, das auch Reliquien der Heiligen barg.[94] Wolfhard, ein großer Verehrer der Heiligen, ist dennoch – im Rahmen des Wunderglaubens seiner Zeit – ein gewissenhafter Berichterstatter, der nur Selbsterlebtes oder von Augenzeugen oder den die Pilger betreuenden Nonnen Berichtetes mitteilt. Walburg werden Krankenheilungen, vor allem von Lahmen und Blinden, zugeschrieben. Einer Frau Ingelswindis, die sich bei einem Sturz vom Pferd einen Unterschenkelbruch zugezogen hatte, der nicht heilen wollte, befahl sie in einer Traumvision, einen Arzt aufzusuchen, der das Schienbein aufschneiden und die Knochensequester entfernen solle. Die Operation gelang, und Ingelswindis machte zu Fuß eine Dankwallfahrt nach Monheim, ließ einen Knochensplitter dort, den die Äbtissin in Silber fassen und in der Basilika aufhängen ließ, und nahm die anderen zum Andenken mit nach Hause. – Walburg half, wenn etwas verlorenging oder gestohlen wurde, es wieder zu erhalten. Eine Frau, die mit ihrem Gatten nach Monheim gepilgert war, verlor in der ersten Herberge auf dem Rückweg einen Haarpfeil. Sie gestand den Verlust ihrem Ehemann, der ihr, die als gute Gattin geschildert wird, ernste Vorhaltungen machte, daß sie unachtsam wie ein leichtsinniges Kind den Haarpfeil verloren habe. Die Frau eilte zum Heiligtum zurück – und fand ihren Haarpfeil dort wieder. – Zwei Regensburger Bürgern, die im Auftrag ihrer Stadt dem Kloster Gaben gebracht hatten und die sich nachts in der Nähe des Klosters zum Schlafen niederlegten, um bei Tage heimzukehren, stahlen Räuber die Pferde; die Räuber mußten aber am anderen Morgen zu ihrem Schrecken feststellen, daß sie die ganze Nacht im Kreise herumgeritten und immer noch in der Nähe des Klosters waren, ließen die Pferde zurück und gingen zu Fuß nach Hause – Wunder, die sich natürlich erklären lassen; andere verraten noch ein magisches Weltbild.

Auch nach Beendigung der Missionierung bot das Leben im Kloster unverheirateten Frauen des Adels bedeutende Wirkungsmöglichkeiten. Zu den Klöstern kamen die Damenstifte.[95] In einem adligen Stift brauchten die Damen die Ordensgelübde der Armut und der lebenslänglichen Ehelosigkeit nicht abzulegen. Das Stift bzw. Kloster bot ihnen die Möglichkeit eines erfüllten Lebens im regelmäßigen Gebet für die Lebenden und Toten der adligen Stifterfamilie, in karitativen Werken und in der Erziehung und Unterrichtung junger Mädchen. Sie selbst konnten sich der Dichtung, Geschichtsschreibung, Philosophie, der Buchmalerei widmen, Künstler beauftragen, sich als Verwalter großer Landbesitzungen bewähren. Es lassen sich viele fromme, später als Heilige verehrte Frauen nennen, die große Leistungen – auch im weltlichen Sinn – erbracht haben. Stifter und Klöster waren damals die einzigen Wohltätigkeitsanstalten, Krankenhäuser, Fremdenherbergen und Schulen. Die Gründung eines Klosters und seine wirtschaftliche Sicherstellung durch Schenkung von Landbesitz war insofern eine karitative und kulturelle Leistung. An die „Heiligen" des frühen Mittelalters wurden nicht die strengen Maßstäbe des modernen Kanonisationsprozesses gelegt.[96] Wir teilen auch nicht die Wundergläubigkeit jener Zeit, und uns widerstrebt die Reliquienverehrung des Mittelalters. Das sind Fragen des Frömmigkeitsstils, keine zentralen Glaubensfragen. Aber die mittelalterliche Heiligenverehrung hat uns sehr aufschlußreiche historische Dokumente beschert. Natürlich bieten die Heiligenviten viele topoi, allgemeine Lobreden, die einem Schema folgen, das für den Einzelfall wenig aussagt. Aber es finden sich neben interessanten Milieuschilderungen auch zeittypische Einzelschicksale. Das gilt z.B. für Adelheid von Vilich,

Äbtissin des rechtsrheinisch bei Bonn gelegenen Stifts. Adelheid hatte mütterlicherseits karolingische Vorfahren.[97] Ihre Eltern, Graf Megingoz und Gerberga, gründeten das Stift Vilich, und beriefen ihre Tochter Adelheid, Kanonisse in St. Ursula in Köln, als Vorsteherin dorthin. Adelheids Biographie verdanken wir der Nonne Bertha, sie schrieb kurz nach 1056 – Adelheid starb nach 1009 –, sie konnte noch aus unmittelbarer Klostertradition schöpfen. Adelheid setzte als erstes durch, daß ihre Eltern das Stift dem Kaiser auftrugen, der ihm besondere Freiheiten verlieh. Die Form des Stiftes war Adelheid nicht streng genug. Lange schon trug sie unter dem weißen Gewand der Stiftsdame das rauhe Wollkleid, bis sie nach dem Tod der Mutter ihre Schwester und die Priorinnen aus St. Maria im Kapitol in Köln holte und sich ihrer Leitung unterwarf, um die klösterlichen Gewohnheiten zu lernen. Es tat ihr weh, daß nicht alle Mitschwestern mit diesem Weg einverstanden waren. Sie mußte dann um 1000 auch die Leitung von Maria im Kapitol übernehmen, eine große Belastung. Was Adelheid so liebenswert macht, sind die Äußerungen mütterlicher Fürsorge, die Bertha berichtet: wie Adelheid des Nachts nach der Matutin die jungen Klosterschülerinnen besucht und ihre kalten Füße warm reibt, selbst die kranken Schwestern pflegt, bei der großen Hungersnot nicht die übliche Einheitssuppe kochen läßt, sondern die Speisen den von Hunger Geschwächten anpaßt, wie sie für die kleinen Schülerinnen, die ihre lateinische Grammatik gut gelernt haben, eine süße Belohnung aus der Tasche zaubert (Oediger).

Im besonderem Maß waren die Frauenklöster Stätten der Bildung. Der Anteil der Frauen am geistigen Leben ist im frühen Mittelalter sehr hoch, ja er übertrifft mitunter den männlichen. Unter den auffällig zahlreichen Frauenklöstern und -stiften im ottonischen Sachsenland[97a] ragen die königlichen Frauenstifte Quedlinburg und Gandersheim durch ihre kulturelle und politische Bedeutung hervor. Die zweite Ehefrau des ersten Herrschers aus sächsischem Stamm, Mathilde, Tochter eines Grafen aus Widukinds Geschlecht, war im Stift Herford erzogen worden; sie ist die Gründerin von Quedlinburg. Hier war die uns schon bekannte Regentin Mathilde von 966 bis 999 Äbtissin. Den höchsten Rang nahm Gandersheim ein.[98] Otto I. erwirkte für Gandersheim ein päpstliches Schutzprivileg, das die Befugnisse des Diözesanoberen, des Bischofs von Hildesheim, beschränkte. Das Stift Gandersheim erfüllte jahrelang die Funktionen einer Pfalz, der Hof verweilte oft hier. Die Kaiserin Theophanu brachte in Gandersheim ihre dritte Tochter Mathilde, die später den rheinischen Pfalzgrafen Ezzo heiratete, zur Welt; sie ließ hier ihr Privatarchiv verwahren. Unter der Äbtissin Gerberga, einer Tochter Heinrichs von Bayern, Nichte Ottos I., lebte hier die erste deutsche Dichterin Hrotsvit. Wohl um 935 geboren, trat Roswitha früh in Gandersheim ein, wo sie ihr ganzes Leben verbrachte. Mit Gerberga las sie Klassiker der Antike und wurde von ihr beraten und gefördert. Eine tiefe klassische Bildung und formale Gestaltungskraft kennzeichnen ihre Werke. Ihre ersten Dichtungen behandeln Legenden; sechs Dramen sollten die leichtfertigen Komödien des Terenz ersetzen. In Gandersheim stand ihr eine bedeutende Bibliothek zur Verfügung.[98a] In einem Heldengedicht pries sie Kaiser Otto – nicht ohne höfische Rücksichtnahme. Ein zweites historisches Gedicht behandelt die Gründungsgeschichte Gandersheims. Roswithas dichterisches Niveau wurde hier allerdings nicht wieder erreicht. Der Äbstissin Gerberga war 979 die vier Jahre alte Tochter Ottos II., Sophie, übergeben worden. Bei ihrer Einkleidung – wohl 987 – brach der jahrzentelange Streit zwischen Erzbischof Willigis von Mainz und den Bischöfen von Hildesheim um die kirchliche Zuständigkeit über das Stift aus. Es wurde ein Kompromiß gefunden: Erzbischof Willigis zelebrierte die Messe am Hochaltar; er und Bischof Osdag von Hildesheim kleideten die junge Sophie ein, die anderen Jungfrauen erhielten ihren Schleier von Bischof Osdag allein. 995 wurde Sophies jüngere Schwester Adelheid in Quedlinburg eingekleidet. Sophie hat vehement die Ansprüche ihrer Familie vertreten. Sie hat eine gewisse Rolle in der Reichspolitik gespielt.[98b] Das läßt sich an Hand der königlichen Urkunden beweisen, in denen sie als Intervenientin auftrat. Sie ließ sich vom Stift beurlauben, um ihren Bruder Otto III. auf seiner ersten Romreise zu begleiten. Im Jahr 997 kam es zu einer Veränderung im Verhältnis der Geschwister, als Erzbischof Willigis seinen Einfluß beim Kaiser an Bernward von Hildesheim verlor. Jetzt wurde, wie wir schon erwähnten, die Tante Mathilde mit seiner Vertretung betraut. Als Otto von seiner zweiten Italienreise zu Beginn des Jahres 1000 zurückkam, eilten ihm beide geistlichen Schwestern Sophie und Adelheid, die in Quedlinburg der verstorbenen Mathilde als Äbtissin gefolgt war, entgegen; Otto neigte sich jetzt stärker Adelheid zu. Sophie vertrat Gerberga während deren letzter Krankheit. Der Streit um Gandersheim brach offen aus, anläßlich der Weihe der neuerbauten Stiftskirche, vor allem beim Versuch Bernwards, richterliche Rechte in Gandersheim auszuüben. Sophie trat ihm mit Gewalt entgegen, sie hatte eine bewaffnete Schar ausgerüstet und Befestigungen rund um die Kirche errichtet. Am 13. November 1001 wurde sie Äbtissin, ihr kaiserlicher Bruder starb am 21. Januar 1002. Adelheid und Sophie stellten sich sofort auf die Seite der ottonischen Partei, also Heinrichs II., im Gegensatz zu Bischof Bernward. Entgültig wurde der Gandersheimer Streit erst 1031 beigelegt. Mittlerweise war Sophie auch Äbtissin von Essen, ebenfalls ein Familienstift des sächsischen Herrscherhauses. Hier focht sie mit Erzbischof Pilgrim von Köln einen Streit über den Besitz des Zehnten zwischen Rhein und Ruhr aus, den Pilgrim aber schiedlich beilegte. Sie starb 1038. Bernward gegenüber hat Sophie ihre Position wohl etwas überzogen, im übrigen muß man ihre Standfestigkeit, ihren Mut, ihre kluge Güterpolitik bewundern. Die königliche Politik, die Reichsabteien auch als Stützpunkte gegen den Episcopat einzusetzen, hat in ihr eine hervorragende Vertreterin gefunden. Wir müssen Sophies Verhalten auch vor dem

3. Adelheid, Äbtissin von Vilich. Pilgerblatt mit 12 Krankenheilungen

4. Die drei Stände nach dem „Speculum virginum“:
Ehefrauen, Witwen, Jungfrauen

Hintergrund der Sakralität des Königtums sehen – die damals unerschüttert war. Für Roswitha war Otto I. die potestas a Deo ordinata, die von Gott bestimmte Macht; die sakralen Eigenschaften des Herrschers umfaßten die ganze Familie, das prägt das starke Selbstbewußtsein Sophies.

Auch die in der Welt lebenden Frauen übertrafen an Bildung ihre durch Herrschaftsausübung und Kriegshandwerk voll beanspruchten Gatten. Gerbergas Schwester Hadwig war nicht für das Kloster bestimmt.[99] Sie wurde früh mit dem griechischen Prinzen Konstantin von Byzanz verlobt. Daher ihre griechische Bildung. Aber als ein griechischer Maler ihr Bild zur Übersendung an den Bräutigam malen wollte, verzog sie „voll Haß gegen die Hochzeit" den Mund und die Augen, und aus dem Bild wie aus der Heirat wurde nichts. So wenigstens erzählt es die St. Galler Chronik. Hadwig ist durch Scheffels Dichtung „Ekkehard" bekannt geworden; der moderne Historiker Otto Feger hat die historische Wahrheit herausgearbeitet. Mit 15 Jahren heiratete sie den Schwaben Purchard, der 955 Herzog wurde und nach 18jähriger Ehe 973 starb. Er residierte auf dem Hohentwiel und stiftete hier zusammen mit Hadwig ein Klösterchen. Daß Hadwig nach dem Tod ihres Gatten Inhaberin des Herzogtums und Reichsverweserin in Schwaben geworden sei, stimmt nicht, wir kennen die männlichen Nachfolger, die zu Lebzeiten Hadwigs Herzöge von Schwaben waren. Außerdem mußte der Herzog ein Mann sein, der u.a. imstande war, ein Pferd zu besteigen und persönlich das Stammesaufgebot in den Kampf zu führen. Wohl aber war Hadwig auch als Witwe eine reiche und bedeutende Frau, sie verfügte über ausgedehnte Ländereien, zahlreiche Dörfer und Gutshöfe und sicher über eine große Dienstmannschaft. Ekkehard war schon Leiter der St. Galler Klosterschule, ein sehr strenger und angesehener Gelehrter, als er auf den Hohentwiel kam. Hadwig war damals eine gereifte Frau von etwa 35 bis 40 Jahren, sie wird als herb, hart und selbstbewußt geschildert. Man kann eine Liebesromanze nicht ausschließen; sehr wahrscheinlich ist sie nicht. Hadwig war hingegen zweifellos eine sehr ernsthaft um Gelehrsamkeit bemühte Frau, die einen Kreis gebildeter Männer um sich versammeln wollte.

Der Adel wohnte jetzt also in Burgen. Bald sollten sich die Herren nach ihren Burgen nennen; das bedeutet auch, daß sie nun den Namen der Burg sozusagen als Nachnamen ihrem Vornamen beifügten und der Nachname sich im Mannesstamm vererbte. Die Frauen nahmen den Namen ihres Gatten an. Der agnatische Familienbegriff verstärkte sich. Am Niederrhein können wir diesen Umschwung um 1000 feststellen. Noch sind wir hier im Zeitalter der Einnamigkeit.

Im Hamaland herrscht die Wichmannsippe, seit der Karolingerzeit, als dieses Gebiet, ursprünglich das Land der Chamaven, fester in das Reich eingegliedert wurde.[100] Der kurz nach 973 verstorbene Graf Wichmann hatte Liutgard, eine Tochter des Grafen Arnulf von Flandern und der Adele von Vermandois geheiratet; das erhöhte die Bedeutung seiner Sippe, es war jetzt karolingisches Blut eingeflossen. Der Mittelpunkt seiner Besitzungen wurde die Burg Elten; der Eltenberg ragt hoch über die Niederrheinebene hinaus. Elten war offensichtlich schon 944 Wohnsitz der Wichmänner, denn damals besuchte König Otto den Grafen Wichmann, es muß also möglich gewesen sein, den König und sein Gefolge zu beherbergen. 962 starb Wichmanns Frau, wohl schon vor 968 sein einziger Sohn. Diese Todesfälle haben den alten Grafen sehr erschüttert, so daß er auf dem Eltenberg ein Damenstift gründete, dessen Äbtissin seine älteste Tochter Liutgard wurde. Er erwirkte für dieses Stift Immunität und ließ den König die reichen Güter bestätigen, die er dem Stift übereignete. Die adligen Jungfrauen, die keine Ordensgelübde abzulegen brauchten – natürlich lebten sie im Stift ehelos –, führten kein asketisches Leben. Liutgard war traurig, wenn sie keine Gäste hatte; das Stift „inmitten des Walles, der die Kirche wie eine Mauer umgab", war für sie die Fortsetzung einer adligen Haushaltung mit Gesinde, ritterlichem Gefolge und Gästen. Graf Wichmann hatte das Stift mit einem großen Teil seines Vermögens ausgestattet, Liutgard ihm ihr ganzes Erbe zugewandt. Nach Wichmanns Tod verlangte die jüngere Schwester Adele einen Teil des übertragenen Gutes zurück; ihr Vater habe die secundum legem Saxonicam, nach Sachsenrecht erforderliche Zustimmung der Erben nicht eingeholt; sie focht damit die ganze Schenkung an. In der Tat finden wir den Erbenkonsens immer wieder in Schenkungen erwähnt, z.B. in den Schenkungen an die Kirche in Paderborn, die zu Bischof Meinwerks (1009–1036) Zeiten gemacht wurden. Meinwerk war ein Sohn der ersten Ehe Adelas mit Graf Immed, der vor 996 starb. Otto II. bemühte sich vergeblich, den Streit der Schwestern aus der Welt zu schaffen. Liutgard war im Besitz und hatte Verbündete. Ihr Verwandter Godizo, ursprünglich im Gefolge Adelas, zündete zusammen mit Balderich eines Nachts die Burg der Adela an. Adela selbst war entflohen. Dann starb Liutgard an Gift. Das Gerücht nannte Adela als Anstifterin. Während noch alle um Liutgard trauerten, erschien Adela wutschnaubend, erpreßte den ganzen väterlichen Besitz, den ihre Schwester der Kirche zugewandt hatte, wurde aber auf Befehl Kaiser Ottos III. mit Schande wieder hinausgesetzt. Nun heiratete Adele, die sich während ihrer Witwenschaft „keinem versagt hatte", nach einer Beratung mit den Ihrigen denselben Balderich, der sie einst aus ihrer Burg ausgeräuchert hatte. Die Ehe war nicht ebenbürtig, aber Adele erheiratete damit den Vormund, der sie vor dem Fürstengericht vertreten konnte, und Balderich die Hoffnung auf einen sehr ansehnlichen Besitz. Auf dem Reichstag zu Nimwegen 996 wurde die Angelegenheit geregelt: Balderich ließ in seinem und seiner Gattin Namen dem Kaiser den Schutz des Stiftes auf mit dem Halmwurf, der rechtssymbolischen Geste, mit der auf Grundbesitz verzichtet wird, und gab alle Güter des Stiftes zurück. Was nicht ausdrücklich gesagt wird, sich aber aus dem Vergleich der Güterlisten bei der Stiftung 970 und bei dem Spruch von 996 erschließen läßt, ist dies: Adele hat die Teilung des väterlichen Erbes durchgesetzt und ihren Anteil zurückerhalten. Sie wird noch der Verbrechen beschuldigt, ihren eigenen Sohn Dietrich ermordet und die Ermordung Wichmanns von Vreden in Westfalen angestiftet zu haben. Es scheint sich aber in allen drei Fällen um üble Nachrede zu handeln. Einen ausgeprägten Sinn für Besitz hat sie besessen, sie wußte sich als Frau in ihrem Rechtsstreit durchzusetzen. Bei ihrem Sohn Meinwerk zeigen sich verwandte Eigenschaften, nur hat er nicht sich, sondern die Kirche Paderborn bereichert, und der lange Verkehr am Hof – er gehörte zur Hofkapelle, bevor er Bischof wurde – hat ihn im Wesen geschmeidigt und besonnener gemacht. Die Ehe von Adele und Balderich blieb kinderlos. Sie haben daher große fromme Stiftungen gemacht. Nach Balderichs Tod hat sie auf Kirchengut Schutz gesucht und ist in Köln gestorben. Sie soll vor dem Dom begraben worden sein. „Daß man bei einem furchtbaren Sturme, als der ganzen Stadt der Untergang drohte, die Leiche ausgegraben und in den Rhein geworfen hätte, der noch tagelang aufgewallt sei, gleich als wolle er öffentlich protestieren, daß er den Leib dieser verfluchten Frau nicht tragen könne, ist wieder eine der Strafen, mit denen die Legende schnell bei der Hand ist" (Oediger). Ihr Name blieb immerhin im Totenbuch des Kölner Domes und des Klosters Abdinghof in Paderborn eingetragen. Eine Tochter aus erster Ehe war Nonne in Elten.

Leicht hatten es die Frauen nicht. Ihre hohe Geburt garantierte keineswegs ein bequemes Leben. Die Frauen des Hochadels mußten immer gewärtig sein, bei Abwesenheit oder Verhinderung des Mannes in jeder Weise für ihn einzuspringen. Als Heinrich V. die barische Feste Mousson in Lothringen belagerte und erbittert über den langen Widerstand verlangte, die Festung solle kapitulieren, sonst werde er den in seiner Gewalt befindlichen Grafen von Bar töten, erbat sich die hochschwangere Gräfin von Bar in der Feste Bedenkzeit von 24 Stunden; während dieser Zeit kam sie mit einem Sohn nieder, verpflichtete die Burgbesatzung eidlich auf den Neugeborenen und die erneute Aufforderung zur Übergabe wurde abgewiesen, da die Burgleute „novum dominum, quem illa nocte uxor eius sibi peperisset, haberent", ja einen neuen Herrn hätten.[101]

Aber aller Mut und alle Energie vermochten nicht immer einer Frau in einer Zeit zu helfen, in der einer kleinen Schicht waffengeübter potentes, Mächtiger, die ihre Rechte und sich und die Ihrigen notfalls mit Waffengewalt verteidigen konnten, die große Masse der inermes pauperes, der waffenlosen kleinen Leute gegenüberstand, und der Staat die Friedewahrung nur unvollkommen ausübte. Was nützte die volksrechtliche Freiheit einer Frau, wenn sie alleinstehend und schutzlos war? Sie begab sich dann besser unter Verzicht auf ihre Freiheit in den Schutz der Kirche, einer geistlichen Grundherrschaft, und gewann so die „liberior servitus", die „freiere Knechtschaft" einer Zensualen. Auf das Problem der Zensualität hat Bosl 1966 an Hand von Regensburger Quellen nachdrücklich hingewiesen.[102] Er spricht vom Zusammenwachsen der Regensburger Stadtleute und Bürger aus den verschiedenen Hofrechtskreisen der familiae von König, Bischof, Klöstern und Adel und nennt eine Wizala, die sich von ihrem Dominus = Leibherrn Pezaman loskauft und sich dann von ihm an St. Emmeram schenken läßt, zu Zensualenzins. In der letzten Zeit hat sich K. Schulz besonders eingehend mit diesem Institut befaßt.[103]

Die Zensualen, die in den Urkunden als censuales, tributarii oder cerocensuales (Wachszinsige) auftauchen, waren entweder Freie, die sich dem Heiligen einer Kirche übergaben, oder Unfreie, die von ihren Herren aus der Knechtschaft entlassen und dann der Kirche geschenkt wurden. Die Zensualen leisteten einen jährlichen Zins von fünf bis zwei Pfennigen; vor allem am Niederrhein konnten sie diesen Zins auch in Form von Wachs für die Kerzen am Altar entrichten; sie schuldeten ferner eine Todfall- oder Sterbfallabgabe, sei es wieder in Geld oder bei einer Frau in Form des besten Gewandes, und schließlich eine Heiratsgebühr. Dafür erhielten sie den Schutz des Klosters für sich und ihren Besitz, die Freistellung von Knechts- und Frondiensten an Amtsträger der Herrschaft oder fremde Herren und Freiheit von der Veräußerung im Zusammenhang mit Besitz- und Lehnsübertragungen; sie genossen im Unterschied zu den servi, den Hörigen, eine gewisse Freizügigkeit. Seit dem 10. Jahrhundert können wir in Flandern den Übergang in die Zensualität beobachten. Auffällig ist dabei die urkundlich belegte Vielzahl der Frauen unter den Zensualen, die sich selbst tradiert haben. So schenkt sich Bavin, deren Mutter Engelwara, von freien Eltern gezeugt, schon lange Jahre unheilbar krank war, der Abtei St. Peter in Gent. Sie zahlt am 1. Oktober jeden Jahres 2 Denare, dafür kann sie unter dem Schutz des Klosters in voller Freiheit (plena ingenuitate secura) sicher leben.[104] Der Freiheitsbegriff ist doppeldeutig, ein Vollfreier zahlt keinen Zins. 989 schenkt sich Godelinda, 993/94 schenkt sich Folcrada derselben Abtei;[105] obwohl frei, machen sie sich zur Tributpflichtigen (libera cum esset, tributariam se constituit). Für die Zeit um 1000 werden für St. Peter noch fünf weitere Übereignungen freier Frauen angeführt.[106] Es wäre leicht, weitere Beispiele zu finden, denn, wie es der Abt und Chronist Rudolf des Klosters St. Trond sagte: „Wenn immer Fehde im Land herrschte oder Zwietracht im Reich, sicher lebte, sicher bewohnte sein Land, wer sich Knecht oder Magd des hl. Trudo nennen konnte.“[107]

Die großen Damen lebten ansonsten auf ihren Burgen; sie waren in ruhigen Zeiten für die Binnenwirtschaft, den großen Haushalt zuständig. Sie verfertigten auch feine Textilarbeit. Unsere energische Adela besaß zahlreiche Kammerfrauen, die zu den verschiedensten Textilarbeiten geschickt waren, und übertraf selbst in der Anfertigung kostbarer Gewänder fast alle Frauen am Niederrhein. Ähnliche Fertigkeiten werden auch Mathilde, der Schwester Bischof Burchards von Worms, und anderen hochgestellten Frauen nachgesagt.[108]

Was trugen die Damen, was aßen und tranken sie? Wir verdanken dem Verfasser der Lebensbeschreibung des Bischofs Meinwerk, Adelens Sohn, die Kenntnis einer Reihe von Leibrenten, die für die Wohltäter der Kirche, die ihre Ländereien hergaben, bestimmt waren.[109] Man trug viel Pelz. Es gab um 1000 bereits einen ausgedehnten Pelzhandel. Pelz war wie heute auch Statussymbol, und der Zobel stand wie heute obenan, auch Marder und Grauwerk (Veh) war damals sehr geschätzt. Die adlige Witwe Fretherun, die drei Höfe mit Zubehör und 38 Manzipien an die Paderborner Kirche geschenkt hatte, sollte u. a. jedes Jahr zu Ostern eine Decke aus Fuchsfell und ein Pelzgewand aus Grauwerk bekommen. Die Nonne Atta bedang sich u. a. eine Decke aus Fuchsfell, einen Mantel und ein Pelzgewand aus Marderfellen aus. Schaffellkleidungen gehören fast schon zur Alltagstracht. Die Nonne Liudburg bekam für die Hingabe ihres Erbes eine Rente, die ihr jährlich u. a. zwei Hemden, ein wollenes Obergewand, die gegerbte Haut eines Schafbockes – wohl für Schuhe – und alle zwei Jahre ein Schaffellkleid sicherte. Für den Konsens zur Schenkung ihres Sohnes Tiedi erhielt die Mutter neben Lebensmitteln ein Wollgewand, ein Hemd und alle vier Jahre ein Schaffellkleid. Die Schwestern Bosan, Christina und Ebbikan, die gemeinsamen Erbbesitz in acht Orten tradierten, erhielten dafür u. a. einen Marder- (martherinum pelliceum) und einen Zobelpelz (zebellinam tunicam) für je sechs Talente. Zobel-, Marder- und Vehpelze konnten nur im Handel beschafft werden, was sie umso teurer machte; Fuchsfelle und vor allem Schaffelle waren heimischer Herkunft. Fretherun kleidete sich nicht nur kostbar, sie aß und trank auch gut. Zunächst erhielt sie neben Geld und der erwähnten Pelzbekleidung jährlich 12 Schinken, 20 Malter Weizen und 30 Urnen Wein; ein zweiter Vertrag setzte folgende Leibrente aus: sechs Schinken mit, sechs Schinken ohne Innereien, 20 Malter Weizen, 20 Malter anderes Getreide, 5 (Fässer? der Text hat eine Lücke) Bier, eine carrada Wein, 10 Schafe mit und fünf ohne Lämmer, fünf Schweine und Geld. Die gehobenen Ansprüche der Dame kommen darin zum Ausdruck, daß sie auch Weißbrot aß und Wein trank. Man darf annehmen, daß es Rheinwein war, den man im Paderbornischen leicht aus Köln beziehen konnte. Zur Leibrente der Nonne Atta gehörten auch 90 Käse und drei Krüge Honig. Honig war bis ins 16. Jahrhundert der wichtigste Süßstoff der Küche, da Rübenzucker noch nicht hergestellt wurde – das begann erst auf Initiative Napoleons – und Rohrzucker als Orientware sehr teuer war. Fische werden in den Leibrentenverträgen nicht erwähnt, wohl aber werden in den Schenkungen an die Kirche als Zubehör zu den Ländereien Fischereigerechtigkeiten genannt. Die weltlichen und geistlichen Grundherrn hatten damals alle ihre Fischweiher, die klaren Flüsse und Bäche waren noch sehr fischreich. Aber auch Heringe waren im 11. Jahrhundert, wie wir aus Zolltarifen wissen, schon im Handel. Sie hatten im ganzen Mittelalter im Haushalt eine viel größere Bedeutung als heute. Sie waren ein wichtiges Volksnahrungsmittel, wichtig als Fastenspeise und als Eiweißspender. Den Ausgrabungen bei der vom 10. bis 13. Jahrhundert bewohnten Niederungsburg Haus Meer,[110] nördlich von Neuss, verdanken wir die Kenntnis der pflanzlichen und tierischen Nahrung der Burgleute: An Kultur- und Nahrungspflanzen wurden nachgewiesen: Süßkirsche, Pflaume, Zwetschge, Pfirsich, Schlehe, Apfel, Walnuß, Haselnuß, Weintraube, Schwarzer Holunder, Brombeere, Buchecker, Eßkastanie, Mispel, Birne; an Getreidearten gab es: Saathafer, Rispenhirse, Gelbhirse, Weizen, Hafer, Roggen; man sammelte Erdbeere, Schlehe, Himbeere, Hagebutte, Waldbeere, die Heilpflanze Attich (Sambucus ebulus L). Angebaut wurden weiterhin: Amaranth (eine Salatpflanze), Dill, Sellerie, Hanf, Möhren, Lein, Erbse, Feldsalat. Unter den Tierknochen erschien am häufigsten das Hausschwein, dann Rind, Schaf oder Ziege. Vertreten waren auch Stockente oder Hausente, Graugans oder Hausgans und Haushuhn, an Wildtieren Kaninchen, Hase, Rothirsch, Wildschwein.

Nach diesem Blick in die Küche noch eine verfassungsrechtliche Anmerkung. Noch in diesem Zeitraum finden sich die ersten Zeugnisse für die Lehnsfähigkeit der Frau, und zwar im nordwesteuropäischen Innovationsraum, in einem Vertrag des Bischofs von Lüttich mit dem Grafen von Namur.[111] Das waren aber nur erste Anfänge. Die Lehnsfähigkeit der Frau drang von Westen nach Osten vor und setzte sich im Süden frühzeitig durch: Die Libri feudorum vom Ende des 11. Jahrhunderts aus Bologna kennen die subsidiäre Weiberfolge beim sog. feudum femineum.[112]

5. Die Mägde und hörigen Bauersfrauen

Für die unfreie Bevölkerung galten noch sehr lange regelmäßige Beschränkungen der Ehefreiheit. Ja, hier mußte sich der Gedanke der Ehefähigkeit, wie wir schon hervorhoben, überhaupt erst einmal durchsetzen. Davon war man in frühfränkischer Zeit noch weit entfernt.[113] Es hing nach der Lex Salica ganz vom Willen des Herrn ab, ob er dem Sklaven oder der Sklavin die Ehe erlauben wollte. Wenn ein Sklave mit der Sklavin eines anderen eine Ehe einging, ohne daß deren Herr zugestimmt hatte, wurde er ausgeprügelt. Die Unfreien haben offensichtlich versucht, von der Kirche Schutz für ihre Ehe zu erlangen. Auf dem Konzil von Orléans 541 wird diese Frage erörtert, aber den Klerikern untersagt, diese Verbindungen zu schützen; sie müssen ein solches Paar gegen Zusicherung der Straffreiheit dem Herrn wieder ausliefern, der aber die beiden trennen darf. Wieder berichtet uns Gregor von Tours von einem üblen Zeitgenossen, dessen Verhalten zeigt, was alles möglich war, selbst wenn sich ein Priester des Ehewunsches Unfreier annimmt. (V,3): „Es handelt sich um einen gewissen Rauching, der so mit seinen Untergebenen umging, als ob keine Spur von Menschlichkeit in ihm wäre." Der Mann muß ein Sadist gewesen sein; von ihm wurde auch Folgendes erzählt: „Er habe unter seinen Leuten damals einen Mann und ein Mädchen gehabt, die, wie dies häufig vorkommt, sich ineinander verliebt hatten. Und als sich ihr Liebesverhältnis schon zwei Jahre oder noch länger hingezogen hatte, verbanden sie sich und flüchteten zusammen in eine Kirche. Da dies Rauching erfuhr, ging er zum Priester des Ortes und verlangte, es sollten ihm seine Leute sofort wiedergegeben werden, er habe ihnen ihre Schuld verziehen. Darauf sprach der Priester zu ihm: Du weißt, welche Ehrerbietung man der Kirche Gottes weihen muß; du wirst sie also nicht zurückerhalten können, wenn du nicht dein Wort gibst, daß du ihre Verbindung bestehen läßt und überdies versprichst, sie ohne alle körperliche Strafe zu lassen. Nachdem aber jener lange unschlüssig in seinen Gedanken geschwiegen hatte, wandte er sich zu dem Priester, legte die Hände auf den Altar und schwor: Niemals sollen sie durch mich getrennt werden, sondern ich will vielmehr sorgen, daß sie verbunden bleiben, denn obwohl ich es ungern sah, daß sie ohne Bewilligung von meiner Seite dies taten, ist mir doch ganz recht, daß mein Sklave (servus) nicht eines andern Sklavin (ancilla) und sie nicht eines anderen Sklaven genommen hat. Arglos glaubte der Priester dem Versprechen des hinterlistigen Mannes und gab ihm die Leute unter der Bedingung der Straflosigkeit heraus. Nachdem jener sie aber erhalten hatte, dankte er und ging nach Hause. Und sogleich ließ er einen Baum schlagen, die Äste abhauen, den Stamm an den Enden durch einen Keil spalten und aushöhlen, darauf drei oder vier Fuß tief die Erde ausgraben und den Kasten in die Grube senken. Darauf ließ er das Mädchen hineinlegen gleich wie eine Tote, und den Sklaven oben darauf, schloß den Deckel, füllte die Grube wieder mit Erde und begrub sie so lebendig. Ich habe meinen Schwur, sagte er dabei, nicht verletzt, daß sie in Ewigkeit nicht getrennt werden sollen. Als dies dem Priester gemeldet wurde, lief er eilig herbei; und indem er den Menschen schalt, brachte er es mit Mühe dahin, daß sie wieder aufgedeckt wurden. Den Sklaven freilich zog man noch lebendig heraus, das Mädchen fand man aber schon erstickt." Die fränkischen Quellen verbieten dem Herrn auch nicht, die von ihm erlaubte Ehe seiner Unfreien durch Beziehung zu der betreffenden Sklavin zu brechen. Im 8. Jahrhundert erläßt der Langobardenkönig Liutprand ein Verbot dagegen: Es sei Gott nicht wohlgefällig, daß irgendein Mann mit der Frau eines anderen (cum uxore aliena) Unzucht treibe.[114] Das Decretum Vermeriense (um 750), wohl Entwurf eines Kapitulars, bestätigt noch die Zulässigkeit der Trennung unfreier Ehegatten beim Verkauf. „Das spätrömische Recht", kommentiert Nehlsen, „mit seinen beachtlichen Ansätzen zum Schutz der Sklavenfamilie ist hier offensichtlich ohne Einfluß geblieben."

Zwei Triebkräfte besserten die Lage dieser Unfreien: einmal die Kirche, die, wie wir sahen, sich in der Praxis nur mühsam durchsetzte.[115] Zweitens kamen die von uns in der Einleitung beschriebenen Entwicklungen innerhalb der Grundherrschaft zum Tragen: die Verwandlung der patriarchalischen Hofsklaverei zur grundhörigen Unfreiheit, die Abschichtung Unfreier vom Herrenhof als servi casati, als behauste Unfreie. Hier lag es im Interesse des Herrn, die Familienstiftung zwischen den Unfreien selber wie auch zwischen Halbfreien und Unfreien zuzulassen.[116] Königtum und Klerus haben diese Entwicklung vorangetrieben. Aber immer wieder ergaben sich Schwierigkeiten, wenn Angehörige verschiedener Grundherrschaften die Ehe miteinander eingehen wollten. Welcher Grundherr sollte auf die Dienste des Ehepartners und der Kinder aus einer solchen Ehe verzichten? Wie war es um die Standeszugehörigkeit der Kinder bestellt? Folgten sie der Mutter oder der „ärgeren Hand", d.h. dem standesrechtlich niedrigeren Partner? Es bedurfte oft besonderer Vereinbarungen zwischen den Grundherren. Hier lagen die echten Probleme der unfreien Frauen – nicht in dem bis zum Überdruß heute zitierten und kaum belegten und strittigen Recht „der ersten Nacht".

Für den Tätigkeitsbereich der Frauen in ihrem Alltagsleben bestand seit altersher eine geschlechtsspezifische Arbeitsteilung. Sie wies den Frauen allgemein die Binnenwirtschaft zu. In der Bauernfamilie sah das so aus: Die Frau bereitet das Bad, sie mahlt das Getreide auf der Handmühle, sie braut das Bier, sie kocht und putzt, aber sie hilft auch im herrschaftlichen Weinberg, beim Beerensammeln im Wald und bei der Getreideernte mit. Die Admonitio generalis von 789 gibt im Zusammenhang mit der Sonntagsheiligung eingehende Angaben über die am Sonntag verbotenen „opera servilia" (knechtische Arbeiten). Die Männer sollen nicht im Weinberg arbeiten, auf den Feldern pflügen oder ernten, Gras mähen, Zäune machen, im Wald roden, Bäume fällen, Häuser bauen oder im Garten arbeiten. Die Frauen sollen keine „opera textrilia" verrichten – darunter verstand man alle Arbeitsgänge von der Ernte der Faserpflanzen bzw. der Schafschur bis zum fertigen Kleidungsstück –, sie sollen sonntags keine Kleider zuschneiden, nicht nähen oder Wolle zupfen, keinen Flachs schlagen, nicht in einem öffentlichen Gebäude waschen und keine Schafe scheren. Während hier die Gartenarbeit dem Mann zugewiesen wird, macht Bischof Meinwerc die Frau eines seiner Gutsbeamten (uxor villici) für den ungepflegten Zustand ihres Gartens, der voller Brennesseln und Unkraut war, verantwortlich (cap. 148). Die Näharbeiten der Bauersfrauen beschränkten sich nun keineswegs auf die für die eigene Familie erforderlichen Kleidungsstücke. Sie mußten auch hier für den Grundherrn mitarbeiten. Die Weiterverarbeitung der vom Fronhof gestellten pflanzlichen und tierischen Fasern (Flachs, Hanf, Wolle) ist nach dem Güterverzeichnis des Eifelklosters Prüm aus dem 9. Jahrhundert ausschließlich Frauensache. Sie müssen Leintücher, Hemden, Hosen herstellen. Das geschieht nach dem Prümer Urbar im Bauernhaus.

In weltlichen Grundherrschaften, auch in Fronhöfen geistlicher Grundherrschaften, bestanden aber auch Tuchmanufakturen, Genitien – von gynaeceum –, in denen nur Frauen tätig waren. Diese Manufakturen waren eine Einrichtung des spätantiken Staates und wurden von den Merowingerkönigen übernommen. Nach Gregor von Tours (IX, 38) bestand ein solches Genitium in Marlenheim im Elsaß. Eine gewisse Septimina, die

Ränke gegen Königin Brunichilde und König Childebert gesponnen hatte, wurde zur Strafe nach dem Königshof Marlenheim gebracht, um dort die Mühle zu drehen und den Mägden im Spinnhaus den täglichen Bedarf an Mehl zu bereiten. Die Frauen in diesen Tuchmanufakturen wurden also vom Grundherrn mit Unterkunft, Nahrung und Kleidung versorgt, erhielten aber wohl keinen Barlohn.[117] In manchen Genitien arbeiteten bis zu 40 Frauen. Die Leitung hatte eine Frau von herausgehobener Stellung. Laut der Ordnung für die königlichen Domänen, dem berühmten Capitulare de villis, wurden Rohstoffe und Arbeitsgerät vom Herrn gestellt: Flachs, Wolle, Waid, die mittelalterliche Farbpflanze für Blau, Scharlachfarbe, Krapp für Rotfärbung, Wollkämme, Kardendisteln, Seife, Öl, Gefäße usw. Das Färben der Textilien erfolgte also auch im Genitium. Die Frauen arbeiteten in festen Häusern mit heizbaren Räumen und Schuppen, bzw. in in den Boden eingetieften Häusern. Die sieben Frauen eines Gynaezeums der Abtei Werden an d. Ruhr auf dem Hof in Leer in Westfalen erhielten jährlich für ihren Lebensunterhalt: insgesamt 104 Scheffel Roggen, 80 Scheffel Gerste, 148 Scheffel Hafer, 222 Scheffel sonstiges Getreide, 10 Scheffel Bohnen und Geld. Einen genauen archäologischen Nachweis über die Art dieser Einrichtung haben die Ausgrabungen auf der ottonischen Pfalz Tilleda am Kyffhäuser erbracht: Es gab dort zwei Tuchmachereien, beide Grubenhäuser in der Vorburg der Pfalz, wo auch die übrigen Wirtschaftsgebäude lagen. Das eine Haus war 29 m lang und 6 m breit, das andere etwa 15,5 m lang und 4,5 m breit. Im Innern der beiden Häuser befanden sich Langgruben, in denen Gruppen von großen rundlichen Webgewichten auf stehende Webstühle hinweisen. Der Ausgräber P. Grimm[118] rechnet mit 22 bis 24 Frauen je Haus. Das Los der Arbeiterinnen in diesen Manufakturen war sicher nicht leicht, sie waren auch nicht sehr angesehen. Diese Tuchmachereien haben bis ins 12. Jahrhundert bestanden. Die Auflösung der Fronhofsverfassung und die Entwicklung eines städtischen Textilgewerbes mit Berufshandwerkern, dessen Produktion überlegen war, machte ihnen ein Ende.

Im Vergleich zu den großen Familienverbänden des Adels war die Bauernfamilie klein. Allerdings besaßen auch grundhörige Bauern, servi casati, selbst wieder Manzipien, Knechte und Mägde, die nun ganz unten auf der sozialen Stufenleiter standen. Die Forschung beginnt erst seit kurzem, sich um statistische Aufschlüsselung der Nachrichten zu bemühen, die uns Güterverzeichnisse und Urkunden zur Verfügung stellen. Es liegen bisher nur punktuelle Ergebnisse für die Frühzeit vor. Kuchenbuch hat für Prüm festgestellt, daß ein Ehepaar durchschnittlich 3 bis 4 Kinder hat; dabei dürften die als Säuglinge und Kleinkinder gestorbenen nicht mitgezählt sein. Kernfamilien dominieren, mitunter korresidieren vier Kernfamilien auf einem Mansus (Hube); Großfamilien sind selten. Die Ehefrau in diesen Bauernfamilien rückt mit dem Tod ihres Mannes an dessen Stelle, gibt sie aber oft an einen ihrer Söhne ab, der dann Mutter und Geschwister bis zur

Gründung einer eigenen Familie bei sich behält. Die ledige oder verwitwete Frau ist als Mitinhaberin eines Mansus selten, der Mann in gleicher Stellung findet sich oft. Im Polyptichon Irminonis der Abtei St. Germain-des-Prés (um 829) erscheinen 63 verwitwete Frauen mit ihren Kindern als Mansusinhaberinnen und 42 ledige. Nur in einem Fall hat ein verheirateter Mann neben Frau und Kind noch Mutter, zwei Brüder und eine Schwester bei sich; er besitzt einen relativ großen Mansus. Der servus als Gatte einer colona oder ingenua ist in jedem Fall Familienvorstand und Mansusinhaber. Überwiegend zieht die Frau zum Mann. Die Vorrangstellung des Mannes ist unverkennbar.[119] Auf Grund einer Schenkungsurkunde von 820 für das Kloster Engelbrechtsmünster in Oberbayern[120] konnte für den Herrenhof im heutigen Oberlauterbach ermittelt werden: Zum Fronhof gehörten eine Eigenkirche, d.h. eine vom Grundherrn erbaute Kirche, an der er den Priester ernennen konnte, und 94 Menschen, davon 47 unbehauste Manzipien und 46 Bauern auf 11 Hofstellen. Sehr groß war der Hof des freien Schmiedes, des einzigen Freien (ingenuus) des Dorfes. Seine Frau und seine Kinder waren Unfreie. Hier hausten außerdem 37 Manzipien des Grundherrn, 14 Männer und 23 Frauen. Es handelte sich offenbar um einen Großbetrieb für Eisenerzeugnisse. Auf drei weiteren Höfen finden sich Manzipien der Bauern, Knechte und Mägde, zusammen höchstens vier auf einem Hof. Auf den restlichen Höfen sind Manzipien nicht auszumachen. Im heutigen Niederlauterbach saßen 80 manentes, behauste Bauern, auf 20 Hofstellen, die zu einem Herrenhof des Klosters St. Emmeram gehörten; 14 wurden von je einem Ehepaar, drei von je zwei Ehepaaren geführt, ein Hof von zwei Brüdern, einer von einem Witwer und einer von einer Witwe mit drei Kindern. An drei Höfen hatten die Bauern Manzipien.

Der Unterschied zwischen Besitz, Einkünften, Einfluß und Lebensstil der führenden Schicht, der potentes, und der der pauperes, der hörigen Bauern, war deshalb so kraß, weil es noch keine bürgerliche Mittelschicht gab, weil die führende Schicht sehr klein, die untere Schicht sehr groß war, und weil die Ungleichheit nicht nur eine soziale, sondern auch eine rechtliche war. Ober- und Unterschicht waren wohl in sich abgestuft. Beim Aufstieg war aber immer eine doppelte Schranke zu überwinden.

Diesen Aufstieg gab es, und sogar in mancherlei Formen. Nicht nur Freie wurden Zensualen, um den Schutz der Kirche zu gewinnen, auch Manzipien wurden zu Zensualen. Es war nicht „fein", Gott und seinen Heiligen Unfreie zu schenken, so ließ man Manzipien frei, übergab sie der Kirche, dort wurden sie zu Zinspflichtigen, mitunter zu Wachszinsern, die das in der Kirche benötigte viele Wachs für Kerzen herbeischaffen halfen. So schenkt z.B. 996/1029 Erkenrad zusammen mit ihren Kindern für das Seelenheil ihres Mannes, ihrer selbst und das ihrer Kinder ihre Manzipien Alfgard mit deren Kindern Everbold, Eremfrid, Herlinde und Gertrud der St. Petersabtei in Gent. Sie befreit sie von jedem Band der Knechtschaft, so daß sie frei sind und bleiben, als wären sie von freien Eltern gezeugt. Sie sollen den Schutz des Klosters genießen und jährlich einen Zins von zwei Denaren zahlen, bei der Verheiratung sechs, und bei ihrem Tod soll aus ihrem Vermögen die Summe von 12 Denaren dem Kloster gegeben werden.[121] Das ist nur ein Beispiel für viele ähnliche Schenkungen.

Die Vermehrung der Märkte im 11. Jahrhundert gibt auch den Bauern die Möglichkeit, etwas Geld zu verdienen; die Bauern wünschen, ertrotzen mitunter die Umwandlung ihrer Naturalabgaben an den Grundherrn in Geldzinsen, wodurch sie in Zukunft durch die schleichende Geldentwertung profitieren, wenn die Umwandlung auch nicht ganz gelingt. Ihr Nutzungsrecht an dem vom Herrn überlassenen Land ist im 11. Jahrhundert ein erbliches Besitzrecht geworden, die Abgaben sind keine persönlichen Leistungen mehr, sie sind verdinglicht, sie sind eine Hofeslast und bleiben gleich, auch wenn der Hof geteilt wird. Die Bauern scheuen sich nicht, durch Zinsleistungsstreik Verbesserungen zu erreichen, sie laufen u. U. ihren Herren mit Frau und Kind einfach davon. Sie können nämlich in die nächste Stadt ziehen.[122] Damit sind wir an die große historische Wende gelangt, die uns veranlaßt, ein neues Kapitel zu beginnen.

Zweites Kapitel
Das hohe Mittelalter 1050–1250

1. Die Bedeutung der städtischen Lebensform und der Entwicklung des Familien- und Erbrechts für die Frau

Was änderte, fragen wir uns nun, die Entstehung eines Stadtbürgertums einheitlichen Rechtes, freier Stadtgemeinden und einer städtischen kaufmännisch-gewerblichen Wirtschaft an der Stellung der Frau?

Die mittelalterlichen Städte waren auf den Zuzug vom Lande angewiesen, um Vollstädte zu werden und zu bleiben. Sie wuchsen nicht aus eigener Kraft allein. Die Stadt hat immer die Menschen angelockt, durch ihre vielfältigen Chancen an Gewinn und Lohn zu kommen, ihre größere Sicherheit im Schutz der Mauern, durch ein größeres Angebot an Lebensfreude, an Geselligkeit, an Pracht der Einritte und Aufzüge hoher Herren, Prunk der Kirchen, durch Schaustellungen und Tanzfeste. Schließlich wurde das Wohnen in der Stadt auch attraktiv durch die Rechte persönlicher Freiheit, die im Mittelalter für den kleinen Mann fast nur hier zu erringen waren. Allerdings – diese Rechte waren keineswegs von Anfang an gegeben. Die in Altdeutschland als Bischofssitze, Pfalzen, Dynastenburgen usw. ausgezeichneten Orte wurden in einem gestreckten Prozeß zu Städten mit eigenem Gerichtsbezirk, mit einem besonderen Stadtrecht. Der servus casatus, der seine Hufe und die Plackerei auf dem Lande verließ, womöglich als verheirateter Mann mit seiner Frau, riskierte es vom Herrn zurückgefordert zu werden. In Reims ereignete sich gegen Ende des 12. Jahrhunderts folgende Geschichte:[123] Ein junger Mann von geringem Adel reklamierte einen Reimser Bürger als seinen Hörigen, jener leugnete es ab. Der junge Mann verfolgte ihn, kundschaftete ihn aus, traf ihn in Reims auf dem Markt und tötete ihn. Das verursachte einen Aufruhr in der ganzen Stadt, die den Totschläger verfolgte; dieser aber war der Schwiegersohn eines Dienstmannen Balduin, dessen Haus sich nahe beim Markt befand; der junge Mann flüchtete sich in das Haus, verbarg sich in seinem Innern, bis die Unruhe in der Stadt sich wieder gelegt hatte; sein Verwandter führte ihn nächtlicherweile hinaus, und so entkam der eines Mordes Schuldige. Nicht jeder Grundherr wird die entlaufenen Hörigen, wenn er ihrer habhaft werden konnte, gleich totgeschlagen haben; es gab geistliche Grundherren, die durch Verbesserung der Zinsen die Hörigen wieder für sich gewannen, aber sicher auch große Herren, die mit Drohungen und Strafen die hörigen Bauern aufs Land zurückführten.

Die Bewohnerschaft der stadtartigen Gebilde des frühen Mittelalters war also rechtlich und sozial gemischt: sie bestand aus den Leuten des Stadtherrn, darunter waren viele Zensualen und Eigenleute, aus unter Königsschutz frei im Lande herumreisenden Berufskaufleuten, aus Ministerialen, d.h. gehobenen Dienstmannen des Stadtherrn und städtischer oder suburbaner Klöster und Stifte; es zogen dazu viele Leute in die Städte behaftet mit den Lasten und Bindungen, denen sie in ihrem ländlichen Wohnsitz unterworfen gewesen waren. Im engen Raum der Stadt führte das zu besonders schwer empfundenen Mißhelligkeiten. In den aufblühenden Städten ergaben sich neue Möglichkeiten der Existenzgründung, des Erwerbs und Gewinns, aber nur dann, wenn die Bewohner freizügig und von alten Leistungspflichten gegenüber ihren Grundherren freigestellt waren. Auf dem Land hatten personenrechtliche Beschränkungen, denen die Hörigen unterworfen waren, eine gewisse Berechtigung, die Hörigen hatten ihre Bauernstelle vom Herrn empfangen, sie genossen seinen Schutz. In der Stadt entfielen diese Voraussetzungen der erbrechtlichen Abgaben weitgehend und entzogen im Handel, auf dem Markt und im Berufshandwerk verdienten Gewinn und Lohn dem Kreislauf der städtischen Wirtschaft. Die Heiratsbeschränkungen, die auf dem Lande galten, die erb- und vermögensrechtlichen Folgen von Ungenossenehen wirkten sich in der Stadt verheerend aus. Eine üble nichtsnutzige Gewohnheit nennen Einwohner von Speyer[124] das Buteil, eine Abgabe bei Mischehen oder Ausheiraten Höriger bzw. Zensualen im Todesfall eines Ehepartners. Dieses Buteil ist, wie Knut Schulz[125] an Hand anderer Quellenzeugnisse überzeugend nachgewiesen hat, von der normalen Abgabe im Todesfall klar zu unterscheiden. Es war nur bei „Mischehen" zu entrichten, und zwar fielen dann, wenn der Erbfall eintrat, zwei Drittel des Besitzes des Ehemannes an den Herrn; er konnte gegebenenfalls auch solche Mischehen scheiden. In den durch Zuwanderung wachsenden Städten waren Mischehen häufig. Das 1111 allen Einwohnern der Stadt Speyer von Heinrich V. erteilte Privileg der Befreiung vom Buteil wird 1182 von Barbarossa so ausgelegt, daß alle Einwohner Speyers auch vom „houbetreht", d.h. der normalen Sterbfallabgabe, befreit sein sollen. Die Bevölkerungsstruktur von Worms[126] um 900 kennen wir recht gut aus der Mauerbauordnung jener Zeit; sie teilte, wie man das in mittelalterlichen Städten oft machte, einzelnen Bevölkerungsgruppen die Verteidigung eines bestimmten Mauerabschnitts zu. Die Friesen treten als erste geschlossene Gruppe darin hervor, friesische Kaufleute, Träger des Rheinhandels, die sich hier wie z.B. auch in Mainz fest niedergelassen hatten; sie waren im Norden der mittelalterlichen Stadt angesiedelt. Daneben begegnet uns die familia S. Leodegari, d.h. die Hintersassen der Grundherrschaft der elsässischen Abtei Murbach; ihre Zahl war so groß, daß ihnen die Sorge für ein Tor der Rheinseite der Mauer übertragen wurde. Als letzte Gruppe, die zahlreichste von allen, denn sie müssen den längsten Mauerabschnitt verteidigen, werden die urbani, die Städter, die Heimgereiden heißen, genannt: wohl bischöfliche und königliche Hintersassen. Was nun, wenn ein Mädchen der familia S. Leodegari einen Friesenkaufmann heiraten wollte, oder ein Heimgereide die Tochter eines Friesenhändlers? Das waren Ungenossenehen, sie wurden vom herrschaftlichen Vogt einfach aufgelöst. Diese Schelte, die sie wegen ihrer Ehen erdulden mußten, brachte die Wormser auf.[127] Der Fortfall dieser aus der Unfreiensphäre stammenden Beschränkungen und Nachteile ist eine der bedeutendsten Errungenschaften der mittelalterlichen Bürger, die wichtigste Lebensbereiche jedes Einzelnen – auch jeder Frau – betraf. Die Privilegien Kaiser Heinrichs V. für Speyer aus dem Jahre 1111 und für Worms aus dem Jahre 1114 und die Auslegungen und Bestätigungen Barbarossas von 1182 und 1184 garantierten die freie Wahl des Ehepartners und freies Besitz- und Erbrecht in männlicher und weiblicher Linie – und dies für die gesamte Stadtbewohnerschaft, deren rechtliche Vereinheitlichung damit entscheidend vorangetrieben wurde. So bestimmt der Herrscher: „daß ein Mann, wer er auch sei und woher er auch stamme, der seine Ehefrau aus seinem Genossenkreis oder einer anderen familia genommen hat oder als verheirateter Mann von anderswo hierher kommt, daß sie alle ohne Unterschied dieses eine und gleiche Recht für immer haben sollen, daß kein Vogt ihre Ehen durch den Zwang des Eides (das bezieht sich vor allem auf den Einwanderer, der eidlich über seinen personenrechtlichen Status aussagen sollte) auflösen solle, und daß keine Gewalt (potestas) beim Tod des Mannes oder der Frau etwas von ihrem Nachlaß als geschuldetes Recht fordern soll, sondern es soll so gehandhabt werden, wie wir im Folgenden anordnen. Wenn nämlich der Mann vor der Frau stirbt, dann soll seine Frau und die Nachkommenschaft, die sie von diesem Mann hatte, ohne Widerspruch das behalten, was ihr Mann an Besitz hinterließ, und dieselbe Rechtsvorschrift gilt, wenn die Frau zuerst stirbt.[128] In der Nachfolge dieser Wormser Bestimmung steht der Zusatz zum Freiburger Stadtrecht: „omnis mulier viro parificabitur et econtra et vir mulieris erit heres et econtra", der natürlich keine Vorwegnahme von Art. 3 Abs. 2 des Bonner Grundgesetzes ist. Das geht aus der deutschen Fassung im Stadtrecht von 1293 hervor: „Ein wip ist genoz irs mannes, und der mann des wipes, und erbet ein wip iren mann und ein mann sin wip." Es geht auch hier um die standes- und erbrechtliche Gleichstellung der Eheleute; der mindergeborene Ehegatte – gleich ob Mann oder Frau – hat im Rahmen der Bürgerfreiheit die Rechtsstellung des anderen freien Ehegatten.[129] Heirat macht frei in der Stadtluft! Dieser Rechtsgrundsatz setzt sich in den mitteleuropäischen Städten durch. Für die Bürger von Laon in Nordfrankreich bestimmt ein Privileg von 1128: Sie können Frauen jeder Art (cuiuscumque generis) zur Ehe nehmen.[130] Es dauert allerdings eine Zeitlang, bis alle Städte diese Rechtsstellung für ihre Bürger erwirken. Erst 1232 werden die Bürgerstöchter der königlichen Städte Frankfurt, Wetzlar, Friedberg und Gelnhausen von der Zwangsehe mit Angehörigen des königlichen Fronhofes befreit.[131]

Neugründungen wurden durch diese Bestimmungen attraktiver gemacht. Die Zusatzartikel für die Stadtgründung Geerardsbergen/Grammont[132] setzen fest, daß in der fruchtbaren, aber unbeerbten Ehe beim Tod des Vaters oder der Mutter dem Überlebenden das Hausgrundstück, dessen Besitz konstituierend für die stadtbürgerliche Freiheit war, und das bewegliche Vermögen zufällt. Auch Söhne und Töchter erben in gleicher Weise. Nicht mehr die Abwehr des herrschaftlichen Zugriffs auf den Nachlaß steht hier im Vordergrund – sie ist selbstverständlich geworden –, sondern die erbrechtliche Gleichberechtigung von Mann und Frau, Sohn und Tochter. Wie anders die Verhältnisse auf dem Lande waren, beweist die Mitteilung des Aachener Schöffenstuhls an Otto, Propst der kaiserlichen Kirchen von Aachen und Maastricht aus dem Jahr 1270:[133] In den Höfen des Propstes bestehe der Rechtsbrauch, daß bei der Teilung von Erbgütern, die von den Schöffen zinspflichtige und allodiale Güter genannt werden, die Schwestern unberücksichtigt bleiben, wenn Brüder vorhanden sind. Dieser Rechtsbrauch könne, weil er so lange Zeit schon beobachtet werde, nur vom König geändert werden. König Richard bestätigt den Spruch. Es bleibt bei der Nichtberücksichtigung der Schwestern. Auf der gleichen Ebene wie die erbrechtlichen Verbesserungen liegt es, daß sich in den Städten vorrangig die Testierfreiheit durchsetzt.

Die Frau hat also Anteil an der stadtbürgerlichen Freiheit. In vielen Stadtrechten, z.B. für Bremen 1186, für Stade 1209 werden in dem wichtigen Artikel, der besagt, daß derjenige, der binnen Jahr und Tag in der Stadt unter Weichbildrecht sitze, frei sei, ausdrücklich Mann und Frau genannt. Mann und Frau waren als Neubürger willkommen. Frauen leisten den Bürgereid, werden in die Bürgerbücher eingetragen. Die volle genossenschaftliche Teilhabe der Ehefrau am Bürgerrecht des Mannes besteht nach dessen Tod weiter; Bürgerswitwe und Bürgerstochter vermitteln einem einheiratenden Ehemann im allgemeinen einen erleichterten Zugang zum Bürgerrecht.[134] Allerdings – die Frauen haben keinen quellenmäßig greifbaren eigenen Beitrag für die Erringung dieser Freiheiten geleistet und denjenigen, die sie erkämpften, ging es nicht um eine Befreiung der Frau im Sinne moderner Emanzipation. Der Freiheitsbegriff des Mittelalters ist nicht von der Vorstellung einer persönlichen Freiheitssphäre geprägt, er ist korporativ gefaßt, man erstrebt die Freiheit der Bürgerschaft, der Stadtgemeinde usw.

Der Wegfall der aus der herrschaftlichen Sphäre stammenden Heiratsbeschränkungen in der Stadt bedeutete natürlich nicht, daß die Ehen nun reine Liebesheiraten wurden. Auch in der Stadt gab es eine sogar rechtlich abgesicherte Familienpolitik, die über die Ehen der Töchter – gelegentlich wohl über deren individuelle Wünsche hinweg – entschied. Die Frau ist auch in der Stadt ein Mittel zum sozialen Aufstieg, und umgekehrt sind „ungeliche hillichen" auch Ursachen sozialen Abstiegs.

Die besondere städtische Entwicklung müssen wir auch im Rahmen der allgemeinen Fortbildung des Familien- und Eherechtes sehen. Bis zum

12. Jahrhundert hat sich in Mitteleuropa die Konsensehe durchgesetzt. In den Randzonen, in Nordeuropa z. B., hält sich noch älterer Rechtsbrauch. Das norwegische Birkinselrecht[135] – Marktrecht – kennt noch den vom Bräutigam zu zahlenden „mundr" als Ablösung der Rechtsvertretung, die vom Verheirater an den Bräutigam übergeht. Die auf dieser Grundlage abgeschlossene Ehe ist die Vollehe: „Kein Mann soll zwei mit Mund gekaufte Frauen haben (konor eiga mundi koeyptar)" bestimmt Kapitel I.8. Hier existiert noch der große Familienverband; II, 9 bestimmt: „Sieben Frauen sind es, wegen deren man töten darf, wenn ein Mann bei ihnen in Unzucht betroffen wird: erstens die Frau eines Mannes, zweitens die Tochter, drittens die Schwester eines Mannes, viertens die Mutter, fünftens die Sohnesfrau eines Mannes, sechstens die Braut des Bruders, siebentes die Stiefmutter des Mannes ...." Das jüngere Stadtrecht des Königs Magnus Hakonarson für Bergen von 1276 kennt den mundr nicht mehr. Es bestimmt über die Verheiratung der Frauen: „Vater und Mutter, wenn sie leben, sollen über die Verheiratung der Töchter bestimmen. Und wenn sie fehlen, da sollen die nächsten väterlichen und mütterlichen Verwandten die Heirat bestimmen." Die Zuziehung der mütterlichen Verwandten steht nicht im Landrecht. „Der Verheirater soll die Mitgift und die Zugabe (tilgiof) für seine Verwandte bestimmen, so wie er und der Bräutigam darüber einig werden." Hierzu die Erläuterung: Die Zugabe bedeutet ursprünglich die Zugabe des Bräutigams zur Mitgift, gleich einem Drittel der Mitgift, nach dem Verschwinden des Wortes mundr bezeichnet tilgiof die Leistung des Bräutigams überhaupt. „Wenn eine Frau sich ohne Zustimmung ihres Vaters oder Bruders oder ihrer Mutter oder des Mannes verheiratet, der für ihre Heirat der Verheirater ist, soll sie alles Erbe verwirkt haben, das ihr von da ab zufallen kann, und das Erbe nehme der, welcher der nächste zum Erbe ist, als wenn die Frau nicht zu diesem Erbe geboren wäre, außer der Verheirater wolle ihr eine ebenbürtige Heirat verweigern, da darf sie sich mit der Zustimmung einsichtiger Verwandter verheiraten ... Eine Witwe darf sich selbst verheiraten, mit wem sie will mit der Zustimmung irgendeines ihrer Verwandten ... Kein Mädchen soll vorher Verfügung über ihr Vermögen haben, bevor sie zwanzig ist, wenn es ihr auch zugefallen ist; außer sie sei verheiratet mit Zustimmung ihrer Verwandten, da hat der, welcher sie bekommt, Verfügung über sie und ebenso über ihr Vermögen." Es wird auch bestimmt, daß alle Eheberedungen in einer Urkunde festgelegt werden sollen, „und wenn man kein Siegel bekommen kann, soll man einen Chirographus machen". Die Urkunde wird mit einer gezackten Linie durchgeschnitten, das Zusammenpassen der Stücke verbürgt dann die Echtheit. Die sehr ausführlichen erbrechtlichen Bestimmungen benachteiligen die Töchter und schließen die Töchter vom Erben des Odelslandes aus. Das Odel genannte Landeigentum muß der Sippe verbleiben.

Im weiten Bereich des Slawentums, das auch Einflüssen aus Byzanz geöffnet bleibt, sind die Verhältnisse differenziert.[136] Das Christentum hat auch hier die Einehe da durchzusetzen versucht, wo sie nicht schon bestand, nämlich bei den Großen: Als Herzog Mieszko I. von Polen eine christliche Fürstin heiratete, mußte er seine sieben heidnischen Frauen zuerst entlassen. In Böhmen stritt Bischof Adalbert gegen die plures uxores unius viri (mehrere Frauen eines Mannes), und in Pommern predigte noch zu Beginn des 12. Jahrhunderts Bischof Otto gegen Vielehen. Vom 11. bis 13. Jahrhundert ist eine formlos geschlossene Ehe in Polen und Rußland bezeugt, die von der Kirche als eine Art der Konsensehe geduldet wurde. Die Vertragsehe – Gieysztor spricht von Kaufehe – wird von Ibrahim IbnJakub, einem arabischen Reisenden, folgendermaßen geschildert: Der Fürst muß die Kinder seiner Gefolgsleute verheiraten; wenn er die Jungmänner verheiratet, muß er dem Vater der Braut ein Geschenk machen, wenn er die Tochter eines Gefolgsmannes verheiratet, muß er ihrem Vater eine Schenkung machen, so daß ein Vater von Töchtern reich wurde. Man darf diese Reiseberichte allerdings nicht allzu wörtlich nehmen. Im 12. Jahrhundert setzte sich auch hier die Konsensehe durch. Scheidungsverbote ergingen seit dem 9. Jahrhundert, wurden aber nicht immer beachtet.

Im 12. Jahrhundert kam es zwischen den Rechtsschulen von Bologna und Paris zu einer Diskussion darüber, ob zur Vollgültigkeit der Ehe der Konsens der Brautleute genüge oder außerdem der Vollzug der ehelichen Verbindung (copula carnalis) erforderlich sei. Es setzte sich die Ansicht durch, daß der wirksame auf die Gegenwart gerichtete Konsens der Brautleute die Ehe begründe. So entschied auch Papst Alexander III. (1159–1181): „solus consensus facit nuptias". Die Frage des Ehevollzugs blieb aber dennoch von Bedeutung, da das kirchliche Recht nur die *vollzogene* sakramentale Ehe für untrennbar erklärte, dagegen mitunter eine Trennung von Tisch und Bett zuließ, wenn die Ehe zwar durch Konsens zustandegekommen, aber nicht vollzogen war. Eine Scheidung mit der Folge, eine neue Ehe schließen zu dürfen, war nach dem kanonischen Recht nicht möglich, wohl aber eine Nichtigkeitserklärung der Ehe auf Grund von Ehehindernissen, vor allem der Verwandtschaft der Ehegatten. Solche Annullierung der Ehe ist bei den europäischen Herrscherhäusern und beim Hochadel immer wieder vorgekommen. Dabei war die zu nahe Verwandtschaft oft nur ein erwünschter Vorwand. Bei der starken verwandtschaftlichen Verflechtung der Herrscherhäuser und des Hochadels war er fast immer gegeben. So ließen sich Barbarossa und Heinrich der Löwe von ihrer ersten Frau scheiden. Wieder anders lagen die Dinge bei Philipp I. von Frankreich.[137] Er verstieß seine Frau Bertha, Tochter des Grafen von Holland, und heiratete Bertrada, die Gattin Fulcos von Anjou. Ein Annullierungsgrund gegenüber Bertha, die ihm einen Sohn geboren hatte, bestand nicht; daß sie, wie ein Chronist behauptet, ihm „zu dick" war, entschuldigte – wenn diese Anekdote stimmt – natürlich nicht sein ehebrecherisches Verhalten. Dagegen war er mit der Ehebrecherin Bertrada auch noch verwandt. Trotzdem hat der Bischof von Senlis die Ehe in Anwesenheit der Kronbischöfe eingesegnet, und Bertrada wurde in Frankreich anerkannt, sie besaß Einfluß, besonders in der Frage der Bischofsernennungen. Der Papst und der große Reformer Ivo von Chartres verurteilten das skandalöse Verhältnis. Philipp hielt aber die Beziehung aufrecht; altgeworden hat er zwar 1105 mit Bertrada Buße getan und Besserung gelobt – aber dennoch die Beziehung zu Bertrada wieder aufgenommen. Nach Philipps Tod (1108) zog sich Bertrada in das Reformkloster Fontevrault zurück. Einen langwierigen Ehestreit mit der Kurie führte auch Philipp August von Frankreich.[138]

Tragisch konnte sich die zu nahe Verwandtschaft auswirken, wenn ein Ehepaar nicht voneinander lassen wollte, geistliche und weltliche Autoritäten aber die Trennung wegen Verwandtschaft verlangten. So war es in der Ehesache Ottos von Hammerstein mit Irmgard. Otto war Graf im Engersgau, sein Sitz die auf einem mächtigen Felsen rechtsrheinisch zwischen Leutesdorf und Rheinbrohl gelegene Burg Hammerstein. Der Widerstand gegen die Ehe hatte auch politische Hintergründe: Der regierende deutsche Kaiser Heinrich II. war den Konradinern, deren Geschlecht Otto entstammte, feindlich. Otto lieferte ihm eine Handhabe zum Eingreifen, als er sich zu einem Überfall auf den Erzbischof von Mainz, der die Trennung der Ehe wollte, hinreißen ließ. Der Kaiser zwang 1020 nach dreimonatiger Belagerung der Burg Hammerstein Otto sich zu unterwerfen, er und Irmgard retteten nur das nackte Leben. Als das Paar weiter zusammenlebte, setzte Erzbischof Aribo von Mainz ihre erneute Exkommunikation durch. Otto unterwarf sich, Irmgard ging nach Rom. Benedikt VIII. nahm ihre Berufung an. Das wiederum führte zu einem Konflikt zwischen Papst und Erzbischof. Otto und Irmgard haben ihre Ehe fortgesetzt. Otto wurde Graf in der Wetterau, Hammerstein blieb Reichsbesitz.

Die Kirche bemühte sich weiterhin um Einfluß auf die äußeren Formen der Eheschließung, vor allem um die Öffentlichkeit der Eheschließung. Das vierte Laterankonzil 1215 machte die priesterliche Segnung und Zeugenschaft bei der förmlichen Eheschließung zur Pflicht. Die Ehe müsse „in facie ecclesie", d.h. „vor dem Angesicht der Kirche" geschlossen werden. Die Trauung sollte vor der Kirchentür, vor der „Brautpforte", in Gegenwart der Laienzeugen und eines Priesters stattfinden. In vielen Fällen ist das auch geschehen, oft in Verbindung mit einer häuslichen Feier, in der altes Brauchtum sich hielt und bei der auch der Heiratsvertrag abgeschlossen wurde. Gelegentlich liest man noch heute, 1215 sei das Ehesakrament gestiftet worden. Das ist ein Mißverständnis. Historisch gesehen ist richtig, daß der Sakramentsbegriff bis in das 12. Jahrhundert unsicher bleibt. Die Klärung des Sakramentsbegriffs ermöglichte um die Mitte des 12. Jahrhunderts eine Zählung der Sakramente im Sinn der heute noch für die katholische Kirche gültigen Siebenzahl; die Ehe wurde trotz ihrer großen Verschiedenheit von den anderen Sakramenten als eines der sieben anerkannt. Das Laterankonzil von 1215 milderte das Hindernis der Verwandtschaft. Die Kirche hatte das Verbot der Ehe unter Blutsverwandten bis auf den siebten Grad kanonischer Verwandtschaftsberechnung ausgedehnt. Die Reform des Laterankonzils schränkte das Ehehindernis der Blutsverwandtschaft in der Seitenlinie auf den vierten Grad ein und regelte dementsprechend auch das Ehehindernis der Schwägerschaft. Die Öffentlichkeitsforderung der Kirche konnte sich aber wiederum nicht durchsetzen. Das Übel der heimlichen Ehen (clandestina matrimonia) blieb bestehen. Eine die heimlichen Ehen ausschließende Vorschrift brachte erst das Konzil von Trient im 16. Jahrhundert.

Der aufsehenerregende Fall der Johanna Plantagenet, Tochter von Edmund Graf von Kent, einem Sohn König Eduards I. von England aus seiner zweiten Ehe mit Margareta, Tochter König Philipps III. von Frankreich, die schließlich Eduard, Prinz von England heiratete und Mutter Richards II. wurde, vorher aber zweimal heimlich verheiratet war,[139] gehört zwar erst dem 14. Jahrhundert an, soll aber hier Erwähnung finden, um dieses Kapitel der heimlichen Ehen endgültig abzuschließen. Johanna wurde 1328 geboren. Ihr Vater wurde wegen seiner Beteiligung an einer gegen König Eduard III. gerichteten Verschwörung hingerichtet. Die junge Königin Philippa, Tochter des Grafen Wilhelm III. von Hennegau, adoptierte Johanna, die am Königshof aufwuchs unter dem Regime von Sir William und Lady Elisabeth von Montague. Sir William wurde 1337 Graf von Salisbury, sein Sohn William Montague galt als Johannas künftiger Gatte. Im Jahr 1340 begann aber Thomas Holland, Sohn des Sir Robert Holland, Johanna zu umwerben. Im Frühling 1340 entschloß sie sich – 12 Jahre alt –, ihn zu heiraten. Sie versprach damals schon sehr schön zu werden. Die Heirat wurde heimlich, nicht in facie ecclesie, nur vor Laienzeugen, vollzogen. Eduard III. begann damals seinen Kampf um die Nachfolge in Frankreich. Holland nahm teil an der für England siegreichen Seeschlacht von Sluys, an der Landung in Frankreich und der Belagerung von Tournai. Als es zum Waffenstillstand kam, ging er nach Preußen, um den Rittern vom Deutschen Orden gegen die Tataren beizustehen, wie viele englische und französische Ritter. Johannas Pflegeeltern war das Interesse Hollands nicht entgangen, sie wollten seine Abwesenheit benutzen, Johanna gut zu verheiraten, und ersahen als Ehegatten für sie den gleichaltrigen William Montague, Sohn und Erben des Grafen von Salisbury. Verschwieg Johanna aus Angst ihre Ehe mit Holland? Oder wurde sie überredet, die Ehe sei ungültig, ihre Zustimmung sei nur unter Druck Hollands gegeben worden? Auf jeden Fall wurde sie im Winter 1340/41 William Montague feierlich vermählt; die schönste und liebenswürdigste Dame Englands, wie Froissart schreibt.

Holland kam 1341/42 aus dem Preußenland heim und machte seine Rechte auf Johanna geltend. Er fand bei Johanna kein Gehör und wandte sich an den Papst in Avignon – aber nicht sofort; es fehlten ihm die dafür erforderlichen beträchtlichen Geldmittel; er wollte sich zunächst im Krieg im Dienst des englischen Königs auszeichnen, etwas Geld dabei gewinnen und dann den Weg zur Kurie antreten. 1347 war es endlich so weit; er beauftragte den Magister Robert Siglethorne Beverley, Doktor beider Rechte, mit seiner Vertretung an der Kurie. Wie verändert durch Verrechtlichung und Kommerzialisierung waren die Verhältnisse, seit Balduin und Judith den Papst um Schutz ihrer Ehe angingen! Erstrebt wurde die Annullierung der Ehe Johannas mit Salisbury; Holland wußte wohl, daß König Eduard III. und Königin Philippa die Ehe seiner Frau mit Salisbury befürwortet hatten; die Beziehungen zwischen dem Papst Clemens VI. und dem englischen König waren aber gespannt, und es war nicht wahrscheinlich, daß der Papst in dieser Ehesache Wünsche des englischen Königs besonders berücksichtigen würde, ganz abgesehen von der Anglophobie seiner Kardinäle. Der Papst erklärte, daß dieser Fall nicht notwendig vor die Kurie gehöre und bestellte den Kardinal Adhémar Robert zum Richter. Johanna wurde seit Prozeßbeginn in strenger Zurückgezogenheit gehalten; Holland ließ der Kurie mitteilen, daß Johanna keine Möglichkeit gegeben werde, persönlich oder durch einen Anwalt ihrer Wahl vor dem Tribunal des Kardinals ungehindert und ohne Furcht vor den Folgen Rede zu stehen. Clemens VI. beauftragte daraufhin den Erzbischof von Canterbury und die Bischöfe von Norwich und London im Mai 1348 Sorge zu tragen, daß Johanna ihre Interessen selbständig wahrnehmen könne. Die Gegenpartei – Salisbury – versuchte den Prozeß in die Länge zu ziehen. Schließlich übertrug der Papst die Angelegenheit dem gefürchteten Kardinal d'Albi, Kardinalbischof von Porto, einem wegen seiner Frömmigkeit und Klugheit aber auch sehr angesehenen Mann. Er entschied, daß die Verbindung von Johanna mit Sir Thomas Holland eine rechtsgültige Ehe sei, daß Johanna unverzüglich Holland wiederzugeben, ihre Ehe öffentlich zu weihen und die de facto Ehe mit dem Grafen von Salisbury null und nichtig sei. Eine päpstliche Bulle vom 13. November 1349, gerichtet an den päpstlichen Nuntius in England und die Bischöfe von Norwich und London, verkündete Albis Urteil und beauftragte die Bischöfe, Sorge zu tragen, daß die heimliche Ehe nun öffentlich geweiht werde (... solempnizandum huius matrimonium cum dicto Thoma contractum in facie ecclesie...) So geschah es. Thomas erklomm weitere Stufen auf seiner militärischen Laufbahn und wurde 1359 Generalkapitän aller englischen Besitzungen in Frankreich und der Normandie. 1360 starb er als Graf von Kent. Johanna hatte ihm drei Söhne und drei Töchter geboren.

Damals war der Prinz Eduard von Wales 30 Jahre alt und noch unvermählt. Eduard III. wollte ihn mit der reichen Erbin Margarete von Flandern verheiraten, aber er liebte seine verwitwete Verwandte Johanna, und 1361 schloß Johanna mit ihm ihre zweite heimliche Ehe. Diese Ehe war allerdings wegen zu naher Bluts- und wegen geistlicher Verwandtschaft von vorneherein ungültig, Braut und Bräutigam stammten beide von Eduard I. ab; er war Urgroßvater des Prinzen von Wales und Großvater Johannas, außerdem war der Prinz Pate von Johannas ältestem Sohn. Eduard unterrichtete den Papst, jetzt Innozenz VI., und bat um Dispens für die Vermählten, damit sie öffentlich heiraten könnten. Der Papst kam der Bitte nach und gab dem Ehepaar als Kirchenstrafe auf, zwei Kapellen zu bauen und zu dotieren. Aber in einem Privatschreiben gleichen Datums bat er den Erzbischof von Canterbury festzustellen, ob Johannas Ehe mit Salisbury rechtens annulliert sei; Salisbury lebte noch und war mit einer anderen Frau verheiratet. Die Frage nach der Annullierung der Ehe Johannas mit Salisbury wurde bejaht, die zweite heimliche Ehe Johannas wurde formell annulliert, das Paar von den Ehehindernissen dispensiert, ihm das Versprechen abgenommen, eine solche heimliche Ehe nicht mehr einzugehen und die beiden Kapellen zu stiften. Damit war der Weg für eine öffentliche Heirat freigegeben; vier Tage später fand die Hochzeit im Schloß Windsor statt. 1362 wurde der Prinz Fürst von Aquitanien, er residierte mit Johanna in Bordeaux, sie schenkte ihm zwei Söhne. Er starb 1376, Johanna 1385. Sie hatte in ihrem Testament gewünscht, neben ihrem ersten Gatten Thomas Holland begraben zu werden.

Zweifellos waren die heimlichen Ehen ein Übelstand, aber sie waren, wie auch dieser Einzelfall beweist, echte Ehen. Die priesterliche Segnung und das Aufgebotsverfahren, wie es seit 1215 angeordnet war, war eine Pflicht christlicher Brautleute, aber keine Gültigkeitsvoraussetzung, das unterstreicht noch einmal die Geschichte der fair maid of Kent.

Die patriarchalische Familienstruktur blieb erhalten, da sie der christlichen Offenbarung und der an Aristoteles orientierten scholastischen Lehre von der Unvollkommenheit der Frau entsprach. Die Kirche, die bei aller Wertschätzung der gottgeweihten Jungfräulichkeit die Ehe bejahte, stellte aber an die Ehegatten Forderungen einer ehelichen Keuschheit.[140] Payer hat u.a. Einzelheiten mit umfangreichem Literatur- und Quellenapparat besprochen. Bußbücher, das „Decretum" des Bischofs Burchard von Worms[141] geben Aufschluß über das was als erlaubt, was als sündhaft galt. Während unser Jahrhundert nur noch die „geschlossenen Zeiten" kennt, in denen höchstens „stille" Hochzeiten stattfinden sollen, möglichst gar keine, forderte damals die Kirche Enthaltsamkeit in der Ehe zu bestimmten heiligen Zeiten und Tagen. Sie wünschte Enthaltung vom ehelichen Verkehr in der ersten oder in den ersten drei Nächten nach der Trauung („Tobiasnächte"). Lange Perioden der Enthaltsamkeit waren Advent und Fastenzeit, dazu kamen 2 Wochen vor und eine nach Pfingsten, die allgemein als Bußtage geltenden Wochentage Freitag und Mittwoch, die Nächte vor Sonntagen und hohen Feiertagen. Die Verbote des ehelichen Verkehrs variieren und werden im späteren Mittelalter reduziert. Sie sind Ausdruck einer gewissen Entwertung der Sexuallust; sie rührt, wie Ziegler ausführt,[142] „vom gnostischen Dualismus, von alttestamentlichen Reinigkeitsvorschriften, augustinischer Erbsündetheologie und der Verdinglichung wie Dämonisierung des Geschlechtstriebes her. ... im 13. Jahrhundert treten ... die Menschen ... aus der Befangenheit gegenüber dem Geschlechtlichen heraus". In den Poenitentialsummen, das sind Handbücher für die Seelsorgepraxis, setzt sich eine nüchterne, aristotelisch-naturwissenschaftliche Einstellung durch. Albertus Magnus, Bonaventura, Duns Scotus haben in der Ehelehre den christlichen Zugang zur Formung der Persönlichkeit der Gatten durch die eheliche Gemeinschaft gefunden. Die vorgeschriebene Enthaltsamkeit mag, wo sie beachtet wurde, die Frauen vor allzu häufigen Schwangerschaften bewahrt haben, da andererseits Empfängnisverhütung und Abtreibung natürlich verboten waren, ebenso natürlich vorkamen, aber doch wohl nicht allzu sehr verbreitet waren.[143] Bezeichnend für das frühe und hohe Mittelalter war das frühe Heiratsalter, die Pubertätsheirat.[144] Noch waren Kinder willkommen. In den Oberschichten mußte angesichts der großen Kindersterblichkeit der Erbe gesichert werden. Die Möglichkeit, wichtige kirchliche Positionen mit nachgeborenen Söhnen und unverheirateten Töchtern besetzen zu können, hat vor allem vor dem Investiturstreit eine Rolle gespielt. In der bäuerlichen Familie waren die Kinder brauchbare Arbeitskräfte. Nur die starke Geburtlichkeit trug das volkswirtschaftlich erwünschte und zu verkraftende Wachstum.

Im Zusammenhang mit der Reform hat sich seit dem 11. Jahrhundert der Zölibat auf die Gesamtheit der Geistlichkeit ausgedehnt. Das führte auch zu einer Diffamierung der Priesterkinder.[145]

Für die rechtliche Gestaltung des Verhältnisses der Ehegatten waren die beiden Prinzipien der eheherrlichen Vormundschaft einerseits und der Genossenschaft der Ehegatten andererseits maßgebend.[146] Ihre Mischung war verschieden. Die mittelalterliche Entwicklung des ehelichen Güterrechts tendierte zur Gütergemeinschaft; sie bedeutet, daß das ganze Vermögen oder bestimmte Vermögensmassen der Eheleute zu einem Gesamtvermögen vereinigt wurden, an dem beiden Ehegatten Miteigentum zur gesamten Hand zustand. Für die Frau war das ein erheblicher Fortschritt gegenüber den Verhältnissen in fränkischer Zeit. Besonders in den Städten wurde die Gütergemeinschaft zur wichtigsten Form des Ehegüterrechtes, allerdings in einer Fülle von Varianten. Eine große Rechtszersplitterung ist hierin für das Mittelalter kennzeichnend. Wir greifen den Raum Niederrhein – Westfalen heraus, dessen Regelungen auch für die Verhältnisse wichtiger Küstenstädte vorbildlich wurden.[147]

Das Dortmunder Recht[148] stellte in der Erbfolge Mann und Frau gleich; ähnlich war es im alten Recht von Münster, während Soest den Mannesstamm bevorzugte. In Dortmund und Münster bestand vom ersten Tag der Ehe an volle Gütergemeinschaft, in Soest erst mit der Geburt eines Kindes und solange dieses Kind lebte. In Dortmund und ursprünglich auch in Münster waren Mann und Frau bei der Auflösung der Ehe oder bei der

Schichtung mit den Kindern gleichberechtigt. Der überlebende Gatte einer unfruchtbaren Ehe, also einer Ehe, in der nie ein Kind geboren wurde, erhielt in Dortmund laut Gesetz die Hälfte des Gesamtgutes, bei fruchtbarer, aber durch den Tod des Kindes unbeerbter Ehe erbte er alles, bei beerbter Ehe teilte er im Fall der Wiederverheiratung nach Hälften mit den Kindern. Die gleiche Regelung galt zu Beginn des 13. Jahrhunderts in Münster und in Bielefeld: „Si vir moritur subito, uxor habebit medietatem hereditatis sue et pueri medietatem. Quilibet puerorum accipiet hereditatem alterius, et matri cedet hereditas puerorum". Die Mutter erbt also beim plötzlichen Tod des Gatten die Hälfte, die Kinder die andere Hälfte; erhält ein Kind das Erbteil eines anderen, wird auch die Mutter entsprechend am Erbe beteiligt.[149] Münster ließ später den Unterschied zwischen fruchtbarer und unfruchtbarer Ehe fallen, so daß in allen nach Stadtrecht geschlossenen unbeerbten Ehen der Überlebende der Alleinerbe war. Dann gab Münster – aber ohne daß die Tochterstädte ihm hierin folgten – in der ersten Hälfte des 14. Jahrhunderts das Halbteilsrecht zugunsten des Soester Systems auf, so daß der Witwer stets, die Witwe jedoch nur bei mehreren Kindern die Hälfte des Gesamtvermögens erhielt und sich bei einem Kinde mit einem Drittel begnügen mußte. In Soest bestand ein nach Geschlechtern verschiedenes Quotenerbrecht des überlebenden Gatten. In Dortmund war niederrheinisch-flämischer Einfluß wirksam; so bestand in der Stadt Gent Gütergemeinschaft vom Tag des Heiratskontraktes an und gleiches Erbrecht für Mann und Frau.[149a] Die ältesten Dortmunder Aufzeichnungen, die lateinischen Statuten, entstammen der Zeit kurz nach 1250. In Wesel, das dem Dortmunder Oberhof unterstand, bestätigte das Privileg des Grafen von Kleve von 1241[150] folgende Regelung: „Wenn ein Bürger in ihr (der Stadt) stirbt, soll der Mann das Erbe der Ehefrau, die Ehefrau das Erbe des Mannes frei (d.h. ohne Abgaben an den Herrn) empfangen; wenn beide sterben, erben die Kinder, wenn keine Kinder da sind, die nächsten Verwandten ... Die in der Stadt wohnenden Wachszinsigen müssen ihren kirchlichen Grundherren das beste Stück aus dem Nachlaß als Kurmede zahlen." Der Klever Graf, dessen Besitzungen im wesentlichen auf dem linken Rheinufer lagen, gewann mit Wesel einen bedeutenden Handelsplatz auf dem rechten Rheinufer; er mußte ihn für Kaufleute und Gewerbetreibende attraktiv gestalten und bestätigte die Dortmunder Oberhofstellung und die Erbgewohnheiten der Bürger. Offenbar mußte er aber auch Rücksicht auf die kirchlichen Grundherren und ihre alten Rechte nehmen. So kommt ein mehrgestaltiges lokales Erbrecht für Bürger und wachszinsende Einwohner zustande. Ein Jahrhundert später sollte ein Klever Graf in Kleve selbst sich für eine andere erbrechtliche Lösung entscheiden. Der Dortmund-Münstersche Typus der westfälischen Gütergemeinschaft schuf außerordentlich klare, geradlinige eheliche Vermögens-und Erbrechtsverhältnisse. „Diese sozusagen altwestfälisch-niederrheinisch-flämische Gütergemeinschaft entsprach weitgehend den Bedürfnissen einer einfachen, kaufmännischen oder gewerblich lebenden Bevölkerung, die sich aus der landrechtlichen Gebundenheit des Bodens losgelöst hatte und in die Städte gezogen war. Die mit der Ehe einsetzende und unverändert fortdauernde Gütergemeinschaft verschaffte den Bürgern Kredit ... Das Ziel dieses einfachen Eherechts, das übrigens jahrhundertelang in Westfalen nur in den Städten und nicht auf dem Lande galt, bestand weniger in der Bildung größerer bürgerlicher Vermögen im Mannesstamm, als in dem Bestreben, die in der Stadt neu erworbenen Vermögen weitgehend vom Rückfall an auswärtige Verwandte zu befreien und durch gleichmäßige Erbteilung an Mann und Frau die Entstehung wohlhabender, unter sich verwandter großer Kaufmannssippen zu fördern" (von Winterfeld). Dieses Güterrecht konnte durch individuelle Eheverträge modifiziert wie durch Statuten weitergebildet werden.

Das Dortmunder Recht setzt sich nun im strikten Gegensatz zum einheimischen jütischen Landrecht in Schleswig durch, wie Deißner überzeugend nachgewiesen hat. Lübeck übernahm das Soester Recht.

Kennzeichnend für das städtische Recht ist auch die Einebnung der verschiedenen Sondervermögen, Heergewäte des Mannes und Gerade der Frau. Für Dortmund wird bestimmt, daß Männer oder Frauen, die in Dortmund wohnen und eigenen Rauch haben, innerhalb der Stadt weder Herwede noch Gerade geben oder nehmen dürfen. Als Fürst Heinrich Borwin von Rostock 1225/26 der neu gegründeten Stadt Parchim eine Stadtrechtsurkunde erteilte,[151] bestimmte er ausdrücklich, daß die herwede und wiberade nicht gegeben werden sollen, sondern daß die Erbschaft in gleichmäßige Hälften zu teilen sei, daß Söhne und Töchter zu gleichen Teilen erben, und daß beim Fehlen von Söhnen die Güter des Vaters den Töchtern zukommen sollen, also nicht Verwandten des Vaters. Anders bestimmt die Mitteilung des Stadtrechts von Münster an die Stadt Bielefeld von 1209/14:[152] „Vom Heergeräte [= Heergewäte] und der Gerade sollen sechs Denare zum Begräbnis des Verstorbenen gegeben werden, wenn kein anderes Vermögen da ist. Wenn die Frau stirbt und Töchter hat, soll die ältere teilen und die jüngere wählen. Die Frauenrathe kommt den Schwestern gleicherweise zu, wenn kein Erbe da ist und sie eines Standes sind. Zur Rathe zählen: das beste Bett, das zweitbeste behält der Mann, Polster, Kissen, Tischtücher, Leintücher, aber von jedem behält der Mann eins, und zwar das zweitbeste; Gold, aber nicht Münzgold, alle zurechtgeschnittenen Kleidungsstücke, aller gebrochene Flachs; gewebtes Tuch nicht, Garn nicht, Truhe und Schrein." Nach dem von den Schöffen von Halle der Stadt Neumarkt in Schlesien mitgeteilten Stadtrecht[153] gehören zur Gerade: alle Frauenkleider, aller Frauenschmuck aus Gold und Silber, alles Federgewand, das heißt Bettzeug, Tischtücher, Handtücher, Leinen, Teppiche, Vorhänge, Umhänge (Wandbehänge), Kandelaber, Schüssel, Kisten mit Fuß, Pferde, Schafe, alles was zum Brauen gehört außer dem großen Faß, Gänse, Hühner, Küchengeschirr, alle Schweine. Die Frau, welche die

Gerade erhält, muß Bett, Tisch und Sitz des Erben mit dem versehen was dazu gehört. Daß in Neumarkt alles was zum Brauen gehört, das große Faß ausgenommen, zur Frauengerade zählt, bezeugt, daß die Frau die Hausbrauerei besorgte. Das führt uns zu der Frage, wie die städtische kaufmännisch-gewerbliche Marktwirtschaft auf die Arbeitsteilung zwischen Mann und Frau eingewirkt und wieweit sich die Frau an dieser Wirtschaft beteiligt hat? Das ist allerdings voll erst im dritten Kapitel zu beantworten. Soviel sei gesagt: Die frühentstehenden städtischen Lebensmittelgewerbe in den Städten mögen eine gewisse Entlastung für die städtische Hausfrau bedeutet haben, aber sicher keine vollständige. Der Haushalt war nicht so stark auf Selbstversorgung eingestellt wie der bäuerliche und herrschaftliche auf dem Land, aber ungleich stärker als der moderne Haushalt.

Was schon im 9. Jahrhundert in Mainz von einer Bäckerin erzählt wird, beweist die Existenz freier Lohnarbeit im Lebensmittelgewerbe. Diese Bäckerin hatte am Fest des hl. Laurentius, während jedermann fromm zur Kirche ging, Brötchen für den Verkauf gebacken und war nicht zur Messe gegangen; die Ermahnungen der Nachbarn schlug sie in den Wind, die Strafe folgte auf dem Fuße, die schönen weißen Brötchen wurden im Ofen ganz schwarz.[154] Die Möglichkeit, beim Bäcker und Metzger kaufen zu können, überhob die Frau des Kaufmanns und Handwerkers in der Stadt aber nicht der Mühe, selbst backen, brauen und schlachten zu müssen. Ihr fiel wohl auch die Hauptarbeit im städtischen Hausgarten oder Baum- und Weingarten zu und die Sorge für Schweine und Federvieh, die auch zum städtischen Haushalt gehörten. Sie machte aber auch, wie jene Mainzer Bäckerin, Gebrauch von der Möglichkeit, im Handwerk Geld zu verdienen. Das Handwerk war allerdings in erster Linie Männersache. Die städtischen Handwerker sind durch mehrjährige Ausbildung qualifizierte Berufshandwerker, dem handwerklich tätigen Hörigen im Großhaushalt weit überlegen. Den Frauen standen in den Haushalten bezahlte Dienste als Mägde offen; in diesen natürlich ganz auf Handarbeit angewiesenen Haushaltungen brauchte man viele Mägde für die umfangreichen Hausarbeiten, für das Schlachtfest im Herbst mit Würstemachen und Einpökeln, das Bierbrauen, für das Ausbessern und Herstellen von Wäsche und Kleidung, für Spinnen und Nähen, zur Aufzucht der vielen Kinder. Zum Handwerkerhaushalt gehörten gerade in unserer Periode die unverheirateten Gesellen und die „Lehrkinder", zum Kaufmannshaushalt die Fuhrknechte usw. Seit 1100 beginnt sich das Handwerk in Zünften zu organisieren. Der mittelalterliche Handwerker arbeitete oft nicht im unmittelbaren Kundendienst, sondern mit eigenen Rohstoffen für den freien Markt; er war sein eigener Kaufmann. Die gewerblichen Betriebe waren also Kleinbetriebe, und die Zunftordnungen taten alles, um die Betriebe auch klein zu halten. Den Arbeitsprozeß zerlegte man vielfach nicht arbeitsteilig horizontal wie heute, sondern vertikal, indem man die Gewerbe stark aufspaltete. Die

Zünfte haben Kartellfunktionen, sie schließen „Unzünftige", vor allem Dorfhandwerker, aus; aber sie haben auch religiös-gesellige Ziele. Religiöse Bruderschaften sind mitunter Anknüpfungspunkte, Rahmen neu sich bildender Zünfte. Den komplexen Motiven der Zunftbildung kann hier allerdings ebensowenig wie allen Fragen dieser gewerblichen Ordnung nachgegangen werden.

Von Anfang an stehen neben dem gewerblichen Charakter die gemeinsame Totenehrung und das gemeinsame Fest. Daran sind die Frauen, die „Schwestern", ebenso beteiligt wie die Meister, die „Brüder". Das geht schon aus der sehr frühen Ordnung für die Kölner Drechslerzunft (1178/82) hervor.[155] Fraternitas, Bruderschaft, wird sie genannt. Die Drechsler zahlen 12 Solidi Eintrittsgebühr; diejenigen aber, die nicht das Drechslerhandwerk betreiben, aber zur Bruderschaft gehören möchten, zahlen 24 Denare, das sind 2 Solidi, also erheblich weniger. Zu diesem weiteren Kreis der Mitglieder zählen auch Frauen; im allgemeinen werden es die Ehefrauen der Meister gewesen sein. Wenn einer aus der Bruderschaft stirbt, gleich ob Mann oder Frau, werden vier Pfund Wachs gestiftet, sechs Männer halten die Totenwache; an der Beerdigung müssen alle Männer wie Frauen teilnehmen. Wer nicht zur Beerdigung kommt, muß 2 Denare Strafgebühr bezahlen. Man kam aber nicht nur zum Begräbnis eines Bruderschaftsmitglieds zusammen, sondern auch zu gemeinsamem Umtrunk und Tanz. Der Zusammenhalt im Handwerk war groß; in der Frühzeit waren die Zünfte zwar noch nicht geschlossen wie im späten Mittelalter, aber es kam doch oft vor, daß der Sohn den Betrieb vom Vater übernahm oder ein junger Meister die Witwe eines Zunftmeisters heiratete – wodurch sich ihr Eintrittsgeld verminderte.[156]

In der mittelalterlichen Stadt findet fast jeder seinen Platz in einer festgefügten Gruppe, in der Zunft, wenn er ein Handwerker ist, in der Kaufleutegilde oder gar in der Patriziergemeinschaft; dort allerdings genügt keine Eintrittsgebühr und erlernte Fertigkeit, nicht einmal Reichtum; der neue Reiche muß einheiraten. Herkunft und Reichtum machen den Patrizier aus. Eine wichtige Gruppe ist auch die Nachbarschaft, die Gemeinschaft des Kirchspiels. In der Gruppe ist der einzelne geborgen, aber er ist auch der Gruppe verpflichtet. Die allmählich errungene rechtliche Gleichheit der Stadtbürger bedeutet keineswegs politische Gleichberechtigung und soziale Gleichstellung. Die Vermögensunterschiede sind groß. Soziale Schicht und Gruppe stimmen nicht überein. Das ist gerade bei den Zünften offensichtlich: In ein- und derselben Zunft kann es reiche, ihr gutes Auskommen besitzende und arme Handwerksmeister geben. Aber auch der reiche Weber nimmt an der Beerdigung eines armen Webers teil. Allgemein verbreitet ist die Zunftorganisation erst um 1250.

In dem Zeitraum vor 1250 sind kaum Handwerker am Stadtregiment beteiligt. In den großen alten Städten, den Bischofssitzen und Reichsorten, herrscht meist das Patriziat. Die in der Richerzeche zusammengeschlossenen Kölner „Geschlechter“, ein Verbund von etwa 40 Familien, regierten bis weit ins 14. Jahrhundert. Im Kölner Patriziat sind Ministerialen, das sind Dienstmannen des Bischofs wie der Kölner Stifter und Klöster ebensosehr aufgegangen wie reichgewordene Kaufleute. Das Vermögen dieser Gruppe beruht auf Handelsgewinn, Haus- und Grundbesitz und Pacht von nutzbringenden Rechten, z. B. Zöllen des Erzbischofs.

Die städtischen Oberschichten sind miteinander versippt:[157] Heinrich von Zudendorp, dessen Name um 1173/80 in der Kölner Gildeliste erscheint, heiratete eine Tochter des Kaufmanns Siegfried von Neuß, die ihm mehrere Häuser im Marktgebiet in die Ehe einbrachte. Reiner von Basel und sein Schwager Hermann heirateten zwei Schwestern des Kölner Geschlechts von der Mühlengassen und wurden sofort Grundbesitzer am Markt und im Viertel der Gewandschneider; Gewandschneider sind Tuchhändler en detail; sie haben das Recht, Tuch ellenweise zu verkaufen, d. h. vom Ballen abzuschneiden. Reiners Tochter Hodierna heiratete dann wieder nach Basel. Das Patriziergeschlecht Jude, vielleicht jüdischer Herkunft, ist schon 1151 mit drei Mitgliedern unter der Kölner Führungsschicht vertreten und legte seine Gewinne in außerstädtischen Ländereien und Weinbergen in Remagen an. Ihr Kölner Stammsitz war ein großes Anwesen mit Baumgarten, Backhaus und Tavernen in der Rheingasse. In der fünften Generation übertraf Daniel Jude – er starb 1284 – durch seinen Reichtum seine wohlhabenden Verwandten und die meisten Mitbürger; er trieb eine geschickte Grunderwerbspolitik. Dreimal hat er sich vorteilhaft verheiratet. Die große Mitgift seiner ersten Frau Ida von der Lintgasse zeigt sich in ihrem Testament; sie starb 1252. Von ihren Prunkkleidern bestimmte sie die kostbarsten aus pelzverbrämtem Goldfadenstoff für Meßgewänder und setzte 20 Mark jährliche Erbrente für ihr Seelgerät aus. Seine zweite Frau stammte aus einer begüterten Kaufmannsfamilie von Neuß, die dritte, Beatrix, war vielleicht adlig. Zwei seiner Töchter vermählte er an Angehörige des Hochadels, eine dritte an einen landadligen Ritter.

Im Kölner Stadtpatriziat sind im 12. Jahrhundert mehrere Fälle jüdischer Versippung festzustellen. Die Juden stellten wohl immer einen gewissen Fremdkörper in den mittelalterlichen Städten dar. Ihre Rechtsstellung verbürgte ihnen im frühen und hohen Mittelalter durchaus eine gewisse Sicherheit. In die Karolingerzeit zurückgehende Privilegien stellen die Juden wie die übrigen reisenden Kaufleute unter Königsschutz. Die Rheinstädte Köln, Mainz, Worms, Speyer besitzen im 11. Jahrhundert angesehene Judengemeinden; es gab Judenviertel, die aber nicht wie die späteren Ghettos streng abgegrenzt waren. Ende des 11. Jahrhunderts bahnt sich die Wende an, deren erste Anzeichen die schweren Ausschreitungen gegen die rheinischen Juden im Zusammenhang mit dem ersten Kreuzzug sind.

Über das innere Leben in den jüdischen Gemeinden unterrichtet die weitgehend auf ikonographischen Quellen beruhende Arbeit von Thérèse und Mendel Metzger.[157a] Die strengen kultischen Verpflichtungen banden vor allem den Mann. In der Synagoge waren beim Gebet die Geschlechter getrennt. Für die Frau gab es nur drei Gebote: die monatliche Reinigung im rituellen Bad, die Entnahme eines kleinen Stückchen Teigs, das sie jedesmal verbrennen mußte, wenn sie Brot buk, wie es auch jeder jüdische Bäcker tun mußte, und das Anzünden der Lichter am Sabbat und an den Festtagen. Bei den häuslichen kultischen Feiern kam ihr eine wesentliche Rolle zu. Das rituelle Bad war eine sehr wichtige Gemeinschaftseinrichtung, es war kein Reinigungsbad sondern zum Untertauchen bestimmt. Diese Bäder sind überdacht. Gut erhalten u.a. ist das Judenbad in Speyer; man steigt auf Stufen tief hinab bis zum Grundwasserspiegel des Rheins, denn das rituelle Bad soll vom lebendigen Wasser gespeist werden. Im Haus galt die jüdische Frau genau so viel wie ihr Mann. Die Hochzeitszeremonie, der Unterredungen und Verabredungen vorausgingen, schloß zwei Phasen ein: bei der Verlobung erfolgte vor zwei Zeugen die Übergabe der ketuba, des Heiratskontraktes an die Braut und der Ringwechsel. In der zweiten Phase sprach der Offiziant sieben Segensprüche mit einem Becher in der Hand, aus dem er hernach Braut und Bräutigam trinken ließ; sie standen dabei unter einem symbolischen Zelt. Diese Zeremonie der Segensprüche und des Trinkens aus einem Becher wurde beim Hochzeitsmahl und nach dem Tischsegen an den sieben folgenden Tagen wiederholt. Eine Ehescheidung war nach jüdischem Recht möglich. Wurde die Ehefrau Witwe, bevor sie Mutter geworden war, auferlegte das Gesetz einem Bruder des verstorbenen Gatten das Levirat: Er mußte die Witwe heiraten; dieser Verpflichtung konnte er sich nur mit Schimpf und Schande entziehen. Die Mutterschaft war also nach jüdischer Anschauung Wesensbestimmung der Frau. Strenge Gesetzlichkeit und allgemeine Schriftlichkeit, auch der Frauen, zeichnen die jüdischen Verhältnisse aus.

So also war der städtische Lebensraum beschaffen. Wir können es nicht leugnen, daß an der großartigen Entfaltung des Städtewesens im 12. und 13. Jahrhundert die Frau nur passiven Anteil hat, als Gefährtin und Gehilfin des Mannes. Sie gehört nicht zu den Geschworenenausschüssen in den nordfranzösischen Städten, sie sitzt nicht in den Stadträten, die sich im 13. Jahrhundert in den deutschen Städten als städtische Organe bilden. Sie teilt das Wagnis des Unfreien, des kleinen Mannes, der in die Stadt zieht und sich dort mit dem Geld, das ihm der Verkauf seines Grundbesitzes einbrachte, oder nur mit seiner Arbeitskraft eine neue Existenz gründet. Sie trägt seinen sozialen Aufstieg mit, so wie der Handelsgewinn eines städtischen Kaufmanns ihr erlaubt, sich kostbar zu kleiden, Mägde zu haben, in einem großen, gut ausgestatteten Haus zu wohnen und zu walten. Sie hat wohl schon beruflich im städtischen Gewerbe mitgearbeitet. Aber davon wissen wir vor 1250 wenig. Wir hatten bei unseren Ausführungen vor allem die Verhältnisse im Raum zwischen Seine und Rhein im Auge. Er ist ein Raum früher und bedeutender Entfaltung mittelalterlichen Städtewesens.

Ein zweiter Schwerpunkt mittelalterlicher Stadtkultur ist Oberitalien. Der Gegensatz zwischen der mitteleuropäischen und der italienischen Stadt ist groß. Ein gemeinsames auffälliges Kennzeichen der mediterranen Stadtkultur ist die Stadtsässigkeit des Adels, die wir schon in der Einleitung hervorhoben. Die städtische Bevölkerung Italiens war zugleich eine Bevölkerung von großen und kleinen Grundbesitzern; die Adligen hatten ebenso wie Kaufleute und Handwerker Grundbesitz vor den Toren der Stadt. Die italienischen Städte beherrschten politisch und wirtschaftlich das Land.[158] Die städtische Umwelt der Italienerinnen unterschied sich gründlich von derjenigen der Rittersfrauen und der Bürgerinnen nördlich der Alpen. Sie bewohnten zwar auch einen Wehrbau und waren Kriegshandlungen ausgesetzt, aber sie genossen alle Aufregungen und Anregungen lebendiger reicher Handels- und Gewerbestädte und konnten Hast und Geschäftigkeit des Lebens in der Stadt mit der Stille, der zurückgezogenen Behaglichkeit und guten Luft des Lebens auf dem Landsitz im regelmäßigen Rhythmus der Jahreszeiten vertauschen.

Vergessen wir aber nicht die dunklen Seiten. Im Mittelmeergebiet hat sich vielerorts die Sklaverei im vollen Sinn des Wortes gehalten, vor allem in Hafenstädten. Wir können dieses bedeutsame Phänomen hier nicht in voller Breite behandeln und greifen als exemplarischen Fall Genua heraus; die Genueser Notariatsregister bieten eine Fülle von Belegen und gestatten, wie die Studie Haverkamps[159] beweist, auch schon einen quantifizierenden Einblick in die Verhältnisse im 12. Jahrhundert. Für die Zeit von 1154 bis 1200 sind etwa 4500 Notariatsinstrumente ediert. Gewisse Schwierigkeiten bereitet die Terminologie; die Bezeichnung sclavi bzw. sclavae läßt sich erst seit dem Beginn des 13. Jahrhunderts nachweisen; seit den 80er Jahren des 12. Jahrhunderts werden mit dem ursprünglich nur die Herkunft aus Sardinien andeutenden Namen „sardus“ bzw. „sarda“ ebenfalls Sklaven bezeichnet, allerdings nicht immer. „Sarracenus“ bzw. „sarracena“ bezeichnen Sklaven, wenn sie in Notariatsinstrumenten über den Kauf solcher Personen verwendet oder in Testamenten und Freilassungsurkunden gebraucht werden. Die Termini servi und ancillae in Verkaufs- und Freilassungsurkunden bezeugen eindeutig den Sklavenstatus. Den Grund für die Sklaverei in Genua hat der Kampf der Seestadt gegen die Sarazenen gelegt und der Import von Sklaven aus Spanien, wo infolge der Reconquista Mohammedaner versklavt wurden. Hinzu kamen Importe aus Sardinien, Sizilien und Nordafrika, daher die Negersklaven. Unter den über 4500 Notariatsinstrumenten befassen sich 79 auch mit Sklaven. In diesen 79 Notariatsinstrumenten werden mindestens 92 Sklaven bzw. Sklavinnen genannt. Für die 25 Sklaven und 21 Sklavinnen, über die in 43 Notariatsinstrumenten Verkaufsverträge abgeschlossen wurden, waren fast 60 Einzelpersonen als Verkäufer nachzuweisen. Ein „eklatanter“ Ausnahmefall verändert indessen diese Relation: Am 17 Juni 1191 verkaufen 15 Miteigentümer ihre unterschiedlichen „Anteile“ an der sarda Justa und deren Tochter Vereta ihrem weiteren Teilhaber Raimundus Baltigarius, einem etwa zwanzigjährigen Mitglied einer Familie der Oberschicht, der sich in finanziellen Schwierigkeiten befand und nur noch Geld für kleinere Geschäftsabschlüsse übrig hatte; die vielen Teilhaber an den Sklavinnen waren kleine Handwerker und Händler. Wahrscheinlich hatten einige Teilhaber die Sklavinnen von Sardinien nach Genua importiert. Sicher läßt sich ein solcher Import für eine „sarda nomine Maria Pagano“ nachweisen. Nichtgenuesische Händler verkaufen in Genua an Genuesen Sklaven aus einem Gebiet, das sich von Narbonne im Westen bis nach Lucca im Osten der nördlichen Küste des westlichen Mittelmeeres erstreckt. Die Herkunftsgebiete weiterer Importeure von Sklaven nach Genua liegen im unmittelbaren politischen Einflußgebiet des Stadtstaates Genua an der ligurischen Küste: Albenga, Noli, Savona, Rapallo. Während der Markt für männliche Sklaven eindeutig durch den Import bestimmt wird, ergibt sich für die Sklavinnen ein anderes Bild: Nur 13 Sklavinnen der 22 werden als „sarracenae“ bezeichnet; nur drei „sarracenae“ und vier „sardae“ sind von außergenuesischen Händlern nach Genua importierte Sklavinnen. Die meisten Verkäufer von Sklavinnen sind Genuesen, Simon Botarius z. B., der 1190 dem im Fernhandel vor allem nach Sizilien tätigen Simon Gattus die sarda Maria verkauft. Simon Botarius war Handelspartner der stadtadligen Familie de Volta; er nahm von ihr hohe Geldsummen auf für eine Handelsreise nach Tunis, von wo vereinzelt auch Sklaven nach Genua importiert wurden; sein Schwiegersohn Ingo de Cartagenia war ein Neffe der als Sklavenverkäufer bekannten Ogerius und Bonusvasallus de Cartagenia, er hatte enge Beziehungen zu Fulco de Castello, Mitglied einer politisch einflußreichen Familie Genuas, die über Sklavenbesitz verfügte. Sklavenhaltung und Handel ist auch für Rubaldus de Molo anzunehmen und für Gandulfus Figal, der die sarracena Maimona für 3 lib. an Amicus macellarius, wahrscheinlich einen Metzger, verkaufte. Aktiver Fernhändler war mit dem Handelsziel Salerno Wuilielmus Culcanus, der die ancilla Agnese für 8 lib. an den reichen Finanzier Wuilielmus Filiardus verkaufte. Für 7 lib. 11 sol. wurde die sarracena blanca Mocal verkauft. Die sarda Maria wurde von Simon Gattus, etwa 14 Tage nachdem er sie von Simon Botarius erhalten hatte, weiterverkauft an einen vornehmen Genuesen. Öfters werden Sklavinnen durch Frauen verkauft. Bei Ehescheidungen kommt es zum Streit über die Eigentumsverhältnisse an einer Sklavin; die Sklavinnen gehörten auch zur dos stadtadliger Frauen. So war also der genuesische Sklavinnenmarkt weniger durch Import als durch den innerstädtischen Besitzwechsel geprägt. Die Importeure wie die Käufer verfügen etwa gleichzeitig wohl über mehrere männliche, nicht aber über mehrere weibliche Sklaven. Die Nachfrage nach männlichen Sklaven war auf einen engeren Bevölkerungskreis beschränkt als jene nach Sklavinnen; dieser kleinere Interessentenkreis hatte aber einen höheren Bedarf, während die Nachfrage nach Sklavinnen auf kleinere „Stückzahlen“ beschränkt war. Die Sklavinnen waren offensichtlich dem Wirkungsbereich genuesischer Frauen, also dem Hause, wirtschaftlich und sozial eingeordnet. Ein erheblicher Teil der nach Genua importierten männlichen Sklaven wurde als Schiffs- bzw. Galeerensklaven verwendet, andere wurden von kleinen Gewerbetreibenden bzw. Handwerkern erworben. Anders bei den Sklavinnen: Die teuersten Sklavinnen – 9–8 Pfund – wurden für den Haushalt vornehmer und reicher Familien erworben, billigere wohl auch als Arbeitskräfte in kaufmännischen und handwerklichen Betrieben. Insgesamt sind die Sklavinnen weitaus intensiver an die Familie des Sklavenhalters gebunden als die Sklaven. Die unterschiedliche wirtschaftliche und soziale Stellung der männlichen und weiblichen Sklaven bestätigen auch die Freilassungsurkunden. Es sind vor allem Angehörige der konsularischen aristokratischen Oberschicht Genuas, die Sklaven freilassen; dabei waren finanzielle Erwägungen nicht ausschlaggebend, sondern personale Beziehungen, die sich zwischen den Eigentümern und ihren Sklavinnen entwickelt hatten. Gelegentlich spielten auch religiöse Motive eine gewisse Rolle: So vermachte Sibilia ihrem Gatten testamentarisch 10 Pfd. für den Fall, daß er die Sklavin Gacella freilasse und bis zum nächsten Pfingstfest taufen lasse. Der reiche Fernhändler Wuilielmus Scarsaria verfügte, daß seine ancilla Melese nach fünfzehnjährigem Dienst für seine Söhne und nach erfolgter Taufe frei sein und zu diesem Zeitpunkt vier Pfund erhalten sollte. Die Sklaven hatten offenbar die Möglichkeit, ein „peculium“ zu erwerben, d. h. Besitz, der rechtlich im Obereigentum ihres Herrn blieb. Der Herr konnte das peculium bei der Freilassung freistellen, begrenzt freigeben oder einbehalten, damit erzielte er eine Freikaufssumme; sie kam den Erben von Sklaven zugute, deren Freilassung testamentarisch verfügt wurde. Kinderlose Erblasser verfuhren großzügiger. Der kinderlose Ansalmus Buxonus gewährte seiner Sklavin Vitoria für den Fall seines Todes die Freiheit und übereignete ihr ihre „vestes“ (Kleider), ohne das peculium zu erwähnen. Der wohlhabende – nicht reiche – Fernhändler Safran de Clavica verfügt u. a. die Freilassung seiner sarda Vera; sie soll aber erst rechtskräftig werden, wenn Vera mit Zustimmung seiner Ehefrau und seiner Söhne einen Ehemann gefunden hat, der sie ernähren kann. Da die persönlichen Beziehungen zwischen Eigentümern und Sklavinnen stärker entwickelt waren als zwischen Herren und Sklaven, war auch die soziale Stellung der Sklavinnen differenzierter je nach der wirtschaftlichen Lage ihrer Eigentümer. Angehörige der Oberschicht, die ihre Sklavinnen wohl überwiegend für Arbeiten im Hause und für die persönliche Bedienung einsetzten, konnten es sich eher leisten, Sklavinnen unbedingt freizulassen als Sklavenhalter aus den mittleren Schichten. Sklavinnen hatten mehr Aussicht, durch persönliche Gunst ihrer Eigentümer eine Besserung ihrer rechtlichen und sozialen Lage zu erreichen, als die Sklaven; diese besaßen allerdings wieder mehr Möglichkeit, durch ihre eigene Arbeit im Gewerbe und Handel ihre Position zu verbessern und selbst ein peculium zu erwerben. Sklavinnen konnten nach ihrer Freilassung leicht in wirtschaftliche Not geraten, wenn der Eigentümer nicht Vorsorge dagegen traf. Die Sklavinnen besaßen insofern einen besonderen Vermögenswert, als sie Kinder bekommen konnten, die in das Eigentum ihrer Herren übergingen.

2. *Die weibliche Frömmigkeitsbewegung*

Eine bürgerliche Freiheitsbewegung, die politische Ziele verfolgte, gab es unter den Frauen in den mittelalterlichen Städten nicht. Aber wir konstatieren im Hochmittelalter eine breite und starke weibliche Frömmigkeitsbewegung.[160] Sie trägt alle Zeichen einer „Bewegung"; sie ist emotional und engagiert, oft nur ein unstetes Suchen nach einem „apostolischen" Leben, der „Nachfolge des armen und nackten Christus". Sie ist oft eine Gratwanderung zwischen Ketzerei – Ordensleben – freier religiöser Gemeinschaftsform. Sie entfaltet sich in einer Zeit, in der die Kirchenreform gelegentlich revolutionäre Züge annimmt, die durch das gefährlich dichte Nebeneinander von Haeresie und kirchlich gebundener „Heiligkeit" charakterisiert wird, in der die Katharer eine Gegenkirche aufbauen. An sich gehört die Reform zum Ordensleben; es gibt sie immer. Im 11. Jahrhundert ergreift sie aber die Kirche insgesamt. Es gab damals zu wenig Frauenklöster; und diese wenigen Klöster und Stifte waren zudem nur hochadligen Damen zugänglich. Als Erzbischof Friedrich I. von Köln am 1. August 1126[161] mit Unterstützung des Abtes von Siegburg und einigen Laien das später Nonnenwerth genannte Kloster auf der Rheininsel Ruleicheswerd gegenüber dem Siebengebirge gründete, klagte er sich an, daß „durch seine sündhafte Schuld und Nachlässigkeit in unserem ganzen Bereich fast kein Frauenkloster zu finden ist, zu dem eine Frau fliehen kann, die sich das Gelübde der Enthaltsamkeit vorgenommen hat". Deshalb gründete er hier ein Benediktinerinnenkloster, gewährte freie Wahl der Priorin, unterstellte aber im übrigen das Kloster der Abtei Siegburg. Am Adelsprinzip hielten auch im 12. Jahrhundert noch berühmte Ordensfrauen fest. Gleichzeitigkeit des Ungleichzeitigen. Denn andererseits drängen jetzt mit aller Kraft breitere Schichten ins Kloster, Frauen von Ministerialen, städtische Patrizierinnen, auch Angehörige mittlerer bürgerlicher Schichten. Sie drängen zuerst in die Nähe der Männerklöster. Doppelklöster für Männer und Frauen hatte es immer gegeben, aber auch Widerstand dagegen. Ein Mönch ist zu einem asketischen frauenlosen Leben verpflichtet; er wehrt die Nähe von Frauen ab, und wenn man im ersten Reformeifer die religiöse Sehnsucht der Frauen begriff, ihnen zu einem gottgeweihten Leben im Doppelkloster zu verhelfen suchte, dann wurde doch oft bei institutioneller Verfestigung die Form des Doppelklosters wieder aufgegeben.

Den ersten Anstoß zur Chorherrenreform von Springiersbach im Mosel-

5. Der hl. Bernhard von Clairvaux und eine Zisterziensernonne

6. Elisabeth von Thüringen pflegt und speist Arme

7. Beginenhof in Brügge

gebiet[162] gab Benigna, die Witwe eines pfalzgräflichen Ministerialen; hier dringt also die Gruppe der damals noch unfreien Dienstmannen vor. Um 1100 zog sich Benigna mit ihren Kindern und wohl auch einigen Verwandten zu einem Leben in Gebet und Buße zurück; sie bestimmte ihr Witwengut zur Gründung einer Priestergemeinschaft, die nach der Regel des hl. Augustinus leben sollte. Daraus entstand Springiersbach, wo Benignas Sohn Richard eine weit über die Trierer Bistumsgrenzen hinausgehende Wirksamkeit entfaltete. In Springiersbach bestand von Anfang an neben dem Kanonikerkonvent ein aus dem Kreis um Benigna hervorgegangener Frauenkonvent. Richard lehnte diese Form des Doppelkonvents ab und errichtete selbständige Frauenkonvente. Starke Beteiligung von Ministerialen bei Gründern wie Insassen weisen auch oberschwäbische Frauenzisterzen des 13. Jahrhunderts auf.[163] Das Prämonstratenserinnenkloster Schillingskapellen unweit Bonn gründete 1197 der Ritter Wilhelm, gen. Schilling, das von Niederehe in der Eifel die Brüder von Kerpen, wohl Reichsministerialen.[164] In die Einsiedelei, die der Kanoniker Ailbert von Antoing 1104 bei Klosterrath unweit Aachen gegründet hatte, kam ein Dienstmann des Grafen von Saffenberg, Embrico, mit seiner Frau Aleidis und seinen beiden Kindern, Sohn und Tochter, und brachte seinen ganzen Besitz mit. Die Ansiedlung wuchs, aber auch Ailbert wollte das Nebeneinander von Brüdern und Schwestern nicht dulden; die Schwestern sollten anderswo untergebracht werden, schließlich begrenzte man ihre Zahl auf acht Frauen, die strenger Klausur unterworfen wurden. 1140 wurden 37 Schwestern nach Marienthal an der Ahr versetzt, blieben aber unter der Leitung von Klosterrath. Aber schon 1141 wurden wieder einige Schwestern in Klosterrath aufgenommen, um für alle die Kleider zu machen und weil die Kirche die Dienste der Frauen nicht entbehren könne, zumal man auch lese, daß im Gefolge der Apostel Personen beiderlei Geschlechts gedient hätten. „Man sieht", sagte Oediger,[165] „welche Sorgen die andrängenden frommen Frauen den Klosteroberen machten. Man braucht sie als Weberinnen und Schneiderinnen, will sie aber auch wieder nicht in der Nähe haben". Norbert von Xanten brachte in seinem in Prémontré gegründeten Kloster einen Teil der Frauen unter, die er durch seine Predigt angezogen hatte; sie lebten von den Brüdern räumlich getrennt, nahmen jedoch mit ihnen am Gottesdienst teil und arbeiteten für die Brüder; eine Priorin stand ihnen vor, die eigentliche Leitung blieb in der Hand des Abtes oder Propstes. Aber bereits 1140 siedelten die Prämonstratenser aus den ursprünglich als Doppelklöster errichteten Instituten die Frauenkonvente aus und ließen sie nur unter der Oberleitung und Fürsorge der Männerklöster. Die Haltung der Zisterzienser ist nicht ganz eindeutig und konsequent. Grundsätzliche Ablehnungsbeschlüsse werden durch positive Zulassungsbestimmungen und die Praxis teilweise widerlegt.[166] Auf jeden Fall gab der Zisterzienserorden um 1200 seine Ablehnung gegenüber den Frauenklöstern auf. M. Kuhn-Rehfus gibt an, daß um 1250 im Erzbistum Mainz 33 Frauenzisterzen bestanden, im Erzbistum Köln 25, im Erzbistum Trier 11, im Bistum Konstanz 15 und im Bistum Würzburg 9. Neben den Nonnen standen Laienschwestern, Konversen, dazu kamen Lehrtöchter, Kostgängerinnen, Oblatinnen. Die Durchschnittsgröße der Konvente betrug in Deutschland 20–30 Nonnen und 10 Schwestern. Die Nonnen der Gründungszeit gehörten fast ausschließlich dem Adel und Niederadel an, später verbürgerlichten manche Konvente. Die Nonnen konnten Latein, schrieben Handschriften ab und illuminierten sie, stellten Arzneien her, machten Handarbeiten, unterhielten Schulen. Es beweist künstlerisches Selbstbewußtsein, wenn auch in mittelalterlicher Demutsform ausgesprochen, daß sich die Nonne Guda auf dem Vorsatzblatt eines mittelrheinischen Homiliars nennt, das sie sowohl geschrieben als auch – was selten war – illuminiert hat: „Guda peccatrix mulier scripsit que pinxit hunc librum (die sündhafte Frau Guda schrieb und malte dieses Buch)."[166a] Die älteste erhaltene Brille – um 1320 – wurde im Kloster Wienhausen bei Celle gefunden, eine (auseinandergeklappt) 11,5 cm lange, 6 cm breite Nietbrille.[167]

Das französische Reformkloster Fontevrault war ein Doppelkloster, das der Äbtissin unterstand. Der Gründer und Wanderprediger Robert von Arbrissel hatte diese Lösung durchgesetzt; er sah seine Lebensaufgabe in der Sorge für die geistlichen Frauen. Aufsehen und Mißtrauen erregte die weibliche Superiorität freilich. Sie setzte sich auch in einem englischen Konvent durch, den 1131 Gilbert von Sempringham in Lincolnshire gründete. Episode blieb die Klosterordnung Abaelards für das Kloster Paraklet in Quincey bei Nogent-sur-Seine, das seine Geliebte Héloise als Äbtissin leitete, in der er den Männern aufgab, das schwache Geschlecht mit Nächstenliebe und Fürsorge zu umgeben und zu schützen. Auch Fontevrault und seine Tochterklöster gerieten um 1200 in eine Krise. Die hochadligen Frauen in den alten Stiften und Benediktinerinnenklöstern wurden weniger von der Armutsbewegung ergriffen. Der reiche Grundbesitz ihrer Klöster verstrickte sie ständig in weltliche Geschäfte. Ihre bäuerlichen Hintersassen wurden rebellisch oder liefen ihnen davon in die nächstgelegene Stadt. So ging es der Äbtissin Adelheid von Maria im Kapitol in Köln; durch erhebliche Herabsetzung des Kopfzinses – in einer Urkunde von 1158 – bekam sie die Lage wieder in den Griff.[167a]

Daß die gewaltige Veränderung der Gesellschaft durch die bürgerliche Freiheitsbewegung und das Wachstum der Städte auf die kirchliche Bewegung einwirkte, daß bürgerlichen Kreisen offenstehende Klöster, daß eine auf die Stadt und ihre Probleme ausgerichtete Seelsorge ein dringendes Desiderat wurden, das verschränkte die weltlichen und geistlichen Bewegungen. Unübersehbar wurden auch verstärkt Formen eines frommen Lebens in der Welt und doch nicht von der Welt außerhalb eines Klosters mit Ordensregel gesucht und gefunden. Der Wunsch nach wirtschaftlich-sozialer Geborgenheit, nach Selbständigkeit außerhalb der Ehe spielten mit; im Kern war die Bewegung religiöser Natur, und die Frage der Versorgung und nach sozialer Sicherheit in Kloster und Konvent spielt erst seit dem 14. Jahrhundert eine wichtige Rolle. Im zahlenmäßigen Anstieg der Institute spiegelt sich auch die Kraft dieser Bewegung: Im Jahr 1300 gab es bereits 74 Dominikanerinnenklöster, im 15. Jahrhundert hatten die Benediktinerinnen 115, die Zisterzienserinnen 220 Niederlassungen, um 1600 besaßen die Franziskanerinnen rund 900 Gemeinschaften. Kennzeichnend für die Frömmigkeit des 12. und 13. Jahrhunderts ist die zunehmende Marienverehrung.

Die religiöse Motivation so vieler Frauen, klösterliche Zufluchtstätten zu suchen, ein Leben klösterlicher Enthaltsamkeit in der Welt zu führen, fällt uns zu begreifen schwer. Wir bewerten die christliche Ehefrau und Mutter ebenso hoch wie die gottgeweihte Jungfrau. Anders im Mittelalter: Die religiös motivierte Askese genießt den Vorrang vor dem Leben in der Welt. Schon nach der altchristlichen Ständeordnung wurde der gottgeweihten Jungfrau der Platz vor Witwen und Ehefrauen zugeteilt. Diese Wertung begegnet uns bei Cyprian und Augustinus ebenso wie bei Thomas von Aquin und Bonaventura. Bekannt ist die Parabel der 100-, 60- und 30fachen Frucht, die Jungfrauen, Witwen und Ehefrauen bringen. Die Maße entstammen dem Gleichnis vom Sämann, Markus 4, 1–20, und Matthäus 13, 1–23.

Die Hervorhebung des Jungfrauenstandes bedeutet keine Verwerfung, nur eine Minderbewertung der Ehe, wie Bernards[168] in seiner Analyse des „Jungfrauenspiegels“, eines um 1100 wohl am Mittelrhein entstandenen Werkes von großer Verbreitung, ausführt. Eine Verwerfung der Ehe findet sich bei den manichäischen Irrlehren. Der Jungfrauenspiegel warnt auch vor der Meinung, die Jungfrauenschaft als solche begründe einen Vorrang: „In jedem Stande sucht Gott mehr den Geist als das Kleid“, „die demütige Witwe steht höher als eine stolze Jungfrau“. Viele Frauen haben sich dem hohen Anspruch gestellt, der im Jungfrauenspiegel gefordert wird; ihm zu genügen, ist nicht allen gelungen. Das Speculum virginum betrachtet den Fall einer gottgeweihten Jungfrau als Ehebruch gegenüber Christus, als Erschütterung des ganzen Leibes der Kirche. Die normale Strafe war der Entzug der Kommunion. Eine gefallene Klosterjungfrau hatte es in ihrem Konvent sicher nicht immer leicht. Im Doppelkloster von Watton, Yorkshire, kam es zu einer grausigen Reaktion des Konvents auf das sündhafte Verhältnis eines Mönchs und einer Nonne. Vom Erzbischof Anno von Köln wird berichtet,[169] daß er auf einem seiner nächtlichen Rundgänge in St. Ursula Zeuge der Reue und Verzweiflung einer Schwester wurde, die ein Kind erwartete. Er veranlaßte sie zur Beichte und übergab sie für die Zeit der Geburt einem seiner westfälischen Ministerialen mit der ausdrücklichen Forderung, das Geheimnis zu wahren und ihm Mutter und Kind zuzustellen. Das Kind wurde anderswo untergebracht, die Mutter kehrte an ihren Platz im Stift zurück. Einer Dame aus St. Maria im Kapitol, die ihrem Keuschheitsgelübde untreu geworden war, aber vor der Schwangerschaft bewahrt blieb und elf Jahre lang durch strenge Bußübungen zu sühnen suchte, gab er auf, als sie sich erneut vom Teufel des Hochmuts bedrückt fühlte und sich dem Erzbischof offenbarte, demütig zu bleiben und sich in ihrem Leben in nichts von ihren Schwestern zu unterscheiden. Die großen Leistungen vieler Nonnen beweisen, daß sie im Kloster oder Stift ein erfülltes Leben führen konnten, daß die Askese den Menschen nicht verkümmern läßt, sondern Kräfte des Geistes entbindet.

Kehren wir zum Speculum virginum zurück: Die Frage nach der Eignung zur Nonne wurde kaum gestellt, die „Berufung" war kein Problem, sondern Voraussetzung; der Eintritt erfolgte, wie gesagt, oft im Kindesalter; auch Frauen, die ihre weltliche Lebensaufgabe als abgeschlossen ansahen, entschlossen sich als Witwen zum Eintritt. Die Wurzel der klösterlichen Tugenden ist die Demut; sie ist die Mutter der Liebe. Demut wird mit Liebe und Keuschheit zu einem ethischen Dreiklang zusammengebunden. Demgemäß ist das Urlaster der Stolz; er beraubt die Jungfräulichkeit ihres Wertes. Das „Speculum" verlangt im jungfräulichen Leben: 1. Unversehrtheit an Leib und Geist und die Absicht, Gott allein zu dienen; 2. freiwilligen Verzicht auf die Welt und den Entschluß, Weltverachtung zu üben; 3. inneren und äußeren Gehorsam, freundliches Wesen, Demut und Keuschheit nach dem Vorbild der Mutter des Herrn und der Mahnung des Apostels Paulus; 4. eine Haltung, die mit ganzem Herzen sich dem geistlichen Wort widmet und nach der Ruhe des Geistes strebt, um wie die beiden Marien die Worte des Lebens zu bewahren und dem Herrn zu Füßen zu sitzen und schließlich 5. Bewußtsein der Unsicherheit bei dem langen Lauf mit der Sorge um die Beharrlichkeit, da jeder den Lohn gemäß seiner Arbeit empfängt (Bernards, S. 86). Dieses eindrucksvolle Bild der Jungfräulichkeit ist der Höhepunkt des Unterrichts, den der „Spiegel" erteilt. Dabei wird klargestellt, daß Gott neben der Unversehrtheit des keuschen Leibes die Tugend und Absicht des Herzens sieht; die herkömmliche Unterscheidung einer doppelten Jungfräulichkeit wird betont. Der „Jungfrauenspiegel" bezeugt, daß die Frauenbildung des hohen Mittelalters an der Spiritualisierung Anteil nimmt. Seit dem 11. Jahrhundert setzt sich der Gedanke an die Bedeutung der Gesinnung immer stärker durch; das Bild vom Kampf wird oft gebraucht, ein bequemes Leben kann nicht Ziel des Klostereintritts sein. Das geistliche Streben, zu dem der Jungfrauenspiegel erziehen will, trägt das Zeichen des Maßhaltens. Das Leben in der Gemeinschaft soll von Eintracht geprägt sein. Die adlige Abkunft darf im Kloster kein Anlaß zur Überheblichkeit werden. Der Spiegel unterscheidet wahren und falschen Adel. Wahrer Adel beruht mehr auf der Gesinnung als auf der Ehre der Eltern. Hier wird ein Hauptproblem der Reform angesprochen: die Brechung des Adelsvorrechtes. Cluny, Hirsau, später Cîteaux hoben die Vorrechte der Geburt auf. Allerdings sieht Bernards keine enge Beziehung des „Spiegels" zur damaligen Klosterreform; die Armutsfrage berührt der Spiegel kaum. Die Askese erscheint nicht als

Last. Die Jungfrauen des Speculum leben mit ruhiger Selbstverständlichkeit in ihrer überschaubaren Welt ohne mystischen Überschwang. „Die subjektive Erlebnisfrömmigkeit der deutschen Mystik", sagt Bernards (S. 212), seine einfühlsame Analyse zusammenfassend, „ist das genaue Gegenstück zu der objektiv ausgerichteten religiösen Geistigkeit des romanischen Zeitalters und des Jungfrauenspiegels. Gesundheit an Leib und Seele kennzeichnet die Frauen, an die sich der Spiegel wendet. Krankheiten spielen für sie keine Rolle, der Tod schreckt nicht. Grobe Charakterfehler wie etwa Lügenhaftigkeit sind unbekannt. Das Zauberwort Freiheit hat sie, echte Kinder ihrer Zeit, in seinen Bann geschlagen. Wenn Kirche und Kloster im Zeichen großer Reformen um ihre Freiheit kämpfen, ist Freiheit auch für die Frauenwelt lockendes Ziel. Weil Freiheit von der Fron der Ehe nur als Freiheit für den Dienst Gottes gesehen ist, wird hier der religiöse Sinn und die geistliche Kraft dieser Frauen sichtbar. Als Zeitgenossen der Kreuzritter und Angehörige eines kämpferischen Zeitalters lieben sie es, sich selbst als Streiterinnen in den Kriegen Gottes zu betrachten. Sie alle prägt jener männliche Zug, den man auf dem Antlitz Hildegards von Bingen entdeckt hat" (S. 210).[169a]

Damit fiel der Name der wohl bedeutendsten Nonne des 12. Jahrhunderts.[170] Sie wurde 1098 in Bermersheim bei Alzey aus edelfreiem Geschlecht geboren und mit acht Jahren der Gräfin Jutta von Sponheim übergeben, die sich in der Frauenklause auf dem Disibodenberg angesiedelt hatte. In der Klause unterrichtete sie der Mönch Volmar von Disibodenberg, der ihr später als „Sekretär" zur Seite stand. Zwischen 1112 und 1115 legte sie ihre Profeß ab. Nach Juttas Tod wurde Hildegard Meisterin in dieser Klause, die sich zu einem kleinen Kloster entwickelt hatte. Hier hatte sie 1141 ein mystisches Erlebnis, das sie zu ihrem großen Werk „Scivias" – Wisse die Wege – inspirierte. Sie hat 10 Jahre daran gearbeitet. Bereits 1147 wurden die ersten Teile dieses Werks Papst Eugen III. bei seinem Aufenthalt in Trier vorgelegt und im Beisein Bernhards von Clairvaux und hoher Prälaten daraus vorgelesen, sie wurden sehr bewundert. „Scivias" gestaltet in 26 Visionen ein umfassendes Weltbild; die Erlösungsbedürftigkeit des Menschen, sein Weg zu Christus in Kampf und Leiden und die Heilsgeschichte in ihrem unaufhaltsamen Wachstum sind die großen Themen. Ihr zweites großes Visionswerk „Liber vitae meritorum" – Buch der Lebensvergeltung oder freier übersetzt „Der Mensch in der Verantwortung" – entstand 1158–1161, der „Liber divinorum operum", in freier Übersetzung „Welt und Mensch", 1163–1174. Jedes dieser drei Werke besteht aus einer Kette von Visionsbildern; auf die Beschreibung des Visionsbildes folgt die Deutung. Neben diesen visionären Werken verfaßte Hildegard naturkundliche und medizinische Schriften. Ihre musikalische Begabung beweisen ihre Kompositionen. Ein moderner Zug im Leben dieser großartigen Frau ist ihre öffentliche Predigttätigkeit. Ein Laienrecht zu predigen ist eine im 12. Jahrhundert immer wieder erhobene Forderung.

Hildegard hat vier größere Predigtreisen unternommen. Auf ihrer Rheinfahrt 1161/63 predigte sie in Köln gegen die Ketzer. Die Katharer haben im 12. Jahrhundert ihre Gegenkirche aufgebaut, sie waren auch in den Rheinlanden verbreitet. 1143 wurden in Köln Ketzer verbrannt und 1163 wieder.[171] Hildegard hat in ihrer Predigt auch dem Klerus ins Gewissen geredet, der durch ein verweltlichtes Leben der Ketzerei Vorschub leiste. Sie wendet sich gegen die Leibfeindlichkeit und Weltverachtung der Katharer, die sich gerade auch in ihrer Einstellung zu den Frauen zeige. 1163 widmet auch Ekbert, Mönch zu Schönau, seine „sermones adversus Catharorum errores et haereses" dem Kölner Erzbischof. Seine Schwester Elisabeth von Schönau war eine Gesinnungsgenossin und wohl auch Bekannte Hildegards; im „Liber viarum Dei" schrieb sie ihre Visionen auf. Hildegard hat die geburtsständische Exklusivität ihres Nonnenkonvents mit dem immer wieder zitierten Spruch „Wer stellt schon Rinder, Esel, Schafe und Ziegen in denselben Stall?" verteidigt; die Äußerung fiel im Briefwechsel mit der Andernacher magistra Tenxwind,[172] einer Schwester des Reformers Richard von Springiersbach. 1127/28 hatten Richard und Tenxwind den Springiersbacher Nonnenkonvent nach Andernach verlegt; er war auf strikte Einhaltung der strengen Springiersbacher Regel festgelegt, die u.a. den klausurierten Nonnen vorschrieb, die Haare unter einer schwarzen Kopfbedeckung zu halten. Tenxwind selbst war durchdrungen von der Liebe zur Armut. Sie kritisiert das Auftreten der Bräute Christi im festtäglichen Gottesdienst des von Hildegard geleiteten Klosters: „Sie sind ... mit leuchtend weißen, seidenen Gewändern bekleidet ... Auf ihrem Haupt tragen sie (über dem herabwallenden Haar) goldgewirkte Kronen ... Außerdem sind ihre Finger mit goldenen Ringen geschmückt." Sie wendet sich gegen das Adelsprinzip im Kloster, das der Haltung Christi und der Urkirche widerspreche. Hildegard aber läßt sich in ihrer traditionsgebundenen Haltung nicht erschüttern. Ihre Idee der sponsa Christi ist eingebettet in ihr Christusbild des Weltenherrschers.

Hildegard hatte mit ihren Nonnen vor 1151 das zu eng gewordene Kloster auf dem Disibodenberg verlassen und war auf den Rupertsberg bei Bingen übergesiedelt. Eine zweite Klostergründung entstand in Eibingen bei Rüdesheim. Beiden Klöstern stand Hildegard vor. Am 17. September 1179 ist sie im 82. Lebensjahr gestorben.

Nicht zu Unrecht hatte Hildegard gerade die Frauen vor den Ketzern gewarnt. Die haeretischen Sekten nahmen zunächst die Frauen gerne auf, und Frauen spielten darin eine bedeutende Rolle. Schon zum Jahr 1028 wird von einer Gruppe von Irrlehrern in der Nähe von Turin berichtet, zu der Männer und Frauen gehörten, die der Leitung einer Frau, der Gräfin von Monteforte, unterstanden. Die Katharer nahmen Frauen nicht nur als Sympathisanten, als credentes, sondern auch als Eingeweihte, perfecti, auf. Unter den Albigensern gab es ebenfalls Frauengemeinschaften. Die Gräfin Esclarmonde von Foix schloß sich um 1200 nach dem Tod ihres Gatten dem Ketzer Guillabert de Castres als Seelenführer an, der ihr und anderen frommen Frauen 1204 die Geisttaufe, das consolamentum, erteilte. Die Gräfin von Foix hat 1207 in Anwesenheit zahlreicher weltlicher und geistlicher Großer das Wort ergriffen in dem Disput, den Waldenser und Katharer auf der einen, Dominikaner und die Bischöfe von Toulouse und Couserans auf der anderen Seite führten. Ein Mönch habe sie angeherrscht: „Geht hinweg zu Eurem Spinnrocken, Herrin, es kommt Euch nicht zu, in dieser Versammlung zu sprechen." Bei den Katharern lag der Anteil der Frauen um 30 Prozent bei den Waldensern noch höher, um 50 Prozent.[172a] Neben sehr unterschiedlichen persönlichen Motiven der Frauen, die sich den Ketzern anschlossen, war, wie Elm bemerkt, ein allgemeiner geltender Grund, „die Möglichkeit eines unkonventionellen Lebens in enger Aktionsgemeinschaft mit den durchs Land ziehenden ... Männern und daß ihnen prinzipiell gestattet wurde, was die Kirche seit eh und je den Laien, erst recht aber den Frauen, vorenthalten hatte: die öffentliche Predigt und die Verwaltung der Sakramente." Mit der Institutionalisierung der Sekten verlor sich aber auch hier die anfänglich geübte Offenheit gegenüber den Frauen. Hervorgehoben werden muß die Zugehörigkeit vieler dieser Frauen zum Hochadel. Andererseits gingen die Ketzer ursprünglich so weit, auch Frauen sehr zweifelhaften Rufes aufzunehmen. Dem Ketzer Heinrich wurde schon bei seinem ersten Auftreten in Le Mans (1116) vorgeworfen, daß er seine Anhänger mit Dirnen verheirate, die er auf diese Weise bekehren wollte. Robert von Arbrissel nahm in Fontevrault Dirnen auf – neben den hochadligen Frauen. Dieser Aspekt der Frauenfrage ergab sich sowohl aus dem Reformeifer, der sich gegen mit Frauen zusammenlebende Priester richtete, wie aus dem Bestreben von Frauen aller Stände nach einem aktiven Anteil am religiösen Leben. Innozenz III. gab die Weisung, solche Dirnen zu verheiraten, oder der Reuerinnen- oder Magdalenenorden nahm sie auf. Ein wirkungsvoller Versuch, die neue Frauenfrömmigkeit in geordnete Bahnen zu lenken, ging von Jakob von Vitry aus.[173] Er erhielt für die frommen Frauen im Bistum Lüttich, in ganz Frankreich und Deutschland die päpstliche Erlaubnis, in Gemeinschaftshäusern zusammenzuwohnen und einander durch gegenseitige Ermahnung im rechten Tun zu bestärken, das bedeutete konkret, klösterliche Frauengemeinschaften ohne Anschluß an einen bestehenden Orden und ohne Annahme einer approbierten Klosterregel zu bilden und in diesen Gemeinschaften Erbauungspredigten zu halten. Papst Honorius scheint diese Erlaubnis nur mündlich gegeben zu haben, ohne ihr weitere Anweisungen beizufügen; bekannt ist sie nur aus der brieflichen Mitteilung Jakobs von Vitry. Das vierte Laterankonzil hatte noch die Gründung neuer Orden verboten, ebenso die Errichtung von Gemeinschaftshäusern (domus religiosae), es sei denn, sie nähmen eine approbierte Ordensregel an. Jakob von Vitry hatte als Augustiner-Chorherr in der Nähe der Maria von Oignies gelebt, die der Mittelpunkt der religiösen Frauenkreise in der Wallonie war und einmal nach Südfrankreich gehen wollte, um „Gott dort zu ehren, wo er von vielen verlassen sei". Sie wurde mit 14 Jahren verheiratet, lebte mit ihrem Mann in einer Josephsehe, pflegte mit ihm gemeinsam Arme und Aussätzige und schloß sich schließlich einem Kreis gleichgesinnter Frauen bei St. Nikolaus in Oignies an. Nach ihrem Tod – 1213 – schrieb Jakob von Vitry ihre Biographie, um – wie es der Bischof Fulco von Toulouse gewünscht hatte – das Bild der *modernen* Heiligen den französischen Ketzern entgegenzuhalten (... si contra hereticos provincie tue ea que Deus in sanctis modernis in diebus nostris operatur, in publicum posses praedicare). Auf seiner Romreise erlebte Jakob die religiöse Frauenbewegung in Italien; Grundmann nimmt an, daß er auch Franziskus von Assisi gesehen und gesprochen hat und gewissermaßen zwischen den Bewegungen diesseits und jenseits der Alpen vermittelte. Aus diesen Kreisen entwickelte sich das Beginentum. „Begine" ist ursprünglich ein Ketzername. Vor dem verständisvollen Eintreten Jakobs von Vitry war die religiöse Frauenbewegung im Bistum Lüttich vom Diözesanklerus als Ketzerei verdächtigt worden; daher ihr Name Beginen, der sprachlich wohl eine Verstümmelung des Wortes „Albigenses" ist. „Reform" in der Kirche war immer in Gefahr, aus der Kirche heraus zu führen. Die Anfänge des Beginentums fallen also noch in unseren Zeitabschnitt. Jakob von Vitry war bei weitem nicht der einzige, der dieser religiösen Frauenbewegung zu festeren Formen verhalf. Der Ritter Philipp von Monmirail, der zahlreiche Zisterzienserinnenklöster und Beginenhäuser stiftete, kannte viele Männer und Frauen, die ein religiöses, d.h. besonders gottgeweihtes Leben in Griechenland, der Lombardei, Burgund, Provence, Gallien, Flandern und Brabant führten.

Das Beginentum wurde „Lebensgrund der frühen Frauenmystik in der Volkssprache" (Kurt Ruh).[173a] Ein frühes Zentrum dieser Frauenmystik, die als Brautmystik durch Bernhards von Clairvaux Predigten über das Hohe Lied inspiriert wie auch durch seine Zuwendung zum Leiden Christi geprägt wurde, sind die südlichen Niederlande: Einer vornehmen Antwerpener Familie entstammte Hadewich (geb. 1180/90), die in Nivelles einer Beginengemeinschaft vorstand. Sie war hochgebildet, vertraut mit der Troubadourlyrik und theologisch geschult; sie kannte die Schriften Bernhards. Ihre „Brieven" – sog. Sendbriefe an wirkliche oder fingierte Adressaten – richteten sich insbesondere an die eigene Beginengemeinschaft. Ihre „Visionen" stellen meist ein Gesicht in den Mittelpunkt. In der Vision ist sie entrückt, von orewoet – Sturmwehen des Geistes – ergriffen. Hildegard von Bingen stand ihren Visionen objektiv gegenüber. Hadewichs Gedichte nennt Ruh „den Höhepunkt geistlicher und weltlicher Minnedichtung in den Niederlanden". Von ihrer Prosa sagt er, daß sie „alles, das Zarteste und Kühnste ihrer Erfahrungen, das Erhabenste kosmischer und prophetischer Bildwelt in einer Dichte und Prägnanz ins Wort brachte, die in ihrer Zeit und in der gesamten niederländischen Sprachkunst nichts Vergleichbares haben. Ebenso erstaunlich ist ihre intellektuelle Begabung, die Sicherheit in spekulativ-theologischen Aussagen, das Bewußtsein ihrer Außerordentlichkeit." Es ist kein Zufall, daß diese Frau dem Innovationsraum der südlichen Niederlande entstammt.

In Deutschland sind die ersten Beginen 1223 in Köln bezeugt;[174] sie kommen aus Familien des Stadtpatriziats, die alten Kölner Damenstifte waren den Töchtern des landsässigen Hochadels reserviert. A. Schultes' Feststellung, daß in den Stühlen der drei Kölner Frauenstifter St. Ursula, St. Caecilien und St. Maria im Kapitol nie eine noch so vornehme Kölnerin gestanden hat, gilt nach wie vor absolut für die Zeit nach 1250. F. M. Stein hat in seiner materialreichen und sorgfältigen, die Stärke der ständischen Schranken aber doch wohl unterschätzenden Arbeit drei Ausnahmen für die Zeit um 1200 in Maria im Kapitol festgestellt: zwei Angehörige der Kölner Patrizierfamilie Mummersloch und eine der hochadlig versippten Familie Jude. Auch war Maria im Kapitol zunächst Benediktinerinnenkloster, es wurde erst im 12. Jahrhundert in ein Stift umgewandelt. Zu den alten Kölner Frauenklöstern hatten Frauen aus patrizischen Familien Zutritt. Für die mittleren Schichten fehlte es an Möglichkeiten zu einer vita religiosa, so wie sie sich diese wünschten. Keineswegs waren etwa alle Beginen „frustrierte Nonnen". Das Beginentum bot eine flexiblere, offenere religiöse Lebensform, vor allem als die alten Klöster.

Daß wir im Adel und städtischen Patriziat den sozialen Hintergrund der religiösen Bewegung zu sehen haben, ist nicht unumstritten. Als Hildegard von Bingen in Köln gegen die Haeretiker predigte und gefragt wurde, wo man diese finde, antwortete sie: „in speluncis terrae, domos vocans subterraneas, in quibus textores et pellifices operantur – in Erdhöhlen, unterirdischen Häusern, wo Weber und Kürschner arbeiten". Gab es also vielleicht doch eine Verbindung Weber – Ketzer? Grundmann hat m. E. überzeugend dargetan, daß es oft umgekehrt war. Es gehörte zum apostolischen Leben, das die Ketzer führen wollten, von ihrer Hände Arbeit zu leben, und da bot sich die Weberei an. „Nicht Weber wurden Ketzer, sondern Ketzer wurden Weber", hat Grundmann pointiert gesagt. Das muß nicht ausnahmslos gegolten haben.[175] Wir haben ja die hochadligen Damen in der südfranzösischen Ketzerei angetroffen, und wer einmal die alten Katharerburgen Peyrepertuse und Queribus erstiegen hat, sieht, daß hier Herren am Werk waren. Und die neuen Orden und die kirchlich integrierten Beginengemeinschaften waren nur die andere Seite der Medaille der Ketzerei. Alle wollten sie die innere Erneuerung der Kirche; ich möchte den bedeutenden Anteil der Städte und breiter – nicht nur hochadliger, aber auch noch nicht unterer – Schichten an dieser religiösen Bewegung betonen.

Aus einer ohne Regel lebenden Frauengemeinschaft ist das Kölner Kloster St. Gertrud am Neumarkt entstanden: Es wurde 1263/83 als Dominikanerinnenkloster anerkannt. Töchter aus 18 Kölner Patrizierfamilien sind schon vor Ausgang des 13. Jahrhunderts unter den Nonnen vertreten.

Wie weit, fragen wir, kamen die neuen Orden der Franziskaner und Dominikaner der Frauenbewegung entgegen? Widerstände gab es auch hier. Grundmann und Elm haben detailliert herausgearbeitet, wie es in einem hartnäckigen Ringen zwischen den widerstrebenden Orden und dem Papsttum zu Lösungen kam, die den Wünschen der Frauen gerecht zu werden versuchten. Bemühen wir uns, den Anteil der Frauen selbst herauszustellen. Die Anfangssituation bei Dominikanern und Franziskanern ist sehr verschieden. Dominikus hatte damit begonnen, durch die Predigt suchende und irrende, religiös ergriffene Frauen dem rechten Glauben zurückzugewinnen. Als er in Fanjeaux unweit Prouille predigte, traten neun „matronae", ältere Frauen, an ihn heran und sagten, daß sie den Männern, gegen die er predige, geglaubt und sie für gute Menschen gehalten hätten. Sie mußten erst durch die Predigt des Dominikus und seiner Mitarbeiter darüber belehrt werden, daß es sich um Haeretiker handle. Mit der Ketzerbekämpfung in Südfrankreich stand die Gründung des Frauenklosters in Prouille in Zusammenhang, das erste zum Dominikanerorden gehörige Kloster, von dem aus in den nächsten Jahren Dominikus und seine Gefährten die Ketzermission betrieben. Auf einer Reise nach Spanien 1218 legte Dominikus die Grundlage zu einem Frauenkloster in Madrid, und 1221 wurden in dem vom Papst geschenkten neu errichteten Kloster S. Sisto in Rom die dorthin überführten Benediktinerinnen von S. Maria in Trastevere nach den Grundsätzen von Prouille reformiert. Schwierig gestaltete sich dagegen der Start in Bologna. Die Predigerbrüder fanden hier sowohl bei den Dozenten und Studenten der Universität wie bei den Frauen des Stadtadels Gehör. Die etwa 18jährige Diana von Andalò und andere Frauen des Bologneser Adels änderten ihre ganze Lebensführung, 1219 legte Diana vor Dominikus die Gelübde ab und bat ihn um Errichtung eines Frauenklosters nach dem Vorbild von Prouille. Gegen diesen Plan gab es viele Widerstände. Diana trat 1221 in ein Benediktinerinnenkloster bei Bologna ein. Als sie nach Dominikus' Tod ihren Plan wieder aufnahm, hat der neue Ordensgeneral Jordanis von Sachsen sie zunächst sehr unterstützt: 1223 wurde das neue Kloster S. Agnes von Diana und vier anderen Schwestern bezogen, aber erst nach einer energischen päpstlichen Anmahnung hat der neue Orden für S. Agnes in Bologna Schutz, Verwaltung und Seelsorge übernommen. Der 1228 zustandegekommene Kapitelbeschluß, der verbot, die Übernahme weiterer Frauenklöster durch den Predigerorden zu betreiben und die Gelübde von Frauen entgegenzunehmen, richtete sich nicht, wie aus zwei Briefen von Jordanis an Diana von Andalò hervorgeht, gegen S. Agnes. Vielmehr werden als Gründe für diesen Beschluß die Verhältnisse in anderen Ordensprovinzen, vor allem in Deutschland, angeführt. Hier hätten die Predigerbrüder oft jungen Frauen und Dirnen, die büßen und Keuschheit geloben wollten, ohne weiteres die Gelübde abgenommen; dagegen wolle der Beschluß einschreiten. In Deutschland, kommentiert Grundmann, „trafen die Wellen der von Süden ausgehenden Bettelordensbewegung und der religiösen Frauenbewegung der nördlichen Länder aufeinander. Die Folge war ein ungeheurer Andrang der frommen Frauen in den neuen Orden." So war die Predigt Heinrichs, des ersten Dominikaner-Priors von Köln bei Jungfrauen, Witwen und Büßerinnen von großem Erfolg, und die Kölner Frauen beweinten seinen Tod. Der Kölner Klerus verhielt sich zunächst sehr reserviert gegen Dominikaner wie Minoriten. Der Andrang der Frauen zu den neuen Orden war größer als diesen selbst recht war. Viele Frauengemeinschaften bestanden schon, bevor sie Dominikanerinnenklöster wurden.

Wir erwähnten bereits das Kölner Beispiel. Sehr aufschlußreich ist der Fall Nürnberg. Im Jahr 1211 zog die junge Elisabeth von Ungarn zur Verlobung mit dem Sohn des Landgrafen von Thüringen durch Nürnberg; eine ihrer Begleiterinnen, die Harfnerin Alheit, blieb in der Stadt zurück und bekehrte sich dort zu einem Leben der Buße und Gottesminne. Eine kurz danach entstandene Beginengemeinschaft bat Alheit, ihre Meisterin zu werden. Diese „sorores Rotharinne", wie man sie nach ihrer Meisterin, der „Rotherin" (Harfnerin) nannte, wurden weit bekannt, mit Gaben und Stiftungen bedacht, darunter Geschenken der Königin Kunigunde von Böhmen. Als Nürnberg 1239 unter dem Interdikt stand, wandten sich die Frauen an den Reichsministerialen Ulrich von Königstein, der ihnen den für die Klostergründung Engelthal erforderlichen Bestand an Ländereien übereignete. So entwickelte sich die Frauengemeinschaft zu einem Kloster. Zisterzienser bemühten sich – trotz des Ordensverbots, Frauenklöster aufzunehmen –, das Kloster für sich zu gewinnen. Die Frauen entschlossen sich aber für den Anschluß an den Dominikanerorden: Als Bischof Friedrich von Eichstätt 1244 das Kloster in seinen Schutz nahm, verpflichtete er die Schwestern auf die Augustinerregel und die Statuten von S. Sisto in Rom; 1248 haben die Frauen von Engelthal durch päpstliche Vermittlung die Aufnahme in den Dominikanerorden erwirkt.

Wie anziehend die Dominikanerpredigt auf die frommen Frauen wirkte, legt Grundmann auch am Beispiel der Tochter Jolande des Grafen von Vianden in Luxemburg dar, deren Wunsch nach einem Klosterleben fast „geheilt" schien und die zur Erleichterung der Familie einer glänzenden Heirat entgegenging –, als die Dominikaner in ihr Leben traten und sie gegen den Widerstand ihrer ganzen Verwandtschaft in eine armselig dürftige Frauengemeinschaft eintrat – eine von Hunderten. Mit Wasser und Brot und von Abfällen ernährten sich Töchter wohlhabender Züricher Geschlechter in einem öden, zerfallenen Haus. Dieses Kloster Ötenbach bei Zürich fand keinen Stifter; die Mitgift der Schwestern und Almosen machten es schließlich reich. Aber vor der 1245 erfolgenden Aufnahme in den Dominikanerorden lebte die Gemeinschaft „mit großer armut und gepresten, in großer armut zeitliches guts, aber reich an göttlicher minne und in warer demütigkeit". Vorbildlich für viele Dominikanerinnenklöster wurde das St. Markus Kloster in Straßburg, dessen Konstitutionen im allgemeinen mit denen von S. Sisto in Rom übereinstimmten. In Deutschland ergab sich also ein enges Zusammenwirken zwischen „religiösen“ Frauen und Dominikanern; die Ortsbischöfe und der Orden insgesamt waren damit nicht durchweg einverstanden, anders die Kurie. Anstoß zum Gegenzug des Papstes Innozenz IV. gab das französische Frauenkloster Montargis am Loing. Dort hatte die verwitwete Gräfin Amicie von Joigny, Tochter des mit Dominikus befreundeten Grafen Simon von Montfort, ein Kloster für 50 Frauen gegründet. Der Orden verweigerte ihr aber die Inkorporation; Amicie hat, als die Kurie in Lyon weilte, persönlich mit Innozenz IV. verhandelt und erreicht, daß durch eine Bulle vom 8. April 1245 die Aufnahme des Klosters Montargis in den Dominikanerorden verfügt wurde. Dadurch war der Damm gebrochen.

Franz von Assisi hatte 1211/12 Klara Sciffis als blutjunges Mädchen „wie eine edle Beute der argen Welt“ abgejagt. Bei der Damianskirche vor den Toren von Assisi entstand die von ihr geleitete Frauengemeinschaft, die nach Franziskus' Anweisungen in Armut, Einfalt und strengem Fasten lebte. Franz hat St. Damian der Liebe und Fürsorge seiner Ordensbrüder empfohlen, aber die Regula Bullata von 1223 verbot das Betreten von Nonnenklöstern ohne spezielle päpstliche Erlaubnis. Auch hier griff Innozenz IV. entscheidend ein: Am 2. Juni 1246 hat er an einem Tag 14 Frauenklöster in Italien, Frankreich, Spanien dem Franziskanerorden unterstellt. Klara setzte für St. Damian das strenge Armutsprinzip und die Seelsorge der Franziskaner in dem von Franziskus vorgesehenen Umfang durch. Nach ihrem Tod hieß der Orden von St. Damian offiziell Ordo S. Clarae. „Um 1300“, schließt Grundmann seine Betrachtung des Verhältnisses der Franziskaner und Dominikaner zu den Frauenklöstern, „war endgültig ein Zustand erreicht, der in seiner Vielfalt, vor allem im Klarissenorden, die Spuren langer wechselvoller Auseinandersetzung noch an sich trug. Die selbständige drängende Bewegung unter der religiösen Frauenwelt war großenteils in die festen Formen des kirchlichen Ordenslebens eingefügt ...“ Aber nicht alle Wünsche der Bewegung waren damit befriedigt. Viele Frauen suchten ihre Heimstätte in der freien Gemeinschaft der Beginen oder fanden im Kloster den Weg nach innen, zur Mystik. Die Vielfalt weiblichen geistigen Lebens war ständig größer geworden und um Abtei, Stift, Konvent – Elm hat nachdrücklich darauf hingewiesen[176] – gruppierte sich ein großer Personenkreis: Konversen, Laienschwestern, entlohnte Dienstkräfte und Frauen, die sich durch Schenkungen das Recht erworben hatten, von den Ordensfrauen und ihren geistlichen Leitern Lebensunterhalt und geistliche Betreuung zu erhalten. Der Wirtschaftsbetrieb der Frauenklöster konnte von den Nonnen allein nicht aufrechterhalten werden. Haus-, Küchen- und Gartenarbeit, Krankenpflege, Versorgung der Gäste oblag den Laienschwestern.[177]

Aus dieser vielfältigen, intensiven religiösen Frauenbewegung heraus ist Elisabeth von Thüringen zu verstehen.[178] Elm betont ihre geistige Verwandtschaft zu Franz von Assisi, von dem sie schon früh gewußt hat. Beide entschlossen sich schließlich für ein Leben zwischen Kloster und Welt. Daher die Schwierigkeiten der Zuordnung, die Elisabeth den Historikern gemacht hat. War sie stärker zisterziensisch oder franziskanisch geprägt? Soll man ihre geistige Formung ebenso oder überwiegend der Kreuzzugsgesinnung zuschreiben und nicht so sehr der Ordensspiritualität? War sie eine Ordensfrau oder blieb sie im Laienstand, kann man sie als Poenitentin, Hospitalschwester oder Begine bezeichnen? Was sie antrieb, war der Wille zur unbedingten Nachfolge Christi in Armut, Verzicht, Erniedrigung und Gehorsam.

3. Die Frau in der höfisch-ritterlichen Welt

Immer noch wohnte der weitaus größere Teil der Bevölkerung Mittel- und Westeuropas nicht in den Städten, sondern auf dem Lande. Das Land hatte im burgsässigen Adel seine eigene politische Führerschicht. Vom König über Herzöge, Grafen, Edelherren reichte die Pyramide bis zum Reitersmann, zum „Ritter". Das Rittertum gehört zu den vom historisch interessierten Laien oft verkannten Erscheinungen, bald wird der Ritter idealisiert als christlicher Ritter, als Troubadour und Minnedienstler, bald als „Raubritter" schlechthin allzu übel beleumundet. Der Historiker bemüht sich um die nüchterne Wirklichkeit. Ich zitiere Arno Borsts[179] treffende Schilderung: „... der niedere Adel Frankreichs war eine Horde von Draufgängern, die nur Erfolg und Faustrecht anerkannten. Sie paktierten mit Tod und Teufel und überfielen jeden Schwachen. Rücksichtnahme war Feigheit, der tapferste Gegner wurde ohne jede Ritterlichkeit rabiat niedergehauen. Neben dem Raubkrieg war der Lieblingssport dieser Frischluftfanatiker die Hetzjagd auf Großwild ... Das Geraubte und Erjagte gab man mit vollen Händen wieder aus; knausern mochten die Schwächlinge, die selber arbeiteten. Keuschheit und Zucht galten gleichfalls als Geiz; die engen Holztürme, in denen sie wohnten, wimmelten von unehelichen Kindern, und niemand schämte sich ihrer. Das Leben im Turm spielte sich in lärmendem Gedränge ab. Man saß dicht beieinander auf langen Bänken und griff sich das Fleisch aus der Schüssel mit den Fingern; was übrigblieb, schnappten die Hunde, oder es fiel ins Stroh, das den kalten Boden deckte. Lesen und schreiben konnten die Herren selten. Höchstens ließ sich einer vorlesen von gewaltigen Recken, die waren, wie er sie sich wünschte, muskelstark, tollkühn, von unerschöpflichem Appetit. Man war eher abergläubisch als fromm; die Frauen wurden wenig geachtet und viel geschlagen." So schlimm blieb es nicht. – Immerhin scheint es uns jetzt verständlicher, daß viele Frauen ins Kloster drängten. Könige und Fürsten nahmen diese Rittersleute in Zucht, Gottes- und Landfrieden und die kirchliche Reformbewegung verfemten die Auswüchse. „... weil dieser niedere

Adel", so fährt Borst fort, „nicht auf jahrhundertealten Traditionen und auf Vererbung beruhte, war er für alles Neue und Grandiose empfänglich; ohne Revolution ließ er sich willig hineinziehen in größere Ideenkreise, Gott und Kirche, König und Staat, Sitte und Frauen. Noch immer jedem Tüchtigen geöffnet, keinem der neuen Ideale restlos verfallend und doch von ihnen allen fasziniert, bildete der neue Stand sein korporatives Selbstbewußtsein im 11. Jahrhundert aus und gab sich, zuerst in Frankreich, den neuen Namen, chevalier, riddere, ritter, knight. Er wurde erforderlich, weil diese Schicht offenbar nicht in die älteren Kategorien der Adligen und Ministerialen paßte; sie stand zwischen beiden, zwischen Adelsmacht und Reiterdienst ... Und nun, seit 1100 verbreitete sich die in Frankreich geprägte Form über ganz Europa." In Frankreich trat auch zuerst neben die alten Heldenlieder die ritterliche Lyrik. Sie verherrlichte die höfische Frau und die Liebe des Ritters zu seiner – mit einem anderen verheirateten – Herrin.[180] „Man wird niemals wissen", sagt Sidney Painter,[181] „ob die Frau oder der Troubadour die lyrische Dichtkunst des Südens schufen, aber während der männliche Geist ihr die Form gab, wie sie uns erhalten ist, gab ihr die weibliche Schönheit die Inspiration."

Eine Königin der Troubadoure war Eleonore von Poitou.[182] Die reiche Erbin Aquitaniens wurde 1137 13–15jährig mit Ludwig VII. von Frankreich, der 16 Jahre alt war, verheiratet. Das erste Kind, ein Mädchen Marie, wurde erst 1145 geboren; ein zweites Mädchen nach der Rückkehr vom mißglückten zweiten Kreuzzug, auf den Ludwig seine Gemahlin mitgenommen hatte. In Antiochia traf Eleonore ihren Onkel Raimund als Fürsten dieses Kreuzfahrerstaates, in dem ihre Muttersprache, die langue d'oc, gesprochen wurde. Hier fühlte sie sich wohl. Raimunds politische Ziele und Ludwigs Kreuzzugspläne differierten; darüber kam es zu einer ernsthaften Verstimmung zwischen Eleonore und ihrem Gatten. Es spielten auch persönliche Momente mit. Verdächtigte Ludwig seine Frau zu weitgehender Beziehungen zu Raimund? Mit Recht? Eleonore erfreut sich in dieser Hinsicht ganz allgemein keines guten Rufes bei vielen Geschichtsschreibern der Zeit. Genügte der schönen, klugen Frau der mönchisch geprägte Gatte nicht? – Ludwig war ursprünglich für den geistlichen Stand bestimmt. – Der Papst hat das vom Kreuzzug durch Italien heimkehrende Paar noch einmal versöhnt; er beseitigte Eleonorens Bedenken über die Gültigkeit ihrer Ehe mit dem Kapetinger wegen zu naher Verwandtschaft. Natürlich war die Geburt einer zweiten Tochter für Ludwig eine große Enttäuschung; er brauchte einen männlichen Erben für sein Haus und für Aquitanien. In Paris ergaben sich 1151 Beziehungen der unzufriedenen Königin zu Ludwigs Vasallen Gottfried Plantagenet, Graf von Anjou und seinem Sohn Heinrich, Herzog von der Normandie mit Erbansprüchen auf England. Hochverräterische Beziehungen? Sie haben Eleonore in ihrem Wunsch nach Trennung von Ludwig bekräftigt, der auch seinerseits die Ehe annullieren lassen wollte. So kam es im März 1152 in Beaugency zu der Versammlung von Erzbischöfen, Bischöfen, Großen und Baronen Frankreichs, die Ludwigs Ehe mit Eleonore wegen zu naher Verwandtschaft für nichtig erklärten; Eleonore behielt ihre angestammten Güter, sie und Ludwig gewannen das Recht, eine zweite legitime Ehe zu schließen. Eleonore begab sich in das feste Poitiers; dort suchte sie der junge Herzog Heinrich auf, der inzwischen nach dem frühen und plötzlichen Tod Gottfrieds Plantagenet auch Anjou und Maine geerbt hatte. Etwa 8 Wochen nach der Scheidung von Ludwig wurde Eleonore die Gattin Heinrichs und Herzogin der Normandie. Eleonorens bevorzugte Residenz wurde Angers. Die Dichter fanden sich an ihrem Hof ein; der Troubadour Bernard von Ventadour erkor sie zu seiner „Herrin". 1154 finden wir sie in Rouen. Am 25. Oktober starb König Stefan von England; am Sonntag vor Weihnachten des Jahres 1154 wurden Heinrich und Eleonore in der Westminsterabtei gekrönt. Jetzt konnte sich Eleonore als Königin voll entfalten. Ihrem englischen Gemahl schenkte sie acht Kinder, darunter fünf Söhne, der erste starb allerdings als Kind. Zu wiederholten Malen teilten sich Eleonore und Heinrich die Regierungsgewalt in ihren verschiedenen Landesteilen: Die Königin bleibt in England, wenn Heinrich in die Normandie gerufen wird, oder residiert in Anjou, Poitiers oder Bordeaux, während Heinrich seine insularen Besitzungen inspiziert. Wenn auch ihre Rechte als Herzogin von Aquitanien auf ihren Gatten übergingen, so war doch ihre Zustimmung zu jeder Verfügung notwendig. Als Königin von England standen ihr die Ländereien ihrer Mitgift zur Verfügung, als königliche Gemahlin – queen consort – konnte sie in ihrem Namen urkunden.[183] Bei den feierlichen Hoflagern, die jedes Jahr in einer anderen Stadt des Königreiches stattfinden, sitzt sie an der Seite des Königs. Sie läßt sich Rechnung legen, zum Beispiel vom Markt in Oxford, von den Zinnminen, von denen der König einen Zins erhebt, von einer Mühle, die sie besitzt. In den ersten Rechnungen, in denen die Königin ausdrücklich erwähnt wird, erscheint der Kauf von Öl für ihre Lampen, das sie den Kerzen aus Unschlitt oder Wachs, von Wein, den die Tochter Aquitaniens dem englischen Bier vorzog. Sie ersteht Leinwand für Tischtücher, Kupferkessel, Kissen und Vorhänge, Gold, um Tafelgeschirr und Bestecke vergolden zu lassen, Gewürze für die Küche, Weihrauch für den Gottesdienst in der Palastkapelle. Noch mehr: Sie trug bei zur Verbindung der höfischen südfranzösischen Poesie mit dem keltischen Sagenstoff.

1167 kam ihr letztes Kind, Johann („Johann ohne Land" genannt) in England zur Welt. Zu dieser Zeit kam es der „schönen Rosamunde" wegen, Tochter eines normannischen Ritters, zum unheilbaren Bruch mit ihrem Gatten; Eleonore zog sich gekränkt nach Poitiers zurück. Hier ist ihr Hof Mittelpunkt des höfischen und ritterlichen Lebens, wenn sie auch keineswegs dauernd in Poitiers anwesend war, zwischen 1168 und ihrer Rückkehr nach England als Gefangene 1174. Hier weilen öfters auch ihre Töchter aus erster Ehe: Alix von Blois, die später in Fontevrault eintritt, und Marie von der Champagne. Die private Zwistigkeit der königlichen Gatten wurde überschattet von einem größeren Geschehen: der Auseinandersetzung über das Verhältnis von Kirche und Staat zwischen Heinrich II. und Thomas Becket, Erzbischof von Canterbury, der 1170 in seinem Dom ermordet wurde. Das führte zu einer großen Erschütterung der Herrschaft Heinrichs, zum Aufstand der Söhne, den Eleonore unterstützte. Im Sommer 1174 ließ Heinrich sie ergreifen und setzte sie in England gefangen.

Ihre Freiheit erhielt sie schrittweise wieder. 1185/86 weilte sie in der Normandie und urkundete einmal wieder zugunsten von Fontevrault. 1183 starb ihr schon zum König gekrönter zweiter Sohn Heinrich. Von 1186 bis zum Tod ihres Gatten lebte sie in England, aber ohne ihre frühere Stellung wieder zu erlangen. Nach dem Tod ihres Gatten bis zur Ankunft Richards in England genoß sie größte Autorität, war aber wohl nicht Regentin. Nach außen führte Oberjustiziar Ranulf de Glanville die Geschäfte, immerhin ergingen einige Erlasse per preceptum regine, per reginam. Fest steht, daß sie veranlaßte, die in königlichen Kerkern Schmachtenden freizulassen oder vor ein Gericht zu stellen, und alles tat, Richards Krönung vorzubereiten. Richard war in England ja fast unbekannt. Sein erstes Auftreten wurde mit allem erdenklichen Prunk gefeiert: Die Gewänder der Königin und ihres Gefolges kosteten über sieben Pfund, der Mantel der Königin aus fünfeinhalb Ellen mit Feh und Zobel verbrämter Seide vier Pfund und 19 Schilling. Zehn Ellen scharlachroten Stoffes, zwei Zobel und ein Fehpelz waren für weitere Gewänder erforderlich. Nach seiner Krönung rüstete sich Richard wie Barbarossa und Philipp August von Frankreich für den dritten Kreuzzug. Eleonore arrangierte Richards Verlobung mit Berengaria, Tochter des Königs von Navarra, die sie ihm in Messina zuführte. 1192 betritt sie wieder englischen Boden. Als die schlimme Nachricht von Richards Gefangenschaft durch Leopold von Österreich eintrifft, tut sie alles, dem Lieblingssohn zur Freiheit zu verhelfen. Sie wandte sich an den Papst, sie trieb das Lösegeld von den Lehnsmannen ein. Sie war auch jetzt nicht formaliter mit der Regentschaft betraut, sie besaß keine eigene Kanzlei und Verwaltung. Sie selbst brachte das Lösegeld ins Reich. In der Stadt Köln, die jetzt die Leiber der hl. Drei Könige barg, feierte sie mit Erzbischof Adolf I. das Dreikönigsfest. An Mariä Lichtmeß 1194 übergaben in Mainz die Erzbischöfe von Mainz und Köln Richard „in manu Alienor matris sue liberum et quietum ex parte imperatoris“.[184] Über Köln, wo der Erzbischof ihnen ein großes Fest gab, reisten sie nach Antwerpen und landeten im März in England. Im Mai zog Richard schon wieder in die vom französischen König Philipp August begehrte Normandie, von Eleonore begleitet, die sich – sie war nun über 70 Jahre alt – jetzt öfters nach Fontevrault zurückzog. Aus der Klosterruhe schreckte sie 1199 die Trauernachricht von Richards tödlicher Verwundung in einer Fehde auf; er starb in ihren Armen. Von ihren fünf Söhnen lebte jetzt nur noch Johann, ein haltloser, unzuverlässiger, heimtückischer Mann, der die Nor-

8. Edelfräulein mit Schappel

9. Frauen auf einem Tanzfest

10. Grabfigur der Eleonore von Poitou in Fontevrault

mandie an den König von Frankreich verlieren sollte. Eleonore entfaltete immer noch eine erstaunliche Aktivität; die jetzt von ihr ausgestellten Urkunden sind vor allem Freiheitsurkunden für die Städte im Poitou. Sie hatte offensichtlich ein Gespür für die neue Lebens- und Wirtschaftsform und die militärische Bedeutung der aufblühenden Städte und die Möglichkeiten, die sich hier für die Krone ergaben. Mit mehr als 80 Jahren überschritt sie die Pyrenäen, um ihre jüngste, seit 1170 mit Alfons VIII. von Kastilien verheiratete Tochter Eleonore zu besuchen. Von dort nahm sie Blanca, ihre Enkelin, als Braut des französischen Thronerben mit, es war ihre persönliche Wahl, und sie bewies dabei eine glückliche Hand. Blanca hat sich als energische Regentin erwiesen, als ihr Sohn Ludwig der Heilige auf dem Kreuzzug war. Eleonore von Aquitanien starb am 31. März 1204 und liegt in Fontevrault begraben. Ihr Grabmonument zeigt sie umhüllt von den Falten ihres Kleides und ihres Mantels. Das Gesicht ist von Schleier und Kinnbinde umrahmt, sie liest in einem Buch: das Bild der hochgebildeten Königin, deren geistige Interessen bis zum letzten Atemzug wach blieben, die Troubadoure und Minnesänger inspirierte. Ihre Tochter erster Ehe, Maria, war eine eifrige Verfechterin der höfischen Liebe. Sie war mit dem Grafen Heinrich von der Champagne verheiratet, dem die Messen der Champagne große Reichtümer einbrachten. Sie war erfüllt von den Ideen der Troubadoure und lieferte Chrétien de Troyes den Stoff zur Geschichte von Lancelot und Ginevra.

Eleonorens älteste Tochter zweiter Ehe, Mathilde, heiratete den großen Welfen, Heinrich den Löwen, seit 1142 Herzog von Sachsen, seit 1154 auch Herzog von Bayern.[185] Heinrichs des Löwen Großmutter, Richenza, war übrigens die letzte bedeutende „consors regni" in Deutschland. Ihr reiches Erbe machte Kaiser Lothar III. zum mächtigsten Mann in Sachsen. Nach seinem Tod und dem Tod ihres Schwiegersohnes Heinrich des Stolzen war sie zur Führerin der welfischen Sache geworden; sie starb 1141. Heinrichs Heirat mit Mathilde war eine politische Heirat; sie stand in Zusammenhang mit einem vom Kanzler Rainald von Dassel 1165 vereinbarten deutsch-englischen Bündnis, das durch Eheverbindungen befestigt werden sollte. So wurde die etwa neunjährige Mathilde dem 35jährigen Herzog verlobt. Heinrich der Löwe war mit dieser Heirat einer Königstochter, die sein Ansehen hob, voll einverstanden. Im Winter 1167/68 benutzte er die in dieser Jahreszeit übliche Waffenruhe zur Hochzeit. Unter der Führung des aus dem holländischen Grafenhaus stammenden Propstes Baldewin von Utrecht schickte er eine Gesandtschaft an den englischen Königshof, die Prinzessin nach Sachsen einzuholen. Zwei Grafen und andere englische Große gaben ihr das Geleit; sie brachte einen großen Schatz von Gold und Silber und eine reiche Aussteuer mit. Am 1.Februar 1168 wurde die Ehe im Dom zu Minden eingesegnet. Die weltlichen Hochzeitsfeierlichkeiten fanden in der Burg zu Braunschweig statt. Mathilde schenkte dem Herzog in den Jahren 1172 bis 1184 fünf Kinder, darunter den späteren deutschen König Otto IV. In den 70er Jahren war der Welfenhof zu Braunschweig eine Stätte höfischer Kultur, Herzog Heinrich ein Mäzen, der seine Residenz mit bedeutenden Bauten schmückte, den Burglöwen gießen und frei vor seiner Burg aufstellen ließ, der Buchmalerei[185a] und der Goldschmiedekunst starke Impulse gab. Seine Gattin Mathilde machte die neue ritterliche Dichtung am Welfenhof bekannt. In der Umgebung des Herzogs entstanden zwei Werke, die zu den ersten Schöpfungen der frühhöfischen Epik auf deutschem Boden gehören: das Rolandslied des Pfaffen Konrad und der Tristant des Eilhart von Oberg, eines welfischen Ministerialen. Im Epilog des Rolandsliedes berichtet der Verfasser, der „Pfaffe Konrad", wie er sich nennt, daß ein Herzog Heinrich auf Bitten seiner edlen Gemahlin, der Tochter eines mächtigen Königs, das in Frankreich geschriebene Buch beschafft habe, um es ins Deutsche übertragen zu lassen. Die Identifikation des hier genannten Herzogs Heinrich mit Heinrich dem Löwen ist ziemlich sicher, mit guten Gründen können die Jahre 1168/72 als Abfassungszeit des Werkes angesehen werden. Über die Entstehungszeit des Tristan ist eine sichere Entscheidung nicht möglich. Vorlage Eilharts war das verschollene große französische Epos von Tristan und Isolde. Auch die Kenntnis dieser Dichtung dürfte die Herzogin Mathilde vermittelt haben. Ein Beispiel unter vielen, wie wichtig für die Ausformung einer europäischen Kultur die verwandtschaftlichen Beziehungen der Herrscherhäuser und des Hochadels waren. Nach den Jahren des Glanzes kamen für Mathilde Jahre der Sorgen und der Verbannung. In den Zeitraum von 1176 bis 1180 fällt die dramatische Auseinandersetzung zwischen Barbarossa und Heinrich dem Löwen, die schließlich dazu führt, daß Heinrich seine beiden Herzogtümer aberkannt werden und er sich verpflichten muß, Deutschland für drei Jahre zu verlassen. Seine Frau, seine einzige Tochter und zwei Söhne begleiten ihn in die Verbannung. Im Herbst 1182 unternahm er eine Wallfahrt nach Santiago de Compostela. Das Weihnachtsfest verbrachte er wieder mit seiner Familie bei König Heinrich in Caen. Während seiner Abwesenheit hielt sich Mathilde am königlichen Hof in Argentan in der Normandie auf. Durch ihren Bruder Richard Löwenherz lernte sie den Troubadour Bertrand de Born kennen; er widmete ihr zwei seiner schönsten Minnelieder. Bertrand pries den Liebreiz der damals etwa 26jährigen Fürstin, er verglich sie mit Helena. Im Frühjahr 1184 folgte Mathilde ihrem Vater nach England und gebar in Winchester ihren jüngsten Sohn Wilhelm, den Stammvater aller späteren Welfen. Im Frühjahr 1185 konnten Heinrich und Mathilde nach Braunschweig zurückkehren. Aber als Barbarossa im Jahre 1188 das Kreuz nahm, verpflichtete er den Löwen wieder, auf drei Jahre nach England zu gehen. Mathilde blieb zur Wahrung seiner Interessen in Braunschweig, dort starb sie am 28. Juni 1189, nur 32 oder 33 Jahre alt.

„Die deutsche Ritterlyrik, Minnesangs Frühling, blühte seit 1170 in den Frankreich nahen staufischen Landen" (Borst, S. 236f.) Ritterliche Lebensform gewann Gestalt in dem Mainzer Hoftag, der curia celebris, im Jahre 1184[186] aus Anlaß der Schwertleite der beiden Kaisersöhne, des Königs Heinrich und des Herzogs Friedrich. Das Fest, für das eine eigene Zeltstadt in der Ebene zwischen Rhein und Main errichtet worden war, begann am Pfingstsonntag mit der Festkrönung Barbarossas, seiner Gemahlin Beatrix und seines Sohnes Heinrich. Die Schwertleite wurde Pfingstmontag nach der Frühmesse vorgenommen, sie gab dem Fest sein ritterliches Gepräge: Die novi milites, die neuen Ritter, dokumentierten ritterliche Freigebigkeit in reichen Geschenken, die Fürsten und Großen schlossen sich dem an. Es folgte ein Waffenspiel, wohl noch kein Turnier französischer Art,[186a] das allerdings am Dienstag nach Pfingsten wegen eines Unwetters, das die aus Holz errichtete Kapelle und mehrere Zelte zum Einsturz brachte, abgebrochen wurde. Die Politik verlangte jetzt auch ihr Recht, der wichtigste politische Akt war die Erhebung des Grafen Balduin von Hennegau zum Reichsfürsten. Manche sahen das Unglück als göttliche Strafe für ein zu prunkvolles und weltlich-hochmütiges Treiben an. Solche Kritik wurde dem zweiten großen Mainzer Hoftag von 1188, der curia Jesu Christi, nicht zuteil; hier ging es um die große Aufgabe der christlichen Ritterschaft, die Rückeroberung von Jerusalem, hier wurde der neue Kreuzzug beschlossen, von dem Barbarossa nicht mehr zurückkehren sollte. Auf beiden Hoftagen zeigt sich die Verbindung des Kaisers mit dem Rittertum darin, daß alle Angehörigen des Hofes, soweit sie Laien waren, vom einfachen Dienstmann bis zum König als Ritter galten, daß die Lebensform des Rittertums alle, die im übrigen durch Standesgrenzen und Stellung in der Hierarchie getrennt waren, umschloß. Auch die Kaisersöhne unterzogen sich dem Aufnahmeritus der Ritterschaft, der Kaiser selbst nahm an den Kampfspielen teil. „Die ritterliche Welt hat damit durch den Kaiser an seinem Hof einen Sammelpunkt erhalten" (Fleckenstein). Ehre, Ruhm, Würde, Freigebigkeit erscheinen als höfisch-ritterliche Tugenden. Der äußere Prunk gehört dazu, der heraldische Schmuck der Zelte – die Wappen sind ja jetzt wichtig als Erkennungszeichen beim Turnier. Das Spielerische im Kampf wie in der Liebe ist ein Wesenszug des Rittertums.

Immerhin bot der Mainzer Hoftag auch edlere Genüsse: Guiot de Provins und Heinrich von Veldeke waren die besten, wenn auch sicher nicht die einzigen anwesenden Dichter; Guiot nennt ausdrücklich den Kaiser als seinen Gönner; vielleicht steht dahinter die Kaiserin Beatrix. Dazu paßt, daß Fleckenstein auf der Suche nach den ersten Anzeichen einer Verbindung des Kaisertums mit dem Rittertum, die sich in Mainz so glänzend präsentierte, auf den Hoftag von 1157 in Besançon kommt, der durch den Zusammenstoß des Kardinals Roland mit dem Kanzler Rainald von Dassel berühmt wurde. Kaiser Friedrich war mit Beatrix, die er im Vorjahr geheiratet hatte, hierher gekommen, um die Huldigung Burgunds entgegenzunehmen, und jetzt wetteiferte das ganze Land, den Herrscher mit „neuen" Ehrerweisungen zu verherrlichen und ihn mit „neuen" Lobpreisungen zu erheben. Diese neuen Formen mögen wohl, wie Fleckenstein vermutet, ritterliche Formen gewesen sein. Barbarossa und Beatrix waren ein schönes Paar. Von Beatrix sagt Acerbus Morena:[187] „Sie war von mittlerer Körpergröße, ihr Haar leuchtete wie Gold, das Antlitz war sehr schön, die Zähne weiß und wohl gestellt; sie hatte eine aufrechte Haltung, einen sehr kleinen Mund, einen bescheidenen Blick, helle Augen, und war züchtig in sanfter einnehmender Rede; sie hatte sehr schöne Hände und einen zierlichen Körper." Er nennt sie auch literarisch gebildet. Gautier von Arras hat ihr sein Romanepos „Ille et Galeron" gewidmet, die Cambraier Annalen betonen ihren aktiven Anteil am geistigen Leben.[188] An Bildung war ihr Barbarossa unterlegen. Die Hochzeit mit Beatrix – sie war Barbarossas zweite Frau – fand 1156 in Würzburg statt. Auch Beatrix begleitete den Kaiser auf seinen Reisen. Sie schenkte Barbarossa acht Söhne und drei, vielleicht vier Töchter[189] und starb lange vor ihm, 40 Jahre alt, im November 1184.

Eine eigenständige politische Tätigkeit haben die Frauen der Staufer mit einer Ausnahme nicht ausgeübt. Sie waren vor allem Objekte einer auf Ausweitung des Herrschaftsgebietes gerichteten Heiratspolitik; das gilt für Beatrix wie für Konstanze von Sizilien, die Gemahlin Heinrichs VI., und für die vielen Frauen, zum Teil auch für die Nebenfrauen Friedrichs II.; nicht unberechtigt hat man ihn als „Sultan von Lucera" verspottet. Seine erste Gemahlin Konstanze, Tochter König Alfons II. von Aragon, ruht neben dem Kaiser im Dom von Palermo. „Ich war Siziliens Königin und Kaiserin, Constantia, Hier ruh ich nun, Friedrich, Deine Frau" lautet ihre Grabschrift. Die Heirat mit dem jungen Staufer war vom Papst betrieben worden; Friedrich selbst hoffte mit Hilfe der katalanischen Ritter das entfremdete Krongut Sizilien zurückzugewinnen. Sie war ein gutes Jahrzehnt älter als er. 1211 gebar sie ihm den Thronfolger Heinrich. Als Friedrich 1212 zur Annahme der Krone von der Stauferpartei nach Deutschland gerufen wurde, übertrug er ihr die Regentschaft für den zum König von Sizilien gekrönten kleinen Sohn, ein großer Vertrauensbeweis angesichts der schwierigen Lage in Sizilien. Sie hat noch die Kaiserkrönung in Rom am 22. November 1220 miterlebt; am 23. Juni 1222 starb sie in Catania.

Die von Westen vordringende Lehnsfähigkeit der Frau setzt sich stärker durch. Seit dem Wormser Konkordat 1122 galten die Reichsbischöfe, Reichsäbte und Reichsäbtissinnen als Lehnsträger des Reiches, sie waren ohne Rücksicht auf ihren geistlichen Stand und ihr Geschlecht lehnsfähig.

Das Privilegium für das Herzogtum Österreich von 1156 setzt fest,[190] daß die Kinder, Söhne und Töchter (indifferenter filii sive filie) das Herzogtum, das Herzog Heinrich und Theodora zu Lehen gegeben wurde, erben und besitzen sollen. Dieser markante Vorgang führte aber nicht zur grundsätzlichen Anerkennung der Frauenerbfolge im Lehnswesen. Sie muß immer noch als Privileg zugestanden werden. Ein 1299 ergangener Reichsspruch beantwortete die Frage, ob eine Tochter in Lehngütern kraft Erbrechts ihren Eltern folgen könne oder nicht, dahin, daß keine Tochter oder Frau in Lehngütern folgen könne, es sei denn mit voller Zustimmung und Willen des Lehnsherrn.[191] Mitteis macht außerdem klar,[192] daß die Folgen der Erbfolge für die Frauen selbst zweischneidig waren: Für den Lehnsherrn bedeutete die Nachfolge auch der Töchter im Lehen, daß Lehen seltener dem Herrn „heimfielen", also von ihm einbehalten oder weiterverliehen werden konnten. Diesen Nachteil machten die Lehnsherren wett durch verstärkten Einfluß auf die Eheschließung der Lehnserbinnen; er äußerte sich anfangs als Verheiratungszwang, eine Nachwirkung alter muntrechtlicher Vorstellungen. Die Verheiratung der Tochter durch den Lehnsherrn erscheint als Inhalt des vom Lehnsmann zu leistenden Dienstes. Die englischen Könige haben den Heiratszwang mit brutaler Rücksichtslosigkeit ausgeübt. Wilhelm II. hatte Heiratslizenzen verkauft, ein Mißbrauch, den Heinrich I. 1100 abzustellen versprach; er verheiratete eine Lehnserbin mit dem Land nach dem Rat seiner Barone, eine Witwe nur mit deren Zustimmung. Im Vertrag zwischen Kaiser Heinrich VI. und Herzog Leopold von Österreich über die Auslieferung von Richard Löwenherz wurde unter den Auslieferungsbedingungen die Vermählung einer englischen Prinzessin mit einem noch zu bestimmenden Sohn des Herzogs vereinbart: Diese Tochter des Bruders des englischen Königs sei am Michaelsfest einem der Herzogssöhne zu präsentieren. In Deutschland und Frankreich schwächte sich der Heiratszwang des Lehnsherrn zum Heiratskonsens ab.

Drittes Kapitel
Das späte Mittelalter 1250–1500

1. Der allgemeine und rechtliche Rahmen

Zu Beginn dieses Kapitels müssen wir an den in der Einleitung charakterisierten Bevölkerungsrückgang erinnern. Chaunu (S. 87) schätzt, daß die lateinische Christenheit von über 60 Millionen um 1300, mindestens 65 Millionen um 1340, um 1420 auf etwa 40 Millionen zurückgefallen ist. Er konstatiert auch eine Wende im Heiratssystem: erhebliche lebenslängliche weibliche Ehelosigkeit und das Hinauszögern des Heiratsalters der Frau. Daß dieses neue Modell bereits spätmittelalterlich ist, läßt sich in England nachweisen an Hand der Poll Tax Records, das sind Kopfsteuerlisten von 1377. Man kann berechnen, daß damals nur noch 67% der weiblichen Bevölkerung über 14 Jahren verheiratet waren. Chaunu bewertet das sehr positiv: „... die Spätheirat [hat] die individuelle Partnerwahl an die Stelle der vom Familienclan beschlossenen Partnerwahl gesetzt, und ... die Ehe der sanften, gefühlsmäßigen Zuneigung auf Kosten der Impuls- oder Interessenehe begünstigt. Indem sie die Vaterschaft und Mutterschaft im Durchschnitt um die 32 bis 35 Jahre legt, hat sie an die Stelle der Erziehung durch die Altvorderen die Erziehung durch die Generation der Erzeuger gesetzt. Das Hinauszögern des Heiratsalters hat damit paradoxerweise für jüngere Erzieher gesorgt, indem die entscheidende Aufgabe der Weitergabe des kulturellen Gedächtnisses den 45jährigen Erwachsenen anvertraut wurde, die im Vollbesitz ihrer geistigen und materiellen Kräfte sind. Mit dem Hinausschieben der Vater- und Mutterschaft hat das System der vollen Welt die lange Zeit der Kindheit und Jugend für die grundlegende Investition in die Erziehung freigesetzt. Mit dem Hinausschieben der ersten Mutterschaft hat es einen Teil des Verlusts an potentieller und theoretischer Fruchtbarkeit durch einen Gesundheitsgewinn der Mutter wettgemacht ..." (S. 84). Für das Spätmittelalter gilt diese optimistische Interpretation der Entwicklung nur eingeschränkt; dieses Modell setzt sich erst in der Neuzeit durch. Heiratszwänge blieben auch im späten Mittelalter bestehen, und eine sehr späte Mutterschaft – in den Zünften z. B. – hat auch ihre Risiken.

Wichtige Probleme des Spätmittelalters sind das Verhältnis von Groß- und Klein(Kern)familie in der Stadt und auf dem Land, das Spannungsverhältnis eines weitgreifenden Verwandtschaftsbewußtseins und der für die Stadt typischen Kernfamilie, d. h. Ehepaar mit Kindern, die einen Haushalt bilden. Vor allem in der Stadt können wir das Wort Familie jetzt in unserem Sinn gebrauchen. Umstritten ist die Frage eines eventuellen Frauenüberschusses in der Stadt. Unumstritten ist die bleibende Bedeutung verwandtschaftlicher Bande und Familienzugehörigkeit für die Zusammensetzung von Rat, Kaufmannschaft und Zunft. In seiner letzten großen Arbeit hat Erich Maschke sich diesem Themenkreis zugewandt.[193] Er hat dabei mit exemplarischen Fällen gearbeitet, und so wollen wir es auch halten; allgemeine Aussagen lassen sich nicht machen. Die Verallgemeinerung lokaler Ergebnisse ist methodisch im Mittelalter unzulässig, nur einige Trends lassen sich erkennen. In den rechtlichen Rahmenbedingungen können wir durch die städtische Marktwirtschaft bewirkte Änderungen feststellen. Die eheherrliche Vormundschaft blieb bestehen. So heißt es im Frankfurter baculus iudicii 34: „Want er (der Ehemann) ist der frauwen momper, und sie ist sin momper nicht". In den Städten wurde den Frauen – in sehr engen Grenzen – ein gewisses Verfügungsrecht über das eheliche Vermögen zugestanden: Kleine Wirtschaftsausgaben werden der Frau erlaubt; in Freiberg, Lübeck – auf Lübeck kommen wir noch zurück –, Hildesheim kann sie 2 ½ Pfennig selbständig ausgeben, in Schleswig, Apenrade, Flensburg 12 Denare. Bei Krankheit und in Abwesenheit des Mannes, wenn er keine Vorsorge getroffen hat, im Fall der Not ist sie zu jeder Verfügung berechtigt. In Köln kam 1218 ein Mann, der ins Heilige Land pilgerte, mit seiner Frau gerichtlich überein, „quicquid cum domo et area ... absque marito suo Renardo agere voluerit, ipsi licebit, et tamquam Renardo presente et per manum eius factum fuerit, ratum erit.[194] (Was immer sie ohne ihren Gatten Renardus über Haus und Grundstück verfügt, soll so gültig sein, als wäre es in Anwesenheit des Gatten durch seine Hand geschehen).

Weitgehende Möglichkeiten, finanzielle Verpflichtungen einzugehen, gerichtliches Zeugnis zu geben, ihre Angelegenheiten selbständig zu führen, haben hingegen die Handelsfrauen, denen wir vor allem in den mittelalterlichen Großstädten begegnen. Schröder hat viele Belege zusammengestellt.[195] Im Augsburger Stadtrecht heißt es: „Sie hab denn sonderlich geschäft zu offenem kram oder ze offenem kehr, oder ob sie sonst stetigliche kaufs pflegt ohne ihren wirt (Ehemann): was sie denn tut, das hat wohl kraft". Eine Frau, „die zu markt stehet und verkaufet", könne auch vor Gericht selbständig auftreten. Ebenso wird in Memmingen bestimmt, daß Frauen, die zu Markt sitzen und kaufen und verkaufen, „müssen gelten und die recht liden als man". Das bayerische Stadtrechtsbuch von 1347 bestimmt, daß eine Marktfrau gleiches Recht wie ihr Mann hat, aber Erbe und Eigen nicht verkaufen darf. Schröder bringt Belege einer umfassenden rechtlichen Handlungsfähigkeit für Kauffrauen für Herzogenbusch, Oppenheim, Nürnberg, Murten, Freiburg i. Ue. Ein Gegenbeispiel ist Prag: Dort wird bestimmt, daß, wenn eine Krämerin oder Gewandschneiderin sowie Ehefrauen, die täglich zu Markt sitzen, um Schuld vor Gericht verklagt werden, ihr Mann sie vertreten soll.

Die Frauen in der Stadt konnten auch ein Handwerk lernen und ausüben, also Mitglied einer Zunft sein; es galt ja damals Zunftzwang, d.h. die Ausübung eines zünftisch organisierten Gewerbes war nur dem Zunftmitglied erlaubt. Es gab sogar den Frauen vorbehaltene Zünfte – davon später. Die Zünfte legten Wert darauf, daß die Frauen ihrer Amtsbrüder auch „des Amtes würdig" waren. „Amt" ist ein Synonym der oberdeutschen Bezeichnung „Zunft". „Ok enschal nemant eyne husfrowen nemen, se ensy denne ok des amptes gewerd", bestimmte die Satzung der Lüneburger Gerber von 1476; die Statuten der Kramer (1350), der Leineweber (1430), der Pelzer (1456), der Wollenweber (1432) enthalten eine entsprechende Vorschrift. In der Schustersatzung von 1389 heißt es sogar: „Were jemant unser gildebroder, de sick vorandern wolde mit einer bederven junckfrouwen edder frouwen, de scholde to der ersten morgensprake, darna also he bygeslapen hedde, full vor se don an unsem gilde (die Frau wird regelrecht in die Gilde aufgenommen). Und id schal wesen eine unberuchtede bederve minsche; anders will wy erer dar nicht in hebben. We sick anders voranderte, wen he van rechte schal, de schal entberen und afgan beide, gilde und des werkes und schal nen dont mer mit uns hebben." Wer sich schlecht verheiratet, verliert also Gilde und Amt. Feste, in den einzelnen Zünften und Städten unterschiedliche Regelungen galten für die Meisterswitwe.[196] Allgemein gilt, daß die Meisterswitwe oder die Meisterstochter dem Gesellen den Eintritt in die Zunft – wenn er sie heiratete – erleichterte, d.h. verbilligte. Die Fortführung des Gewerbebetriebes ihres verstorbenen Mannes durch die Meisterswitwe, die nicht selbst Meisterin war, konnte auf mehrfache Weise geschehen: als lebenslanges Witwenrecht, als Fortführungsrecht der Kinder wegen und als befristetes Fortführungsrecht mit der Auflage für die Witwe innerhalb einer bestimmten Frist zu heiraten. In Lüneburg werden folgende Regelungen getroffen: Wenn ein Knochenhauer stirbt und einen unmündigen Sohn hinterläßt, sollen die nächsten Verwandten mit Wissen und Willen der Amtsmeister die Amtsbude durch einen frommen und tüchtigen Gesellen verwalten lassen; der Witwe wird nicht gedacht. Die Witwe eines Kramers darf das Amt behalten; wenn sie sich wieder verheiratet, muß das Amt einverstanden sein. Stirbt ein Pelzer ohne Sohn, darf die Witwe nur noch das Fellwerk bearbeiten, das sie gegerbt vorrätig hat; ist ein Sohn vorhanden, soll sie das Amt behalten, bis der Sohn 20 Jahre alt ist, will dieser im Amte bleiben, soll er schon in der ersten Morgensprache zugelassen werden. Eines Schusters Witwe darf ein Jahr lang nach dem Tod ihres Mannes Schuhe machen; ist diese Zeit verstrichen und sie hat einen Sohn, der im Amt bleiben will, behält dieser das Amt; hat sie nur Töchter oder gar keine Kinder, soll sie ihr Werk verkaufen. Hinterläßt ein Wollenweber Witwe und Kinder und darunter Söhne, so behält sie das Amt, hat sie aber nur Töchter oder keine Kinder, so behält sie das Amt ein Jahr lang; heiratet sie wieder, verliert sie das Amt. Für die Witwe war also im allgemeinen in etwa gesorgt. Die beste Versorgung war das lebenslange Recht zur Fortführung des Betriebes. Die begrenzten Fortführungsrechte hatten auch den Zweck, eine zu starke Besetzung des betreffenden Gewerbes zu verhindern.

Diesen für die Frauen günstigen Regelungen im gewerbebürgerlich-städtischen Bereich stehen archaische ungünstige da gegenüber, wo es um die militärische Schlagkraft einer Burgstadt geht; z.B. in Kleve. Sehr ausgeprägt ist die Vormundschaft des Mannes im Klever Stadtrecht. Auch im Erbrecht sind die Frauen in Kleve benachteiligt: In der Stadtrechtsurkunde des Grafen Johann von 1348 wird bestimmt,[197] daß beim Tod eines Bürgers der nächste Blutsverwandte erben soll (proximus sibi linea consanguinitatis hereditatem ipsius libere percipiat). Wenn der Verstorbene ein Pferd oder Pferde und Waffen hinterließ, dann sollen das beste Pferd und die Waffen auf dem Hausplatz (loco mansionis dicti defuncti) bleiben. Meldet sich binnen einem Jahr und sechs Wochen kein rechtmäßiger Erbe, fällt die Erbschaft an den Herrn. Die deutsche Bestätigung des Privilegs von 1368 bleibt bei dieser Regelung und spricht ausdrücklich vom „heergewede" des Toten, das weiterhin dem Grafen und der Stadt zur Verfügung stehen soll. Wir erinnern uns an die Regelung im gerade klevisch gewordenen Wesel vom Jahre 1241, wo das eheliche Güterrecht nach Dortmunder Typus im Sinn kaufmännischer Familienpolitik geordnet war. Dort beerbten sich Mann und Frau, und vom Heergewäte war keine Rede. In der Burgstadt Kleve finden vor allem die Belange des Herrn, der eine wohlgerüstete Dienstmannschaft braucht, Berücksichtigung. Das wohl aus dem Anfang des 15. Jahrhunderts stammende Stadtrecht[198] betont die Rechte des Ehemannes. „Vormonderscap is een manlick ampt ind niet vrouwelick" heißt es; nur wenn eine entsprechende testamentarische Verfügung fehlt und kein gesetzlicher Vormund da ist, mag die Mutter Vormund des Kindes werden, dazu bedarf sie der herzoglichen Erlaubnis (Blatt 44 recto). Der Artikel „Van des wiiues vormonderscap" sagt aus, daß der Mann Vormund seiner Frau und sie Genossin ihres Mannes ist, daß die Vormundschaft des Mannes anderer Art ist als die Vormundschaft, die auf Verwandtschaft beruht oder von Gerichts wegen angeordnet wird, sie kann nicht abgesetzt werden. Eingriffe sind nur bei Mißbrauch der Güter möglich (Bl. 46 verso). Begründet wird die eherechtliche Stellung des Mannes (Bl. 47 verso) ausdrücklich mit der Bemerkung: „want een man is hooft siins wiifs vnd sie sal na siinem wil leuen ind een wiif en is oers selffs niet weldich, mer oer man sal oere ghewalden." Nur bei mißbräuchlicher Verwaltung der Güter können Richter, Bürgermeister, Schöffen und Rat auf Antrag der Frau oder der Kinder einschreiten.

Später als in Italien beginnt die Siegelführung der Frauen in Deutschland in der 2. Hälfte des 12. Jahrhunderts – nach einer Untersuchung des Würzburger Urkundenbestandes.[199] Im 14. Jahrhundert stellte Jenks 224 siegelnde Frauen in den Würzburger Beständen fest, 117 adlige Damen, 78 bürgerliche Frauen, 29 unbestimmter Herkunft.

Die zweifellos bestehende Würdestellung der Hausfrau bleibt angesichts der eheherrlichen Zuchtgewalt schwankend. Immerhin verlangen einzelne Prediger, daß die Züchtigung der Ehefrau nicht öffentlich geschehen soll. Der Ehebruch des Mannes wird jetzt auch als solcher qualifiziert – Näheres bei Besprechung der Kölner Verhältnisse –, aber immer noch wiegt die Untreue der Frau sehr viel stärker. Die kirchliche und weltliche Sühne des Ehebruchs der Frau hat das Racherecht des Ehemannes, wie Koebner dartut, nicht überall eliminiert. Die Bamberger Halsgerichtsordnung des Johannes von Schwarzenberg von 1507 bestimmt noch, daß die Tötung der Ehebrecherin in flagranti für den sie tötenden Ehemann keine peinliche Strafe nach sich ziehen soll; sie unterstellt dabei, daß die Tat im Affekt geschehen sei. Bei süddeutschen Bauern wird Ehebrecherinnen das Haar abgeschnitten. Daneben gibt es jetzt aber auch Anzeichen dafür, daß die öffentliche Meinung leichtfertigen Frauen nachsichtig gegenübersteht. Aus Notariatsakten der Region von Toulouse hat Philippe Wolff[200] aufschlußreiche Einzelfälle mitgeteilt: Ein Ackersmann Ramundus de la Casa, der seinen Wohnsitz verändern wollte, wurde von seiner Frau verlassen; sie wollte nicht mit ihm gehen und zog sich in ein Kloster zurück. Es kam zu einem Vergleich der Ehegatten: Sie werden ihren gemeinsamen Wohnsitz in Toulouse nehmen. Ramundus soll seiner Frau Unterhalt gewähren, wie ein guter Mann das tun soll und sie nicht schlecht behandeln noch ultra modum maritale(!) – über das eheliche Maß hinaus – schlagen (1440). Der Ehebruch der Guilherma, Frau des Geraldus de Labeyria, wird dadurch gesühnt, daß Geraldus eine erheblich höhere Mitgift von den Eltern seiner Frau erhält und eine Garantie im Fall eines erneuten Ehebruchs (1414). In einem anderen Fall vergibt der Ehemann seiner des Ehebruchs angeklagten Frau und macht ihr eine beträchtliche Schenkung von Todes wegen (1448). Um 1450 regelt ein Notariatsinstrument das Konkubinat des Johannes Sudre mit Clara, die, wie sich herausstellt, früher verheiratet war. Vom Ehemann ist weiter nicht die Rede. Das erzbischöfliche Gericht befiehlt zwar Sudre, Clara zu entlassen und zu ihrem Vater zu schicken. Aber gleichzeitig wird festgelegt, daß Sudre der Clara einen Laden unweit seiner Wohnung (!) zum Geschenk macht und ihr eine jährliche Rente von Getreide, Wein und Geld aussetzt. So war – wenigstens hier im Toulousain – die Wirklichkeit, die wir aus Notariatsakten und Urkunden immer besser erfassen als aus allgemeinen Bestimmungen. Die Witwe hat jetzt große rechtliche Selbständigkeit gewonnen; sie kann sich ihren Vormund aussuchen und braucht schließlich nur mehr im Einzelfall einen ad hoc bestellten Vormund, der sie vor Gericht vertritt. Die Witwe übt elterliche Gewalt aus; Flossmann[201] zitiert aus dem Prümer Schöffenbuch: Die Witwen üben die Sorge über Söhne und Güter solange aus, wie ihre Witwenschaft dauert.

Die elterliche Einwilligung zur Heirat der Tochter ist immer noch erforderlich; sie ist zwar keine kirchenrechtliche Gültigkeitsvoraussetzung der

Ehe, aber eine Vorschrift des weltlichen Rechts; sie kann nur noch mittelbar geschützt werden durch Verlust der Mitgift oder des Erbrechts, mitunter durch Stadtverweisung. Die Gerichtsbarkeit über die Ehe liegt im wesentlichen bei der Kirche. Sie entscheidet über die Rechtmäßigkeit einer Ehe, über Nichtigkeitserklärungen, in Ehetrennungsverfahren.[202]

2. *Die religiösen Frauen*

In der zweiten Hälfte des 13. Jahrhunderts wird das Zisterzienserinnenkloster Helfta, seit 1259 unter der Leitung der Äbtissin Gertrud von Hackeborn, aus adligem Geschlecht, leiblicher Schwester der Mystikerin Mechthild, zu einer Schule der Mystik.

Die Nonnen in Helfta besaßen eine klassische Bildung, liturgische Haltung und gediegene Bibel- und Scholastikkenntnisse. Die Äbtissin förderte ihr Studium und war unermüdlich um die Anschaffung von Büchern durch Kauf oder Abschrift bemüht. Gertrud d. Gr. gehörte dem Konvent an; Mechtild von Hackeborn war Leiterin der Klosterschule. Beide schrieben Latein. Mechtild hielt ihr inneres Gnadenleben bis zu ihrem 50. Lebensjahr verborgen. Aufzeichnungen, die sie nachträglich bestätigte, geschahen durch Gertrud d. Gr. und andere Mitschwestern. Ausgangspunkt der geistlichen Erfahrungen beider Nonnen ist das kirchliche Gebet, das offizium.

In Helfta fand Mechtild von Magdeburg, die dort als Begine gelebt hatte, Zuflucht vor Anfeindungen. Mit 12 Jahren hatte sie zum erstenmal den Gruoz, den himmlischen Gnadenerweis empfangen. Sie war theologisch geschult durch den Dominikaner Heinrich von Halle. Ihr „Fließendes Licht der Gottheit“ – Ruh nennt es „Bekenntnisse der minnenden Seele“ – beschreibt das dreistufige Aufstiegsschema der ekstatischen Schau: Auf der dritten Stufe gelangt sie in eine „unbeschreibbare wonnevolle Stätte. Hier vergißt sie alles über dem Wunder und weiß nicht, daß sie je auf Erden war“.[203] Wie bei Hadwich hat die Wesenseinung mit Gott bei Mechtild transitorischen und gnadenhaften Charakter.

Nicht so bei Marguerite von Porète. Mit ihr kommt der französische Sprachraum zu Wort. Sie stammt aus der Grenzmark Valenciennes an der mittelalterlichen deutsch-französischen Grenze; 1292 sagte sich Valenciennes vom Reich los.

Marguerite gehört zu demselben Kulturraum, dem Hadwich entstammt. Der Zustand, den sie im Miroir des simples âmes, d.h. Spiegel – im Sinn von Lehrbuch – der einfachen Seelen beschreibt, nämlich die zunichte gewordene und somit freigewordene Seele bedarf nicht mehr der kirchlichen Gnadenmittel. Dieser Freiheitsbegriff wurde von der Kirche als haeretisch verurteilt. Der Bischof von Cambrai ließ den Miroir verbrennen; Marguerite hielt an ihm fest, sie kam vor ein Pariser Gericht und erlitt am

31. Mai 1310 auf der Place de Grève in Paris den Tod auf dem Scheiterhaufen. Der Miroir wurde noch im Mittelalter ins Lateinische, Italienische und Englische übersetzt.

Die Spiritualität des Dominikanerordens formt die vielen Mystikerinnen in den Dominikanerinnenklöstern, vor allem im Südwesten des Reiches. Die franziskanische Mystik hat ihren Keim in der gelebten Mystik des Ordensstifters, seiner mystischen Armuts- und Kreuzesliebe. Sie war in den Niederlanden, wie im Kloster Helfta wirksam, besonders in Italien. Die Frauenmystik erfaßt ganz Europa, wenn auch mit unterschiedlicher Verbreitungsstärke, im 14. Jahrhundert auch Skandinavien – Brigitta von Schweden – und das Deutschordensland. Die im Dorf Groß-Montau unweit Marienburg als Bauerntochter aufgewachsene Dorothea,[204] die einen wohlhabenden Danziger Handwerker heiratete, ihm neun Kinder gebar – acht raffte die Pest hinweg –, hatte schon als Kind Gnadenerweise empfangen und erlebte als junge Frau ihre erste uns bekannte Vision. Sie unterzog sich – ohne es sich anmerken zu lassen – strengster Askese, besaß eine große Liebe zur Eucharistie, erkannte mit natürlichem Scharfsinn – sie hatte keine Schule besucht – Mißstände im Orden, die Übel der Christenheit. Auf weiten Pilgerreisen – nach Aachen, Einsiedeln, Rom – lernte sie die Welt kennen. Im Domdechanten Johannes Marienwerder, der in Prag studiert hatte, gewann sie einen geistlichen Berater, der ihre Offenbarungen und Gebete aufschrieb. Die letzten 14 Monate ihres Lebens verbrachte sie als Rekluse in einer Klause am Dom von Marienwerder. In ihrem Gedankengut finden sich „religiöse Bilder, Vorstellungen und Gedanken aus den drei Hauptquellen: der Frömmigkeit des Deutschen Ordens, birgittinischer Spiritualität und Lehren und Strömungen, die von Prag ausgingen“ (A. Triller).

Mit diesen Hinweisen auf Geschichte und Erscheinungsformen der Frauenmystik muß ich es bewenden lassen. Es kam mir darauf an, zu belegen, daß der Frauenanteil an der mittelalterlichen Mystik, ihrer Frömmigkeitsform wie ihrer literarischen, vor allem auch volkssprachlichen Leistung bedeutend ist, daß alle sozialen Schichten bis herab zur Bäuerin und Handwerkersfrau von ihr ergriffen wurden und daß die Mystikerinnen in einem höchst persönlich gestalteten religiösen Leben eine Erfüllung und ein Glück fanden, das rationales Begreifen übersteigt.

Mystisches Erleben, Ekstase und Passion sind eine Seite spätmittelalterlichen Klosterdaseins und Beginen- und Klausnerinnentums.

Im religiösen Bereich zeigen sich auch Verweltlichung und Verflachung und gegen Ende unserer Periode neue Ansätze zur Verinnerlichung. Die alten Stifter und Klöster waren schon im 12. Jahrhundert von der religiösen Frauenbewegung relativ wenig erfaßt worden. Wiederholte „Reformationen und Korrektionen“, oft auf Grund eines Kommissionsberichtes, durch die zuständigen Diözesanoberen zeigen, woran es im Spätmittelalter hapert. Statt des geistlichen Habits wird weltliche Kleidung getragen – von

Schnabelschuhen, Seidenkleidern, pelzgefütterten Kapuzen ist u. a. die Rede – Tanzereien und Feste sind beliebter als der Gottesdienst. Mangelnder Gehorsam gegenüber der Äbtissin, Streitereien im Kapitel, Zanken und Schmähen, Zorn und üble Nachrede verderben das Klima im Konvent. Die Vermögensverwaltung liegt im Argen. Klosterangehörige sind der Unkeuschheit verdächtig. Auch der Reformorden der Zisterzienserinnen wird im 14. Jahrhundert von solchen Tendenzen nicht verschont. In süddeutschen Zisterzen gibt es im 15. Jahrhundert vielfach keine vita communis mehr. Die Chorfrauen führen eigene Haushaltungen mit Mägden und Köchinnen, in die sie jüngere, meist verwandte Nonnen aufnehmen, um Gesellschafterinnen und im Alter bei Krankheit Pflegerinnen zu haben. Es gibt keine Klausur mehr: Nonnen reisen über Land, gehen auf Märkte, besuchen ihre Familien und Freunde, nehmen an Kirchweihen und am Fastnachtstreiben teil; sie stehen Pate, erscheinen persönlich vor Gericht, um Rechtsgeschäfte zu regeln, bewirten im Kloster männliche und weibliche Gäste, feiern im Kloster Feste. Der religiöse Tagesablauf, die Fastengebote wurden vernachlässigt. Die Verletzungen des Keuschheitsgelübdes blieben immerhin Ausnahme. Die Beginenkonvente nehmen im 14. und 15. Jahrhundert noch erheblich zu. Zwei Formenkreise bilden sich heraus: In Westdeutschland, der Wallonie und Nordfrankreich besteht die Form des gemeinschaftlichen Wohnens. In den eigentlichen Niederlanden, besonders in den südlichen, herrscht der Typ der kleinen, aneinander grenzenden Häuschen, die rund um eine Kirche gruppiert sind und von einem Seelsorger verwaltet werden. Es gab Häuschen für die reichen und gemeinschaftliche Wohnungen für die armen Beginen.[205] Beginenquartiere in der Nähe von Bettelordensniederlassungen hat Wehrli-Johns auch in Zürich nachgewiesen.[206] Viele Konvente sind arm. Mit Spinnen und Weben bestreiten die Beginen ihren Lebensunterhalt, sie betätigen sich karitativ, in Krankenpflege, Begräbniswesen und Unterricht. Immer wieder wurden sie der Haeresie verdächtigt.[206a]

Von den Niederlanden ausgehend und vor allem Nord- und Mitteldeutschland erfassend, setzte Ende des 14. Jahrhunderts eine religiöse Erneuerungsbewegung ein, die unter dem Namen der devotio moderna bekanntgeworden ist. Ihre organisatorische Form fand sie im Verband der Fraterherren oder Brüder vom gemeinsamen Leben und in der Kongregation der dem Kloster Windesheim unterstellten Augustiner-Chorherren. „In den Fraterhäusern und den Klöstern der Windesheimer Kongregation", sagt Huizinga (S. 243), „ist über die stille Arbeit des Alltags der Glanz einer immerwährend im Bewußtsein gehaltenen religiösen Innigkeit gebreitet. Das ungestüm Lyrische und das ungezügelte Emporstreben ist preisgegeben und damit auch die Gefahr der Glaubensirrung gebannt; die Brüder und Schwestern sind vollkommen rechtgläubig und konservativ. Es war eine Mystik en detail; man hatte nur einen Einschlag bekommen, ein Fünklein empfangen und erlebte in dem engen, stillen, bescheidenen Kreis die Entrückung in vertrautem geistlichen Umgang, in Briefwechsel und Selbstbetrachtung. Das Gefühls- und Gemütsleben wurde wie eine Treibhauspflanze gehegt; es herrschte dort viel enger Puritanismus, geistliche Dressur, Erstickung des Lachens und der gesunden Triebe, viel pietistische Einfältigkeit ..." Geert Groote, ein Patriziersohn aus Deventer, vollzog 1374 unter dem Einfluß des Kartäusermönchs Heinrich von Kalkar die entscheidende religiöse Wendung. Er bestimmte den größten Teil seines Hauses in Deventer zur Armenwohnung. 1396 wurde daraus eine Kommunität mit Statuten für die dort wohnenden Frauen. Das Geertshuis wurde das Modell für viele neue Häuser der Schwestern vom gemeinsamen Leben. Die Schwestern unterschieden sich von den Beginen durch das wirklich gemeinschaftliche Leben mit Refektorium, Schlafsaal, gemeinsamen Besitzungen und Einkünften.

Die Schwestern waren zur Handarbeit verpflichtet. Gewerbliche Arbeit, besonders im Textilgewerbe, gelegentlich auch Arbeit in der Landwirtschaft war die Regel. Die Arbeit dient aber nicht nur der Sicherung des Lebensunterhalts. Die Hochschätzung der Arbeit „als Wirksamkeit im Weingarten des Herrn" kommt z.B. in den wiedergefundenen Schwesternbiographien aus Emmerich zum Ausdruck. Den Wert der Arbeit als inneren Wert zu erkennen und zu bejahen – auch das ist ein wichtiger Beitrag der Frauenklöster und Konvente zur menschlichen Kultur.[206b]

Die neue Frömmigkeitsbewegung durchdrang das klösterliche Leben insgesamt. Sie erreichte auch Benediktinerklöster, denen sich andere Klöster in Reformkongregationen anschlossen: in Italien und Süddeutschland; Bursfeld westlich von Göttingen war Ausgangspunkt der Bursfelder Kongregation. Im Rheinland begünstigte Johann II. Erzbischof von Trier die Windesheimer wie die Bursfelder Reform. Auch der Humanismus hielt Einzug in einige Klöster. Der aus Deventer für Kloster Laach gewonnene Johannes Butzbach widmete sein Buch über berühmte Maler der malenden Nonne Gertrud von Büchel, die 1507 Äbtissin auf Rolandswerth wurde, und schloß in die Widmung Adelheid Raiscop ein, die aus Goch am Niederrhein stammte und durch ihre sieben Homilien über den Apostel Paulus wie durch ihren Briefwechsel mit Butzbach, Siberti, dem Kardinallegaten Raymund, dem Prior Benedikt bekannt wurde. Benedikt hat ihr einen Traktat gewidmet, Butzbach sie rühmend in sein Schriftstellerlexikon aufgenommen. Bewußt mache ich auf diese fast unbekannte Humanistin aufmerksam; natürlich ist sie nicht so bedeutend wie die Patriziertochter und Äbtissin des Nürnberger Klarenklosters Caritas Pirckheimer. Ihr Schicksal gehört auch bereits der frühen Neuzeit, der Epoche der Christianitas afflicta an.[206c]

Die Laienfrömmigkeit ist durch Überschwang, Emotion, ein überhandnehmendes Wallfahrts- und Pilgerwesen gekennzeichnet, neue Heilige treten in den Vordergrund, neue Wallfahrtsorte entfalten eine kaum erklärbare Anziehungskraft, so Wilsnack in der Priegnitz, wo drei blutige Hostien verehrt wurden; der Wallfahrtsort war kirchlich umstritten; Nikolaus von Cues und der Erzbischof von Magdeburg verhielten sich kritisch, der Kurfürst von Brandenburg begünstigte ihn. „Es war dort nichts Ungewöhnliches vorgefallen, kein neues Wunder hatte sich gezeigt, als plötzlich Mitte der siebziger Jahre es die Gemüter im ganzen mittleren Deutschland packte, zum Heiligen Blute aufzubrechen, zuerst junge Leute und Kinder. Sie zogen durch die Felder mit Kreuzen und Fahnen, Hunderte, immer mehr kamen dazu. Bauern schlossen sich an, Pflüger ließen ihre Gespanne im Stich, Frauen liefen vom Haushalt und den Kindern weg ...“ (Andreas, S. 181). – Es war eine Zeit der Widersprüche, auch der inneren Unausgeglichenheit und Aufgewühltheit.

3. Die Frau in der mittelalterlichen Stadtgesellschaft

Wir verfügen heute über ausführliche Nachrichten über die Betätigung der Frau in der mittelalterlichen Stadtwirtschaft und über ihre soziale Stellung in der Stadt. Dabei macht es aber einen großen Unterschied, mit was für einer Stadt wir es jeweils zu tun haben, ob mit einer Großstadt, Mittelstadt oder Kleinstadt, ob mit einer transalpinen oder cisalpinen Stadt, ob mit einer Großstadt, die in erster Linie Handelsstadt war oder mit einer, in der es neben der Handelstätigkeit ihrer Bürger ein ausgebildetes Exportgewerbe gab. Auch der Quellenstand ist bei großen und mittleren Städten im allgemeinen günstiger als bei Kleinstädten, er informiert sehr ungleichmäßig über die sozialen Schichten, besser über Patriziat und Handwerker als über die Unterschichten. Außer den jeweiligen wirtschaftlichen Rahmenbedingungen müssen wir auch die rechtlichen Vorschriften in jedem Einzelfall kennen. Für die vollberufliche gewerbliche Betätigung der Frau spielte das Zahlenverhältnis der Geschlechter eine Rolle: Männerüberschuß oder Frauenüberschuß?

Diese Frage ist, wie wir schon andeuteten, äußerst schwer stichhaltig zu beantworten. Das Mittelalter kennt keine Statistik um der Statistik willen. Die uns überlieferten Zahlenangaben dienten konkreten praktischen Zwecken: der Steuererhebung, dem militärischen Aufgebot, der Versorgung im Kriegsfall usw. Erhalten sind uns Einzelzahlen, keine statistischen Reihen. Wir haben es mit Momentaufnahmen zu tun; gilt die uns überlieferte Zahl für ein Normaljahr oder das Jahr einer Epidemie, einer Belagerung und dergleichen, erfaßt sie die gesamte Bevölkerung einer Stadt, einer Region oder nur einen Teil davon – lauter Fragezeichen, die wir bei der Auswertung berücksichtigen müssen. Eine Fülle von Problemen stellen die Steuerlisten, die heute sowohl zur Berechnung der Einwohnerzahlen wie zur Feststellung der Familien- und Vermögensstrukturen herangezogen werden.[207] Die Anlage dieser Steuerbücher hatte den Zweck, die steuerpflichtigen Personen und ihre Steuerschuld zu erfassen. Das bedeutet, daß bei weitem nicht alle Einwohner einer Stadt berücksichtigt werden: Adel, Geistlichkeit beiderlei Geschlechts, Universitätsprofessoren, Studenten, Handwerksgesellen, Mägde, Lohnarbeiter, aber auch Bettler, Dirnen werden meist nicht erfaßt, auch nicht ohne weiteres die Haushalte oder Familien. „Es kann durchaus vorkommen, daß eine Ehefrau und ihre Kinder genannt werden, nicht aber der Ehemann, weil dieser kein steuerpflichtiges Vermögen besaß. Bei schematischen Auswertungen erscheint dann diese Steuerbürgerin als Witwe bzw. als alleinstehende Frau. Da aber die Steuerlisten jeweils nur die Steuerpflichtigen erfaßt haben, können sie für die Erforschung von Familien- und Haushaltsstrukturen nur in Verbindung mit anderen Quellen genützt werden" (Schuler). Ferner liegt jedem Steuerbuch ein eigenes Steuergesetz zugrunde. Dies gilt im Extremfall sogar für die Steuerlisten ein- und derselben Stadt. Ist schon die bloße Berechnung der Einwohnerzahlen mittelalterlicher Städte eine Crux, so erst recht die Feststellung des Zahlenverhältnisses der Geschlechter. Bei Feuerstättenlisten ergibt sich das Problem der Haushaltsgröße, wollen wir zu Gesamtzahlen kommen. Zu einem mittelalterlichen Haushalt gehören neben der Kernfamilie unter bestimmten Voraussetzungen auch das Gesinde und die Handwerksgesellen. Haushalt und Haus decken sich in der Stadt nicht immer. Der Altenteiler im Hinterhaus ist mitunter als selbständiger Haushalt ausgewiesen, es gibt im Mittelalter auch schon Mieter – übrigens nicht nur im Mehrfamilienhaus; auch Häuser waren öfters gemietet.

Die ältere Forschung nahm für viele mittelalterliche Städte einen Frauenüberschuß an. Das ist heute umstritten. Schuler hat in seiner bereits zitierten Untersuchung der Bevölkerungsstruktur der Stadt Freiburg im Breisgau, eine der besten, leider auch in den Zahlen nicht druckfehlerfreien einschlägigen Arbeiten dieser Art, die Register des Gemeinen Pfennigs, d.h. der Türkensteuer von 1496–99, ausgewertet. Er errechnet eine durchschnittliche Einwohnerzahl von 6300 Personen und konstatiert einen Männerüberschuß. Freiburg war eine gewerbliche Mittelstadt und besaß zur Zeit der Pfenniglisten eine Universität. Nach Abzug des Klerus und der Universitätsangehörigen standen Ende des 15. Jahrhunderts 1703 (49,3 Prozent) Männern nur 1653 (47,8 Prozent) Frauen gegenüber bei 99 (2,9 Prozent) im Geschlecht unbestimmbaren Personen. Wenn man die gesamte Bevölkerung der Stadt betrachtet, also Klerus und Universitätsangehörige miteinbezieht, wird der Männerüberschuß erheblich. Es stehen dann 52,6 Prozent Männern nur 44,7 Prozent Frauen gegenüber. Einen Männerüberschuß errechnet Schuler auf Grund der Pfenniglisten für Bruchsal, wo auf 616 Männer 609 Frauen kommen, und für die Dörfer Ober- und Niedergrombach, Neibsheim und Büchig, in denen 279 Männern 252 Frauen gegenüberstehen.[208] In Landau und Lauterburg kann er einen Frauenüberschuß verzeichnen, auf 756 bzw. 252 Männer kommen 791 bzw. 261 Frauen. Mit Kleriker- und Universitätshaushalten stehen in Freiburg 114 weiblichen 241 männliche Ein-Personen-Haushalte gegenüber. Schuler er-

11. Aus einem Totentanz: die Bürgerin

12. Bürgerliches Ehepaar: der Kupferstecher Israhel van Meckenem und seine Frau Ida

13. Kinderpflege

14. Bürgerstube mit Familie: Der Vater rechnet, der Sohn buchstabiert, Mutter und Tochter spinnen

POSTKARTE

Bitte freimachen

Verlag C.H.Beck
Vertrieb / Werbung Allg. Verlag
Postfach 40 03 40

D-8000 München 40

Länderschlüssel

Postleitzahl

Name (beginnend mit dem Familiennamen)

Name

Beruf

Straße

Ort

Datum

Unterschrift

P 2321

schließt, daß man in Freiburg höchstens von einem Durchschnittshaushalt von vier Personen ausgehen darf. Das deckt sich mit einem Ergebnis Hektor Ammanns für Basel; er errechnete 3,5–4 Personen je Haushaltung. Die Städtehistoriker rechnen im allgemeinen mit 4–5 Personen im Haushalt der spätmittelalterlichen Städte.[209] Die These eines spätmittelalterlichen Frauenüberschusses hatte sich u. a. auf die Zählung gestützt, die der Rat der Stadt Nürnberg 1449 durchführte, um wegen der drohenden Belagerung der Stadt im Markgrafenkrieg einen Überblick über die in der Stadt anwesenden Personen und die vorhandenen Getreidevorräte zu bekommen. Dabei ergab sich eine Relation von 100 Männern zu 117 Frauen, unter Berücksichtigung der Knechte und Mägde gar eine Relation von 100 Bürgern und Knechten zu 121 Bürgerinnen und Mägden. Hier setzte kürzlich eine kritische Untersuchung von Kurt Wesoly an.[210] Er stellt die Ausnahmesituation zur Zeit der Zählung in Rechnung und macht unter Hinzuziehung anderweitigen Materials wahrscheinlich, daß Einwirkungen der Kriegszeit das Zahlenverhältnis von Knechten und Mägden zugunsten der Mägde verändert haben. Das Verhältnis 100 Bürger zu 117 Bürgerinnen bleibt von seinen Überlegungen unberührt. Die Knechte, wohl meist Handwerksgesellen, sind sicher ein fluktuierendes, die Statistik daher leicht verfälschendes Element der städtischen Bevölkerung.

Beim heutigen Stand der Forschung können wir demnach für die deutschen Städte des Spätmittelalters einen erheblichen Frauenüberschuß nicht mehr ohne weiteres voraussetzen, aber ebensowenig das Gegenteil als allgemeine Erscheinung annehmen. Wir dürfen uns ferner keine übertriebenen Vorstellungen von der Größe der städtischen Familien machen und müssen mit einer relativ bedeutenden Zahl von Ein-Personen-Haushalten rechnen. – Wir kommen auf diese statistischen Fragen noch einmal zurück, wenn wir den catasto von 1427 für Florenz besprechen. – Natürlich stellen die Autoren auch die Frage nach den Gründen der Geschlechterrelation. Die höhere Sterblichkeitsrate männlicher Säuglinge wurde u. U. im späteren Lebensalter ausgeglichen. Nach englischen Studien war die Lebenserwartung des Mannes größer als die der Frau. Eine auf englischem Material basierende Sterbetafel ergibt, daß mehr Männer zwischen dem 40. und 60. Lebensjahr starben als zwischen dem 20. und 40., während es bei den Frauen umgekehrt war.[211] Die vielen Geburten und die schwere Feld- und Hausarbeit schwächten die Frau und machten sie für Krankheiten anfälliger. Fossier nimmt an, daß im 11. und 12. Jahrhundert im Erwachsenenalter 110 Männer auf 90 Frauen kamen, betont aber die Vorläufigkeit solcher Feststellungen und deutet auch, sicher zu Recht, an, daß wir hier mit Unterschieden zwischen Frauen der oberen Stände – bessere Geburtshilfe u. dgl. – und der unteren Schichten rechnen müssen. Die Geschlechterrelation muß auch in Beziehung zur Alterspyramide gesetzt werden; sie kann in den einzelnen Lebensphasen unterschiedlich sein. Mitterauer sieht mit Recht die Erklärung für einen Frauen- oder Männerüberschuß nicht so sehr in einer differentiellen Sterblichkeit der Geschlechter wie in der Migration – vor allem bei Knechten und Mägden.[211a] Die Frage ist im Fluß. Die großen Fortschritte der historischen Demographie in den letzten Jahrzehnten werden uns in einiger Zeit wohl bessere Ergebnisse bringen, die uns vielleicht auch erlauben, regionale Unterschiede zu konstatieren und die jetzt vorliegenden, meist dem 15. Jahrhundert entstammenden Zahlen in das 14. zurückzuprojezieren. – Die durchschnittliche Lebenserwartung der Frauen lag wohl bei knapp 30 Jahren; wir wissen alle, wie wenig solche Durchschnittszahlen für das Einzelschicksal besagen.

Beginnen wir nach diesen statistischen Vorbemerkungen mit einem Spaziergang durch deutsche Städte in *Lübeck*. Helmold von Bosau schreibt in seiner Slawenchronik zum Jahr 1143: „Danach kam Graf Adolf [von Schauenburg] an einen Ort namens Bukow und fand dort den Wall einer verlassenen Burg, die Kruto [ein slawischer Fürst], der Feind Gottes, erbaut hatte, und eine sehr große, von zwei Flüssen umrahmte (Halb)insel. An der einen Seite floß die Trave, an der anderen die Wakenitz vorbei, beide mit sumpfigem, unwegsamem Ufer. Dort aber, wo sie landfest ist, liegt ein ziemlich schmaler Hügel, dem Burgwall vorgelagert. Da nun der umsichtige Mann sah, wie passend die Lage und wie trefflich der Hafen war, begann er dort eine Stadt (civitas) zu bauen und nannte sie Lübeck, weil sie von dem alten Hafen und der Stadt (civitate), die einst Fürst [der Obotriten] Heinrich angelegt hatte, nicht weit entfernt war."[212] Es gibt nicht viele alte Städte, über deren Anfänge wir einen so anschaulichen Bericht besitzen und die dennoch den Historikern viele Rätsel aufgaben; sich mit Lübeck zu befassen, ist ein nobile officium für fast jeden Städtehistoriker. Zur Zeit sind in Lübeck unter der Aegide von G. P. Fehring[213] die Archäologen am Werk. Sie haben uns nicht nur seit längerem schon das slawische Alt-Lübeck auf einer Landzunge an der Einmündung der Schwartau in die Trave erschlossen, sie bemühen sich mit Erfolg, die slawische Besiedlung auf dem Lübecker Stadthügel auszugraben; sie machen wahrscheinlich, daß die aus Rheinland-Westfalen kommenden, „deutschen sogenannten Gründer nicht unbedeutende slawische Wurzeln im Schutze der landesherrlichen Burg zu einer Markt- und Fernhandelssiedlung städtischer Frühstufe ausgebaut haben" (Fehring). Die Importkeramik aus den Nordseeküstenländern wird im vorgeschrittenen 13. und 14. Jahrhundert mehr und mehr abgelöst durch rheinisches Steinzeug. Die Bevölkerung dieser Stadt hat einen weiten Immigrationsradius. Ob die Zuwanderer mit Frau und Kindern kamen oder allein – darüber schweigen unsere Quellen. Man möchte annehmen, daß aus weiter Ferne jüngere, unverheiratete Söhne kamen. Der Fernhandel bleibt für Lübeck charakteristisch, wenn auch Exportgewerbe nicht ganz fehlen. Lübeck wird das Haupt der deutschen Hanse, jener Kaufleutegenossenschaft, die den Ostseeraum erschließt und beherrscht, ein Kontor in Nowgorod besitzt und damit den Zugang zum reichen Pelzmarkt Nordrußlands, ein Kontor im norwegischen Bergen – es gibt in Lübeck eine Genossenschaft der Bergenfahrer –; hier holt man den getrockneten Kabeljau und den Stockfisch. Die Lübecker bringen das Lüneburger Salz zu den Heringsfanggebieten beim damals dänischen Schonen – man hat gesagt, daß der Wohlstand der Hanse auf Heringsfässern aufbaue –, und schließlich dringen die Hansen vom 13. Jahrhundert an in die Nordsee nach England, wo die Kölner allerdings schon wie zu Hause sind, und nach den südlichen Niederlanden vor, wo das Brügger Kontor entsteht. Sie waren viel und nach weit entfernten Orten unterwegs, die deutschen Hansekaufleute, und nichts deutet daraufhin, daß Frauen sie begleiteten. Die Bergenfahrer z.B. waren meistens Junggesellen. Nach ihren überlieferten Testamenten waren von 187 Bergenfahrern 82 verheiratet, nur 43 von ihnen hatten eheliche Nachkommen.[214] Die Ehefrauen blieben mit den Kindern und dem Gesinde zurück. Die Lübecker Frauen dürften im 12. Jahrhundert ein Pionierdasein geführt haben. Es kam zu Auseinandersetzungen wegen Lübeck zwischen dem Grafen von Schauenburg und Herzog Heinrich dem Löwen; der Herzog verbot, in Lübeck Markt zu halten. 1157 verzehrte eine Feuersbrunst die Stadt, der Löwe errichtete eine Konkurrenzstadt, die aber nicht florierte und erreichte schließlich, daß Graf Adolf ihm Lübeck abtrat. Heinrich der Löwe hat die Stadt energisch gefördert. Nach seinem Sturz nahmen die Staufer Lübeck zum Reich. Ein Höhepunkt der Stadtgeschichte war die erfolgreiche Auseinandersetzung der Hanse unter Führung Lübecks mit dem Dänenkönig Waldemar und der Friede von Stralsund.[215] Damals hatte Lübeck etwa 22000 Einwohner.[216] Aber nur 3200 Personen besaßen das Bürgerrecht, die Frauen in der Regel nicht, ebensowenig die Handwerksgesellen, die Lohnarbeiter, alle geistlichen Personen und die Armen. A. v. Brandt hat die Lübecker Gesellschaft des 14. Jahrhunderts als eine „offene Leistungsgesellschaft, horizontal wie vertikal durchlässig“ gekennzeichnet. Im 15. Jahrhundert kam es zu stärkerer Abkapselung und Undurchlässigkeit. In der nach unten für Aufsteiger offenen kaufmännischen Oberschicht bildeten die Ratsfamilien die Spitzengruppe, etwa ein Fünftel. Der Zuzug aus dem Westen war stark, aber auch die Weiterwanderung in den ganzen Ostseebereich, nach Wismar, Rostock, Kolberg, Elbing, Wisby, Stockholm, Riga, Reval. Die furchtbaren Pestverluste – Epidemien von 1349/50, 1358, 1367, 1376, 1388 und 1396 – wurden schnell ersetzt. Hinter den riesigen Beiträgen für fromme Stiftungen steht die Todesangst. Um die Jahrhundertwende, ab 1384, kam es zu sozialen Aufständen und Unruhen. Der Ausschluß der Handwerker vom Rat blieb bestehen. Und die Frauen? Die Oberschicht war vielfältig untereinander versippt, und die Verwandtschaft hielt über große Entfernungen hinweg zusammen. Die Mitgift der Frauen spielte eine wichtige Rolle für den Kaufmann.

Fritz Rörig verdanken wir die Edition und Kommentierung eines sehr alten Kaufmannsbüchleins des Hermann Warendorp und Johann Clingenberg.[217] Zu Beginn des 14. Jahrhunderts gab es in Lübeck mehrere Familien

Warendorp, von denen mindestens drei Ratsmitglieder stellten. Das Kaufmannsbüchlein geht zurück auf den 1350 an der Pest verstorbenen Hermann junior, der in erster Ehe mit einer Tochter des Johann Clingenberg verheiratet war. Seine geschäftlichen Unternehmungen erstreckten sich nach Riga – er war wohl verwandt mit den Warendorp in Riga –, nach Flandern und England; er betätigte sich auch als Reeder. 1335 kam er in den Rat. Als jüngerer Sohn hatte er nur einen bescheidenen Anteil am väterlichen Erbgut bekommen: das Grundstück Fleischhauerstr. 16, das er zunächst bewohnte, 1333 aber verkaufte. Zusammen mit seinem Schwager Wedekin Clingenberg führte er in der Mengstraße 12 einen Neubau auf; ein Drittel des Grundstücks Mengstraße 12 stammte aus der Mitgift seiner Frau. 1346 wurde Warendorp Alleineigentümer dieses Hauses. Es lag gegenüber den Brotbänken bei St. Marien, hatte Beischläge und Glasfenster, eine für kaufmännische Zwecke gut ausgebaute Kelleranlage mit einem bequemen Zugang zur Straße. 1333 erwarb Warendorp noch weitere Grundstücke und 1339 einen großen Eckkomplex an der Untertrave; diese Grundstücke waren als Lagerhäuser sehr begehrt. Der Erwerb bezeugt seinen geschäftlichen Erfolg; wahrscheinlich verwandte er zu diesem Kauf auch Geld aus der Mitgift seiner zweiten Frau Mechthild. Wenn Hermann verreiste, hinterließ er seiner Frau, wie das Büchlein ausweist, Geld für größere Einkäufe von Roggen, Bier, Brot, Heringen. Auch sein Sohn Hinrich erheiratete einen wesentlichen Vermögenszuwachs durch seine Ehe mit der Tochter Kunigunde des Bürgermeisters Wickede: allein an Rentenkapital rund 1000 Mark lübisch, ungerechnet das Bargeld und Silbergerät. Hinrich setzte in seinem zweiten Testament 1380 für seine Frau 800 Mark in Renten aus, dazu ihre Betten und ihr goldenes und silbernes Geschmeide, das sie als Mitgift einbrachte. Der Verlobungsring allerdings sollte bei den Kindern bleiben. Die Kinder sollten auch das Haus mit allem Gerät und den vergoldeten und silbernen Gefäßen – wohl Trinkgefäße – erhalten. Seiner Witwe sollte nur ein lebenslängliches Wohnrecht zustehen.

Ein typischer „Aufsteiger“ war Bertram Morneweg,[218] der seine geschäftliche Laufbahn ohne Grundbesitz begann, großen Reichtum erwarb und auch in den Rat kam. Sein Vermögen wird quellenmäßig greifbar, als er 1286 stirbt und die Gelder aus seinen Geschäften nach Lübeck zurückfließen zur Verfügung seiner tatkräftigen und geschäftstüchtigen Witwe Gertrud Morneweg. Der Lübecker Rentenmarkt wurde mit Kapital aus Mornewegs Geschäften überschwemmt, so daß sogar der Rentenfuß sank. Die Stadt Lübeck hatte sich damals übernommen mit dem Ankauf der Wakenitz; sie brauchte ihr Wasser für die Mühlen, die das als Mehl zum Export nach Norwegen und Schweden bestimmte Getreide mahlten. Die Witwe Morneweg räumte der Stadt große Kredite ein, sie war aber auch Geldgeberin für eine Reihe alter, angesehener Familien, die über wertvollen Grundbesitz verfügten, der die nötige Sicherung für Kreditaufnahme bot. Einige nahmen sie nur vorübergehend in Anspruch, andere gerieten in finanzielle Abhängigkeit, die zum Verlust ihres Grundbesitzes führte. Bis 1301 hatte Gertrud Morneweg ungefähr 14500 Lübische Mark in Rentenkäufen angelegt, ein Millionenvermögen unter Zugrundelegung der modernen Kaufkraft dieser Summe.

Wie stand es nun mit der Verfügung des Ehemannes über das von der Frau eingebrachte Gut? Ein Lübecker Ratsurteil von 1482 besagt: „Brautschatz geht vor alle Schulden".[219] Unter Brautschatz wurde hier verstanden, was die Frau an Geld, Renten oder Grundstücken tatsächlich außer der eigentlichen Aussteuer an Kleidern, Schmuck und dem sog. jungfräulichen Ingedömte (Wäscheaussteuer) mit in die Ehe gebracht hatte. Eine für städtische Verhältnisse typische Schwierigkeit entstand, wenn nicht nur Aktiva, sondern auch Passiva zum Brautschatz gehörten, wenn der Mann also eine Witwe oder eine Kauffrau mit „schult ende unschult" geheiratet hatte. Diese Passiva waren vom Brautschatz abzuziehen. Die Brautschatzfreiung bedeutet, daß die Frau, wenn der Mann bei unbeerbter Ehe starb, ihr gesamtes Eingebrachtes aus dem Nachlaß herauszog, bevor sie den Rest mit den übrigen Erben teilte. Die Brautschatzfreiung ging auf einen Wert, denn vor allem bei längerer Ehe war das Eingebrachte oft nicht mehr so vollständig oder im gleichen Zustand wie bei der Eheschließung. Der Mann konnte Geld in einer Handelsgesellschaft angelegt haben u. dgl. Die Herausgabe des Brautschatzes konnte die Frau nicht nur im Todesfall verlangen, sondern auch bei Schuldnerflucht des Mannes, ja auch bei einer Überschuldung des Mannes, ja sogar bei erwiesener Verschwendungssucht des Ehegatten, weil darin eine Gefährdung des Brautschatzes lag. Die Frau haftete also mit ihrem Brautschatz nicht für die Mannesschulden. Ihr Anspruch war eine Nachlaßschuld. Noch nach dem Revidierten Lübecker Stadtrecht von 1586 ist in der Rangordnung der Nachlaßforderungen der Brautschatz unter die privilegierten Schulden eingeordnet. Damit ist auch die Frage der Kauffrau, d. h. einer selbständigen Erwerbstätigkeit der Frau, auch der verheirateten Frau, angeschnitten. Für Lübeck bedarf diese Frage noch einer erschöpfenden Beantwortung.[220] Die meisten berufstätigen Frauen finden sich hier wohl im kaufmännischen Bereich; das hatte, wie schon angedeutet, rechtliche Folgen.

Im lübischen Recht galt die jetzt stark vom Schutzgedanken getragene Geschlechtsvormundschaft der Frau bis zum Jahr 1869. Die auf das 13. Jahrhundert zurückgehende grundlegende Satzung, die in das Revidierte Stadtrecht von 1586 überging, lautete: Nulla mulier potest bona sua impignorare, vendere vel dare sine procuratore, nec aliqua mulier potest carius fideiubere quam pro duobus nummis et dimidio sine mundeburdio suo id est vormunde. (Keine Frau kann ihre Güter verpfänden, verkaufen oder weggeben ohne Stellvertreter, und keine Frau kann sich höher verpflichten als für 2 ½ Pfennig ohne ihren Vormund.) Unter bona sua sind sowohl Immobilien wie auch das bewegliche Vermögen zu verstehen. Den Betrag von 2 ½ Pfennig, bis zu dem die Frau selbständig verpflichtungsfähig war, hat man später, dem Kaufkraftschwund des Geldes entsprechend, höher angesetzt, im 18. Jahrhundert auf einen Reichstaler. Die Frau durfte auch Leinwand und Flachs zum Hausbedarf auf Rechnung des Mannes einkaufen. So die Bestimmungen für die Nur-Hausfrau. Bei einer Kauffrau, die gewerbsmäßig kaufte und verkaufte, reichte die Geschäftsfähigkeit zu ihrem Nachteil und Vorteil über die rechtlichen Fähigkeiten der Nur-Hausfrauen hinaus.[221] „Von der Kauffrau, dem weiblichen Seitenstück zum Kaufmann also, handeln schon die lateinischen Handschriften lübischen Rechts – ein Zeichen, daß sie bereits in der ersten Hälfte des 13. Jahrhunderts eine bemerkenswerte Figur des lübischen Handelslebens war, die rechtliche Beachtung erheischte" (Ebel). Die Gelöbnisse, Bürgschaften u. dgl. der Kauffrauen waren unbeschränkt verbindlich. Infolge ihrer Verpflichtungsfähigkeit war die Kauffrau auch verschuldens- und konkursfähig. Ein Testament konnte auch die Kauffrau von ihrem „wohlgewonnen Gut" nicht machen ohne Erben- und Vormünderkonsens. Bei der verheirateten Kauffrau ergab sich nun die Frage nach der Schuldenhaftung. Wie gesagt konnte die unbeerbte Ehefrau ihren Brautschatz vor allen Schulden aus dem Nachlaß des Mannes freien. Bei beerbter Ehe haftete das Samtgut in vollem Umfang für die Mannesschulden. Bei der Kauffrau dagegen ließ auch bei unbeerbter Ehe das Revidierte Stadtrecht von 1586 keine Brautschatzfreiung zu. Umgekehrt galt das gleiche für die Schulden der Frau, für die das Mannesgut mitverhaftet war. Die verheiratete Kauffrau und ihr Ehemann bildeten eine Haftungsgemeinschaft mit ihrem beiderseitigen Vermögen, ohne Rücksicht auf den Umfang des Brautschatzes und des freien Sondergutes der Frau und gleichgültig, ob die Ehe beerbt war oder nicht. Bei der Kauffrau wirkte sich am stärksten aus, was die Revisoren als einen der tragenden Grundgedanken des lübischen Rechts bezeichneten: „Weil diese Stadt Lübeck eine Kauffmanns Stadt, auff Handel und Wandel gewidmet ist, dabey Treu und Glauben sein muß, das die alten und ersten conditores statutorum darauff gesehen, damit Trew und Glauben gehalten und viel besser sey, daß Privat Personen, sonderlichen aber die Frawen an ihrem Gut und Patrimonio etwas schaden leiden dann das der Glaube in Kauffhandeln geschwechet oder gar bey dieser Stadt fallen solle, zu derselben unheil und untergang" (Ebel).

Der Kölner Rat hat sich am 18. Dezember 1406[222] in einer Morgensprache mit der gegenseitigen Haftbarkeit der Eheleute in Schuldsachen befaßt. Das geschah interessanterweise infolge des Verhaltens und einer einschlägigen Initiative der Frauen. Ehefrauen hatten sich vielfach geweigert, Schulden ihrer Ehemänner zu bezahlen, und sie hatten sich an die Geistlichen Gerichte gewandt, an den Offizial vor allem. Das erbitterte natürlich den Rat. Die Frauen hätten sich vermessen, heißt es im Text, „dat sij yre hijlichsguet an der gereydster haven yre manne zovoerentz usshaven seulden," d. h. sie verlangen Brautschatzfreiung. Demgegenüber greift der Rat auf die gute alte hergebrachte Gewohnheit zurück: Beide Gatten haften gleichmäßig, und diese Haftpflicht überdauert auch den Tod des einen Teils; „ind in diesen sachen en sal dem manne noch dem wijffe geyne sache noch behelp van hijlichsgude zo staden komen", also das Hillichsgut haftet auch. Es fehlte den Frauen nicht an Einsichtsfähigkeit und Wollen, für ihre Interessen einzutreten; ein schweres Handicap bedeutete dabei, daß sie politisch nicht gleichberechtigt waren, sie gehörten dem Rat der Stadt nicht an. Diese Morgensprache wurde 1457 durch Ratsbeschluß bekräftigt.[223]

Es stellt sich die Frage nach dem Erfolg der weiblichen Kaufmannschaft. Loose gibt für Lübeck einige Hinweise. Es steht fest, daß es für Frauen schwieriger war als für den Mann, ein größeres Vermögen im Handel zu gewinnen. Es gibt Lübecker Frauen, die Außenstände in Schweden haben, deren Handelsgeschäfte also einen weiten Radius besitzen. Frauen erscheinen als Befrachter von Schiffen, als Gesellschafter. Viele Frauen waren in der Krämerei und Hökerei tätig; auch hier hatten sie mitunter eine Geschäftspartnerin, eine socia. Die Hökerei eignete sich gut zur Nebentätigkeit, war auch als Doppeltätigkeit – Haushalt und Hökerei – möglich. Das gilt für den Fernhandel nicht, der lange Abwesenheiten erforderte, auch dann noch, als die Kaufleute anfingen, kaufmännisches Personal, Faktoren, anzustellen und selbst viel zuhause im Kontor zu arbeiten.

Hartwig nennt viele Gewerbefrauen in Lübeck, in allen möglichen Berufszweigen.Dabei handelt es sich vor allem um Witwen. Das „Witwenrecht", also die Möglichkeit, den Gewerbebetrieb des verstorbenen Mannes eine Zeitlang oder unbegrenzt meist mit Hilfe des Altgesellen weiterzuführen, kennen, wie wir schon ausführten, die Zunftordnungen fast überall.

Nach dem ältesten Stadtrecht gingen Frauen, die sich ohne Zustimmung und Rat ihrer Verwandten und Freunde verlobten, aller Habe bis auf die selbst verfertigte Kleidung verlustig. 1380 ermahnte der Ratsherr Johann Schepenstede seine Testamentsvollstrecker, seine Tochter Margarete nach Maßgabe seines vermehrten Vermögens an einen gleichwohlhabenden Mann zu verheiraten (viro sibi similem secundum quod bona mea se augmentaverint). Die Lübecker Klöster rekrutierten sich vor allem aus der Oberschicht. Manche Lübeckerinnen traten auch in auswärtige Klöster ein; in Rhena gab es 40 bis 50 lübische Nonnen. Auffällig gering ist in Lübeck die Zahl der Beginenkonvente: nur fünf Konvente mit etwa 100 Beginen. Alle geistlichen Anstalten für alleinstehende Frauen konnten etwa 600 Personen versorgen.

Als Lübeck 1276 zum drittenmal durch eine Feuersbrunst verwüstet wurde, verpflichtete der Lübecker Rat seine Mitbürger, alle Häuser in Stein zu bauen; nur Kleinhäuser, die Buden, durften noch in Fachwerk errichtet werden. Alle „besseren Leute" mußten sich um des Prestiges willen schon den Luxus des Backsteinbaus leisten. (Lübeck blieb dann tatsächlich bis 1942 von Stadtbränden verschont). Überhaupt wird jetzt das Leben luxuriöser.[224] Die Steinhäuser hatten Glasfenster, vergoldetes und silbernes Gerät; das Mobiliar wurde reichhaltiger und kostbarer. Ausgesprochene Luxusmöbel – bemalte Tische – werden in Braunschweiger, Lübecker und Wiener Testamenten genannt. 1386 wird in einem Lübecker Testament ein solcher Tisch genauer beschrieben: bemalt mit der Apokalypse und der Schlacht der Holsten gegen die Sachsen. Die Häuser verfügen über einen heizbaren besonderen Wohnraum, die Räume werden mitunter ausgemalt. Im häuslichen Bereich, schließt Hasse seinen aus Testamenten gewonnenen Überblick, haben die Bürger Westeuropas in der zweiten Hälfte des 14. Jahrhunderts ungefähr wieder einen Lebensstandard erreicht, der dem antiken entsprach. Leider gilt das nicht für die hygienischen, sanitären Verhältnisse, für reines Trinkwasser, das oft fehlte, für Kanalisation und Abwässerbeseitigung. Der sehr hohe Stand der Antike wurde hierin nicht wiedergewonnen, wenn es auch nach neuerer Einsicht[225] an erfolgreichen Aktivitäten in den Städten nicht ganz fehlte.

Für *Hamburg* hat Loose in den Kämmereirechnungen von 1350–1450 76 gewerbetreibende Frauen festgestellt, das ist wenig. Die meisten erwerbstätigen Frauen waren in der Gänsehökerei und in der Woll- und Leinenweberei tätig; Loose fand sie auch in der Brauerei, dem bedeutendsten Hamburger Exportgewerbe, wie Reincke[226] nachgewiesen hat. Das überrascht umso weniger als, wie wir wissen, die Hausbrauerei Sache der Frauen war. Reincke hat aber nicht nur in einer Zeit, wo das in Deutschland noch gar nicht so gefragt war, quantifizierende historische Demographie getrieben, er hat die dürren Prozentzahlen ergänzt durch farbige Details und Darstellung menschlicher Schicksale. Wir verdanken ihm das Lebensbild der Agneta Willeken,[227] die im 16. Jahrhundert zur Zeit Wullenwevers lebte, die wir aber noch als Repräsentantin spätmittelalterlicher städtischer Verhältnisse ansehen können. Ich erzähle es ihm nach, zugrunde liegen Akten des Reichskammergerichts. Damals wurden die starken sozialen Unterschiede, die in den Städten bestanden, auch durch die Zulassung zu Fest und Tanz sichtbar, hier gab es einklagbare Rechte. Wegen Nichtzulassung zu einem Fest hat die „ehrenhafte und tugendsame“ Witwe Agneta Willeken im eigenen Namen und dem ihrer unmündigen Töchter 1544 das Reichskammergericht zu Speyer angerufen.[228] Ihre Sache hatte einen hochpolitischen Hintergrund. Im Frühjahr 1538 hatte der Hamburger Rat dem mit seinem Hof und seiner Ritterschaft in Hamburg weilenden König Christian von Dänemark ein Fest gegeben und Edle und Unedle dazu eingeladen. Die beiden Töchter der Klägerin, Anna und Margareta, die damals im Kloster zu Uetersen gute Sitten und Anstand lernten, sahen unter dem Schutz zweier Tanten dem Turnier und Tanz zu, und während sie „in gebührlicher Ordnung“ dastanden, erschien ein Stadtdiener und forderte eine der Tanten auf, die Mädchen unverzüglich fortzuschicken; ein Grund wurde nicht angegeben, aber mit weiteren Repressalien gedroht, so daß sich Zillie von der Broke, eine Schwester der Agneta, gezwungen sah, die zwei Mädchen „unverschuldet und unverdienter Weise“ zu

Schmach, Spott und Nachteil von dem ehrbaren Tanz hinwegzuführen. Die Mutter forderte vom Reichskammergericht als Entschädigung, auch für geminderte Heiratsaussichten der Töchter, 24000 Gulden – das entsprach etwa den jährlichen regelmäßigen Einkünften des damaligen hamburgischen Stadthaushalts. Was stand hinter diesem merkwürdigen Vorgang? Agneta Willeken, die Mutter der beiden Mädchen, um 1497 geboren, stammte aus einer achtbaren Familie des behäbigen Hamburger Mittelstandes, heiratete den Schiffer und Islandfahrer Hans Willeken und wurde nach dessen Tod – die beiden Töchter waren im Kloster wohlversorgt – die Geliebte von dem berühmt-berüchtigten Marx Meyer, einem Kampfgenossen von Jürgen Wullenwever. Wullenwever war in Lübeck als Führer der demokratisch-lutherisch gesinnten Partei gegen den aristokratischen katholischen Rat Bürgermeister geworden und faßte beim dänischen Thronwechsel 1533 den Plan, Dänemark, den alten Feind der Hanse, unter Lübecks Einfluß zu beugen. Sein Hauptmann war Marx Meyer, ein Grobschmied aus Hamburg, der eine militärische Karriere gemacht, eine schwerreiche Lübecker Bürgermeisterswitwe heimgeführt hatte, beim Kaperkrieg gegen die Niederländer in englische Gefangenschaft geraten, dann aber von Heinrich VIII. zum Ritter geschlagen und mit einer schweren goldenen Gnadenkette und einer jährlichen Pension beschenkt worden war. Ihn hatte Agneta gewonnen. „Wer is vör mine Dör", pflegte sie zu fragen, wenn er an ihr Haus kam und klopfte, „Hammer und Tangen darvör", antwortete er. Er hing ihr die goldene Gnadenkette Heinrichs VIII. um und ließ sie damit in der Stadt herumstolzieren. Auch als Marx Meyer nach Lübeck übersiedelte, wurde der Verkehr mit Agneta nicht abgebrochen, ja man sagte, wie Wullenwever mehr auf Meyer hörte als auf alle anderen, so tat Meyer nichts ohne Frau Agnetas Rat. Den Krieg gegen Herzog Christian von Schleswig-Holstein, den nächsten Anwärter auf die dänische Krone, habe sie mitangestiftet. „Denn", so eine zeitgenössische Bemerkung, „Weiber sind mächtig ... und können die Männer wohl zu etwas bringen". Im Lauf der Kriegshandlungen geriet er in Gefangenschaft und wurde auf das Felsenschloß Warberg am Kattegat gebracht, konnte sich aber mit Hilfe der Ehefrau des Schloßhauptmannes befreien, wurde Herr des Schlosses, in dem er verwahrt worden war, und berichtete Agneta von seinen Abenteuern. Ihr Antwortschreiben ist vom 23. August 1535 datiert. „Herr Marcus Meyger, myn leve Frünt" fängt sie an, „myn Herte wolde ick upsniden und Ju dat senden, dat Ji dat scholden van binnen beseen", da würdet Ihr meinen ganzen Kummer finden. Sie habe es schwer gehabt, die Leute hätten schon gedacht, er habe sie von seiner Rockschlippe weggeschnitten. „Min allerleveste Frünt, ... nun weiß ich: wente alle Kapellen besungen weren, dat ick denne noch de rechte Hovetkerke scholde bi Ju bliven." Dieser Brief fiel aber in die Hände des holsteinischen Feldherrn Johann Rantzau, der ihn an König Christian weiterleitete. Von da an hieß Frau Agneta in Dänemark „die Hauptkirche". Marx Meyer konnte sich nicht halten, er mußte auf zweideutige Bedingungen hin kapitulieren und wurde hingerichtet.

Und Agneta? Kaum war der erste Kummer überwunden, da betörte sie Joachim Wullenwever, den Bruder des gestürzten lübischen Bürgermeisters, einen fünfzigjährigen Mann, der ihr sogar die Ehe versprochen hat und der sie hielt, als sei sie seine Frau – und natürlich trug sie noch die goldene Gnadenkette Heinrichs VIII., wenn sie etwa mit ihm im Schlitten fuhr. Herrn Joachim Wullenwever kostete das seinen Ratssitz, und um Agneta unschädlich zu machen, bediente man sich ihres Schreibens an Marx Meyer und ließ diese Epistel der vor dem Rathaus versammelten und andächtig lauschenden Gemeinde verlesen. Die „Hauptkirche" wohnte seitdem auf dem Mönkedamm nahe dem Wall, einer abgelegenen und nicht angesehenen Gegend; sie hat manche Ehefrau in der Stadt betrübt. Und nun zog König Christian im Mai 1538 in Hamburg ein, und Agneta schickte ihre Töchter in den Festgewändern, die einst Marx Meyer den Rantzaus abgenommen hatte, mit ihren Schwestern zum Tanz. Die Bürgermädchen rückten von den Kindern der Hauptkirche ab, aber junge Edelleute fanden Gefallen an ihnen. Weniger Gefallen hatte der sittenstrenge König, als er beim Eintritt in den Tanzsaal die ausgelassene Gruppe sah, und im Bankettzimmer wurde den Bürgermeistern zugeraunt, die Hauptkirche sei im Tanzsaal; schon stürzte der Marschall Melchior von Rantzau herein und beschwor den Bürgermeister: „Die Hauptkirche ist da mit ihren Töchtern. Schafft sie augenblicklich fort, oder es gibt ein Unglück." Bleibt nachzutragen, daß der Prozeß erst 1590 zu Ende kam, als Agneta und ihre Töchter nicht mehr lebten. Der Hamburger Rat wurde zur Zahlung von 1000 Gulden Rheinisch nebst den Kosten verurteilt.

Köln „Coellen, der kroen boven allen steden schoene, hait vunff namen, de man sal beduden allen luden", so beginnt eine Aufzeichnung von Stadtrecht und Bürgerfreiheit Kölns aus der Mitte des 15. Jahrhunderts[229] „De erste name iss eyn hillige stat oevermytz de leive heiligen, der heyldom ind gebeyntz in Coelne iss." Gemeint sind die Reliquien der hl. Ursula und der hl. Drei Könige, deren Überführung von Mailand nach Köln durch Barbarossas Kanzler Rainald von Dassel Köln zu einem berühmten Wallfahrtsort gemacht hatte. „De ander name iss eyn richstat genant." Die offizielle Anerkennung als Reichsstadt erfolgte zwar erst nach dem Neusser Krieg 1475, de facto war Köln aber schon seit 1288 von der erzbischöflichen Stadtherrschaft frei. „De dyrde name iss eyn stat von rechten, also dat man eyderen man recht sal lassen wedervaren. De veirde name iss eyn vrye stat, dat also man neymant dryngen en sal noch besweren anders dan myt recht. Der vunffte name is, dat Coellen is genannt eyn stat van guider gewoenden ind de gewoenden soellen gelichen den rechten, geistlich ind werentlich." Das sind keine unverbindlichen Phrasen. Die rechtsschöpferische Kraft der Kölner ist auch von den Historikern herausgestellt worden, z.B. ihre grundlegenden Neuerungen im Grundbuchwesen. Was uns besonders interessiert, ist die Einbeziehung der Bürgerinnen und der Eingesessenen in wichtige persönliche Freiheitsrechte. So erklärt diese Ordnung die Unverletzbarkeit der Wohnung für alle Einwohner Kölns: „Ouch ist der stat recht und der burger vryheit, dat eyn eicklich burger ind burgerse [= Bürgerin] ind ingesessen soellen syn vry in eren huysseren.... Ouch ist der stat recht ind burgere vryheit, dat man neymant vangen noch gryfen en sall in eyhme kyndelbedde, want dat huyss myt al synre zobehoer vry iss." Der Schutz des Hauses mit einem Kindbett – vor Vollstreckung – findet sich auch in Mainz. Das Nonevokationsrecht, d.h. das Verbot, Kölner vor auswärtige Gerichte zu laden, gilt ebenso für Bürgerinnen und Eingessene, auch sie haben den ausschließlichen Gerichtsstand vor ihrem Stadtgericht. Auch soll man Bürger, Bürgerin und Eingesessene, die zu Haus und Hof sitzen und nur schlechten, kleinen Hausrat haben, nicht mit gerichtlichem Arrest belegen, und wenn sie auch tausend Gulden und mehr schuldeten. Diese „Kummerfreiheit" geerbter Leute wurde 1437 genauer definiert. Uns interessiert hier die Einbeziehung der Frauen. Frauen in Köln besaßen also das Bürgerrecht, entweder selbstverständlich als Ehefrauen und Witwen Kölner Bürger oder auch als Neubürger, wenn sie wie die Männer das Aufnahmegeld bezahlten und den Bürgereid leisteten. Die Kölner Neubürgerlisten liegen ab 1356 vor; der prozentuale Anteil der Frauen ist aber sehr gering und verringert sich im 16. Jahrhundert. Grund für die Frauen, das Bürgerrecht zu erwerben, war öfters der Wunsch nach einer bestimmten Berufstätigkeit; z.B. zur Erwerbung der Gewandschnittskonzession, das bedeutet das Recht, Tuchhandel en detail zu betreiben.[230]

Die Konsensehe hat sich durchgesetzt, wie eine Eheschließungsformel von ca. 1435 beweist.[231] Da heißt es: „So wer yrre zwey zosamen geven sall zo der ee, de sall dese wort sprechen, de herna steent: Item zome yrsten sall he fragen den man: Bistu he, dat due Beylgin off wie sie heyscht – zo eyme elygen wijve ind zo eyme bedgenoyssen haven woult? So sall der brudegam sagen: Ja ich. So sall he de bruyt vragen myt yrme namen: Bistu he, dat du Heynrich – off we sich der brudegam noempt – haven wult zo eyme mumber ind bedgenoyssen? etc. So sall sy sagen: Ja ich. So sall der brudegam dan den rynk nemen ind stechen dan den rynck der bruyt in iren vynger negst dem kleynen vynger etc. Dan sall dergene, der sy zo hoefft gijfft, dat syden doich myt 12 tornesche in dat doich gebonden nemen ind sal sagen: Ich bevelen uch zo houff up Frentzer erden myt goulde ind gesteyntz, silver ind goult, beyden na Francken wyse ind Sassen ee, dat urre geyn den andern layssen en sall umb leyff noch um leyt noch umb dynck, dat got an eme geschaffen hat ader geschaffen mach layssen werden. Dan sall derghene, der sy zosamen gijfft, dat doich, dat de tornesschen in hait, eyme geven de yt der bruyt behalde. De sall dan dat gelt umb got geven armen luyden. Dan sall der bruytgem der bruyt schenken uiss eyme kopp (Becher) ind der bruytgem sal yrst dryncken ind der bruyt darna schencken." Also auch in dieser Konsensehe ist der Mann der „mumber", der Vormund der Frau, der Eheverband hat eine herrschaftliche Spitze. Gewisse Delikte, wie z.B. Doppelehen, waren damals leichter zu bewerkstelligen als heute, wo die Bewohner eines Staates in gleicher Weise polizeilich gemeldet sind. Die Reichsstadt Köln hatte nur ein sehr kleines ländliches Gebiet, das auch ihrer Gerichtsbarkeit unterstand. Es war leicht, sich daraus zu entfernen und sich der stadtkölnischen Gerichtsbarkeit zu entziehen. Andererseits gab es damals die Strafe der Stadtverweisung, die manche Probleme löste, die wir heute so nicht strafrechtlich lösen können. Die Statuta civitatis von 1437,[232] die zum Teil bestehendes Recht aufzeichnen, bestrafen die Bigamie. Es geschehe leider oft, wird da gesagt, daß Eheleute in andere Städte verzögen, sich dort trennten und wieder verheirateten. Wenn ein Mann, der ein eheliches Weib habe, das er zur Kirche geleitet habe und nach dem Gesetz der Kirche behalten solle, wenn der diese Frau sitzen lasse und eine andere zur Kirche führe, sich in Köln niederlasse und solche Sachen in Köln begehe, dann sollten die solcher Schuld Überführten, Mann oder Frau öffentlich auf den kax (Pranger) gesetzt und mit Ruten aus der Stadt gepeitscht werden. Wenn ein Mann, ein einheimischer oder ein auswärtiger, einem Bürger oder Eingesessenen die Ehefrau mit ihrem Gut entführt, soll er mit dem Schwert gerichtet werden, die Frau soll man auf den Pranger setzen, ihr die Backen brennen (sie also brandmarken) und sie mit Ruten aus Köln vertreiben. Wenn sie wieder nach Köln kommt, soll man sie lebendig begraben. Ein Mann, der sich zwei Frauen oder Jungfrauen anverlobt, soll, wenn er gerichtlich überführt wird, drei Monate Turmstrafe erhalten; die gleiche Strafe trifft eine Frau, die solches tut. Seit dem 15. Jahrhundert konnte der Ehebrecher, „wer im overspele lebte", nicht zum Rat oder zu einem Ratsamt gewählt werden. Gemäß einer bereits 1330[233] schon einmal getroffenen Anordnung, die damals aus gegebenem Anlaß erging, verlieren Sohn oder Tochter, die gegen den Willen ihrer Eltern eine Ehe eingehen, alle ihre Rechte; die Statuten von 1437 begrenzen diese Folgen allerdings auf junge Leute unter 20 Jahren. Kinder, die ihre Eltern durch Schlagen, Werfen oder Stoßen körperlich mißhandeln oder sie beleidigen (mit uneirligen worten uyssrichten), werden mit einem halben Jahr Turm bei Wasser und Brot bestraft. Wer Sohn oder Tochter eines Kölners mit Gewalt entführt, den soll man, wenn man seiner habhaft wird, mit dem Schwert richten, vorbehaltlich der geistlichen Gerichtsbarkeit. Während sich andernorts die Auffassung von einer verminderten Strafmündigkeit jeder Frau in Strafmilderung niederschlug, galt in Köln gleiches Recht für alle: „he were, wie hee were, paffe, studente, leye, vrouwe off man", eine oft wiederkehrende Formel.[234] Frauen unterlagen der Turmstrafe, häufig, wie wir sahen, der Prangerstrafe, auf Mord stand die Todesstrafe; sie wurden lebendig begraben oder im Rhein ertränkt. Die Koelhoffsche Chronik berichtet zum Jahr 1487, wie eine Mörderin mit ihrer Tochter, die der Mithilfe schuldig war, lebendig begraben wurde: „... ind si wurden samen liggende uisgesleift ind zosamen begraven, dat jemerlich ind schrielich was anzosien".

Vor Gericht galt in Köln das Zeugnis der Frau ebensoviel wie das eines Mannes. In wirtschaftlichen und Handelsangelegenheiten wurde ihre eidliche Aussage voll anerkannt. Das war nicht überall so. Wensky macht auf einen bezeichnenden Fall aufmerksam. Als 1498 der Kölner Johann Liblar wegen einer minderwertigen Seidenlieferung gegen einen Antwerpener Bürger prozessierte, waren unter den Zeugen, die die mangelnde Qualität bestätigten, vier Seidmacherinnen und drei Seidspinnerinnen; die Stadt Köln bat in ihrem Begleitschreiben die Antwerpner ausdrücklich, das Frauenzeugnis anzuerkennen; Köln habe erfahren, daß es in Antwerpen nicht gebräuchlich sei, Frauen zu vernehmen und zu vereidigen, in Köln werde das Seidamt aber fast nur von Frauen geführt, „die van dem handel und koupmanschap alletijd langer und forder kundich" seien. 1397 wollte die Stadt Metz nicht anerkennen, daß die Kölnerin Katharina von Siegen einen gültigen Vertrag abschließen konnte, es bedurfte der Bestätigung der Stadt Köln, daß dies in Köln möglich sei. Die Rechtsfähigkeit der Frau war in Köln ungewöhnlich hoch.

Das gesetzliche Kölner Erbrecht[235] behandelt Fahrnis und Immobilien unterschiedlich. Der überlebende Elternteil erhielt im Fall der beerbten Ehe zwar das mobiliare Gesamtgut, aber die Immobilien fielen den Kindern zu; sie waren die eigentlichen Erben. Sie haben Teilungsrecht gegenüber dem lebenden Elternteil. Teilungsgut waren „alle erve, erfrente ind gereyde have mit einander". Überlebt der Vater, erhält er zwei Drittel, die Kinder ein Drittel des Gesamterbes; überlebt die Mutter, erhält sie ein Drittel, die Kinder zwei Drittel. Bei kinderloser Ehe geht das Gesamtvermögen an den überlebenden Teil, der über die Hälfte verfügen kann, über und wird erst nach dessen Tod getrennt. Angesichts der Testierfreiheit galt aber dieses gesetzliche Erbrecht in Köln nur subsidiär, wenn kein Testament, Vermächtnis, Heiratsurkunde oder dgl. vorlag. Im allgemeinen lag in Köln im Spätmittelalter ein „samenvermechnis" vor, das entweder als Ehevertrag oder später durch gemeinsames Testament geschaffen wurde. Die Statuten von 1437 bringen eingehende Vorschriften bezüglich der Testamente.[236] In den Testiergewohnheiten von Mann und Frau sind keine Unterschiede festzustellen; die Zahl der Testamente von Frauen liegt geringfügig höher als die der Männer. Auch Nonnen und Beginen machten Testamente. Als Besonderheit des Kölner Rechts kann gelten, daß Frauen auch Testamentsvollstrecker sein konnten. Frauen konnten auch Vormund sein, über eigene wie fremde Kinder, häufig neben weiteren Personen, gelegentlich allein.

Köln erscheint nicht nur in dieser Beziehung als eine ungewöhnliche Stadt. Es erreichte in der ersten Hälfte des 14. Jahrhunderts eine Bevölkerungsgröße von annähernd 40000 Einwohnern, damit übertraf es beträchtlich Lübeck und die anderen nord- und ostdeutschen Großstädte der Zeit. Blicken wir freilich nach Westen, nach Flandern und Brabant, dann erscheint Kölns Größe nicht mehr so exzeptionell, die Einwohnerzahl von

Gent z. B. betrug im 14. Jahrhundert rd. 60000 Einwohner, die von Brügge etwa 50000, die von Löwen ca. 45000 Einwohner. Diese hohen Zahlen sind nicht allein, aber wesentlich mitbedingt durch die Ausbildung großer Exportgewerbe, die viel Arbeitskräfte benötigten. Exzeptionell ist für Köln dann wieder, daß es auf verschiedenen Sektoren des Textil- wie des Metall- und Ledergewerbes für den Export arbeitete und nicht etwa einseitig auf das Textilgewerbe eingestellt war wie die flandrischen und brabantischen Städte. In Köln kamen auch die Weber nicht in eine so drückende Abhängigkeit von den Unternehmern wie in den südlichen Niederlanden. Die Kölner Stadtgesellschaft ist geschlossener als die von Lübeck, offener als die von Nürnberg oder gar Schwäbisch-Hall. Einen Stadtadel hat Köln nicht, aber es hat – wie schon im vorhergehenden Kapitel gesagt – ein Patriziat, die Geschlechter. Die Richerzeche, der im 12. und 13. Jahrhundert mächtige Zusammenschluß der Geschlechter, war zwar im 14. zu einer Pfründnergemeinschaft abgesunken und wurde 1370 aufgelöst. Aber die Besetzung der Schöffen-, Bürgermeister- und Ratsämter blieb bis weit in die zweite Hälfte des 14. Jahrhunderts fast ausschließlich das Recht der Geschlechter, das waren etwa 40 patrizische Familien. Seit der Jahrhundertwende – 1321 sicher bezeugt – trat neben den Geschlechterrat der weite Rat von 82 Mitgliedern, der zwar zunächst noch stark patrizisch durchsetzt war, in den aber zunehmend Persönlichkeiten aus der aufsteigenden kaufmännischen Oberschicht gelangten, die nicht mehr in die Geschlechter, die sich stärker abschlossen, Aufnahme fanden, und die nun auch nach politischer Mitverantwortung strebten. Auch in Köln ist die zweite Hälfte des 14. Jahrhunderts von Unruhen erfüllt – es handelt sich dabei vor allem um Auseinandersetzungen der Geschlechter, innerhalb deren sich Parteien bildeten. Die Spannungen entluden sich im sog. Weberaufstand von 1370; dabei ist zu bedenken, daß die politischen Führer in dem reichen Wollenamt sich oft mehr als Tuchverleger, als Tuchhändler betätigten denn als Handwerker. Diese Wirren als Zunftkämpfe zu deklarieren, ist falsch. Der Kölner Oberschicht gelang 1388 die Gründung der Universität. Die 1391 wieder ausbrechenden inneren Kämpfe fanden im Verbundbrief von 1396 einen auf Kompromiß beruhenden Abschluß. Er blieb die maßgebende Verfassungsurkunde der Stadt bis zur Französischen Revolution und wurde 1513 wieder nach voraufgehenden Unruhen durch den Transfixbrief ergänzt. Der Rat hat sich 1396 als alleiniges Verfassungsorgan durchgesetzt.

Für die Kölner Geschlechter ist typisch ihre Langlebigkeit. Die alten Geschlechter waren durch die Ereignisse von 1396 nicht ganz ausgeschaltet, sie beherrschten noch das Schöffenkolleg, bis auch hier ein Wandel eintrat, der einen sozusagen frühneuzeitlichen Charakter trägt; das Schöffenamt verlor seine ständische Bindung und wurde ein akademischer, allein Juristen zugänglicher Beruf. Die Kölner Mittelschicht teilt Irsigler[237] im Anschluß an eine von Maschke vorgeschlagene Unterscheidung in eine obere, vorwiegend kaufmännische und eine untere, mehr handwerklich-zünftische ein. Es gibt breite Übergangsbereiche, im 15. Jahrhundert auch zur Oberschicht. Es gab reiche und arme Zünfte und eine fühlbare soziale Differenzierung innerhalb der einzelnen Zünfte, die durch den Zusammenhalt in der Zunft als Gruppe etwas ausgeglichen worden sein mag. Zur breiten unteren Mittelschicht gehörten auch die Krämer, die Altwarenhändler, die Handels- und Verkehrsarbeiter, Akziseeinnehmer, Unterkäufer, die Boten usw. Die größten Gruppen der Unterschicht stellen Handwerksgesellen, Lohnarbeiter, Knechte und Mägde. Ganz unten standen dann Arme, Bettler, Dirnen, Spielleute und fahrendes Volk. 1403 wurden in Köln etwa 1400 Bedürftige gezählt.

So sah – kurz skizziert – die Gesellschaft aus, in der sich die Frauen Kölns in staunenerregender Weise wirtschaftlich profiliert haben. Allerdings nur wirtschaftlich – an den Revolutionen, Unruhen, Kriegen, politischen Auseinandersetzungen haben sie keinen nachweisbaren Anteil genommen. Sie machen auch nicht das ganz große Geld. Frau Wensky hat die reichen Bestände des Stadtarchivs Köln mit modernen Methoden ausgewertet und eine zuverlässige Darstellung der Stellung der Frau im Kölner Handel und Gewerbe gegeben.[238] Die hohe Rechtsfähigkeit der Frauen bot eine Voraussetzung dafür, daß sie in den Zünften zu Meisterwürden aufsteigen konnten. Es gab kaum Wirtschaftszweige, in denen sie nicht zu finden waren. Nur Schneider, Harnischmacher und Tuchscherer legten Frauen Arbeitsbeschränkungen auf und auch das nur zeit- bzw. teilweise. Die Frauen dominierten als Garnmacherinnen, Goldspinnerinnen und im Seidengewerbe.

„Coelsch garn, fil de Cologne" war ein Kölner Markenartikel, ein leinener, meist blau gefärbter Zwirn, beliebt wegen seiner Appretur und Farbenechtheit. Die Appretur des von den Garnzwirnern gezwirnten Leinengarns wurde in Köln von den Garnmacherinnen besorgt, die eine wohl schon vor 1397 bestehende Zunft bildeten. Eine Amtsordnung, Vorstufe zum Zunftbrief, setzt als Arbeitszeit fest: Arbeitsbeginn nicht vor Tagesanbruch, Arbeitsschluß nicht nach acht Uhr abends, damit die Qualität der Arbeit nicht durch schlechte Beleuchtung leide. Der 1397 bestätigte Amtsbrief setzt die Lehrzeit auf vier Jahre fest, die Lehrfrau durfte einmal gewechselt werden, jede neue „leirmeit" mußte innerhalb von acht Tagen dem Garnamt gemeldet und in das Lehrtöchterbuch eingetragen werden. Hatte die Lehrtochter ausgelernt, mußten die Amtsmeister ihr Werk beschauen, „of dat koufmansgoit si of nit"; wurde es für gut befunden, konnte die Lehrtochter gegen Zahlung einer Gebühr von 2 Gulden sich zu Hause eine eigene Werkstätte einrichten. Leibliche Töchter von Garnmacherinnen zahlten die halbe Eintrittsgebühr. Jede Lehrfrau durfte aber nur einer Tochter zum selbständigen Gewerbebetrieb verhelfen und auch nur mit einer finanziellen Unterstützung, keineswegs mit Garn. Die Zunft sollte offen bleiben. Andere Bestimmungen dienten zur Erhaltung der

Konkurrenzfähigkeit der Betriebe untereinander, zur Verhinderung eines Verlagssystems. Die Garnmacherinnen bildeten ein Witwerrecht aus, der Witwer durfte das Gewerbe weiterführen, solange er sich nicht mit einer Frau zusammentat, die dem Amt nicht angehörte. Amtsmeister und Amtsmeisterinnen mußten nach ihrer Wahl einen Diensteid ablegen. Die Gewerbeaufsicht übten vom Rat betraute „Herren zu den Garnmacherinnen" aus. Mit den Garnzwirnern, die um Lohn das Garn auf Rädern, d.h. auf Zwirnmühlen zwirnten, gerieten die Garnmacherinnen wiederholt in Tarifauseinandersetzungen, und zwar seit 1373, als die Garnräder, die vorher Privatbesitz waren, in städtischen Besitz übergingen und auf jeweils 10 Jahre verpachtet wurden. Unter den zunächst acht Kölnern, die insgesamt 12 Räder in Pacht hatten, war auch eine Frau. Unter 14 namentlich bekannten Garnradpächtern der ersten Hälfte des 15. Jahrhunderts waren fünf Frauen. 1498 verbot der Rat, die Räder bei Tag und Nacht mit Pferden zu betreiben; es handelt sich dabei offensichtlich um große, durch Göpel angetriebene Vielspindelmaschinen; einen solchen Fortschritt wollte der Rat nicht, er bestand auf dem alten Herkommen, vielleicht auch aus arbeitsmarktpolitischen Gründen. Wie bei anderen Kölner Textilgewerben betrieben die Ehemänner oft den Absatz, den Garnhandel; die im Garngewerbe tätigen Frauen waren nämlich vielfach Ehefrauen, keine alleinstehenden Frauen. An der städtischen Anleihe von 1418 beteiligte sich eine Garnmacherin mit 50 Gulden. Größere Vermögen waren in diesem Gewerbe im allgemeinen nicht zu gewinnen.

Die Goldspinnerei war in Köln von Anfang an Frauenarbeit. Die Goldspinnerinnen waren mit einem Teil der Goldschläger zu einer Zunft vereinigt. Blattgold und -silber brauchten die Kölner Künstler in der Malerei, im Möbel-, Leder- und Buchgewerbe, die Fäden gingen in die Brokate, in die kirchlichen Gewänder, die Stickereien.

Ausschließlich Frauenarbeit war zunächst die Seidenstickerei. In der Wappenstickerzunft – seit 1397 – waren Männer und Frauen gleichberechtigt. Erzeugnisse von Kölner Borten haben sich bis heute auf kirchlichen Gewändern erhalten. Die Seidmacherinnen erhielten ihren ersten Amtsbrief 1437. Er ist auf ihren ausdrücklichen Wunsch erlassen worden, weil sie sich durch neue Einfälle – technische Neuerungen? – in ihrer Existenz bedroht sahen. Bis 1506 folgten noch drei weitere Amtsbriefe und zwei Transfixbriefe. Die Lehrzeit betrug im allgemeinen auch hier vier Jahre. Die Lehrmeisterin durfte einmal mit Zustimmung der Zunft gewechselt werden. Eheliche Geburt war keine Voraussetzung der Aufnahme in die Zunft. Die Hauptseidenmacherin, die „heuftvrauwe", hatte ihre Werkstatt im eigenen Haus, wo sie eigene Töchter und fremde junge Mädchen ausbildete; auch die fremden Lehrtöchter wohnten bei ihr und waren bei ihr in Kost. Jede heuftvrauwe durfte vier Lehrtöchter halten, eigene Kinder nicht eingerechnet. Ein Zunftzwang ist nicht ausdrücklich verfügt worden, hat aber wohl praktisch bestanden. Die Hauptseidmacherinnen wählten jähr-

15. Obergeschoßfenster des Kölner Patrizierhauses Rheingasse 8, sog. Overstolzenhaus

16. Stadtansicht von Köln nach Anton Woensam, 1531, Ausschnitt

17. Frauen bei der Seidenverarbeitung: Sammeln der Kokons und Weben

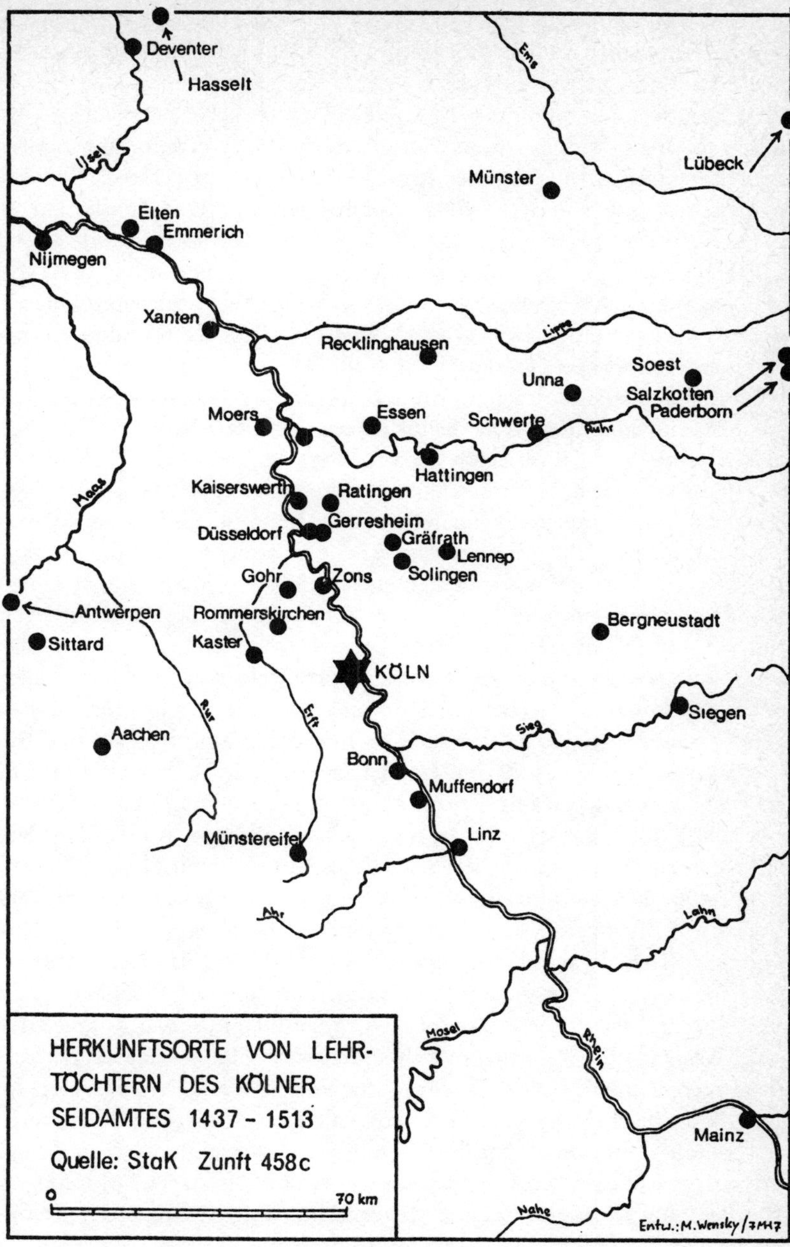
Deventer
Hasselt
Lübeck
Münster
Ems
IJsel
Elten
Emmerich
Nijmegen
Xanten
Recklinghausen
Lippe
Soest
Unna
Salzkotten
Paderborn
Moers
Essen
Schwerte
Ruhr
Hattingen
Kaiserswerth
Ratingen
Maas
Gerresheim
Düsseldorf
Gräfrath
Lennep
Solingen
Gohr
Zons
Antwerpen
Rommerskirchen
Bergneustadt
Sittard
Kaster
KÖLN
Erft
Rur
Siegen
Sieg
Aachen
Bonn
Muffendorf
Linz
Münstereifel
Ahr
Lahn
Mosel
Rhein
Mainz
Nahe
HERKUNFTSORTE VON LEHRTÖCHTERN DES KÖLNER SEIDAMTES 1437 - 1513
Quelle: StaK Zunft 458c
0
70 km
Entw.: M. Wensky / 7MH7

lich zwei Frauen zu Zunftmeisterinnen und zwei Männer zu Zunftmeistern. Eheleute durften nicht gleichzeitig Zunftmeister sein. Voraussetzung für die Wählbarkeit war eheliche Geburt. Der Zunftvorstand kam alle 14 Tage zusammen, um die Zunftangelegenheiten zu besprechen, da die Zunft kein eigenes Amtshaus besaß, im Haus eines der amtierenden Zunftmeister oder einer Zunftmeisterin. Jeder Anwesende erhielt ein Präsenzgeld, und es wurde ein Imbiß – Brot, Wein, Äpfel – gereicht. Der Zunftvorstand konnte Verstöße gegen die Amtsordnung mit Bußgeldern ahnden. Die Seidmacherinnen sind überwiegend Ehefrauen. Doch hier besorgen häufig die Ehemänner den Absatz der Produktion. Einige Seidmacherinnen waren selbst als Verleger tätig. Zwischen 1437 und 1504 haben 116 Seidmacherinnen einen Gewerbebetrieb unterhalten. Im Schnitt erwarben jedes Jahr 1 bis 2 Frauen das Amt als Meisterin und wurden im Jahr jeweils 12 Lehrmädchen aufgenommen. Die Seidmacherinnen betrieben ihr Gewerbe durchschnittlich 17 Jahre. Nach der Frequenz der Lehrtöchteraufnahmen teilt Wensky die Seidmacherbetriebe in mehrere Kategorien ein: in größere, kleinere und in nur unregelmäßig geführte Betriebe. Unter den Seidmacherinnen, die pro Jahr mindestens eine neue Lehrtochter aufnahmen, d.h. wohl immer über vier Lehrtöchter gleichzeitig verfügten, waren einige besonders tüchtig und erfolgreich, z.B. Grietgen van Berchem, Tryngen Loubach und Fygen Lutzenkirchen. Grietgen van Berchem war Seidmacherin von 1469–1476 und bildete zehn Lehrmädchen aus. Sie war verheiratet mit Jakob van Berchem, der zu einer u.a. im Weinhandel tätigen Kölner Familie gehörte. Er trat auch als Rohseidenimporteur auf und besaß das Recht zum Gewandschnitt. Grietgen wurde 1474, ihr Mann 1478 in den Zunftvorstand gewählt. Tryngen Loubach entstammte einer Seidenweberfamilie; ihre Mutter war die Seidmacherin Niesgin Wyerdt (aus Solingen), die in Köln das Seidebereiten gelernt hatte und mit Mertyn Neven, einem erfolgreichen Kölner Kaufmann, Seidenhändler und Ratsherrn, verheiratet war. Tryngens Mann Conrad Loubach war auch als Rohseidenimporteur tätig. Fygen Lutzenkirchen wurde 1474 Hauptseidmacherin und nahm bis 1497 insgesamt 25 Lehrtöchter auf. Ihr Ehemann Peter Lutzenkirchen war ein bedeutender Kölner Kaufmann; er war Mitglied der Gaffel Wollenamt, Faktor mehrerer oberdeutscher Handelshäuser, der Ravensburger Handelsgesellschaft sowie der Vöhlin-Welser-Gesellschaft. Er bezog über die Ravensburger Seide aus Valencia, als Gegengut lieferte er Kölner Goldgespinste, die für Genua und Venedig bestimmt waren. Er saß mehrmals im Rat. Fygen war öfters im Vorstand des Amtes. Mit einigen Unterbrechungen saß das Ehepaar abwechselnd 18 Jahre lang im Zunftvorstand. Peter Lutzenkirchen besuchte die Brabanter Messen in Bergen op Zoom, in Antwerpen und die Frankfurter Messe. Seine Frau scheint sich an den Handelsgeschäften ihres Mannes beteiligt zu haben. Sie hat sich auch im Weingeschäft betätigt. Mit dem Tod ihres Mannes hat sie anscheinend ihren Betrieb eingestellt, vielleicht hat sie die Seidenweberei ihrer Tochter

Lysbeth überlassen, die 1496 als Hauptseidmacherin zugelassen wurde. Das Ehepaar Fygen und Peter Lutzenkirchen muß sehr vermögend gewesen sein; sie besaßen mehrere Häuser. Wir sehen, die Seidamtsfamilien sind untereinander verwandt, Handel der Ehemänner und Gewerbe der Frauen ergänzen sich.

Die Lehrtöchter entstammten im 15./16. Jahrhundert der gleichen sozialen Schicht wie die Lehrfrauen. 10 Prozent der eingeschriebenen Lehrtöchter waren Kinder von Seidamtsangehörigen, dazu kam ein großer Prozentsatz von Kaufmannstöchtern; auch Rohseidenimporteure geben ihre Töchter zu Seidmacherinnen in die Lehre. Auch von auswärts kommende Mädchen wurden aufgenommen; ihre Herkunftsorte spiegeln Kölner Handelsbeziehungen wider. Eine eigene Zunft bildeten, wie Wensky jetzt einwandfrei feststellte, die Seidspinnerinnen. Die Seidenspinnerei litt unter der Konkurrenz der Klöster und Konvente und stand unter dem unternehmerischen Druck der durchweg reicheren Seidmacherinnen, denen auch die kostspieligen Rohstoffe gehörten; bezeichnend sind die wiederholten Ratsverbote der Entlohnung nach dem Trucksystem.

Es gab auch bedeutende Kölner Kauffrauen, auch sie meist Ehefrauen, die auf eigenverantwortlicher Gewinn- und Verlustbasis tätig waren.

Der Anteil der Frauen am Kölner Gewürzimport lag 1460/68, je nach Gewürz verschieden, zwischen 1,2 und 19,6 Prozent. Auch im Handel mit Metallen und Metallwaren fällt der Frauenanteil ins Gewicht. Unter den Messinghändlern machten fünf Frauen 14 Prozent der Importeure aus und bestritten 19,2 Prozent der Messingeinfuhren, für die 1452–80 Akzise gestundet wurde. Für den Zeitraum von 1452 bis 1459 beträgt der Frauenanteil 30,3 Prozent. Der Stahlimport der Cathringen Broelmann (1497–1501, 1506–1509) stand mit einem Marktanteil von 19,8 Prozent nur geringfügig dem des größten Stahlimporteurs Gerhard Betgin mit 22 Prozent nach. Hohen Anteil an den Importen der Metalle und Metallwaren haben oft Handwerkerfrauen, die für ihre Ehemänner die Rohstoffe besorgten. Es ergibt sich also eine Arbeitsteilung in dem Sinne, daß die kaufmännischen Aktivitäten den Frauen, denen das Schmiedehandwerk kaum praktische Arbeitsmöglichkeiten bot, obliegen, die in anderen Gewerbezweigen (Garnbereitung, Goldspinnerei, Seidengewerbe) den Männern zufielen, während die Frauen das Handwerk ausübten. Beträchtlich war der Anteil der Frauen am Gewandschnitt. Unter den sieben Frauen, die für mehr als 100 Tuche Akzise zahlten, sind fünf Nachfolgerinnen ihrer Ehemänner; Stina van Waveren hat über 20 Jahre lang den Tuchhandel ihres Mannes Wilhelm auf voller Höhe unterhalten; ihr durchschnittlicher Anteil am Kölner Gewandschnitt lag bei 19,2 Prozent im Jahr; sie war auch im Weinhandel tätig. Doppelberufe sind – wie im Mittelalter allgemein – oft festzustellen. Die Weinhändlerinnen waren zu einem großen Prozentsatz – bis zu 40 Prozent – Mitglieder von Ratsfamilien. Ein Überblick über die Organisationsformen der weiblichen Handelstätigkeit belegt häufig Beteiligungen an Handelsgesellschaften, Handelsreisen – allerdings mit engerem Reisehorizont als dem der Männer – und eine der männlichen ebenbürtige Führung von Rechnungs- und Haushaltungsbüchern. Grietgen van der Burg, Kauffrau in den verschiedensten Handelssparten, besaß um 1487/92 im guten Viertel St. Alban 13 Häuser.

Die Selbständigkeit, der geschäftliche Erfolg der Kölner Frauen in Handel und Gewerbe dürfte in diesem Umfang fast ohne Parallele sein. Parallelen gibt es meist nur für einzelne Gewerbezweige: z. B. für die Goldspinnerinnen in *Nürnberg.* Nürnbergs patrizische Stadtverfassung kennt keine Zünfte, nur geschworene Handwerke; 1597 erreichen die Goldspinnerinnen diesen Status.[239] Eine Reihe von Städten bieten Parallelen für das Seidengewerbe. In *Zürich* gibt es eine Zunft der Seidenweberinnnen.[240] Sie arbeiten nicht nur für Verleger – die Abhängigkeit des Züricher Seidengewerbes von patrizischen Kaufleuten war groß –, sondern auch auf eigene Kosten. In Zürich waren die Hilfsgewerbe der Winderinnen (Spulerinnen), Zwickerinnen und Zettlerinnen von den Seidenweberinnen abhängig. In *London* dominierten im Seidengewerbe die Frauen.[241] Sie nahmen Lehrlinge an und stellten Lehrbriefe aus. Sie, d.h. silkwomen and throwstres (Seidenweberinnen und Seidenspinnerinnen), wandten sich 1368 und 1455 an die Krone gegen fremden Wettbewerb, vor allem der Lombarden. Sie stammten aus guten Familien. Eine Gilde der Seidenweberinnen scheint aber nicht existiert zu haben.

Ein Gegenstück zu Köln ist *Paris.* Schon Etienne de Boileau schildert in seinem undatierten Livre des métiers,[242] das nach 1252 und vor 1271 entstand, die dominierende Bedeutung der Frauen im Seidengewerbe. Höppner konnte für Paris sechs reine Frauenzünfte nachweisen, alle im Seidengewerbe: die Seidenspinnerinnen mit großen, die Seidenspinnerinnen mit kleinen Spindeln, die Seidenwirkerinnen, die Wirkerinnen von seidenen Hauben und Mützen für Damen, die Hutmacherinnen, die Seidenhüte mit Goldstickereien für Damen anfertigten, die Börsenmacherinnen, die seidene Geldbeutelchen für Damen herstellten. Bei den Seidenspinnerinnen fungierten zwei Männer, wohl Ehemänner von Meisterinnen, als Geschworene; sie übten die Gewerbeaufsicht aus, aber ohne richterliche Kompetenz. Jede Meisterin konnte zwei bis drei weibliche Lehrlinge halten, die Lehrzeit dauerte sieben Jahre. Einige kapitalkräftige Spinnerinnen verarbeiteten eigene Rohseide zu Seidengarn, das sie selbst in den Handel brachten. Viele arbeiteten für Verleger; in Paris waren das – anders als in Köln – die Kurzwarenhändler (merciers). Sie lieferten die Rohseide und nahmen die fertig gezwirnte Seide ab. Den Spinnerinnen wurden oft Betrügereien vorgeworfen. Unter den im Seidengewerbe tätigen Frauen waren sie am schlechtesten gestellt. Die Zunft der Seidenwirkerinnen ging um 1450 ein; es kam zur Neubildung einer Seidenweberzunft, in der Männer und Frauen gleichberechtigt waren. Die übrigen Frauenzünfte des Seidengewerbes galten ausgesprochenen Modeberufen. In der Zunft der Wirkerinnen von kleinen Mützen und Hauben wurden die Ämter der drei Geschworenen nur mit Meisterfrauen besetzt; das war eine Ausnahme, im übrigen waren Männer oder Männer und Frauen Geschworene. Die Mützenmacherinnen durften ein Lehrmädchen annehmen und dazu noch ein Familienmitglied anlernen. Die Lehrzeit betrug entweder sieben Jahre mit oder acht Jahre ohne Lehrgeld. Die Männer besorgten hier nur den Absatz; die Mützenmacherinnen waren in der Regel selbständig, aber nicht reich. Ihr Verdienst entsprach dem männlicher Handwerker. Bei den Seidenhutmacherinnen betrieben die Ehemänner Einkauf und Absatz und lieferten Kapital. Die Blütezeit dieses Gewerbes war die Zeit um 1300; im 14. Jahrhundert ging die Zunft ein. Die Börsenmacherinnen fertigten Almosenbeutel und kleine Geldtaschen an. 1299 legten 124 meist verheiratete Frauen dieses Gewerbezweiges ihre ersten Statuten vor und ließen sie eintragen. Die Lehrzeit betrug 10 Jahre, konnte aber durch Zahlungen bis auf sechs Jahre verringert werden. Die selbständigen, auf eigene Rechnung arbeitenden Meisterinnen beschäftigten auch außerhalb der Stadt wohnende Heimarbeiterinnen. Die Lehrmädchen wurden nach der vorgeschriebenen Zeit ohne Meisterprüfung und Gebühren Vollgenossinnen der Zunft. In vielen anderen Zünften waren Frauen vollberechtigte Genossinnen, so in den Zünften der Bortenmacher, Bändermacher, Sticker und Kurzwarenhändler. Bei den Seidentuchmachern hatten sie nur das Witwenrecht. Vollberechtigt waren sie bei den Flachs- und Hanfhändlern, den Garnspinnern, Leinenwebern, Verfertigern von kurzen Leinenhosen, Filzhutmachern, Hutfütterern, Händlern mit Trödelwaren. Dagegen besaßen sie bei den Wollwebern, Walkern, Färbern, Kleidermachern und Strumpfwirkern nur eine beschränkte Berechtigung als Witwen. Verboten war ihnen die Anfertigung von sarazenischen Teppichen. Auch im Leder-, Metall- und Nahrungsmittelgewerbe standen ihnen manche Berufe offen; verboten waren ihnen die Schlächterei und die Getreidemesserei. Als Chirurgen, Barbiere und Bader waren sie vollberechtigt, als Arzneihändler beschränkt berechtigt. Nicht erwähnt werden Frauen bei den Gerbern, Schustern, Sattlern, Tischlern, Zimmerleuten, Dachdeckern, Goldschmieden und -schlägern, Bildhauern, Müllern, Getreidehändlern, Fischern und Schmieden. Höppner betont, daß unter den gewerblich tätigen Frauen verheiratete im gleichen Ausmaß beteiligt waren wie ledige. Daß die Frauen eine vollberufliche Tätigkeit in eigenen Werkstätten gerade im Seidengewerbe ausüben konnten – die genannten Städte sind die wichtigsten Seidenplätze diesseits der Alpen, die Domäne dieses Gewerbes lag in Italien – hat seine Gründe, sie dürften vor allem in der Fingerfertigkeit der Frau gelegen haben; rauhe Männerhände eigneten sich da weniger.

Interessant ist aber nun, daß die Frauen sich nicht nur als Hilfskräfte in einem vom Mann geleiteten Betrieb finden lassen, sondern häufig ihre eigenen Werkstätten haben. Auch gilt die besondere Eignung für die Seidenverarbeitung ja nicht für die Kauffrau. Viele vollberuflich tätigen Kölner Ehefrauen kamen aus guten Familien, waren gut verheiratet – hatten sie es nötig, Geld zu verdienen? Hier wird die wichtige Frage der wirtschaftlichen Position vor allem der mittleren Schichten angesprochen. Daß alleinstehende Frauen oft nur als Hökerin, Wäscherin, Magd usw. der blanken Not entgehen, das Existenzminimum bestenfalls gewinnen konnten, also der Unterschicht zuzurechnen sind, dürfte feststehen. Die kürzlich von Ulf Dirlmeier vorgelegten „Untersuchungen zu Einkommensverhältnissen und Lebenshaltungskosten in oberdeutschen Städten des Spätmittelalters“[243] bringen Beweise dafür, daß noch in der unteren Mittelschicht, also auch bei Handwerkern, bescheidene Verhältnisse geherrscht haben. Dirlmeier weist dabei auch auf die Bedeutung der Mitarbeit bzw. des eigenen Verdienstes von Familienmitgliedern hin. In Köln hat sich die Berufstätigkeit der Ehefrau offensichtlich nicht auf Unterschicht und untere Mittelschicht beschränkt. Die Kölner Verhältnisse legen vielmehr die Vermutung nahe, daß die selbständig als Handwerksmeisterin und Kauffrau tätige Ehefrau Familien der Mittelschicht insgesamt einen mehr oder minder großen Anteil am hohen Lebensstandard des Spätmittelalters gewährte. Das reiche Warenangebot vor allem eines großstädtischen Marktes wie Köln für die Küche, den Kleider- und Wäscheschrank, den Schmuckkasten der Frau, für die Ausstattung der Wohnung mit Geschirr und Möbeln war verlockend, und die Exportgewerbestadt Köln bot den Frauen hinreichend Berufsmöglichkeiten. Ermöglichte die weibliche Berufstätigkeit, das Doppelverdienertum vielleicht in manchen Fällen nicht auch dem Ehemann die jetzt breiteren Kreisen zugängliche politische Karriere? Die Ratsämter waren Ehrenämter, das machte es z.B. einem Handwerker so schwer, in den Rat zu gehen, auch wenn es in seiner Stadt möglich war. Maschke hat diese Frage der Unabkömmlichkeit immer wieder erwogen.[244] Trifft unsere Vermutung zu, so entspräche das durchaus unseren modernen Verhältnissen, wo viele männliche Laufbahnen erst durch die Berufstätigkeit der Ehefrauen finanziert werden ebenso wie der hohe Lebensstandard breiter Schichten. Das gilt heute wie damals nicht für den ganz großen Reichtum, den ganz hohen Verdienst. Aber es gilt für aufsteigende Schichten. Wenn man dazu bedenkt, daß die Stadt Köln im Mittelalter kaum direkte Steuern erhob, sondern ihren Haushalt mit indirekten Steuern finanzierte, die weibliche Berufstätigkeit damals also nicht steuerlich zu Buche schlug, kann man das umso besser verstehen.

Wir besitzen keine quantifizierende Analyse der sozialen Schichtung der Kölner Bevölkerung, wir können auch Dirlmeiers Ergebnisse nicht ohne weiteres auf Köln übertragen. Daher können wir diese Fragen nur aufwerfen. Auf jeden Fall sollte man das Verlangen am Luxus teilzuhaben, nicht gering anschlagen. Dafür werden auch heute in den deutschen Mittelschichten enorme Opfer gerade auch von seiten der Frauen gebracht.

Der Lebensstandard des Kölner Großbürgertums, aber auch der unteren Ober- und oberen Mittelschicht war hoch. Noch heute steht – als Museum genutzt – in Köln das Haus Rheingasse 8, das sog. Overstolzenhaus. Vogts[245] nennt es das „vornehmste und reichste Beispiel bürgerlichen romanischen Profanbaus in Deutschland". Es entstand um 1250: Der fünfachsige Bau ist in zwei Hauptgeschosse und vier Speichergeschosse im Bereich des mächtigen Stufengiebels gegliedert; die Doppelfenster im Obergeschoß sind in Kleeblattbögen zusammengefaßt, darüber kreisrunde Oberlichter eingefügt. „Die alten Fensterwände wiesen schlanke Eck- und Mittelsäulen aus blaugrauem Schiefer auf, die der Fassade eine farbige Wirkung sicherten, die aber auch durch Spuren von Farbe und Vergoldung an den Schmuckteilen bezeugt ist und zu der vielleicht ein getönter Anstrich des Außenputzes der Mauerflächen beitrug." Die Fenster waren noch nicht verglast, das brachte erst die Gotik. Wir kennen auch die innere Einteilung dieses Hauses. Es war zweischiffig konstruiert durch eine massive Mauer senkrecht zur Straße, die das Haus von unten bis zum Dachstuhl in zwei ungleich breite Teile schied. Das wird im Keller sehr deutlich, wo die Mauer in eine Reihe von vier Rundbogenöffnungen aufgelöst wird. Manche Kölner Herrenhäuser hatten Wehrtürme; nicht nur bei den Höfen, auch an den Hofseiten vornehmer Reihenhäuser waren Treppentürme angebaut. Eine Besonderheit einiger Höfe waren offene, überwölbte Hallen, die an die mittelalterlichen Hallen Mainzer und Trierer Wohnhäuser erinnern; zum Besitz des Geschlechts Jude gehörte solch eine Halle. Ziemlich genau kennen wir die Inneneinteilung des Rinkenhofes,[246] nach einem Inventar von 1600. Er bestand aus drei Gebäuden und war das Wohnhaus des Junkers Anton Rink und seiner Schwestern. Der Komplex, den Vogts eingehend schildert,[247] ist sehr verwinkelt und kompliziert; es gibt mehrere Säle, große und kleine Stuben, ein Kontor, ein Bücherkabinett, kleine Dienstmagdkämmerchen, eine Badstube, Küche, ein Kelterhaus, Ställchen am Garten. Die Hauskeller der Kölner Bürgerhäuser enthalten gelegentlich den Brunnen, der sich aber häufiger auf dem Hof findet. Hauskapellen lassen sich in Köln in großer Zahl nachweisen; die älteste bekannte Kapelle eines Privathauses ist spätromanisch, im Hof des Gobelinus de Merzenich, Schildergasse 51/3. Außer Sälen, Hallen und Kapellen waren dem Wohnhaus oft Werkstätten und haus- und landwirtschaftlichen Zwecken dienende Räume angegliedert, Waschküchen, Ställe usw.; Badestuben sind öfters vorhanden, mit Holz verkleidet und mit einem aus Steinwerk in die Mauer gearbeiteten Kamin oder mit einem Kachelofen ausgestattet. Die heimlichen Gemächer, Priveten, Aborte liegen bald im Hof und in Anbauten, bald im Vorderhaus, im Keller, sogar auf dem Dach, häufig in der Badstube und in der Küche (!). Einige Priveten hatten mehrere Sitze, manche aber auch gar keine. Die Fußböden der Obergeschosse bestanden aus Dielen, die des Vorhauses aus schweren Steinplatten – bei einfachen Häusern gab es Lehm-Estriche. Eine vornehme Fußbodenart waren quadratische Tonfliesen mit eingeritzten Figuren; sie wurden in Metz, Mainz, Konstanz, Zürich, Basel, Frankreich gefunden und sind in Köln zu vermuten – nach

Bildern der Kölner Malerschule. Man setzte auch Beläge aus kleinen, glasierten Steinchen zusammen oder benutzte bunte Kacheln. Die Holzbalken der Decken wurden bemalt, die Wandmalereien den Deckenmotiven angepaßt. Noch im 15. Jahrhundert gab es Häuser, die keine Schornsteine hatten, der Rauch zog durch Tür und Fenster ab, oder es gab Rauchabzugslöcher in den Wänden. Offene Kamine sind aus dem 15. Jahrhundert erhalten, aber früher als vorhanden bezeugt. Im 16. Jahrhundert sind die Konsolen und das Bildwerk auf dem Kaminkranz gute Bildhauerarbeit.

In solchen Häusern wohnten die reichen Kölnerinnen. Schweres Gold- und Silbertafelgeschirr wurde auch als Kapitalanlage gekauft. Ein Kölner Kaufmann spricht 1420 einem Erben einen Becher zu im Wert von mindestens 50 Gulden.[248] Leuchter und Kannen sind oft schon aus Zinn. Eine sehr genaue Bestandsaufnahme aus dem Jahr 1511 von einem Kölner Haus, dessen Besitzer in Antwerpen gestorben war und dessen zum Teil unmündige Kinder den Nachlaß teilen mußten, verzeichnet einen beträchtlichen Zinnschatz. In einem Saal befand sich ein „tzinnen hantfaaß". Das ist ein Waschgefäß, das entweder in einer Nische an der Wand angebracht war oder in einem nischenartig gebildeten Teil eines Schrankmöbels. Es besteht aus einem Behälter mit einem Zapfkran und einer darunterstehenden Schüssel. Im gleichen Saal befand sich ein „Trysoer, up welchem ... zwey tzinnen schenkkannen sunder pyffen" (Ausgußrohr). Ein Trysoer ist ein Möbel, das seit dem frühen 15. Jahrhundert zu den wichtigsten Ausstattungsstücken vornehmer Gemächer gehörte. Man stellte darauf gerne prunkvolles Gerät zur Schau, hier also Zinn. Die Testamentsvollstrecker fanden in einem Schrank 18 „tzynnen moesschottelen, soe groys und kleyn, item Noch eyn zynnen zaltzfaeß und eyn dosyn (Dutzend) vyerkantiger tzynnenen teller" sowie zwei Dutzend runde Teller und sechs zinnerne Löffel. Haedeke[249] vermutet, daß die großen und kleinen Musschüsseln, d.h. Gemüseschüsseln, so beschaffen waren wie die Schüsseln, auf denen bei Abendmahlsdarstellungen das Lamm liegt. Die Zahl von 18 Stück ist beachtlich.Die runden Teller dürften die für die Spätgotik typischen Scheiben gewesen sein. Man legte das Fleisch darauf ab, das man mit den Händen aß, unter gelegentlicher Zuhilfenahme des Messers. Gabeln waren bis ins 17. Jahrhundert nicht üblich. Wichtig waren die Löffel für den Brei, zinnerne Löffel hatten nur sehr wohlhabende Personen, die einfacheren Leute begnügten sich mit Löffeln aus Holz.

In diesen gut ausgestatteten Häusern wurde viel, abwechslungsreich und scharf gewürzt gegessen. F. Irsigler[250] hat das Haushaltungsbuch des Hermann Goch ausgewertet, das für die Zeit vom 23. Januar 1391 bis zum 31. Oktober 1394 Tag für Tag verzeichnet, was für Lebensmittel, Getränke, Kleidung, Haushaltswaren ausgegeben wurde. Die interessante Persönlichkeit Hermann Gochs, eines der reichsten Finanzmänner Kölns in der zweiten Hälfte des 14. Jahrhunderts, seine Aktivitäten und Schicksale haben wir hier nicht zu schildern. Er war ursprünglich Kanoniker im Stift zu

Kaiserswerth, zeichnete sich im höfischen Finanzdienst aus und schwankte zwischen geistlichem und weltlichem Stand. Er wurde einer der reichsten Grundbesitzer Kölns; er besaß in der Stadt 45 Häuser und Höfe. Zu seinem Wohnsitz erkor er die aus zwei großen Adelshöfen zusammengewachsene Besitzung zur Kemenate in der Glockengasse. Er hatte auch Landbesitz vor den Mauern der Stadt und ein Landgut, auf dem er mit Familie und Gesinde die Sommermonate zu verbringen pflegte. Seinem eheähnlichen Verhältnis mit Irmgard von der Kemenate entsprossen vier Söhne und fünf Töchter. Mit Hilfe seines Schwagers, Goswin von der Kemenate, der zwischen 1378/94 Dienst am päpstlichen Hof angenommen hatte, erreichte er die Legitimierung der Kinder. Irmgard, von der wir leider kaum etwas wissen, stammte anscheinend aus einer ihm gesellschaftlich ebenbürtigen Schicht. Seine Tochter Stina verheiratete er mit dem Lombarden Antonius Vlegeti aus Asti, der 1387 das Kölner Bürgerrecht erwarb. Das junge Paar lebte seit 1392 in seinem Haushalt und hatte dort einen eigenen Diener – auf Kosten des Vaters. Seine Tochter Lysa verheiratete er an den Goldschläger und Kaufmann Reimar Glesch, der von 1399 bis 1408 als Vertreter der Goldschmiedegaffel im neuen Rat saß, die Tochter Bela mit einem Kölner Weinhändler Johann von Holenter. Irmgard und Agnes traten 1392 in das vornehme Kölner St. Klara-Kloster ein. Den Söhnen ließ er eine gute und kostspielige Ausbildung zukommen: Der älteste, Hermann, wurde Kanoniker an St. Severin, Johann studierte an den Universitäten Köln und Wien, Wilhelm und Heinrich lebten zur Zeit seines Ausgabenbuches noch im elterlichen Haushalt. Goch war 1385 Kölner Bürger geworden. Mit seinen vielfältigen Aktivitäten verstrickte er sich zu seinem Unheil in die politischen Wirren dieser Jahre: 1398 wurde er zusammen mit seinem Schwager in Köln wegen Hochverrats enthauptet. Seinem Prozeß verdanken wir die Erhaltung des Haushaltsbuches. Der Haushalt Gochs war ungewöhnlich groß. Die Personenzahl schwankte, betrug aber wohl 24–36 Personen. Goch hatte einen eigenen Hausverwalter und viel Personal. Für einen Zeitraum von fast 27 Monaten betrug das gesamte Ausgabenvolumen 4650 Mark. Davon entfielen

auf Nahrungsmittel und Getränke:	2530 Mark
auf Kleidung	465 Mark
auf Haushaltswaren	131 Mark
für Dienstleistungen u. ä.	77 Mark
für Studienkosten	1441 Mark.

Vorweg die Bemerkung, daß die enorme Höhe der Studienkosten die Zahl der Bürgersöhne, die sich ein Studium leisten konnten, begrenzte, daß gar nicht daran zu denken war, solche Ausgaben für eine Tochter zu machen, die sowieso eine Mitgift beanspruchte, die man in eine andere Familie gab und die gelehrte – juristische – Kenntnisse ja auch gar nicht verwerten konnte, von anderen Gründen abgesehen. Bei den Posten für Nahrungsmittel erstaunt der hohe Fischanteil; er hängt natürlich mit der strikten

Einhaltung der Fastengebote zusammen: von Aschermittwoch bis Ostern kam kein Fleisch auf den Tisch, ebensowenig freitags und oft auch mittwochs nicht. Fisch aß man aber auch als Delikatesse. Gegessen wurde fast ausschließlich Weizenbrot, in der fleischlosen Zeit und an Festtagen spielten Kuchen eine große Rolle: Aniskuchen, Striezel, Krapfen, Honigkuchen, Fladen, Bretzel, Abendmahlsbrote und Osterwecken. Gebäck wurde im Haus hergestellt, beim Bäcker gekauft oder man bediente sich der Lohnbäckerei. Als Beilage gab es viel Reis. Beim Fleisch ist der Rindfleischanteil hoch. Über ein Viertel des Fleischbedarfs machten Wild und Geflügel aus. Kapaunen, Tauben, Rebhühner, Schnepfen, Fasane wurden bevorzugt, Reh- und Hirschbraten fehlen. Außerordentlich reichhaltig war der Fischverbrauch. Ein Viertel der insgesamt für Fisch und Wassertiere verwendeten Summe wurde für Heringe ausgegeben. Unter den frischen Süßwasserfischen war der Hecht am beliebtesten; mit Abstand folgten Salm und Karpfen. Delikatessen waren Aale und Forellen. Den weitgefaßten Begriff „Gewürze“ hat Irsigler aufgeschlüsselt: Er unterscheidet die Importgewürze – Ingwer, Safran, Pfeffer, Zimt, Mandeln, Gewürznelken, Muskatblüten, Muskatnuß u.a. –, Senf, die Gartengewürze – Kümmel, Zwiebeln, Dill, Petersilie, Lauch – und Salz und Süßmittel – Hartzucker, Melasse, Honig. Das beliebteste Gewürz war Senf. Hartzucker, also raffinierter Rohrzucker, war nur für reiche Leute erschwinglich. An Gemüsen kamen Kohl, Erbsen und Rübchen auf den Tisch. An Obstsorten ließen sich feststellen: Weinbeeren (Rosinen), Feigen, Äpfel, Birnen, Kirschen, Erdbeeren, Heidelbeeren, Nüsse, Kastanien und Pflaumen. Die Ausgaben für Milch und Milchprodukte waren gering, weil hier die Eigenversorgung eine größere Rolle spielte. Das Hauptgetränk war Wein, Bier wurde auch schon gern getrunken. Hermann Goch und Irmgard von der Kemenate mit Kindern und Gesinde hatten einen reichgedeckten Tisch. Der Speiseplan war abwechslungsreich: an den Fleischtagen der Woche gab es meistens zwei und an hohen Festtagen sogar drei Sorten Fleisch – Hammel, Rind und Huhn z.B. Vier verschiedene Fischarten waren keine Seltenheit, einmal konnte Irsigler für einen Freitag sechs Fischsorten feststellen: einen Stör, einen Salm, Flachfische, Schollen, Krebse und Forellen. Einen solchen „fürstlichen“ Aufwand konnten sich nur wenige bürgerliche Familien leisten.

Eine raffinierte Eßkultur findet sich auch anderwärts. Eine österreichische Studie über spätmittelalterliches Stadtleben berichtet über ein Essen, das 1486 in Villach im Haus des Bürgers Kaspar Merendech stattfand und von dessen Gattin zubereitet war. Das Mahl bestand aus 10 Gängen, von denen der italienische Berichterstatter allerdings nur die drei ersten beschreibt: 1. drei „künstliche“ Fische aus Milch, Eiern und Mandeln geformt und in der Pfanne nochmals mit geschälten Mandeln, Rosinen und gezuckertem Anis bestreut; 2. eine Speise aus gestoßenem und passiertem Geflügel – offenbar eine Pastete – mit Zimt und Ingwer beigemengt; 3. gemästete Drosseln (?) und eine Speise aus Huhn und Fleisch. Dank der Zubereitung, urteilt der italienische Gewährsmann, habe das Mahl, bei dem „ein Gericht besser als das andere" war, so gewirkt, als ob die Speisen „mitten aus Florenz" zugeliefert worden wären. Freilich – es war ein Gastmahl, bei dem sich die Hausfrau besondere Mühe gegeben hatte und an dem nichts gespart wurde.[251]

Der Kölner Rat sah sich veranlaßt, seit dem 13. Jahrhundert Antiluxusgesetze zu erlassen. Dabei ging es vor allem um den Aufwand bei Familienfeierlichkeiten, bei Kindtaufen, Hochzeiten, dem Klostereintritt eines Kindes, Primizen und besonders beim Begräbnis.[252] Die angeordneten – und weitgehend ganz vergeblich angeordneten – Einschränkungen nehmen öfters die nächsten Familienangehörigen aus. Sie sehen Geldstrafen vor. Für die Geschenke der Paten, der Hochzeitsgäste werden Höchstbeträge festgesetzt, die Zahl der Frauen, die bei der Taufe zur Kirche mitgehen, wird begrenzt, die Festessen bei Hochzeit und Begräbnis sollen nur sechs Gänge haben, und außer den nächsten Angehörigen soll niemand bei einem Todesfall „Reuekleider" tragen; an Tagen, an denen der Fleischgenuß erlaubt ist, soll kein Fischgericht gegeben werden. Die letzte Bestimmung sollte wohl auch dazu beitragen, den Fischpreis nicht zu steigern. Seit 1439 war es auch strafbar, Grabdecken oder Kerzen – außer an Allerheiligen, Allerseelen und am Jahrgedächtnis – auf das Grab zu setzen. Schon 1327 wurde eine domina de Kusino aus einem der großen Patriziergeschlechter zu 10 Mark Strafe verurteilt, weil sie beim Begräbnis ihres Gatten ein seidenes Leichentuch gebraucht hatte.[253] 1439 wurden auch die „schleifenden Kleider", also die Kleider mit Schleppe, verboten. Solange der Ehemann die Strafe zahlte – allerdings sechs rheinische Gulden – mochte es angehen. Die Spiegel wurden damals modern, es gab in den Städten das, was wir heute Mode nennen. Die Menschen waren viel zu sinnenfreudig, um sich den Luxus verbieten zu lassen.

Aber die Bürger feierten jetzt nicht nur im eigenen Hause. So wie der Rathausturm neben den Kirchtürmen die Silhouette der Stadt bestimmte, so standen jetzt städtische Säle und Gebäude für Feste zur Verfügung. Seit der Mitte des 14. Jahrhunderts existierte im Kölner Rathaus der Lange Saal für die Empfänge des Rates und für öffentliche Feiern. Er wurde sehr viel später Hansesaal genannt, weil hier auch die sogenannte Kölner Konföderation 1367 stattfand, auf der die Hansestädte den Krieg gegen Dänemark beschlossen. Es war ein einschiffiger Rechtecksaal, 29 m lang und 7,25 m breit, von einem 9,70 m hohen Tonnengewölbe aus Holz überdeckt.[254] Hier fand wohl auch das gemeinsame Mahl der Frauen der Ratsherrn statt anläßlich des feierlichen Einzugs des Erzbischofs Friedrich von Saarwerden im Juni 1372; die Auslagen trug die Stadt Köln. Der Saal genügte der festfreudigen Zeit im 15. Jahrhundert nicht mehr; 1437 plante die Stadt den Bau eines eigenen Fest- und Tanzhauses, 1441 bis 1452 wurde es vollendet: der Gürzenich. Hier empfing der Rat der Stadt 1472 Kaiser Friedrich mit seinem Sohn Herzog Maximilian. Der Kaiser wünschte – laut Koelhoffscher Chronik – ausdrücklich nicht nur das Geschütz der Stadt, sondern auch die schönen Damen von Köln zu sehen. Den ersten Tanz hatte der junge Herzog Maximilian mit einer „junfferen van sent Tervilhilligen", einer Stiftsdame von St. Ursula, einem adligen Fräulein aus dem Haus Finstingen. Dann sorgten die Erzbischöfe von Mainz und Trier dafür, „dat sych dye vrauwen und jonfferen mit handen namen mit paren waill tzo XXXVI paren zo ind danzden also sunder man vur dem keyser vp ind neder. Ind man gaff dae kruyt ind wijn, nuwe ind virne." Auch die Zunft- und Gaffelhäuser der Stadt waren Stätten der Geselligkeit.[255]

Die Medaille des Kölner Alltags- und Festlebens hat ihre Kehrseite. Das Leben der vielen Kölner, die zur unteren Mittelschicht oder gar zur oberen Unterschicht gehörten, sah anders aus. Sie wohnten in Reihenhäusern und kleinen Zinshäusern. In älterer Zeit lagen auch die Reihenhäuser in Köln nicht dicht nebeneinander, sondern es bestanden zwischen ihnen offene, unbebaute Gänge, die als Zugänge zu Hintergebäuden, Brunnen, Höfen dienten, vor allem aber als Soden zur Abführung der Dach- und Hauswässer. Sie wurden infolge der zunehmenden Bevölkerungsdichte allmählich verbaut, indem man sie in die Nachbarhäuser einbezog oder Verkaufsstände oder kleine Zinshäuser darauf errichtete; das begann nachweisbar schon im 12. Jahrhundert. Es erforderte Brandmauern und Dachkallen. Gassenlos aneinandergereiht wurden vor allem die Zinshäuser; sie lagen mit den Traufen zur Straße, „so daß sie des Speichers und Giebels, des eigentlichen Zeichens der Selbständigkeit und des eigenen Grundbesitzes entbehrten" (Vogts). Solche Zinshäuserreihen finden sich vor allem bei den Höfen, wohl für deren Landarbeiter. Mitunter waren sie unter einem Dach vereint, wie die 16 Häuser, die von Gottschalk und Gerhard Overstolz zwischen 1224 und 1233 auf dem Areal des alten Hofes Zederwald errichtet wurden und der heutigen Straße Unter Sachsenhausen (Sachsen aus Sechzehn) ihren Namen gaben. Im 14. und 15. Jahrhundert gehörten nicht mehr alle Handwerksgesellen zum Meisterhaushalt; es war verheirateten Gesellen möglich, ihren Unterhalt zu bestreiten. Es gab viele alleinstehende Frauen, darunter viele in beengter wirtschaftlicher Lage. Für Köln muß man wohl einen Frauenüberschuß annehmen. Da die Stadt überwiegend mit indirekten Steuern arbeitete, ist die Quellenlage für die genaue Berechnung der Bevölkerungszahl schlecht.

Zu den Randgruppen der Kölner Stadtgesellschaft gehörten die Dirnen.[256] Dirnen hat es immer gegeben. Wie Graus darlegt, sind sie erst in den spätmittelalterlichen Städten zu einer Randgruppe geworden durch „Ghettoisierung" (Beschränkung auf bestimmte Straßen) und „Stigmatisierung" (diskriminierende Kennzeichnung). Voraussetzung dafür ist ihre wachsende Zahl. In Köln läßt sich dieser Prozeß beobachten. Bereits Ende des 13. Jahrhunderts existierte ein Frauenhaus in der Schwalbengasse nahe dem Berlich, mit dem bezeichnenden Namen „domus Sconevrouwe". Diese ursprünglich ziemlich entlegene Stadtgegend war im 15. Jahrhundert wieder ein Hauptquartier der Dirnen. Die Prostitution faßte aber in allen Stadtteilen Fuß. Mitunter wohnten die Dirnen in der Nähe geistlicher Konvente. Leichte Fräuchen (vreugin) wohnten 1436 in der Streitzeuggasse, wo sie dem Gottesdienst der Olivenbrüder hinderlich waren, die das Haus aufkauften, um Abhilfe zu schaffen. Zunächst suchte man also durch private Abmachungen das Dirnenwesen aus der Nähe von Kirchen und Konventen fernzuhalten. Erst im Jahre 1455 bemühte sich der Rat, der sich vorher mit Vorschriften über die Tracht der Dirnen – wichtigstes Kennzeichen war das rote Kopftuch – begnügt oder die Abgabe der „gemeinen Töchter, die auf dem Domhof, dem Heumarkt oder auf dem Felde gehen," an den Scharfrichter festgesetzt hatte, das „Unwesen" auf zwei Straßen zu beschränken. Der Berlich und das Altengrabengäßchen sind damals vor allem zum Sitz der Prostitution geworden. Dem Scharfrichter mußten alle Dirnen in der Stadt pro Woche sechs kölsche Pfennige geben, die „gemeinen Töchter" zu Rodenkirchen waren ihm eine Flasche Wein schuldig oder den dritten Pfennig ihrer Einnahmen, so wurde es auch mit denen zu Mechteren gehalten, die dem Scharfrichter unterstanden. Die neu in die Stadt kommenden Dirnen mußten sozusagen als Einstand dem Scharfrichter 4 Schilling geben und dann alle Wochen die 6 Pfennige.[257] Die Unterstellung der Dirnen unter den Scharfrichter findet sich auch in Augsburg.

In der Nähe des Dirnenquartiers am Altengrabengäßchen lag auch das Findlingshaus. Im Studentenviertel, das den südlichen Teil des Niederich bildete, war das Treiben der Dirnen im Jahre 1484 so ärgerniserregend geworden, daß auf Klage der dort gelegenen drei Gymnasien der Rat für die Straßen Unter Sachsenhausen, Komödien- und Marzellenstraße ein Aufenthaltsverbot gegen die Dirnen erlassen mußte. Im 16. Jahrhundert versuchte man – aber auch ohne durchschlagenden Erfolg – die Kasernierung, auch die „Bekehrung der Dirnen" und eine gewisse soziale Integration. Das Gegenstück zum Frauenhause, das Magdalenenhaus für bekehrte Dirnen, bestand seit etwa 1470 in dem Kloster Bethlehem auf dem Eigelstein. Der Rat versuchte gegen die Kuppler und Kupplerinnen einzuschreiten, um so wenigstens eine der Ursachen der Prostitution abzustellen.[258] Ertappte Kupplerinnen sollen verhaftet, auf den Kax gesetzt, gebrandmarkt und mit Ruten aus der Stadt gepeitscht werden. Wirten und Wirtinnen, besonders an der Marsportze, wurde verboten, Bürger oder Bürgerskinder, die in Köln eine eigene Wohnung hatten, oder jemands „Brödling" waren, in ihren Häusern schlafen zu lassen. Bierzapf durfte nur durch die Brauer und in offenen Brauhäusern erfolgen. Er wurde vor allem den Vorkäufern, die Biertavernen unterhielten, verboten, weil bei ihnen „vijell suntliche, schentliche, ind unmenschliche sachen nacht ind dach gehandelt" und „roike" (ruch) „loisse, wilde, unnutze gesellschaft von Manne ind frauwen upgehalden ind geherbert" worden waren. Der Rat versuchte auch, Männer und Frauen, Gesindel, Wegelagerer, Müßiggänger, die aus welschen, deutschen und anderen Landen nach Köln kamen, einer Arbeit zuzuführen; waren sie nicht bereit, ihr Brot zu verdienen, so sollten sie aus der Stadt gejagt werden und, wenn sie wieder zurückkämen, ins Halsband geschlossen, ausgezogen und nackt aus der Stadt gepeitscht werden.[259] Mit anderen Worten, diese Probleme blieben ungelöst.

Hilliges Köln? Unter den Dirnen gab es viele eigens so genannte „Pfaffenhuren". Erst recht war das Konkubinat unter den Geistlichen verbreitet. Es trug sicher oft eheähnlichen Charakter wie bei Hermann Goch, d.h. langdauernde Partnerschaft, Versorgung, womöglich Legitimierung der Kinder.

In Frankreich[260] blieb der Versuch des hl. Königs Ludwig IX., die Dirnen aus allen Städten und Dörfern zu vertreiben, wirkungslos. In *Paris* gab es zwar seit 1226 einen Konvent für bekehrte Dirnen, dem Ludwig auch einen beachtlichen jährlichen Zuschuß gewährte, aber er bot keineswegs für alle reuigen Pariser „Töchter der Freude" Raum. Auch hier blieb es dabei, die Dirnen auf bestimmte Quartiere zu beschränken. Solche Quartiere, Plätze oder Straßen sind auch für London, Venedig, Bologna, Dijon, Amiens usw. belegt. In Paris sind diese Quartiere recht ausgedehnt, wie z.B. Geremeks Karte in seiner Arbeit über die Pariser Randgruppen zeigt. Mit wohl 80000 Einwohnern zu Beginn des 14. Jahrhunderts war Paris damals die größte Stadt diesseits der Alpen. Ist die Prostitution hier, fragt Geremek, ein Gewerbe wie jedes andere? Als Ende des 12. Jahrhunderts die Pariser Töchter der Freude wie die übrigen Handwerkerkorporationen für die im Bau befindliche Kathedrale ein Glasfenster stiften wollten, lehnte der Bischof ab. Der Kanoniker und gelehrte Theologe Thomas Cobham meinte, hier liege eventuell ein Arbeitsertrag vor, der sehr wohl auch für gute Werke verwendet werden könne, sofern diese Frauen ihre Arbeit nicht um der Lust willen täten. Immerhin galten für dieses Gewerbe in Paris die üblichen gewerblichen Regelungen, interessanterweise auch das Verbot der Nachtarbeit, nicht mehr unbegreiflich, wenn man sich alle Gefahren der kaum beleuchteten Straßen des nächtlichen Paris in jenen Jahrhunderten vorstellt. Geremek sieht eine zünftische Korporation der Dirnen in Paris als nicht gesichert an, er hält eine Bruderschaft für wahrscheinlicher. Aber trotz Elementen der Integration, trotz einer gewissen Toleranz auch des Rechtes – die Welt der Dirnen, Zuhälter und Kupplerinnen existierte am Rand der Gesellschaft.

Seit dem 12. Jahrhundert sind in Köln Inklusen, d.h. Klausnerinnen, die sich in eine Zelle bei einer Kirche einschließen ließen, in der Stadt bezeugt. Für das 14. und 15. Jahrhundert lassen sich eine ganze Reihe solcher Klausen, zu denen bis zu 11 Frauen gehören, nachweisen. So gestattete 1371 Äbtissin und Konvent von St. Caecilien, ein Fenster durch die Mauer der Kapelle von St. Michael zu brechen, damit die Insassen der neu errichteten Klause am Gottesdienst teilnehmen und die Sakramente empfangen können. Die letzte Gründung dieser Art erfolgte beim Kloster Mariengarten;

die Klause für sechs Personen wurde 1459 gestiftet. In die Mauer der Klosterkirche wurde ein vergittertes Fenster mit Blick zum Altar und zum Sakramentenempfang gebrochen.[261]

Sehr vermehrt hat sich im Spätmittelalter in Köln die Zahl der Beginenkonvente. Im Jahr 1320 gab es in Köln 89 Beginenkonvente, mehr als in irgend einer anderen europäischen Stadt. Sie nahmen im 14. und 15. Jahrhundert stark zu, von 1506 bis 1634 kamen noch fünf Neugründungen dazu. Insgesamt sind 169 Konventsstiftungen belegt;[262] aber nicht alle diese Konvente bestanden gleichzeitig. Im kleinsten, der Zelle in der Komödienstraße, hausten nur zwei Beginen, der größte, Busse oder Bethlehem auf dem Eigelstein, war für 50 angelegt. Die durchschnittliche Mitgliederzahl betrug ca. 12. Einige Konvente standen nur Verwandten des Gründers, die meisten allen Kölnerinnen offen. Einige waren gut ausgestattet und erlaubten den Beginen ihrer religiösen Berufung ohne Sorge um ihren Lebensunterhalt zu folgen; viele besaßen nur das Haus, in dem der Konvent untergebracht war. Ihre Insassen mußten für ihren Unterhalt arbeiten. Zum Zahlenvergleich: In Straßburg gab es 85 Konvente, in Frankfurt 57, in Mainz 28, in Worms 16, in Essen 6, in Lübeck 5. Angehörige von über 40 Kölner Patrizierfamilien haben solchen Konventen angehört. Das frei gelebte Beginentum schwand unter dem Druck der kirchlichen Gegenmaßnahmen zunehmend, während im 15. Jahrhundert allein die Konventsbildung noch lebenskräftig war und sich überall die Neigung zur Bindung an eine Regel zeigte. Die wirtschaftlichen Aktivitäten der Beginenkonvente wurden von den Zünften mit Argwohn verfolgt und eingeschränkt.[263] Daß die Beginen Gräber auf den Kirchhöfen pflegten und Kranke besuchten, mochte hingehen. Aber ihre Weberei und Stickerei fand Anstoß. Die Seidenweberinnen sahen in ihnen billige Arbeitskräfte, denen man auch gefälschte Seide unterschieben konnte. Ein Ratsverbot von 1469 suchte daher die Seidenverarbeitung in Klöstern und Beginenkonventen zu unterbinden. Der Rat war mit der Vermehrung und dem Wachstum der Konvente nicht einverstanden; denn das bedeutete eine unerwünschte Zunahme des Hausbesitzes der toten Hand, es drohte Steuerminderung, sollten die Beginen versuchen, als geistliche Personen Privilegien des geistlichen Standes in Anspruch zu nehmen – Streitigkeiten um die Privilegien des Klerus waren damals an der Tagesordnung –, schließlich befürchtete auch der Rat die gewerbliche Konkurrenz der schlecht dotierten Beginenkonvente. Er verbot 1482 den Konventen Struynden und zum Mummersloch die Zusammenlegung ihrer Häuser und die Einrichtung einer Kapelle mit Kirchenfenstern – war hier etwa ein Beginenhof geplant? –, befahl die Wiederherstellung des früheren baulichen Zustandes[264] und gebot 1486 den Steinmetzen und Zimmerleuten, keine Neubauten an Begarden- und Beginenhäusern vorzunehmen und auch keine Altäre in diesen Häusern und Konventen zu bauen.[265] Der Rat setzte 1487 eine Schickung (Kommission) ein zur Reform des Beginenwesens; sie erstattete bald einen ausführlichen Bericht.[266] Sie empfahl darin die Zusammenlegung der kleinen Konvente, ausgesprochenermaßen zu dem Zweck, Häuser für den bürgerlichen Nutzen zurückzugewinnen. Die Zahl der Beginen selbst sollte dadurch verringert werden, daß man viele Konvente aussterben ließ, also keine Neuaufnahmen gestattete: „Item die 12 personen in der zellen in Smeirstraissen zo blijven ind sich in irme getzale nyet zo vermeirren, want dat synt arme ellendige sustergen ind bidden broit ind wardent der siechen". Die Armut vieler Konvente geht aus dem Bericht deutlich hervor. „Item ist eyne alde persone in deme huyse beneven deme huyse zome Kessel ind is eyn alt verfallen huys, die moecht man in eyn hospitail setzen ind keren dat huys zo anderen armen begynen." Der auf den Bericht hin gefaßte Ratsbeschluß beläßt den Konventen 17 Häuser, dann bleiben der Gemeinde 48. Renten und „Ingedoms" (Inneneinrichtung) werden den Häusern zugeteilt, die bestehen bleiben. Der Rat will auch festgestellt wissen, womit sich die Beginen künftig ernähren wollen, „dadurch der gemeynden nyet zo vijll affgetzogen werde". Es sollen auch Regeln erlassen werden, die u. a. Gebete für die Stifter anordnen. Die Reform wurde von einer Gesandtschaft des Rates in Poppelsdorf mit dem Erzbischof bzw. seinem Kanzler besprochen. Ein Kölner Beginenkonvent betätigte sich nachweisbar auch in der Erziehung und Unterrichtung junger Mädchen. Das war allerdings ein etwas merkwürdiger Fall. Es handelt sich um den Konvent „Zor Buyssen" auf dem Eigelstein. Der Kölner Rat hatte ihn zu Beginn der 1470er Jahre in eine Anstalt zur Rettung gefallener Frauen umgewandelt, mußte aber schon 1472 gegen einen Aufstand der bekehrten Sünderinnen gegen ihre Oberin einschreiten. 1476 wurde der Konvent der geistlichen Aufsicht der Augustiner-Eremiten unterstellt. Er hatte großen Zulauf, 1486 63 Mitglieder. Der Rat befahl, die Zahl auf 50 herabsinken zu lassen und keine Kinder oder junge Mädchen aus Köln oder von auswärts mehr anzunehmen, um sie wie in anderen Klöstern üblich zu lehren und zu unterweisen; die im Hause befindlichen Kinder und Mädchen sollten sie binnen drei Tagen fortschicken.[267] Man traute doch wohl der Eignung dieser Frauen zur Erziehung nicht recht. Zur Lösung aller Probleme alleinstehender armer Frauen genügten die Kölner Konvente immer noch nicht.

Die Schulen der Kölner Damenstifter waren wohl dem Adel reserviert. Die Pfarrschulen standen auch den Bürgerstöchtern offen.[268] Der Kölner Handelsherr Slossgin sandte seine Töchter, wenn sie sechs oder sieben Jahre alt waren, in die Pfarrschulen von St. Brigiden und Klein St. Martin, wo sie bis zum zehnten oder elften Lebensjahr blieben; dann wurde die ältere im väterlichen Geschäft eingesetzt (ind solde ons kremeri leren), während die jüngste Seidemachen lernen sollte, aber beide starben früh. Ob sie mit den Knaben zusammen unterrichtet wurden, ist nicht zu erkennen. Keinen Zugang hatten die Mädchen zur Universität; das lag zunächst darin begründet, daß die Universitätsangehörigen großenteils zum Klerus gehörten, zum mindesten die niedern Weihen hatten. In Köln kam es vor, daß von 31 Immatrikulierten eines Rektorates 30 Kleriker bzw. Priester waren. Wir wiesen schon daraufhin, daß es sich „nicht lohnte", für ein Mädchen die enorm hohen Studienkosten aufzuwenden. Humanistische Begeisterung mochte gelegentlich dazu führen, daß ein Vater auch seine Töchter zu gelehrten Frauen heranbildete. Die Kölner Koelhoffsche Chronik berichtet zum Jahr 1489, daß ein sehr gelehrter Jüngling von 18 Jahren aus Groningen nach Köln kam; jede Materie beherrschte er. „Ind die worde vloissen eme as eyn wasser sunder alle hyndernisse. Die Bybell woiste he vp syn duymgyn nae, desgelijchen in den boicheren der hilliger leirre vnd der heydenscher poeten was he so veruaren dat eme alle syn worde affgyngen sunder alle swairheit. He hadde noch meir broedere ind ouch eyn suster, die waren altzosamen sere hochlich geleirt mit ouervloediger zierlicher latijnscher spraechen, so dat alle die ghene die sij hoirten sprechen, niet moechten gesaediget werden noch verdross kregen yn tzo zohoeren. Yr vader is genoempt Meister Johan Canter ind is eyn Doctor in den VII vryen kunsten, in der Artzedien, in beyden Rechte, geystlich ind werltlich ind in der hilliger schrifft. Disse eirwyrdige boechberoempte ind sere geleirt man hait eyn huysfrauwe die was ouch sere geleirt vnd hat mit yr gehat vil soene vnd eyn dochter, die hey so balde als Sij kunden sprechen geweint vnnd leirde latijnsche spraeche. Also dat syn kynder ee kunden sprechen latijn dan duytsch, ind wirt in syme huyss geyn spraeche gebrucht ind geoeffet dan latijnsche spraeche. Ind syn dienstmait is auch geleirt dat sy goit latijn spricht. Item die dochter heischt Vrsula ind is so geleirt in natuerlichen ind gotlichen kunsten ind dae by so koestlich indtzierlich van latijnscher spraeche, dat Sij allen geleirden ... kan Sij so meysterlich antwerden, dat des gelijchen nie mere gevreischet (vereischen, vreischen – vernehmen, erfahren) is van viyll hundert jairen her; ind kunnen sich niet genoichsamlich dair aff verwonderen, dat in ind vyss eyme vreuweschen munde sulche wijgende ind dapper worde komen ... Dese Eirsame ind dogenhafftige Vrsula wart geleirt as yr broeder vun yrre eyrster tzit, dat Sij sprechen moichte in der latijnscher spraeche. Ind is vmb yre groisse wissenheit in allen kunsten tzo rechen vnder den allergeleirtsten vrauwen persone die ye geweist syn ... des sich die Stat van Groenyngen ind gantz Vrieslant beroemen vnd vurtrecken mach, wand desgelychen nye mere as ich meynen off altzo wenich geschiet is. ... Die doichter is noch by yren lieuen elteren in jonfferlicher reynicheit." Ein Ausnahmefall – sicher – aber sehr bezeichnend, bezeichnend für den Elan, den Enthusiasmus, der zweckfreie humanistische Bildung als ein ganz großes Gut schätzt und dem ganzen Hause vermitteln möchte. Es ist ein sehr moderner Geist in diesem Groninger Gelehrtenhaus des Johannes Canter, seiner Frau Abele, der Söhne Jacobus, Petrus, Andres und „het wonder der wereld" Ursula.

Wenn wir Köln einen Ausnahmefall nannten, soll das nicht heißen, daß in dem einen oder anderen Bezug nicht doch Parallelen zur Stellung der Frau gefunden werden könnten. Ein immer wiederkehrender Zug ist die

Versippung und Verschwägerung innerhalb des Patriziates, d.h. die Bedeutung günstiger Heiraten für den sozialen Aufstieg. Das gilt vorzüglich, aber nicht nur für die großen Städte, es gilt auch für Mittelstädte wie z.B. Neuss.[269]

Neuss, im Spätmittelalter eine Stadt mit etwa 5000 Einwohnern, hatte eine abgrenzbare Oberschicht. Auch in sie mußte man einheiraten, wie Jakob Vormann, der 1314 die Patriziertochter Agnes von Hege heimführte. Die Tochter aus dieser Ehe, Agnes, anscheinend das einzige Kind, heiratete in erster Ehe Reinhard von Gohr aus einer in Neuss ansässig gewordenen Familie des Landadels, in zweiter Ehe einen Rutger von Ukkelheim. Agnes war spätestens 1359, im Alter von etwa 43 Jahren, zum zweiten Mal Witwe und hat bis mindestens 1389 gelebt. Sie war erfolgreich geschäftlich tätig, kaufte in ihrer und um ihre Vaterstadt Renten, Land und Häuser, sie besaß sogar wie andere Mitglieder der Neusser Oberschicht ein Haus in Köln. Wisplinghoff nennt sie „die wirtschaftlich aktivste und erfolgreichste Frau während des 14. und 15. Jahrhunderts in Neuss". Sie trieb u.a. Weinhandel.

Das südlich von Köln gelegene *Bonn* war im Spätmittelalter ebenfalls eine Mittelstadt, kleiner und wirtschaftlich unbedeutender als Neuss. Während Neuss über beträchtliche Fernhandelsbeziehungen verfügte, war Bonn Zentralmarkt für einen relativ begrenzten Bereich. In Bonn setzt die Zunftbildung gegen Ende des 15. Jahrhunderts erst ein. Das 1483 angelegte Protokollbuch des Schuhmacheramtes – Zunft ist ein oberdeutsches Wort, im niederen Rheinland spricht man von Amt – zeigt deutlich, wie das Amt aus einer frommen Bruderschaft herauswächst.[270] Der Bruderschaft gehörten Ehepaare an, dem Amt die Schuhmachermeister. Aber jeder Amtsbruder konnte das Meisterrecht für seinen Sohn oder seine Ehefrau für verhältnismäßig geringe Gebühren erwerben. Die zu Lebzeiten des Mannes zur „Meistersche" gemachte Ehefrau konnte als Witwe das „Amt gebrauchen", d.h. den Handwerksbetrieb des verstorbenen Mannes weiterführen. War diese Vorsorge nicht getroffen, so mußte die Witwe das Amt, wie es Brauch war, „gewinnen", d.h. erwerben, es war ihr aber auf jeden Fall gestattet, die beim Tod des Mannes vorhandene fertige Ware und das Leder „mit offenem Fenster" zu verkaufen. Das Protokollbuch der Zunft bringt immer wieder Eintragungen darüber, daß ein Meister seinen Sohn oder seine Frau zum Meister bzw. zur Meistersche machte. Die Witwe konnte zugunsten des heranwachsenden Sohnes auf ihre Meisterschaft verzichten. Über dieses – in Varianten weitverbreitete – Witwenrecht hinaus haben Frauen in der Stadtbonner Wirtschaft im Mittelalter keine großen Möglichkeiten gehabt. Die aus trümmerhafter Überlieferung von Josef Dietz zusammengetragenen Personallisten[271] bringen für das späte Mittelalter nur Hinweise auf Bäckerinnen, Krämerinnen, Marktverkäuferinnen und Wäscherinnen.

Nach diesen drei Beispielen besteht eine klare Relation zwischen dem

Rang und der Vielseitigkeit des Wirtschaftslebens einer Stadt und den Möglichkeiten selbständiger weiblicher Betätigung in ihr.

Wie ging es in der flandrischen Großstadt *Gent* den patrizischen und den erwerbstätigen Frauen? Im 12. Jahrhundert war Gent eine bedeutende Handels- und Exportgewerbestadt.[272] Genter Tuch – flandrisches Tuch war auch dank der unübertrefflichen englischen Wolle ein Spitzenerzeugnis – wurde schon vor 1225 nach Genua exportiert, von wo es der italienische Kaufmann in ganz Italien, aber auch in den Nahen Osten und nach Nordafrika weiter vertrieb. Auch Süd- und Westfrankreich und Spanien gehörten zum Absatzgebiet der flandrischen Tuche. Die Hansekaufleute brachten sie nach Niederdeutschland und in die Randgebiete der Ostsee; sie gingen nach Oberdeutschland bis Wien und Ungarn. Sehr eng waren die Verbindungen Gents mit England und den Rheinlanden. Als Rückfracht nahmen die Genter Rheinwein mit; Kaufleute aus der Grafschaft Flandern erscheinen um 1050 am Koblenzer Zoll. Köln glückte es schließlich, ihnen die Handelsfahrt rheinaufwärts zu sperren; sie sollten den Wein beim Kölner Händler kaufen. Bis 1302 herrschte in der Stadt Gent ein Patriziat, das ähnlich strukturiert war wie das Kölner, die viri hereditarii, reiche Familien, die wir Jahrhunderte hindurch in ihren wirtschaftlichen Aktivitäten verfolgen können, Inhaber der städtischen Ämter; sie residierten in den „steenen", befestigten Häusern, verfügten über ausgedehnten Grund- und Hausbesitz und Handelsbeziehungen. Sie trugen den Titel „ser" (Sir) und verheirateten, wie Kölner Richerzechenkaufleute, ihre Töchter mit gleichgestellten Patriziern oder mit Adligen. Bis ins 12. Jahrhundert zurück läßt sich die Familie Braems verfolgen. Sie waren um 1200 im Englandhandel tätig. Alexander ser Braemszoon – er starb vor August 1251 – und seine Frau Emma hatten acht Kinder. Die Tochter Katharina wurde mit dem Genter Patrizier Balduinus le Grutre verheiratet, die Tochter Avezoete mit Ritter Walter Vilain, einem Bruder des Genter Burggrafen; der Burggraf war gräflicher Amtsträger. Elisabeth, Tochter des Patriziers Leo van Sloete, heiratete in erster Ehe Geeraard den Duivel, einen Sohn des Burggrafen von Gent, in zweiter Ehe den Ritter Willem van Mortagne. Die Patrizierin Katharina van de Putte heiratete noch nach dem Sturz des patrizischen Regiments am 5. Juni 1307 den Ritter Filips van Axel. Der Brautschatz dieser Patriziertöchter betrug etwa 2000 lb. Aus sehr reichem Genter Haus stammte Ermentrudis uten Hove.[272a] Sie errichtete 1204 gemeinsam mit ihren Geschwistern – vor allem unterstützt und beraten von ihrem Bruder Volker, Kanoniker an der St. Peterskirche zu Lille, das Marienhospital, das 1228 nach Bijloke verlegt wurde. Von der Gründerfamilie weiter gefördert wurde es zum Hauptspital der Stadt. Sein großer gewölbter Saal gehört heute noch zum Bürgerspital. Bis ins 13. Jahrhundert gehen die Genter Beginenhöfe zurück.

Gent übertraf um 1300 mit 644 ha innerhalb der Mauern Brügge, Löwen und Brüssel. Der Sieg der flandrischen Gemeinden bei Kortrijk über das

Ritterheer Philipps des Schönen von Frankreich bedeutete den Sturz des frankophilen Genter Magistrats und das Ende der Patrizierherrschaft. Im 14. Jahrhundert trat der Genter Handel hinter dem Gewerbe zurück; das flandrische Tuch geriet unter scharfen Konkurrenzdruck neu hochkommender Tuchlandschaften. Der Arbeitsmarkt schrumpfte. Die Stadt Gent ergriff protektionistische Maßnahmen: Verbot der Einfuhr fremder Tuche, des ländlichen Tuchgewerbes im Umkreis von fünf Meilen, der Zuwanderung und Begrenzung der Zulassung zum Meisteramt in den Textilzünften, schließlich Erblichkeit der Meisterstellen. Vor diesem Hintergrund ist die Situation der Frauen zu sehen. Als Meister waren sie sowieso nicht zugelassen, sie waren und blieben mithelfende Familienangehörige, sie arbeiteten auch als Spinnerinnen und in der Färberei; gegen ihre Tätigkeit in der Blaufärberei gab es Widerstand von seiten der Gesellen. Frau Aleit van den Potijser beteiligte sich nachweisbar an den sozialen Unruhen um die Jahrhundertmitte, ein ganz seltener belegter Fall aktiver politischer Parteinahme einer Frau. Diese Genter Beobachtungen beweisen, wie sehr die relativ gute Stellung der Frauen von Köln und Paris im Gewerbe durch die Seidenindustrie mitbedingt war.

Frauen der Genter Mittelschicht sind als Geldwechslerin und Geldverleiherin tätig. In größerer Zahl finden sie sich im Gastgewerbe; eine selbständige Gastwirtin war 1340/43 Marie Rijm aus einer angesehenen Genter Familie, Witwe des italienischen Finanziers Conte Gualterotti. Eine freie Geschäftsfrau war auch Alice van den Plassche, die das gewinnträchtige Wirtshaus Zu den Drei Königen führte, das vor allem von deutschen Kaufleuten besucht wurde. Der Gewandschnitt, d.h. der Tuchhandel en detail wurde von Männern wie Frauen vielfach nebenberuflich ausgeübt. In Bäkkereien und Brauereien arbeiten die Ehefrauen mit, führen sie als Witwe weiter. Auch die Töchter dieser Handwerker erhielten mithelfend eine gewisse Berufsausbildung.[272b]

Die Messestadt *Frankfurt* erreichte im späten Mittelalter die Großstadtmarke mit einer auf etwa 10000 geschätzten Einwohnerzahl um 1520. Gegen den von Bücher errechneten Frauenüberschuß werden heute gewichtige Einwände vorgebracht.[273] Die späte Befreiung der Frankfurter Bürger vom Heiratszwang haben wir schon erwähnt; im 13. Jahrhundert wurden aus den homines nostri des Königs, den Pfalz- und Fiskalleuten, die Frankfurter Bürger.[274] 1311/12 setzen die Bürgerbücher ein. Im 13. Jahrhundert tauchen in Urkunden bereits Frauen als Bürger auf. Im 14. und 15. Jahrhundert finden sich auch – wie in Köln – Eintragungen weiblicher Neubürger in das Bürgerbuch. Dilcher vermutet, daß es sich dabei um Kauffrauen oder Handwerkerwitwen, die einen Beruf ausüben und einen Hausstand führen, handelt. Auch die Ratsverordnungen rechnen damit, daß Frauen das Bürgerrecht haben. Die Neubürger, die eine Bürgerin, Bürgerswitwe oder Bürgerstochter heiraten, werden zu günstigeren Bedingungen in die Bürgerschaft aufgenommen. „Aber auch die verheiratete

Frau", sagt Dilcher, „hat offenbar mehr als eine nur durch den Ehemann vermittelte Stellung zum Bürgerrecht. Frauen werden in Urkunden neben dem Ehemann als concives genannt, und bei einer anderen Frau wird geprüft, ob ‚si burger si durch ire frunde (Verwandte) und iren man ...' Die Bürgerschaft ruht also vor allem auf dem Mann, der in Frankfurt einen Hausstand hat, eingesessen ist und Feuer und Rauch hält. Doch haben die Angehörigen, Ehefrauen und Kinder, volle genossenschaftliche Teilhabe, die auch selbständig nach des Bürgers Tod weiterbesteht." Die Frankfurter Messe kam im 14. Jahrhundert zu ihrer internationalen Bedeutung. Frankfurt verfügte auch über ein differenziertes zünftisches Gewerbe, das sich in der Wollweberei zum Exportgewerbe entwickelte. Die seinerzeit bahnbrechenden Arbeiten Büchers zur Bevölkerungs- und Sozialstruktur sind teilweise überholt, aber in der lebendigen qualifizierenden Schilderung immer noch beachtenswert:

Für Frankfurt hat Bücher 65 Berufe festgestellt, die durch Frauen ausgeübt wurden; ich zitiere: „Die Verfertigung von Schnüren und Bändeln, Hüllen und Schleiern, Knöpfen und Quasten ist ganz in Frauenhänden. Wie an der Schneiderei beteiligen sie sich an der Kürschnerei, Handschuh- und Hutmacherei, verfertigen Beutel und Taschen, lederne Brustflecke und Sporleder. Selbst bis in die kleine Holz- und Metallindustrie reicht ihre Tätigkeit: Nadeln und Schnallen, Ringe und Golddraht, Besen und Bürsten, Matten und Körbe, Rosenkränze und Holzschüsseln gehen aus ihren Händen hervor. Die Feinbäckerei scheint vorzugsweise ihnen obgelegen zu haben; fast ausschließlich beherrschen sie die Bierbrauerei und die Herstellung von Kerzen und Seife. In dem außerordentlich spezialisierten Kleinhandel überwiegen sie: Obst, Butter, Hühner, Eier, Heringe, Milch, Käse, Mehl, Salz, Öl, Senf, Essig, Federn, Garn, Sämereien werden fast nur von ihnen vertrieben. Das Hockenwerk und das Trödelgeschäft, ja selbst der sehr entwickelte Handel mit Hafer und Heu sind vielfach in den Händen von Frauen. In den Badstuben Frankfurts bedienten 30–40 Bademägde; ja man konnte sich zuweilen selbst von zarten Händen rasieren und immer in den Weinschenken sich von weiblichen Musikanten, wie Lauten- und Zimbelschlägerinnen, Pfeiferinnen, Fiedlerinnen und Schellenträgerinnen etwas vorspielen lassen. Abschreiberinnen und Briefdruckerinnen kommen wenigstens vereinzelt vor; schon 1346 wird eine Malerin und von 1484 ab häufig Juttchen die Puppenmalerin genannt. Ja selbst im städtischen Dienst werden Frauen verwendet, nicht bloß als Hebammen und Krankenpflegerinnen, sondern selbst als Schlaghüterinnen, Pförtnerinnen, Turmwächterinnen, Zöllnerinnen und beim Hüten des Viehs. Unter den 11 Personen, welchen der Rat 1368 das Geldwechselgeschäft übertragen hatte, werden nicht weniger als sechs Frauen genannt; wir begegnen einer Frau als Pächterin des Leinwandzolls und einer anderen als Aufseherin und Einnehmerin in der Stadtwaage. Im 14. Jahrhundert findet sich häufig eine weltliche Schulmeisterin – keine vereinzelte Erscheinung ... Zwischen

1389 und 1497 konnten in Frankfurt nicht weniger als 15 Ärztinnen mit Namen nachgewiesen werden, unter diesen 4 Judenärztinnen und drei Augenärztinnen." Bücher hat auch festgestellt, daß in Frankfurt von 26 in den Jahren 1424–31 als Höker nachweisbaren Personen 19 Frauen, meist Ehefrauen von Handwerkern waren. Der Aufschwung Frankfurts zeigt sich im Zuzug der Orden;[275] an Frauenklöstern entstehen das der hl. Maria Magdalena 1228, das Katharinenkloster 1344, ein Dominikanerinnenkloster 1452; dazu kamen 57 Beginenkonvente. Das 15. Jahrhundert bringt wirtschaftliche Stagnation und eine wachsende Zahl der Armen. Im Jahr 1410 lag der Anteil der ausdrücklich als arm bezeichneten gegenüber allen Steuerpflichtigen in Frankfurt bei 13,7 Prozent, dabei waren aber nur 7,8 Prozent der Männer, dagegen 33,6 Prozent der Frauen arm. Die Armenpflege lag jetzt weitgehend beim Rat. Dem Rat übergab 1428 der aus Idstein stammende Arzt Johann Wiesebeder eine große Stiftung, später das „Almosen zu sant Niklas" genannt, weil die Spenden in der Nikolaikirche vergeben wurden. Die Spenden waren bestimmt für unbescholtene Bürger, die „heimlichen Hauskummer" litten, obwohl sie ihre Tage mit Ehren zugebracht hatten, für Hausarme, bei denen der Arbeitslohn zum Leben kaum ausreichte, für durch Alter oder Krankheit arbeitsunfähig gewordene Personen, für fromme, mit Kindern „beladene" Hausarme, die diese Kinder nicht ernähren konnten, für fromme hausarme Kindbetterinnen oder auch hausarme schwangere Frauen, für ehrbare, arme und unversprochene Bürgerstöchter. Jährlich sollten zwei heiratswilligen Mädchen je 10 fl. ausgezahlt werden als Aussteuer. Auch aus der Stiftung, die 1502 Elisabeth von Heringen machte, sollten u. a. arme ehrbare Bürgertöchter ausgesteuert werden, sogar mit je 20 Gulden. Diese Aussteuerstipendien waren sehr begehrt. Aus uns überlieferten schriftlichen Anträgen armer Väter an den Rat geht hervor, daß Abreden über die geplante Eheschließung, etwa eines Handwerksgesellen, zuweilen unter dem Vorbehalt geführt wurden, daß es dem Vater gelänge, die Stiftungsmittel als Mitgift zu erhalten. Zunächst sorgte der Rat jedoch für eine Überprüfung aller notwendigen Voraussetzungen. Die Familie mußte arm sein, die Tochter fromm, ehrbar und unversprochen. War die Ehe schon geschlossen oder die Bedürftigkeit nicht gegeben, wurde der Antragsteller abgewiesen. Auch die Vermittlung eines einflußreichen Mannes half hier kaum etwas. Bestanden Zweifel an der Ehrbarkeit des werbenden Gesellen, ließ man den Vater auch einmal wissen, er solle sich nach einem andern umsehen. Manches Mal scheiterte ein Antrag auch daran, daß die Mittel zur Stiftung für das laufende Jahr schon verbraucht waren. Brautpaare, die das Stipendium erhielten, hatten dies nicht nur förmlich zu quittieren, sie mußten versichern, daß sie es „nutzlich anlegen, keyn gebrenge machen, keyn hochtzyt halten und nit das gelt verbrassen". Ferner wurde erwartet, daß die Eheleute über längere Zeit Bürger und Einwohner Frankfurts bleiben (Moritz, S. 113 f.).

Damit haben wir eine wichtige Frage zum erstenmal angeschnitten: Sind die Frauen der spätmittelalterlichen Stadtgesellschaft in den Unterschichten besonders stark vertreten? Es hat den Anschein, daß dem so war. Maschke führt an, daß in den Lübecker Armengängen, kleinen Wohnungen längs eines Ganges oder Hofes, die für Arme gestiftet waren, vorwiegend Frauen lebten, daß in Wismar der Anteil der Frauen in Buden und Kellern 24,8 bzw. 26,2 Prozent ausmachte, während unter den Hausbewohnern 7,8 Prozent Frauen waren.[276] Er macht aus, daß die Löhne für Mägde beträchtlich unter denen für Knechte, d.h. Handwerksgesellen, lagen, da diese ja einen gelernten Beruf ausübten: In Basel erhielten 1451 in zwei Kirchspielen nur 7 Prozent der Knechte, aber 61,7 Prozent der Mägde einen Wochenlohn von 1 ß 2 d, dagegen hatten 82,1 Prozent der Knechte, aber nur 13,8 Prozent der Mägde einen Wochenlohn von 2 ß und mehr. Einen Wochenlohn von 4 Schilling und mehr erhielten sechs von 123 Mägden und 51 von 157 Knechten. Der jährliche Durchschnittslohn für Dienstmägde betrug 2 ½–4 M oder 2–3 ½ Gulden, für Knechte meist 5 M 4 ß = 4 ½ Gulden bis 10 M 8 ß = 9 Gulden. In Dresden waren zu gleicher Zeit – 1452 – die Durchschnittsjahreslöhne der Knechte (40 bis 140 Groschen) doppelt so hoch wie die der Mägde (20 bis 72 Groschen).

Einzeluntersuchungen bestätigen diese Feststellung, z.B. die Auswertung der Steuerliste der Stadt Trier von 1363/64.[277] *Trier* war eine bedeutende Mittelstadt, im Spätmittelalter Zentrum eines Marktbereiches, der vom Mittelrhein zwischen Andernach und Bingen im Osten bis nach Metz, Arlon, St. Vith im Westen reichte, mit Mosel und Saar als Hauptverkehrsadern.[278] Über ein Netz von Fernhandelsbeziehungen und ausgesprochene Exportgewerbe verfügte Trier nicht. Die Steuerliste von 1363/64 ist sehr ausführlich. Die Steuer wurde von allem Besitz, beweglich und unbeweglich, innerhalb und außerhalb der Stadt gelegen, erhoben; zum steuerpflichtigen Vermögen wurde Hausrat, Geld, Silber, Erbe, Rente und Lehen gezählt. Die Steuerzahlung erfolgte auf Grund kontrollierter Selbstveranlagung, die eidlich bekräftigt werden mußte. Nach Jutta Roths Berechnung machten im Stadtzentrum die drei untersten Steuerklassen mehr als die Hälfte der Steuerzahler aus, nämlich 56 Prozent – nach A. Winter gehörten 51 Prozent aller Steuerzahler den Unterschichten an; 12 Prozent der 56% zahlten wegen Armut nichts. Die mittleren Steuergruppen 4 bis 6 umfassen ein Drittel der Steuerzahler. 12 Prozent machen die beiden oberen aus. Annette Winter stellt fest, daß von den 600 Frauen der Steuerliste etwa 63 Prozent den Unterschichten angehörten, daß in vielen Gassen die Frauen um 10 bis 20 Prozent mehr aus den Unterschichten stammten als die Gesamtbewohnerschaft. Da, wo Beginenkonvente liegen – in der Steuerliste finden sich nur neun – und in den Weberviertelen gehören 70 bis 100 Prozent der Frauen zu den Unterschichten; 82 Prozent der berufstätigen Frauen rechnet A. Winter zu den Unterschichten, sie betont aber, daß nicht alle Mägde der Unterschicht angehören. Bei den Leinewebern einschließlich der Schleierweber erreichen 36 Prozent der Männer, aber nur 9

Prozent der Frauen die Durchschnittssteuersumme, und 54 Prozent der Männer, aber 90 Prozent der Frauen gehören zur Unterschicht. Meisterinnen gibt es im Trierer Textilgewerbe kaum.

Gerd Wunder verdanken wir eine ungemein lebendige Darstellung der Bürger von *Schwäbisch Hall*,[279] auch eine Mittelstadt, aber eine reiche Mittelstadt mit eigenem ländlichen Herrschaftsgebiet. Die Wirtschaft der Stadt wurde bestimmt durch die Salzquelle als Grundlage des Wohlstandes und eines weitreichenden Handels, die staufische Münze (Heller) und ein reichsstädtisches Territorium, nach Nürnberg und Ulm und mit Rothenburg eines der größten in Franken und Schwaben. Schwäbisch Hall hatte als Oberschicht einen Stadtadel, dessen Geschlechter seit dem 13. Jahrhundert sicher erfaßbar sind. Ehemals staufische Dienstmannen, verfügten sie über die alten festen Häuser des Stadtkerns, über reichen Besitz an Gütern, Mühlen, Gülten, Weinbergen auf dem Lande und über die meisten Salzpfannen, soweit sie nicht in geistlicher Hand waren. Die adligen Geschlechter beherrschten den Rat – bis 1512.

Bei der Analyse des Namengutes der Haller Bürgerschaft hat Wunder die interessante Feststellung gemacht, daß zuweilen die bekanntere oder bedeutendere Familie der Mutter den maßgeblichen Namen gibt, z.B.: Hermann Eisenmengers Tochter Lutret steht lange Jahre an Stelle des nur einmal ohne Namen genannten Tochtermanns, ihr Sohn ist der junge Hans Eisenmenger, der den stadtbekannten und angesehenen Namen der Mutter anstelle des offenbar fremden Vatersnamen führt. Henslin Otterbach hat einen Tochtermann Peter Hefner, dessen Sohn heißt Hans Otterbach, usw. Die weibliche Form des Namens wurde im späten Mittelalter in Hall bei Namen auf -in durch die Endung -hiltin- ausgedrückt; zu Abelin, Negelin, Siferlin gehört also Abelhiltin, Negelhiltin, Siferhiltin. Die Witwe des Salzsieders Heinrich Siferlin hieß daher von 1396 an die Siferhiltin, und nachdem ihr Sohn Walter Siferlin bald nach 1425 gestorben war, leitete mindestens von 1432 bis 1456 wieder eine Siferhiltin die Geschicke der Familie. Inzwischen war man sich der ursprünglichen Bedeutung der Endung -hiltin – als Bezeichnung des weiblichen Namensträgers Siferlin – nicht mehr bewußt, und so wurde der Sohn der Siferhiltin Heinrich Siferhilt genannt, Stammvater der großen Familie Seiferheld.

Die Frauen in Hall konnten selbständig über ihr Vermögen verfügen. Witwen haben auch hier tatkräftig das Familienvermögen verwaltet, vermehrt und zu gemeinnützigen Zwecken bestimmt. Unter den Eigentümern von Sieden, die um 1317 aufgezeichnet wurden, erschienen neben 39 Männern 11 Frauen. 1577 gehören zu den 20 reichsten Bürgern sechs Witwen. Zwar bieten die Quellen erst für die frühe Neuzeit die Möglichkeit einer umfassenderen Betrachtung aller Tätigkeitsbereiche, in denen sich Frauen feststellen lassen. Immerhin finden sich unter den individuellen Lebensskizzen, die Wunder gibt, zwei aus dem Mittelalter: „Guta Veldner, die Witwe des Ratsherrn Konrad Veltner, erscheint in Urkunden von 1316 bis

1345 und ist vor 1351 gestorben". Sie war im Weingroßhandel tätig, besaß Sieden, Häuser, Äcker und gehörte zu den reichsten Bürgern der Stadt. Als ein Konsortium von Haller Bürgern das bankrotte Kloster Komburg sanierte, scheint sie den größten Teil des erforderlichen Kapitals gegeben zu haben. Jedenfalls verwahrte sie wertvolle Pfänder, darunter die Klosterbibliothek, die der Abt hergeben mußte, und verweigerte die Herausgabe, wohl weil die Darlehen vom Kloster noch nicht oder noch nicht voll bezahlt worden waren. Es kam sogar zur Fehde; Kaiser Ludwig befahl schließlich dem Rat, die Veldnerin und ihre Kinder zur Rückgabe der Komburger Güter gegen Bezahlung zu veranlassen. Guta Veldner hat sich zur Wehr gesetzt, wo sie sich im Recht wußte, unfromm war sie nicht, wie eine Stiftung an die Kirche kurz vor ihrem Ende beweist. Sibilla Egen, geboren in Dinkelsbühl als Tochter des Bürgermeisters und Städtebundpolitikers Hans Egen, heiratete 1491 den jungen Hans von Rinderbach in Hall, der schon 1500 starb. Die reiche junge Witwe hat 1505 eine Stiftung für das Almosen, 1509 zusammen mit ihrem Bruder Jeremias, Chorherr in Eichstätt, für studierende Söhne der Stadt Hall gemacht. Sie hat später diese Stiftungen im Sinn der Reformation erweitert – ihr zweiter Gatte begünstigte die Reformation; das Egenstipendium sollte auch unverheirateten Jungfrauen, bedürftigen Witwen, jungen Handwerkern dienen und schwangeren Frauen auf dem Lande die Hilfe von Hebammen bei der Entbindung gewähren. Sie starb als Wohltäterin der Stadt mit etwa 70 Jahren.

Setzen wir diesen weitmaschigen Überblick mit *Regensburg* fort. In seinen Anfängen erinnert Regensburg[280] an Köln: Bischofsitz in Römermauern; als Hauptort der bayerischen Herzöge und Königspfalz, die vor allem von den ostfränkischen Herrschern aufgesucht wird, scheint es Köln in der Rolle des politischen Vororts zu übertreffen. Regensburg ist im frühen und hohen Mittelalter im Südosten der bedeutendste, weit in den russischen Osten und in den Donauraum hineinwirkende, früh auch mit Handelsbeziehungen zu Venedig ausgestattete Handelsplatz. Die weitere Entwicklung hielt mit der Kölns allerdings nicht Schritt, vor allem nicht in der Ausbildung der Exportgewerbe. Immerhin hat es im ausgehenden Mittelalter mit knapp 10000 Einwohnern noch Großstadtrang.

Unter den reisenden Kaufleuten Regensburgs finden sich allerdings keine Frauen. Im Gewerbe und Kleinhandel hingegen sind sie zahlreich vertreten.[281] Sie finden sich im Barchentgewerbe; sie sind am Gewürzhandel beteiligt; sie überwiegen in den Berufszweigen, die sich mit dem Vertrieb kleinster Kleinigkeiten befassen, als Tandlerin, die mit weiblichen Schmuckstoffen und Kleiderstoffen, mit Atlas, Seide, Samt, mit Bort- und Schleierseide, mit Fadensilber handelt, als Fragnerin (= Phragnerin), d.i. Kleinhändlerin für Obst, Gemüse, Hafermehl, Brei, Öl, Wildpret. Dabei entwickeln einige großen Unternehmergeist: Die „goldene" Albrechtin z.B. verfügte über eine große Zahl von Krambuden, die teils ihr Eigentum waren, teils geistlichen Instituten der Stadt gehörten, und über zwei Häuser am Watmarkt, in deren einem sie wohnte. Regensburg bietet noch einen, selten so gutbelegten Fall weiblicher kaufmännischer Betätigung im Handelshaus des Ehemannes in der Person der Margarete Runtinger.[282] Das Handelsbuch der Runtinger von 1368 bis 1407 ist eines der umfassendsten bekannten Geschäftsbücher des Mittelalters und liegt in einer gut kommentierten Ausgabe vor. 1383 ist die Familie Runtinger der viertgrößte Steuerzahler in Regensburg. Die Runtinger sind wahrscheinlich von außerhalb eingewandert und haben in das Regensburger Patriziat eingeheiratet. Der 1345 geborene Matthäus Runtinger führte nach dem Tod seines Vaters 1389 das Handelshaus allein weiter. Er heiratete in erster Ehe Agnes Püterich, Tochter des zu dieser Zeit reichsten Münchner Bürgers, sie starb vor 1377. Danach schloß er eine zweite Ehe mit Margarete Grafenreuther aus alter einflußreicher Regensburger Familie. Matthäus starb 1407, Margarete drei Jahre später. Matthäus war Kämmerer der Stadt, die er oft als Gesandter vertrat, er war Hansgraf, Beisitzer des Ratsgerichts, Pfleger des Katharinenspitals, Stadtbaumeister – er hat Straßenpflaster in Regensburg legen lassen, große ansehnliche Plätze geschaffen –, er war Kreditgeber seiner Heimatstadt, besorgte Reiter und Fußsoldaten bei den Fürstenturnieren, war Münzer und Wechsler. Er bewohnte eine Patrizierburg am Fischmarkt – heute Keplerstraße Nr. 1 –, die seit 1367 im Familienbesitz war und von der noch die Rede sein wird. Seine vielen Ehrenämter, seine Reisen im Dienst der Stadt nahmen ihn sehr in Anspruch, das begründete die bedeutende Rolle Margaretens.

Auf Handelsreisen brauchte sich der Chef des Hauses nicht zu begeben, Einkäufer gaben die Waren einem Fuhrunternehmer mit, der bisweilen von einem Knecht des Hauses begleitet war. Hauptgüter waren über Venedig bezogene Gewürze, ferner Seidenstoffe und -garne und Rohbaumwolle, die in Regensburg verarbeitet wurden und als Fertigfabrikat in den weiteren Verkauf gingen. Aus den Niederlanden und Westdeutschland wurden Tuche bezogen, aus Böhmen Silber. Hauptumschlagplätze waren für die Runtinger Venedig, Prag, Wien, die Brabanter und die Frankfurter Messen. Ab 1401 betrieb Runtinger ein Ladengeschäft, wo er den Gewandschnitt ausübte; so konnte er trotz der rückläufigen Kaufkonjunktur bei Tuchen durch die eigene Ausnutzung der Verdienstspanne vom Fernhändler zum Detaillisten seinen Reinverdienst halten. Die Runtinger hatten auch Landbesitz; das von den Pächtern gelieferte Getreide wurde teils im großen Haushalt verbraucht, ging teils in Form von Kornpfründen an die Pächter der 11 Weingärten, der Rest wurde für Mißernten gelagert. Sie betrieben auch den Weinausschank. Zum Haushalt gehörten Handlungsdiener – nie mehr als drei –, Knechte, Mägde und Münzpersonal. Die Runtinger steckten Geld in Kommissionsgeschäfte, legten es in Renten an. In Regensburg besaßen sie vier Häuser, hatten Teilbesitz am Augsburger Hof, zwei Obstgärten, vor der Stadt fünf von Pächtern bewirtschaftete

Höfe und die genannten elf Wingerten. Über 10 Jahre lang war Matthäus Runtinger Pfandinhaber der Festung Adelburg, die ihm und seinem Vater zusammen mit dem Eisen- und Salzzoll auf der Donau 1384 vom Herzog von Bayern gegen 6000 Goldgulden verpfändet worden war.

Aus dem 1395 in Brabant eingekauften besten Brüsseler lazurblauen Tuch erhielt Margarete Runtinger 19 Ellen – die Brabanter Tuchelle betrug 69 cm – für einen Mantel und ein weiteres Kleidungsstück, ferner bekam sie das teuerste Tuch der ganzen Einkaufslisten, ein halbes scharlachfarbenes Tuch aus Maastricht. Margarete war an der Buchführung des Handelshauses beteiligt. Mit dem Eintritt des Gehilfen Hans Ernst wird ihre Tätigkeit in der Buchführung sporadischer, aber weil Ernst als Wechsler eine rechnerische Unterstützung bzw. Kontrolle brauchte, die Matthäus nicht immer leisten konnte, kam es zu einer stärkeren Beteiligung Margaretens am Wechselbuch. Ihre wachsende Vertrautheit mit diesem Geschäftszweig ermöglichte es ihr dann später, zweieinhalb Jahre ohne wesentliche Dienerhilfe bei der Verrechnung dieser Geschäfte auszukommen. Als Matthäus in den letzten Lebensjahren Altersbeschwerden das Schreiben erschwerten, konnte er seiner Frau sowohl Buch- wie Geschäftsführung in stetig wachsendem Maß überlassen. Dieser Fall ist aufschlußreich. Daß er vereinzelt erscheint, liegt sicher auch in der geringen Erhaltung von Firmengeschäftsbüchern jener Zeit begründet. Man darf annehmen, daß eine solche Tätigkeit öfters von den Ehefrauen bedeutender Kaufleute ausgeübt wurde.

Wir kennen auch das Haus, in dem Margarete lebte und arbeitete, ziemlich genau. Den ältesten Kern des Runtingerhauses bildet ein gedrungener Turm auf fast quadratischem Grundriß, zugleich Wohnraum und Schutz des Donauufers und der steinernen Regensburger Brücke. Um 1260 erfolgten die ersten Um- und Zubauten. Den Turm erweiterte man durch einen schmalen, viergeschossigen und auf der Hofseite ausladenden Bau. Das erste Geschoß öffnete sich in mächtigem, leicht zugespitztem Bogen als Laube über dem wehrhaft geschlossenen Unterstock. Diese Lauben wurden nach italienischen Vorbildern angelegt, kamen aber bald aus der Mode, da sie dem rauheren Klima nicht gemäß waren. Zur Zeit des Erwerbs durch die Runtinger kam es zur rechteckigen Überbauung des Hofes, die sich der Südseite des Turmes vorlegte, aber noch Platz für zwei kleine Höfe beließ. Das gesamte Erdgeschoß wurde eingewölbt. Das Erdgeschoß im Vorderhaus diente als Schlafraum für Handelsdiener und Angestellte, daneben war ein Zimmer für einfache geschäftliche Abwicklungen und vorläufige, kleine Lagerungen. Den rückwärtigen Teil, im Anschluß an Einfahrt, Hof und Brunnen, beanspruchte die Küche mit Zubehör. Neben dem Herd führte eine Treppe zum Vorratskeller. Weinkeller war das vom Höflein zugängige Gewölbe. Die Hochlage dieser gedrückten Gewölbe ist aus der Gefährdung durch Donauhochwasser zu erklären. Das erste Obergeschoß war den Festlichkeiten, repräsentativen Besuchen oder Geschäftsabschlüssen vorbehalten. Das zweite Obergeschoß war das Reich der Hausfrau, der Töchter und Mägde, hier spielte sich das Familienleben ab. Die Räume des 3. und 4. Obergeschosses im ehemaligen Turm dienten als Lager. Die Lagerung sperriger Handelsgüter wie Eisen und die Unterbringung von Pferd und Wagen war im Haus nicht möglich; es gab noch ein besonderes Lagerhaus. Eine eigene Kapelle hatte das Haus nicht. Es war mit wertvollen Schränken und Truhen ausgestattet.

Wir wenden uns dem Oberrhein zu und beschließen unseren Rundgang mit *Straßburg*. Die starke wirtschaftliche Stellung des Elsaß im Mittelalter beruhte in erster Linie auf dem Weinbau. Im Gewerbe reihten die Leistungen der Tuchindustrie das Elsaß in den internationalen Austausch ein, ohne allerdings das Land zu einer Gewerbelandschaft wie etwa die südlichen Niederlande zu machen. Die Straßburger Tuche werden auch sehr viel später als die maasländischen, flandrischen und Kölner Tuche als bekannte Ware erwähnt. Um 1290 schrieb der Provinzial der deutschen Dominikaner, Hermann von Minden, an den Provinzial der Provence, er hätte gerne ein gutes Straßburger Tuch als Geschenk nach der Provence geschickt, glaube aber, daß man dort die feinen Tuche aus Flandern gewohnt sei und deshalb die rauhen und schweren deutschen Tuche nicht sonderlich schätze. Wenn das Straßburger Tuch auch keine erste Qualität war, so ist es immerhin um die Mitte des 14. Jahrhunderts in Freiburg im Uechtland, zweifellos auf dem Weg zu den Genfer Messen, festzustellen, ebenso in Lübeck und in Regensburg.[283] An diesem Straßburger Exportgewerbe waren Frauen mit Sicherheit als Inhaberinnen eigener Handwerksbetriebe beteiligt; in welchem Umfang, ist an Hand der bisher zu Rate gezogenen allgemeinen Textstellen nicht zu klären. Zu Gustav Schmollers grundlegender Veröffentlichung[284] über die Straßburger Tucher- und Weberzunft hat sich jüngst Wesoly kritisch geäußert.[285] Die Urkundenpublikation Schmollers bringt als ältesten einschlägigen Beleg ein Ratsurteil von 1330. Es bestimmt, daß die Frauen, die „linnen duch“ – u.a. Tischlaken und Handtücher – und seidenes Tuch herstellen, nicht mit den Webern „dienen“ sollen, wohl aber diejenigen, die Wolltuch, Serge, Teppiche (stulachen) wirken oder Knechte setzen, also zur Mitarbeit benötigen. Das Straßburger Tuchgewerbe war auf zwei Zünfte verteilt: Weber und Wollschläger. Im Zunftverzeichnis von 1332 nehmen die Wollschläger den 4. und die Weber den 18. Platz unter 25 Zünften ein; zu den Webern gehörten viele Leinenweber, zu den Wollschlägern auch die Vertreter der Hilfsgewerbe, z.B. die Walker. Sie stellen die stärkere und finanzkräftigere Gruppe dar und wurden die eigentliche Wollweberzunft; nachweisbar seit 1381, vielleicht schon früher nennen sie sich Tucherzunft. Die bescheidenere Weberzunft hat offenbar das Bestreben, ihre direkten Konkurrentinnen unter den Frauen, die Wolltuchweberinnen, an ihrer Zunft, vor allem wohl an den finanziellen Lasten zu beteiligen und zu integrieren. Eine volle Erfassung der damals in Straßburg noch umfangreichen Hausarbeit – Leinenweberei und die geringfügige Seidenverarbeitung, wohl in der Hauptsache Schleier – steht zu diesem Zeitpunkt noch nicht zur Diskussion. Der Bescheid ergeht sowohl an die Weber wie an die Weberinnen; er wird bereits nach vier Jahren bestätigt. Im ersten Tucherbuch – vor 1334 – werden 77 Tucher, darunter wenigstens 7 Walker aufgeführt, ferner 39 Frauen – nur Witwen und Unverheiratete, wie H. Ammann meint? –, die mit dem Handwerk dienten. Im 15. Jahrhundert wird das Verhältnis zwischen Webern einerseits und Schleier- und Leinenweberinnen andererseits so geregelt, daß auch diese Frauen wenigstens etwas in die „Büchse" der Weberzunft geben sollen, wenn sie auch die militärischen u.ä. Dienstleistungen nicht zu erbringen brauchen; sie werden nun also auch von der Zunft erfaßt; ich möchte annehmen, daß sie nicht ganz vollberechtigte Mitglieder wurden, wie die Straßburger Frauen überhaupt, also nicht in den Zunftvorstand kamen und keine wirtschaftspolitische Rolle spielen konnten. Die Schleier- oder Leinenweberin, die einen Stuhl hat, gibt 6 Straßburger Pfennige, die zwei Stühle hat 1 Schilling, die drei und mehr hat 18 Pfennige. Offensichtlich haben manche Frauen größere Betriebe. Von den in der Urkunde namentlich genannten „Jungfrauen" hat Wesoly zwei als Angehörige alter Straßburger Familien identifiziert; der Zusatz „swester" könnte darauf hindeuten, daß es sich um Beginen handelt; in der Tat kommen in Straßburg ähnlich wie in Köln die Beginen lange aus patrizischen und wohlhabenden Familien.[286] Es werden ausdrücklich aber auch weltliche Schleier- und Leinenweberinnen genannt. Da bestimmt wird, daß von einem „gehusen", also einer Mitarbeiterin, die einen Stuhl, zwei oder drei und mehr Stühle in Betrieb hat, die gleichen Abgaben zu zahlen sind, könnten kleine religiöse Frauengemeinschaften einbezogen sein. In einer Verordnung von 1484 ist ausdrücklich von Schleierweberinnen die Rede, die um Lohn oder auf den Kauf Schleier weben; sie sollen dem Handwerk jährlich mit einem Schilling dienen. Will aber eine Frau Halbtuch weben – das wird jetzt erst recht als die schärfere weibliche Konkurrenz befunden –, dann darf sie nur einen Stuhl halten; sie zahlt jährlich 2 Schilling. Wenn aber eine „frowenpersone darüber witer griffen, meisterwerk arbeiten und me dann einen stule halten wolte, die sol das antwerk koufen und darumb geben 30 sol. d. und sol darzu vollen dienst und doch dehein hut (Nachthut) tun. Welche frowenspersone aber sollichs bisher getriben hat, die sol dienen als vorgeschriben stät und bedarf das antwerk nit koufen." Die neue Bestimmung hat also keine rückwirkende Kraft. Im übrigen ist hiermit klar bezeugt, daß es in Straßburg im Tuchgewerbe selbständige Meisterfrauen gab. Im ausgehenden 15. Jahrhundert mit seiner starken Konkurrenz im Tuchgewerbe wird der Zugang der Frauen zur Meisterschaft erheblich erschwert. Die jährliche Tuchproduktion Straßburgs betrug Ende des 15. Jahrhunderts 1800 bis 2000 Stück Tuch im Jahr, Straßburg war also keine große Tuchstadt. Die Regelung von 1484 setzt voraus, daß die Meisterfrau auch Lehrtöchter hat. Das Gedinge, also der Lehrvertrag, soll aber nicht vor Gericht geschlossen oder verzeichnet werden, es sei denn, es käme zu Auseinandersetzungen. Eine etwas spätere, nicht exakt datierte Beantragung will eine energische Einschränkung: Die Frauen, Beginen oder weltliche, sollen nur noch stürz (Schleier, besonders Trauerschleier) und Schleier weben und kein Halbtuch und Meisterwerk; „daz ist der mererteil dardurch sich die menge der Weber erneren muss". Es soll jetzt Verding und Verzeichnis der Lehrtöchter vor Gericht geschehen, „so wüsten sü, was man sü leren solt, sonst leren sie halbtuch, mitteltuch und meisterwerk machen und können das nicht, was si können sollen und ihnen zu gebürt". Das Verhältnis der Straßburger Weberzunft zur Frauenarbeit und Frauenmitgliedschaft in der Zunft ist ganz vom Konkurrenzdenken geprägt. Ohne politische Rechte können die Frauen nicht viel dagegen unternehmen, daß man sie bei nachlassender Konjunktur draußen stehen läßt.

Wie kleideten sich die Frauen dieser bürgerlichen Welt, die dem Lebensgenuß und dem Luxus zuneigte?[287] Sie trugen zunächst einmal – wie schon Arnegundis – ein Hemd; es ist das älteste und lange Zeit einzige Untergewand der Frauen. Schon im 11. und 12. Jahrhundert trieb man einen gewissen Luxus mit dem Hemd; Rittersfrauen liebten seidene Hemden – das der Arnegundis war aus feinem Linnen. Das Hemd wurde im 14. Jahrhundert eng an den Oberkörper geschnürt. Im frühen und hohen Mittelalter trugen Frauen und Männer unter dem langen Obergewand eine halblange leinene Hose, die sog. Bruche, die mit einem Gürtel auf den Hüften gehalten wurde. Unter dem Frauenkleid wurde seit dem hohen Mittelalter ein häufig an verschiedenen Stellen sichtbar gemachtes Untergewand getragen. Im 12. und 13. Jahrhundert sahen vor allem die langen, engen Ärmel und der geschmückte Saum unter dem Obergewand hervor. Als im 14. Jahrhundert das eigentliche Kleid enganliegend mit weit und tief fallendem Rock und großem Ausschnitt gearbeitet wurde, verzichtete man oft auf das Unterkleid. Von großer Wichtigkeit war es aber in Verbindung mit dem Sorkot oder Sukenie. Dies ist ein Frauenoberkleid französischen Ursprungs. Die Benennung kommt von Sorkottim = langärmliger geistlicher Oberrock und von Suknie = polnischer Wollstoff. Im 13. Jahrhundert gab es zwei Formen dieses um 1300 in Deutschland viel getragenen ärmellosen Obergewandes: eine mit ganz knappen Armlöchern, eine andere weit und oval unter den Armen ausgeschnitten, die in den bis zur Hüfte reichenden Armöffnungen das eng gegürtete Untergewand sehen ließ. Später wurden Halsausschnitt und Ärmelöffnungen so groß, daß der Sorkot nur noch als ein schmaler Steg Brust und Rücken bedeckte; dazu schlitzte man ihn vom Saum her noch bis in Kniehöhe auf. In dieser Form war der Sorkot ein reines Schmuckgewand. Im 13. Jahrhundert trug man ihn gerne lang, auf dem Boden schleppend, in Verbindung mit Unterrock und Mantel. Im 14. Jahrhundert wurde er so verkürzt, daß das Untergewand bis zum Knie sichtbar blieb. Die Kleiderordnungen nennen Untergewänder immer in

Verbindung mit irgendwelchen Obergewändern; sie gehörten nicht wie unser Unterrock zur Unterwäsche, sondern waren Bestandteil der Oberbekleidung; man trug eben zwei kostbare Gewänder übereinander.

Im 14. Jahrhundert nahmen die Kleiderordnungen nicht so sehr Anstoß an der Kostbarkeit des Materials wie an der modischen Sitte des Schnürens, die sogar – wie gesagt – das Hemd ergriffen hatte. Seit dem Ende des 15. Jahrhunderts gibt es Untergewänder aus Damast, Atlas, Samt, Tobin (gewässerter Doppeltaft), Zendal (im 13. Jahrhundert Seidenstoff, später dünner Futterstoff) und Satin, mit Pelzverbrämungen, mit breitem Samtbesatz, mit Stickerei und gesteppten Nähten. Tappert und Schaube, vornehmlich Männerobergewänder, wurden auch von Frauen getragen. Der Tappert war ein enges, stoffreiches, gegürtetes Obergewand. Während die Männer ihn am unteren Rand mit Zaddeln und Schlitzen schmückten, hatten die Tapperte der Frauen vor allem weite, pelzgefütterte Flügelärmel, die bis zum Boden reichten; sie wurden aus Tuch, Samt und Seide gefertigt und mit einem silbernen Gürtel zusammengehalten. Ende des 15. Jahrhunderts entwickelte sich aus dem Tappert die Schaube. Die Frauen trugen Schauben und Schaubenröcke, um den Hals und vorn herab besetzt mit Borten aus Samt, Damast, Atlas und Seide, verbrämt mit Hermelin, Lassitz (Wieselart – kostbarer grauweißer Pelz) und Fehwerk, gefüttert mit Pelz und Schetter (gesteifte Glanzleinwand). In norddeutschen Kleiderordnungen gehören zwischen 1340 und 1612 die Heuken – ärmellose Umhänge als Frauenmantel meist über den Kopf gelegt oder auf dem Kopf an einer Kappe oder Scheibe befestigt – zum Grundbestand jeder Frauenkleidung. Wohlhabendere Frauen hatten mehrere Heuken. Selbst Mägde hatten in Hamburg Alltags- und Sonntagsheuken. Sie waren im allgemeinen aus Tuch, dann auch „wandesheuken" genannt. In Hamburg trug man rote, in Lübeck bunte Heuken. In Göttingen wurden sie um 1350 reich mit Spangen und Perlen geschmückt, dazu kamen Borten und Besatz und im 15. Jahrhundert Pelzfutter. Der typische Mantel des 13. Jahrhunderts ist der Tasselmantel, ein Umhang von halbkreisförmigem Schnitt, der durch eine mit zwei metallenen Schließen (Tasseln) befestigte Schnur gehalten wurde. Manchmal hat er einen Kragen. Der Nuschenmantel ist schmaler geschnitten und vorn mit einer Spange (der Nusche) geschlossen. Der Frauenmantel hat den gleichen Schnitt wie der der Männer, wird aber immer mit Vorderverschluß getragen. Auch im 14. Jahrhundert werden von den Frauen Tassel- und Nuschenmantel bevorzugt, manchmal aus Zweckmäßigkeitsgründen der Kapuzenmantel. Der, wenn die Mode es verlangt, mit einer Schleppe versehene Mantel, der vorn offen ist, wird, um das in der Zeit der knappen Tracht ständig sich vergrößernde Décolleté nicht zu verdecken, auf einen festen Rand gearbeitet, der erlaubt, den Mantel in der Höhe des Halsausschnittes zu halten, an dem er vorn mit einer Spange befestigt wird. Im 15. Jahrhundert rückt der Mantel wieder höher und endet oft mit einem kleinen Stehkragen. Nach Aussage der

Kleiderordnungen waren die Mäntel im 14. Jahrhundert aus Samt und Seide gearbeitet oder mit Seide und Pelz am Halse, am untern Rand und an den Vorderkanten besetzt. Der Halsverschluß war mit seidenen Schlingen bestickt. In Speyer trugen die Frauen gestickte Kapuzen an ihren Mänteln.

Die Frisierkunst war hoch entwickelt. Man salbte das Haar, bearbeitete es mit Eiweiß und drehte es zu kunstvollen Locken auf. Man setzte es der Sonne und dem Frost aus, um das begehrte Blond zu erreichen, und benutzte häufig falsches Haar. Man trug hochgebundene, in Netze gefaßte oder lang herabhängende Zöpfe. Das Haar war oft mit Gold- und Perlenschnüren durchflochten. Die wichtigste Frauenkopftracht zwischen 1225 und 1320 war das Gebende, eine eng das Gesicht umrahmende und den Kopf einhüllende Kopfbedeckung. Es war vorzugsweise aus weißem Leinen und bestand aus einem Tuchstreifen, der um das Kinn herumgelegt wurde, und einem hochstehenden Stoffrand, der kranzartig auf den Kopf gesetzt wurde. Oft verband man Gebende und Schappel. Das Schappel war ursprünglich ein Kranz aus frischen Blumen, wurde dann durch künstliche Blumen, gestickte Bänder, Borten, Pfauenfedern, Gold und Silber ersetzt. Es wurde wie ein Kronreif getragen, war zunächst das Vorrecht der Jungfrauen und Jünglinge, seit der Mitte des 12. Jahrhunderts benutzen es auch verheiratete Frauen in Verbindung mit dem Gebende. Wichtigste Kopftracht der verheirateten Frau war im frühen und hohen Mittelalter der Schleier. Als sich Schappel und Gebende durchsetzten, trug man den Schleier oft darüber. Seit dem 14. Jahrhundert setzt sich die Haube durch; sie entwickelte sich aus dem Kopftuch, das in komplizierte Brüche gefaltet und gesteckt wurde.

Wer konnte sich das alles leisten? Den ärmeren Frauen kam zugute, daß die Menschen im Spätmittelalter weder die Einfachheit liebten noch die Sparsamkeit. Die reiche Kaufmannsfrau schenkte ihrer Magd den noch lange nicht abgetragenen Mantel. Der Altkleiderhandel war umfangreich und ersetzte die heutige Warenhauskonfektion. Konfektionierte Kleidung gab es im Mittelalter wenig. Den offenbaren Luxus der Oberschicht versuchten die Stadträte – wie beim Festefeiern, wir sahen es in Köln – durch Verordnungen einzudämmen. Später als in Italien, Spanien und Frankreich beginnt die Kleidergesetzgebung in Deutschland, nämlich um die Mitte des 14. Jahrhunderts. Sie ist eine ausgesprochen städtische Angelegenheit. In den Städten vor allem war der Reichtum sprunghaft angestiegen. In der Stadt entwickelte sich eine wirkliche Verwaltungstätigkeit, als sich die Könige und ihre Amtsträger in Deutschland noch begnügten, Recht zu sprechen und den Frieden zu wahren, allenfalls eine Finanzverwaltung aufzuziehen. Erst die deutschen Landesherrn übten schließlich auch eine umfassende „Polizei“, wie man das nannte, und erließen später auch Kleiderordnungen, wie früher schon der städtische Rat. Diese Ordnungen richten sich meistens an alle Bürger, arme und reiche. Einige „gestaffelte“ Ordnungen machten Unterschiede. „Die älteste Göttinger Ordnung von 1342 erlaubt

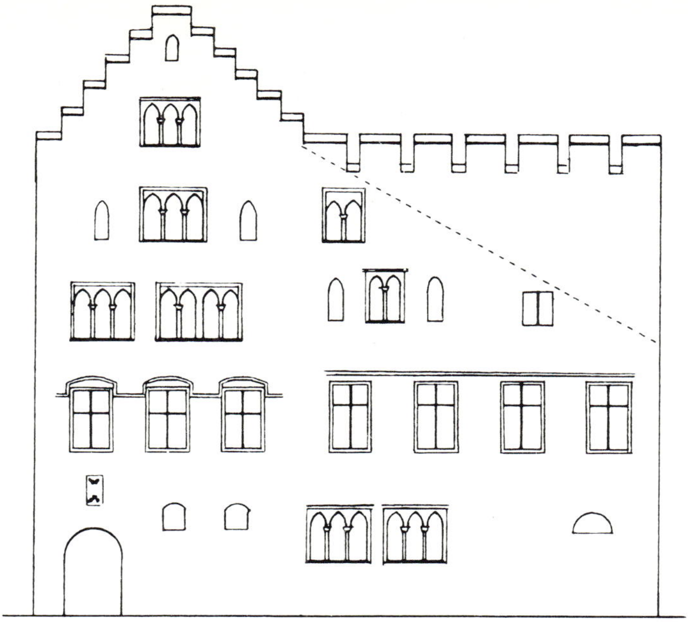

18. Das Runtingerhaus in Regensburg

19. Kauffrau in ihrer Schreibkammer

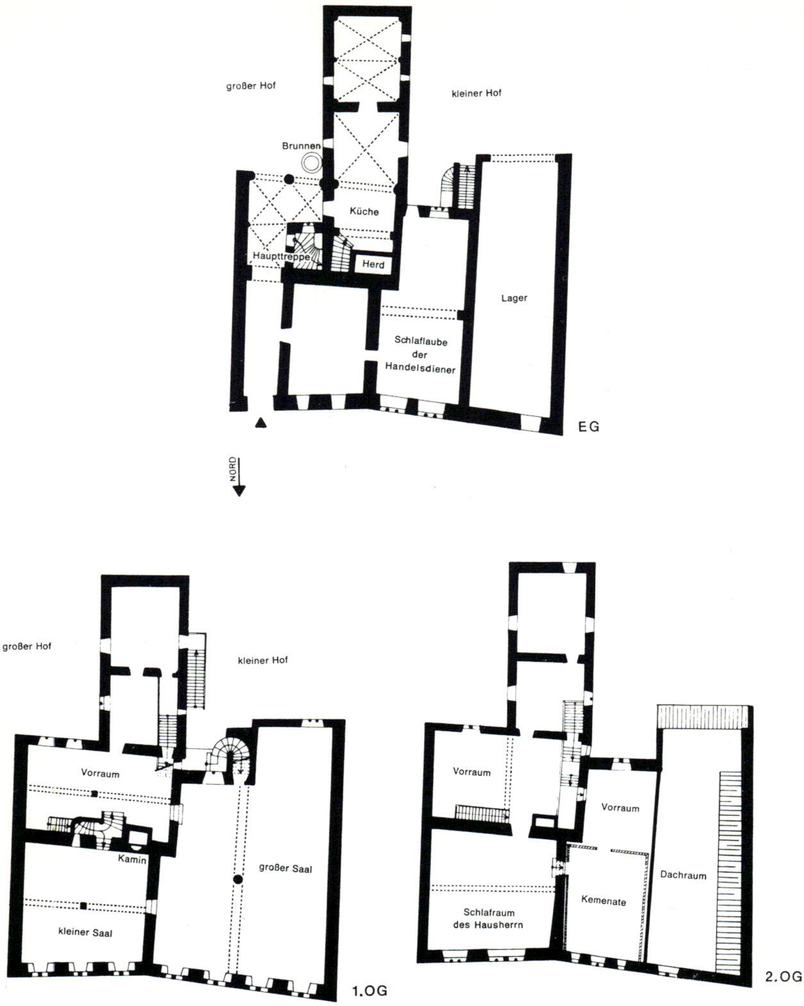

20. Innere Einteilung des Runtingerhauses

nur solchen Frauen eine Hoyke, einen Sorkot und einen Rock aus guter Wolle, deren Männer einen Besitz im Wert von mindestens 90 Mark haben. Auch bei einem Vermögen von mehr als 45 Mark dürfen die Frauen noch alle drei Kleidungsstücke tragen, aber nur aus minderen Stoffen. Und die ärmsten Frauen mußten auf den Sorkot ganz verzichten und sich mit Rock und Mantel begnügen" (Eisenbart).

Darin spricht sich noch kein Bestreben aus, „Stände" gegeneinander abzugrenzen, das geschieht erst gegen Ende des 15. Jahrhunderts. Zwei Motive beherrschen die Ratsordnungen: Kampf gegen übertriebenen Luxus und gegen Unmoral. Beides konnten sie nicht verhindern. Es steht eine klare Konzeption hinter den Anordnungen des Rates: echte Besorgnis, Hoffart und Übermut, die sich im Luxus kundtun, möchten den Zorn des Himmels herausfordern und könnten dem irdischen Wohlstand der Bürger und damit dem Gemeinwohl gefährlich werden, auch ein konservativer Sinn, der das „von alter gewonliche" zum Maßstab setzt, begreiflich in einer Zeit der politischen Unruhe. „Schon im 13. Jahrhundert ist der moralisierte bürgerliche Hoffartbegriff in den Predigten Bertholds von Regensburg deutlich ausgeprägt. Berthold findet die Hoffart nicht nur bei den Reichen, die ihren Reichtum zur Schau tragen wollen – obwohl ihm diese besonders gefährdet erscheinen: ‚Unde da von so sprichet der guote sant Augustinus: diu hohvart vehset in dem richtuome als der made in dem apfel' – sondern ebenso bei den Armen, die kein Geld für kostspielige Gewänder haben: ‚unde so ez niht me mac fürbringen ze hoverte, so rücket daz den gürtel hoeher, so krümbet daz den huot uf, so hohvertet daz sine genge, daz sine sprache'. Am stärksten gefährdet sind die Frauen. Sie sind den Versuchungen der Hoffart über alle Maßen ausgesetzt, weil sie in ihrer Frömmigkeit, Kirchentreue, Barmherzigkeit und Keuschheit dem Teufel sonst wenig Angriffsmöglichkeiten zeigen. Sie rühmen sich aber ihrer Männer, ihrer Schönheit und ihrer Kleider. Selbst in der Kirche treiben sie Hoffart; sie wollen dort allen anderen voraus zum Opfer gehen. Sie sind unermüdlich in der Erfindung neuer Verzierungen und geben sich nie zufrieden mit den Stoffen, rot und grün und gelb und blau und schwarz und weiß, so wie sie Gott geschaffen hat, sondern wollen sie auch noch bunt und gesprenkelt machen wie Vogelgefieder" (Eisenbart, S. 90).

Wenn der Rat von Speyer 1356 seine Kleiderordnung mit der Begründung erläßt, daß er „grozen bresten" gemerkt habe, „der ietzend ist in stedten und in lande an hochvarte unde übermüete, die ouch die erste der sünde gewesen ist...", spricht sich darin die gleiche Haltung aus, die in der Predigt zum Ausdruck kam. Wie wohlgefüllt der Kleiderschrank einer Bürgersfrau sein konnte, beweist die Hinterlassenschaft einer Nürnbergerin des 15. Jahrhunderts: Es fanden sich vier Mäntel von Arras und mechlischem Tuch – also niederländischem Tuch –, zwei davon mit Seide gefüttert, sechs Röcke, eine Schaube, drei sog. Tapperte, 3 Unterkleider, sechs weiße Schürzhemden, und ein schwarzes – das wohl bei der häuslichen

Arbeit umgelegt wurde –, zwei weiße Baderöcke, fünf Unterhemden, zwei Halshemden, sieben Paar Ärmel, 19 Schleier. Die Regensburger Bürgerin Diemut Hiltprand geb. Neumburger verfügt in ihrem Testament vom 26. Juni 1308 immerhin über einen grünen und einen braunen Mantel, über drei Sukenien, darunter eine seidene und eine neue scharlachfarbene, zwei dazu passende Röcke, ferner einen pelzverbrämten Rock, einen guten Pelzrock und zwei lange Oberkleider, eins davon mit Perlen bestickt; an Schmuck erwähnt sie u.a. drei silberne Gürtel und fünf goldene Spangen. Bei der weiblichen Kleidung erregte das tiefe Décolleté vor allem Anstoß, in der Tat zeigt sich darin eine Erotisierung der Kleidung, die dem frühen und hohen Mittelalter in solchem Ausmaß nicht bekannt war. Der Rat von Straßburg bestimmt – um 1375:[288] „Item daz keine frowe, were die ist, hinanfur me sich nit me schurzen sol mit iren brusten, weder mit hemeden noch gebrisen (= eingeschnürten) rocken noch mit keinre ander gevengnusze, und daz och keine frowe sich nit me verwe oder locke von totenhar anhenken sulle. Und sunderliche daz hoptloch sol sin, daz man ir die bruste nit gesehen muge; wenne die hoptloecher sullent sin unze an die ahseln, an geverde, bi 5 M. d.. Ez sol och keine frowe, wer die ist, keinen rog tragen der me kostete denne 30 fl. oder darunder, och bi 5 M.; und sol och keine lantfrowe in dirre stat zu dem tanze oder sus keinen rog tragen, der me koste danne 30 flor. Und welhe ez daruber dete, welre unsere burgere die lantfrowe enthielte über naht, der beszert fur sie och funf M., ez werent danne frye frowen (d.h. adlige), die sol diz gebot nit angan. Ez sol och keine frowe keinen kurzer mantel noch knabenmentel tragen danne ein viertel einre elen obe den knuwen, an geverde. Lenger mugent sie sie wol tragen." Nicht nur um die sittsame Kleidung seiner Bürgerinnen ist der Rat von Straßburg besorgt. Er verbietet auch das Zusammenleben von Mann und Frau, die nicht verheiratet sind, also die Konkubinate[289], damals offensichtlich nicht seltener als heute. In Stadt und Burgbann, wird 1337 verfügt, soll hinfort niemand „zur unee sitzen huselich und hebelich". Die Betreffenden sollen heiraten, und wenn sie das nicht können, weil sie schon verheiratet sind, dann sollen sie sich scheiden und „ein teilunge tun", und zwar folgendermaßen: Mann und Frau sollen das, was sie seinerzeit eingebracht und was sie während der Dauer ihres Konkubinates ererbt haben, jeder an sich nehmen; was davon veräußert wurde, soll wieder ersetzt werden. Was dann übrigbleibt, Zinsen, Gülten, Eigengut, Bargeld, silbernes Geschirr, Hausrat, Wein, Korn u. dgl. soll so geteilt werden, daß der Mann zwei Drittel, die Frau ein Drittel erhält. Die gleiche Teilung gilt für die Erziehung und Versorgung der Kinder. Wenn die Beiden dennoch beieinander bleiben, wird die Hälfte ihres Gutes zugunsten der Stadt Straßburg eingezogen.

In den von uns betrachteten Städten war in den bürgerlichen Kreisen kein großer Unterschied der Knaben- und Mädchenbildung festzustellen. Viele Frauen, vor allem die Kauffrauen, konnten lesen, schreiben, rechnen und ihre eigenen oder des Ehegatten Geschäftsbücher führen. Aber seit etwa 1350 bahnt sich in den Städten eine Entwicklung an, von der die Mädchen ausgeschlossen bleiben. Die Bürgersöhne besuchen in zunehmendem Ausmaß Universitäten in der weiten Fremde, in Italien und Frankreich, aber auch die Neugründungen im deutschen Reich, in Prag, Heidelberg, Köln, Erfurt, Wien, Leipzig usw. Die Universitäten überrundeten die klösterliche Gelehrsamkeit und Bildung. Sie durchbrachen die überlieferte ständische Ordnung, an ihnen konnten Bürger- und sogar Bauernsöhne studieren. Sie ließen eine neue, bis heute wirksame soziale Barriere entstehen, die zwischen Gebildeten und „Laien". Wie sich der Begriff des Klerikers erweitert und verschoben hat – am deutlichsten im englischen „clerk" – und nicht nur den Geistlichen, sondern auch den Studierten, den Gelehrten bezeichnet, so gewinnt das Wort „Laie" eine neue Bedeutung nicht mehr nur zur Unterscheidung vom Geistlichen, sondern auch vom Studierten, Gelehrten. Gleichzeitig nahm der Bedarf an Akademikern, vor allem an gelehrten Juristen zu. Man brauchte sie – besonders im Zusammenhang mit der fortschreitenden Rezeption des römischen Rechts – in den Schöffenstühlen, den Stadträten, den allmählich entstehenden landesherrlichen Kollegien. Sie wurden aber auch Notare, Prokuratoren, Lizentiaten, Ärzte. Wir nannten schon ein Beispiel für die enormen Kosten eines Universitätsstudiums, erwähnten, daß viele Universitätsangehörige Kleriker waren – anders als durch kirchliche Pfründen waren die Universitätslehrer oft nicht zu besolden –, deuteten die lockeren Sitten der Studenten an. Die Eltern konnten damals gar nicht auf den Gedanken kommen, eine Tochter auf die Universität zu schicken. Als dann im ausgehenden 15. Jahrhundert die humanistischen Gymnasien aufkamen, da kam ihr Besuch für die Mädchen ebenfalls nicht in Frage. Knaben- und Mädchenbildung gingen jetzt getrennte Wege. Damit begann eine sich für die Frauen bis ins 20. Jahrhundert verhängnisvoll auswirkende Entwicklung. Die Frau verfügte hinfort nicht nur über keine politischen Rechte, sie besaß vielfach auch gar nicht mehr die Voraussetzung zu einer politischen Laufbahn. Wachendorf hat angemerkt, daß die Ärztinnen nach 1500 weitgehend aus den Urkunden verschwinden.[290]

4. Die italienischen Verhältnisse

Wie lagen die Verhältnisse jenseits der Alpen? Seit 1300 beginnt in Italien die Renaissance. Wir gebrauchen den schillernden Begriff hier vor allem als Epochenbezeichnung. An ein in unserer Einleitung[291] schon genanntes Kriterium müssen wir erinnern: den Individualismus. Emphatisch hat Burckhardt ihn begrüßt „... der Mensch wird geistiges Individuum und erkennt sich als solches".[292] Seinem Enthusiasmus wird der Mediaevist entgegenhalten, daß der mittelalterliche Mensch sich in der Gruppe – in der

Zunft, der Patriziergesellschaft, dem Stadtviertel, dem Rat – geborgen fühlen konnte, daß die Korporationen nicht nur lästige, sondern auch wohltätige Zwänge ausübten, die Rivalitäten abschliffen, feste Verhaltensnormen schufen, zum Gemeinwohl erzogen, – daß der Individualismus auch viel innere Einsamkeit und Kälte mit sich brachte, die mancher Mensch schwer erträgt. Nach unseren heutigen Erkenntnissen war die Renaissance nicht unchristlich. Die für sie typische Staatsform der Signorie war allerdings stark säkularisiert und trug absolutistisches Gepräge. Sie hat zweifellos vielen begabten Frauen besondere Möglichkeiten eröffnet. – Venedig allerdings blieb eine Adelsrepublik. Der Große Rat, dem 1512: 1651 Mitglieder angehörten, die aus ca. 200 Familien stammten, wurde 1510 endgültig geschlossen, d.h. es konnten nur noch Angehörige dieser Familien Mitglied werden. Daher waren die Frauen der venetianischen Aristokratie im besonderen Maß Objekte der Heiratspolitik dieser kleinen Gruppe. –[292a] „Zum Verständnis der höheren Geselligkeit der Renaissance", wiederum Burckhardt,[293] „ist endlich wesentlich zu wissen, daß das Weib dem Manne gleichgeachtet wurde. Man darf sich ja nicht irre machen lassen durch die spitzfindigen und zum Teil boshaften Untersuchungen über die vermutliche Inferiorität des schönen Geschlechts, wie sie bei den Dialogenschreibern hin und wieder vorkommen, auch nicht durch eine Satire, wie die dritte des Ariosto ...". Burckhardt hebt die tätige Teilnahme der Frauen an der italienischen Poesie hervor, „durch Kanzonen, Sonette und Improvisationen, womit seit der Venezianerin Cassandra Fedele (Ende des 15. Jahrhunderts) eine Anzahl von Damen berühmt wurden; Vittoria Colonna kann unsterblich heißen". Lateinische Rednerinnen fürstlichen Standes waren Madonna Battista Montefeltro, vermählte Malatesta, die Ansprachen an König Sigismund und Papst Martin richtete, Ippolita, die Schwester des Galeazzo Maria, die Pius II. auf dem Kongreß zu Mantua begrüßte. Den Titel einer virago trug Caterina Sforza, Gemahlin, dann Witwe des Girolamo Riario, dessen Erbe Forli sie zuerst gegen die Partei seiner Mörder, später gegen Cesare Borgia mit allen Kräften verteidigte; sie unterlag, behielt aber den Namen der „prima donna d'Italiae". Aber Burckhardt sagt – und mit Recht: „Von einer aparten, bewußten Emanzipation ist gar nicht die Rede, weil sich die Sache von selber verstand."

Wir greifen den Fürstenhof von Ferrara heraus. Hier reicht die moderne Staatsform der Signorie bis ins 13. Jahrhundert zurück. Wohl ist die Stadt als Umschlagplatz des Handels entstanden und großgeworden, aber die Kaufmannschaft besaß hier nie politisches Gewicht. Das Stadtbild spricht heute noch eine unüberhörbare Sprache: Das von Wassergräben umgürtete, wehrhafte Kastell ist die beherrschende Mitte der Stadt. In Ferrara regieren die Este praktisch als Alleinherrscher. Die bedeutendsten Frauengestalten an diesem Hof[294] waren Eleanore von Aragon[295] und Lucrezia Borgia. Ercole I. d'Este heiratete 1473 Eleanore, eine höchst kultivierte und gebildete Frau, die in seiner Abwesenheit die Regierungsgeschäfte führen konnte. Von seinen beiden Töchtern wurde die jüngere Beatrice mit Ludovico il Moro, dem Herrn Mailands verheiratet, Isabella mit Francesco Gonzaga von Mantua; sie gehört auch zu den hervorragenden Frauen der Renaissance, Freundin der Dichter, Förderin der Künste und eifrige Sammlerin.[295a] Höchst umstritten auch in der Familie d'Este war der Plan, Ercoles Sohn Alfonso in zweiter Ehe mit der berühmt-berüchtigten Papsttochter Lucrezia zu verheiraten.[296] Auch Lucrezia war besser als ihr Ruf. Zu diesem Urteil kamen seit 1866 mehrere Italiener und auf Grund umfangreichen Quellenstudiums Gregorovius, der 1874 ihre heute noch lesenswerte Biographie vorlegte: „Und wenn wir richtig urteilen, so war sie eben ein Weib, das nicht die Macht, sondern die Anmut ihrer Natur über das gewöhnliche Maß der Frauen gestellt hat. Dieses junge Weib, das der romantischen Phantasie der Nachwelt wie eine Medea oder wie eine immer lodernde Liebesfackel erschienen ist, hat vielleicht in Wirklichkeit nie eine tiefe Leidenschaft gefühlt. Sie war in der römischen Epoche ihres Lebens stets vom Willen anderer abhängig, denn ihr Schicksal wurde erst von ihrem Vater, dann von ihrem Bruder bestimmt". So passiv möchte Bellonci in der erstmals 1932 vorgelegten fundierten Lebensbeschreibung sie nicht sehen.

Der Vater der 1480 Geborenen war der Kardinal Rodrigo Borgia, der spätere Papst Alexander VI., ihr großer Bruder Cesare Borgia. Sie wuchs in Rom als wohlerzogenes junges Mädchen auf, war der spanischen und der italienischen Sprache gleich mächtig, sprach Französisch, konnte hinreichend Latein und etwas Griechisch. Der Vater Kardinal verlobte die Elfjährige mit einem spanischen Edelmann, der dem Papst aber nicht mehr genügte. Im Jahr 1493 wurde der päpstliche Vikar von Pesaro Giovanni aus dem mächtigen Haus der Sforza ihr Gatte. Merkwürdigerweise war damals auch der Erbprinz von Ferrara, Alfonso von Este, in Rom, um dem Papst seine Staaten zu empfehlen. „So sah er voll Neugierde zum erstenmal das schöne Kind mit dem goldfarbenen Haar und den klugen blauen Augen" (Gregorovius). Der Herzog von Ferrara, Ercole, schickte ihr als Hochzeitsgeschenk ein Paar große silberne Waschbecken mit Zubehör. Die Vermählungsfeier im Vatikan am 12. Juni besiegelte das politische Bündnis Papst Alexanders mit Ludovico il Moro, dem Regenten Mailands. Der Einmarsch des französischen Königs Karl VIII. in Italien im September 1494 veränderte die politische Landschaft Italiens. Die Verbindung mit dem Sforza bot Alexander keine Vorteile mehr, er drängte auf Annullierung der Ehe Lucrezias, die angeblich nie vollzogen worden war. Lucrezia erklärte, das beschwören zu wollen; damals verbreiteten sich häßliche Gerüchte über sie; der tief beleidigte und wütende Sforza war wohl der Urheber der gravierendsten Vorwürfe, die sie des mehrfachen Inzests beschuldigten. Alexanders Plan war jetzt, seine Kinder Cesare und Lucrezia mit dem Königshaus Neapel zu verbinden. So kam die zweite Ehe Lucrezias mit dem Neffen des Königs Federigo von Neapel, Alfons, Herzog von

Biselli, zustande. Alfons war 17 Jahre alt, ein Jahr jünger als Lucrezia. Aus dieser Ehe stammt ihr Sohn Rodrigo. Auch diese Verbindung fiel der Politik zum Opfer. Am 15. Juli 1500 wurde Alfonso von Meuchelmördern verwundet, am 18. August starb er. Cesare war der Anstifter, wenn auch ein stringenter Beweis fehlt. Kaum war Biselli beseitigt, wurde an eine neue Hochzeit mit dem 24jährigen, kinderlos verwitweten Erbprinzen von Ferrara Alfonso gedacht. Der Plan stieß am Fürstenhof in Ferrara auf große Widerstände; die Verhandlungen schleppten sich hin. In dieser Zeit hat Lucrezia einmal sogar den Papst vertreten; sie war während seiner Abwesenheit in Rom ermächtigt, die einlaufende Post zu öffnen und zusammen mit einem Kardinal Entscheidungen zu treffen. Ercole stellte hohe Forderungen, der Papst nahm sie schließlich an, und im September 1501 wurde der Ehekontrakt unterzeichnet. Von den politischen Zugeständnissen abgesehen sollte die Mitgift 300 000 Dukaten betragen, ungerechnet die kostbare Ausstattung der Braut an Kleidung, Schmuck, Silbergerät usw. Ein prunkvolles Schauspiel wurde Lucrezias Einzug in Ferrara am 2. Februar 1502. 75 Bogenschützen zu Pferde, achtzig Trompeter und 24 Pfeifer eröffneten den Zug, es folgte der Adel Ferraras, Don Alfonso nach französischer Mode gekleidet, dann die Kavalkade der Braut, dann die Braut selbst auf einem mit Scharlach gedeckten Schimmel, in eine breitärmlige Camorra von schwarzem Samt mit feinen Goldleisten gekleidet, sie trug eine Sbernia von Goldbrokat und Hermelinbesatz, auf dem Kopf ein schleierartiges, von Diamanten und Gold funkelndes Netz ohne Diadem, um den Hals eine große Kette von Perlen und Rubinen. Ihr Haar fiel frei auf die Schultern herab. Sie ritt unter einem purpurnen Baldachin, den Doktoren der Universität trugen. 26 Maultiere trugen die Garderobe und die Schätze der Braut, in anderen Berichten wird von 150 Wagen und ebensovielen Maultieren gesprochen. Lucrezia war damals von bezaubernder Anmut: „Sie ist von mittlerer Größe und von zierlicher Gestalt; ihr Gesicht länglich, die Nase schön profiliert, die Haare goldhell, die Augen von blauer Farbe; der Mund ist etwas groß, die Zähne blendend weiß; ihr Hals schlank und weiß, bedeutend und doch voll Maß. Ihr ganzes Wesen atmet stets lachende Heiterkeit."

Sie ließ wohl gerne ihre belastete römische Vergangenheit zurück, an der Seite eines Fürsten von ruhiger und praktischer Natur, dessen Leidenschaft das Heerwesen, die neue Artillerie vor allem war. In Ferrara begann ein neuer Lebensabschnitt für sie. Ferrara war damals eine prächtige Stadt, geschmückt mit zahlreichen Palästen, ein kulturelles Zentrum. Die 1391 eröffnete Universität zählte schon 1474: 75 Professoren. Ercole vergrößerte sie und führte den Buchdruck ein. Aus Ferrara ging Savonarola hervor; als Mediziner, Mathematiker und Philosoph glänzte dort seit 1464 der Vicentiner Niccolo Leoniceno; er war noch der Stolz Ferraras, als Lucrezia hierher kam. Sie wurde vor allem von den Dichtern in Ferrara gefeiert: von Titus und Ercole Strozzi, Vater und Sohn, Antonio Tebaldeo, Celio Calcagnini, der ihr ein Hochzeitsgedicht widmete, Giraldi, Marcello Filosseno. Der schöne, liebenswürdige, geistvolle Bembo liebte sie. 1503 kam Ariost in ein näheres Verhältnis zu Ferrara, 1505 begann er seinen Orlando Furioso. Ariost, ein großer Dichter, feierte Lucrezia in der 83. Stanze seines Epos, im 42. Gesang, wo er in dem Ehrentempel der Frauen ihr Bild aufstellte, das als ihre ritterlichen Zeugen Antonio Tebaldeo und Ercole Strozzi tragen. Die Inschrift besagt, daß ihr Vaterland Rom sie um ihrer Schönheit und Sittsamkeit willen der antiken Lucrezia vorziehen müsse. In Ferrara auf jeden Fall galt Lucrezia als ein Muster tugendhafter Frauen. Am 9. April 1508 schenkte sie endlich ihrem Gatten den Thronfolger. Auch bei den Este war das Hofleben belastet mit Verschwörungen und schweren Bluttaten. Alfonsos Bruder Ferrante und Stiefbruder Giulio empörten sich – Giulio sehr berechtigt – 1506 gegen den Herzog, wurden zum Tod verurteilt und zu ewiger Kerkerhaft begnadigt. Am 6. Juni 1508 wurde Ercole Strozzi ermordet, erst 27 Jahre alt und seit kurzem mit der hochgebildeten Barbara Torelli, die zuvor eine unglückliche Ehe mit Ercole Bentivoglio geführt hatte, verheiratet. Die Tat erregte größtes Aufsehen: Ercole Strozzi war ein geistvoller Dichter, eine Zierde der Stadt, Freund Bembos und Ariosts, Günstling der Herzogin, nach dem Tod seines Vaters Titus Haupt der 12 Richter Ferraras. Er erhielt ein prunkvolles Begräbnis, Celio Calcagnini hielt ihm die Grabrede – der Mord aber blieb unaufgeklärt und ungesühnt. „La confusione delle opinioni è secolare" (Bellonci). Sicher hatte Lucrezia mit dem Mord nichts zu tun; Bellonci vermutet, daß von Feinden der Torelli, den Bentivoglio oder Gian Galeazzo Sforza, der Mord durchgeführt wurde, in der sicheren Gewißheit, daß er dem Haus Este nicht ungelegen sei.

Ferrara wurde in die kriegerischen Auseinandersetzungen, die in Italien keine Ruhe aufkommen ließen, verstrickt. Der Papst Julius II. wollte im Bunde mit Venedig den Este Ferrara entreißen. Ferrara, im engsten Bündnis mit Frankreich, nahm teil an dem blutigen Krieg im Sommer 1512 gegen Venedig, wo in der Schlacht von Ravenna die Artillerie Alfonsos den Ausschlag gab. Während dieses Krieges machte der berühmte Bayard, der sprichwörtliche Ritter ohne Furcht und Tadel, die Bekanntschaft Lucrezias. Sein Biograph nennt sie die „gute Herzogin, eine Perle in dieser Welt; sie war schön und gut, sanft und liebenswürdig zu allen". Lucrezia hat verschiedentlich mit großem Geschick die Regentschaft geführt, zum erstenmal 1506. Das Jahr 1513, als der Krieg um Ferrara zu Ende ging, bildet eine gewisse Wende in Lucrezias Leben: Eine Neigung zur Frömmigkeit macht sich von da ab bemerkbar. Der Hof Ferraras büßte durch den Krieg von seinem Glanz ein, der Mediceerpapst Leo X. zog die glänzendsten Talente Italiens nach Rom; dorthin gingen auch Tebaldeo und Bembo. Aber Ariost blieb der Stolz Ferraras, und Lucrezia erlebte noch seinen vollen Ruhm. Er hat das Fürstenhaus der Este unsterblich gemacht.

Das Verhältnis der Ehegatten Alfonso und Lucrezia war gut. Sie schenkte ihm fünf Söhne und drei Töchter, aber nur drei Söhne und eine Tochter überlebten sie. Am 14. Juni 1519 gebar sie ein totes Kind und sah ihr Ende voraus. Am 22. Juni schrieb sie an Papst Leo: „... Und so groß ist die Gunst, die mir Unser gnädigster Schöpfer schenkt, daß ich das Ende meines Lebens erkenne und fühle, wie ich in wenigen Stunden ihm entnommen sein werde, nachdem ich zuvor all die heiligen Sakramente der Kirche empfangen habe. Und an diesem Punkt angelangt, erinnere ich mich als Christin, obwohl eine Sünderin, daran, Ew. Heiligkeit zu bitten, daß Sie in Ihrer Gnade geruhen, mir aus dem geistlichen Schatz eine Unterstützung zuzuwenden, indem Sie meiner Seele die heilige Benediktion erteilen, und so bitte ich Sie darum in Demut und empfehle Ew. heiligen Gnade meinen Herrn Gemahl und meine Kinder ..." Sie starb im Beisein Alfonsos am 24. Juni in der Nacht.

Wir überlassen die großen Frauenpersönlichkeiten der Renaissance ihren Schicksalen und befassen uns – eine viel nüchternere Angelegenheit – mit den Bevölkerungs- und Familienstrukturen des Florentiner Stadtstaates im 15. Jahrhundert. Eine in ihrer Art einzigartige Quelle, der „catasto" von Florenz von 1427, erlaubt dank dem Elektronenrechner eine demographische und anthropologische Beschreibung dieses Gemeinwesens.[297] Der catasto erfaßt die Metropole, den contado und den distretto, d.h. die eingemeindeten, ehemals freien Stadtrepubliken, darunter Pisa (seit 1405), Pistoia, Arezzo, Prato, Volterra, Cortona, Montepulcano, Colle und San Gimignano; er gestattet daher auch einen Vergleich der Verhältnisse in der Hauptstadt mit denen mittlerer und kleinerer Städte und denen des Landes. Die Anlage des catasto erfolgte zu Steuerzwecken durch ein eigens für die Erhebung gebildetes Amt. Grundlage der Erhebung ist der Haushalt (fuoco). Herlihy hat sich bemüht, alle Fehlerquellen aufzuspüren, die in Zweck und Form des catasto begründet sind. 1427 besaß Florenz, das zwischen 1338 und 1426 60,2 bis 69 Prozent seiner Bevölkerung infolge von Epidemien verloren hatte, 38000 Einwohner, Pisa 7330, Pistoia 4411, S. Gimignano 1677. Die oft gemachte Beobachtung, daß die große Sterblichkeit Heiratslust und höhere Geburtenraten im Gefolge hatte, bestätigt sich auch hier: Fast alle Frauen wollten nach der Pest heiraten, in den patrizischen Familien strebte man nach einem männlichen Erben. Die bewußte Bevölkerungsplanung erfolgte im allgemeinen durch das Heiratsalter. Die Großstadt Florenz hebt sich heraus durch ein spätes männliches Heiratsalter. Das Heiratsalter der Frauen liegt im allgemeinen bei 16 Jahren. Während auf dem Land und in den kleineren Städten der Altersunterschied zwischen Ehemann und Frau etwa 6 Jahre betrug, machte er in der Kapitale Florenz das Doppelte aus. Der Anteil der Einzelhaushalte in den Städten war groß. Viele Witwen zogen für den Rest ihres Lebens in die Stadt und vergrößerten dort die Gruppe der berufslosen Einwohner. In Florenz machten sie ein Viertel dieser Gruppe aus, in den übrigen Städten oft noch mehr. In der städtischen Wirtschaft waren die Frauen kaum engagiert. Das Kapital in weiblicher Hand blieb immobil.[298] In Florenz gab es 1536 weibliche Haushaltsvorstände (15 Prozent); 72,8 Prozent dieser Frauen gaben keinen Beruf an, weder einen eigenen noch den ihres Mannes. Das bedeutet nicht, daß es in Florenz – der Stadt und ihrem Landgebiet – keine voll berufstätigen Frauen gegeben hätte; es gab sie, aber überwiegend in wirtschaftlich unbedeutender oder sogar sehr gedrückter Stellung. Das Florentiner Wollen- und Seidengewerbe war sehr früh kapitalistisch organisiert. Frauen waren darin tätig, aber nur als abhängige Lohnarbeiterinnen. Die Spinnerinnen und Weberinnen gehörten im allgemeinen zu den ärmsten Arbeitern im Staat Florenz. In der Arte della Lana waren die Vollmitglieder Kaufleute, Wollimporteure und Tuchverleger; nur als zweitrangige Mitglieder finden sich Färber, Walker und Weber. Frauen gab es nur als Lohnarbeiterinnen. Die Spinnerinnen saßen überwiegend auf dem Land; die Wochenmärkte der Landgemeinden dienten der Arbeitsvermittlung und dem Verkehr mit den Faktoren der Unternehmer. Die Faktoren zahlten den Stücklohn in Geld aus. Es gab auch Spinner, aber die Frauen überwogen. Die Weberinnen wohnten im engeren Stadtgebiet, das hatte wohl technische Gründe. Sie waren abhängige Arbeiterinnen, sogar meistens ohne eigenes Werkzeug. Der Webstuhl wurde oft vom Verleger gestellt und durch Arbeit bezahlt. Der Geldlohn war niedrig. Im 14. Jahrhundert herrscht in Florenz die Frau am Webstuhl vor. Auch im Seidengewerbe gab es seit dem Beginn des 14. Jahrhunderts nur noch abhängige Arbeiterinnen und Kleinmeisterinnen.

Nur in der Ärzte-, Bäcker-, Ölhändler- und Gastwirtezunft waren vollberechtigte Meisterinnen tätig. Am Kleinhandel mit Nahrungsmitteln war die weibliche Beteiligung groß. Auch die Florentiner Zünfte kannten das Witwenrecht.[299] Die horizontale Mobilität der Frauen war groß. Die Heirat entwurzelte sie. Starb der Familienvater, so zerstreute sich oft die Familie; die Witwe etwa zog nach Florenz, eine Tochter in einen benachbarten Flecken, ein Sohn zum bäuerlichen Nachbarn.

Zur Zeit des catasto kommen in Florenz 110 Männer auf 100 Frauen. In der Altersgruppe zwischen 15 und 20 Jahren überwiegt in der Toskana das weibliche Element; in der Altersgruppe zwischen 40 und 60 Jahren übersteigt der weibliche leicht den männlichen Bevölkerungsanteil. Allerdings sind Fehlerquellen des Registers hier nicht auszuschließen. Die Mädchen besuchen jetzt nicht mehr in dem Maß die öffentlichen Schulen, wie sie es zur Zeit von Giovanni Villani, also im frühen 14. Jahrhundert taten. Sie traten oft sehr jung – mit 7 Jahren – in einen geistlichen Konvent ein, und viele blieben dort bis zu dem Alter, in dem sie sich persönlich verpflichten konnten – mit 9–10 Jahren – und ihre Gelübde ablegten – mit 12–13 Jahren. Die Witwenschaft der Frau war oft mit Einsamkeit und Armut verbunden. Bei den Findelkindern überwiegen die Mädchen. Die Familien ertrugen es leichter, ihre kleinen Mädchen einem Hospital zu überlassen, in ein Kloster zu schicken, sie etwa unter ihrem Stand zu verheiraten, als

Knaben wegzugeben. Unverheiratet blieben mehr Männer als Frauen. Durch den Altersunterschied zum Ehegatten wurden die Frauen oft früh Witwe. Die Mitgift der Mädchen war hoch. 1425 wurde der Monte delle doti, eine Art Mitgiftversicherung für die Töchter, errichtet. In den Haushalten der reichen Familien wuchsen mehr Kinder auf, auch illegitime Kinder und adoptierte Waisen. Auf dem Land haben die mezzadri, die Pächter, die größte Anzahl von Kindern unter 14 Jahren.

Der Haushalt, die Steuereinheit, umfaßt 1427 in der ganzen Toskana (264210 Personen in 50770 Haushalten) 4,42 Personen im Schnitt. Die Haushaltsgröße variiert in Stadt und Land und je nach der Tätigkeit und sozialen Stellung des Haushaltsvorstandes. In den Städten beträgt die Durchschnittszahl pro Haushalt nur 3,91, in Florenz sogar nur 3,80 Personen. Die reichen Haushalte sind personenreicher als die armen. Die Haushaltsangehörigen sind überwiegend miteinander verwandt, und zwar in männlicher Linie. Die Struktur der Familie ist agnatisch. In dieser Epoche des Bevölkerungsrückgangs und der hohen Sterblichkeit leben in vielen Haushalten Angehörige von mehr als zwei Generationen: 11,3 Prozent in Florenz, zwischen 13 und 21 Prozent in den sechs Städten Pisa, Pistoia usw., 20,2 Prozent in den Kleinstädten. Eine besondere, aber nicht sehr verbreitete Erscheinung sind die „Brüderhaushalte“ (frérèche). Verheiratete Brüder lebten in einem Haushalt zusammen. Die größte Familiengruppe, die Herlihy feststellen konnte, war die von Lorenzo di Jacopo, der in der Bannmeile von Florenz lebte, mit seinen drei Brüdern, einem Mann unbekannten Verwandtschaftsgrades, seinen verheirateten drei Söhnen und zwei Neffen, dazu 18 unverheirateten Neffen und Kindern und acht Enkeln bzw. Großneffen; unter einem Dach wohnten also zehn Ehepaare, 47 Personen, verteilt auf vier Generationen, da die Mutter des jüngsten Bruders, Stiefmutter der übrigen, 74 Jahre alt wurde.

Haushaltsvorstand ist normalerweise ein Mann in den Fünfzigern, verheiratet, der einem Haushalt von 5–6 Personen vorsteht. Die Frauen werden allenfalls im höheren Alter Haushaltsvorstand. Den größten Reichtum erreicht der Florentiner mit 55 Jahren, dann kommt die Ausstattung der Kinder. Die Witwen sind umso ärmer, je älter sie sind. Auf dem Lande sind Frauen als Haushaltsvorstand selten. Das Bestreben, die Teilung des Grundbesitzes hinauszuschieben, veranlaßt auf dem Lande die Familie beisammenzubleiben. Die patriarchalisch organisierte Familie, die unter dem Regiment eines älteren Mannes ein oder mehr Ehepaare der nachfolgenden Generation vereint, macht ein Drittel aller ländlichen, ein Fünftel aller städtischen Haushalte aus. Die alleinstehenden Witwen sind vor allem eine städtische Erscheinung. Am ehesten haben sie in den reichen Familien die Möglichkeit, im großen Haushalt auch ihren Platz zu finden.

Es ist ein besonderer Vorzug der Arbeit von Herlihy/Klapisch, sich nicht mit der statistischen Auswertung des „catasto“ zu begnügen, sondern an Hand der reichen Literatur der Zeit ein lebendiges Gesamtbild der

Florentiner Gesellschaft jener Tage zu geben; diese Schilderungen zusammen mit der Dokumentensammlung Bruckers erlauben auch uns, auf die quantifizierende jetzt eine qualifizierende Darstellung folgen zu lassen. Gelegentlich wird geäußert, daß eine Frau besser nicht lesen lernen soll; allenfalls sollen die Frauen des Adels lesen können, da sie in Abwesenheit des Mannes Rechnungen kontrollieren müssen und dergleichen. Im 15. Jahrhundert legte man großen Wert auf kultivierte Manieren und Bildung; eine gute Erziehung erhöhte die Heiratschancen eines jungen Mädchens. Die Frauen der Strozzi z. B. galten als sehr kultiviert. Die Florentinerin Alessandra Scala beherrschte Latein und Griechisch. Mit 12 Jahren trennte man Jungen und Mädchen. Die Kinder sollten möglichst lange die Geschlechtsunterschiede nicht kennen, Knaben und Mädchen nicht im selben Bett schlafen, ihre Eltern nicht nackt sehen; Eltern sollten vor den Augen der Kinder keine Zärtlichkeiten austauschen. Die Heiratspartie für die Tochter mußte zwischen deren 15. und 20. Lebensjahr gefunden werden. Die jungen Mädchen kamen normalerweise jungfräulich in die Ehe, die jungen Männer selten. Während Boccaccio ziemlich schlecht von den Frauen und von der Ehe denkt, wird die Einstellung zur Ehe nach 1350 positiver. Bernardin von Siena nennt vier Pflichten des Ehemannes gegenüber seiner Frau: Er soll sie belehren, bessern, mit ihr leben und ihr den Unterhalt sichern. Umgekehrt soll die Frau dem Mann dienen, ihm gehorchen, ihn ermahnen. Beide schulden sich gegenseitig Liebe, Treue und Achtung.

Die Eheschließung begann mit dem notariellen Heiratskontrakt. Das instrumentum sponsalitii wurde öfters in oder bei der Kirche geschlossen. Der Vater oder der Vormund der Braut – aber nie diese selbst – garantierte, daß die Braut den Bräutigam zum legitimen Gatten nehmen wolle. Der Bräutigam, der oft zusammen mit seinem Vater erschien, versprach, das Mädchen zur Gattin zu nehmen, ihr den Ehering zu geben und sie in sein Haus zu führen. Gleichzeitig wurde die Mitgift vereinbart. Im 13. Jahrhundert wurde die dos, die von der Braut mitgebrachte Mitgift, meistens vor der Eheschließung bezahlt, später – wenigstens praktisch – oft in Raten. Der Bräutigam gab eine Widerlegung, die donatio propter nuptias. Seit dem 13. Jahrhundert stieg die dos, verringerte sich die donatio. Ein Statut von 1325 entschied, daß im gesamten Staat von Florenz die donatio nur die Hälfte der dos betragen solle, 50 Pfund und den vierten Teil der Güter des Mannes nicht überschreiten dürfe. Die Hochzeitszeremonie fand im Hause des Brautvaters oder beim Notar, selten in oder vor der Kirche statt. Der Notar präsidierte, er stellte die Fragen an die Brautleute und registrierte die Ehe.[300] Der Vater legte die Hand der Tochter in die des Gatten, verzichtete auf sein mundium, das nun diesem zustand. Der Gatte steckte der Braut den Ring an. Dann fand ein festliches Mahl statt, Geschenke wurden ausgetauscht. Manchmal wurde eine Brautmesse gelesen und ein priesterlicher Segen gespendet. Den Schlußakt bildete die Heimführung der Braut, der

Hochzeitszug führte mitunter durch eine Kirche, oft aber direkt zum Haus des Gatten bzw. des Vaters des Gatten. Dem Ehepaar wurde feierliches Geleit bis zum Ehebett gegeben. Erinnern wir uns an die Eheschließung der spätgermanisch-frühchristlichen Zeit, dann stellen wir im äußeren Ablauf, in den Hauptaktionen – Verlobung – Hochzeit – Heimführung der Braut – große Übereinstimmungen fest; der wesentlichste Unterschied besteht im Konsenscharakter der Ehe, im Ja der Brautleute als konstitutivem Akt. Immer noch ist die Stellung des Brautvaters stark; er garantiert für die Mitgift, das gibt ihm natürlich indirekt auch ein Mitspracherecht bei der Wahl des Gatten durch seine Tochter. Die Mitwirkung der Kirche erfolgt bescheiden am Rande. Die wichtige Rolle des Notars ist ein typisches Kennzeichen der italienischen Verhältnisse mit ihrem ausgebildeten Notariatswesen und der üblichen notariellen Bekundung geschäftlicher Transaktionen. Der Ehemann soll, so rät die einschlägige Literatur der Zeit, die junge Frau an der Hand nehmen und ihr das ganze Haus zeigen. Die Ehefrau und Mutter betreut Haus, Kinder und Dienstboten. Die Männer erwerben, die Frauen bewahren – unter der Kontrolle des Gatten. Die Frau darf sich dem Mann nicht versagen. In Wirklichkeit war ihr Einfluß groß.

Bernardin beschreibt die Vorteile der Ehe für den Ehemann: Die Familienmutter sorgt für Korn und Öl, für das Einpökeln und schützt alles vor Ungeziefer. Sie webt das Leinen, schneidet das Leinen, manchmal auch das Wollzeug zu. Sie versteht es, die Kleider zu lüften, um die Motten zu verjagen, die Wäsche zu waschen, wenn es not tut. Sie flickt die Sachen bis zum letzten Zipfel, alles wendet sie zum Vorteil der Hausgemeinschaft. Unterstützt von ihrem Gatten und der Familie pflegt sie die Kranken Tag und Nacht, und eine Krankheit ihres Gatten betrübt sie mehr als ihre eigene; sie verliert darüber Appetit und Schlaf und teilt alle seine Schmerzen und Leiden. Sie bringt ihm Frieden, und, ganz Gott und seinen Sakramenten ergeben, zeigt sie sich mildtätig gegen Arme und Bedürftige. Sie erzieht die Kinder und bewahrt die Familie in der Furcht Gottes. Welcher Kontrast zum Haushalt eines Junggesellen: Kein Feuer, die Wohnung zu erwärmen, Teller und Platten werden gerade einmal im Monat gespült, von der Zunge der Hunde werden Schmortöpfe und Kochkessel gereinigt, das Haus wird nie gefegt, Abfälle überfüllen die Küche, bedeckt von Spinnweben, raschelnd von Fliegen, die auf Kehrichthaufen anfallen. Das Tischtuch wird nie gewechselt, die zerrissenen Bettücher dienen herumlaufenden Hunden als Lager. Der Junggeselle merkt nicht, daß seine Lampe kein Öl hat, daß Mäuse, Vögel, Würmer und Regen sein Korn verderben. Die Weintonne läuft aus, Schimmel und Motten ruinieren seine Wäsche und seine Kleider. So weit das Ideal und sein Gegenspiel, beide überhöht.

Zur Erkenntnis der Realität bieten sich die von Brucker[301] edierten Florentiner Quellen an. Zwischen 1393 und 1421 schloß Gregorio Dati folgende drei Ehen: Am 31. März 1393 verlobte er sich mit Isabetta, gen. Betta, seiner zweiten Frau; am Ostermontag, dem 7. April, gab er ihr einen

Ring und am 22. Juni wurde er ihr Gatte. Die Mitgift betrug 900 Goldgulden und Einkünfte eines Gutshofes. Am 26. Juni erhielt er 800 Goldgulden von der Bank von Giacomino u. Co.; er investierte das Geld im Laden von Buonnaccorso Berardi und seinen Partnern. Zur gleichen Zeit erhielt er die Brautaussteuer, geschätzt auf 100 Gulden, nach seiner Ansicht 30 Gulden zu hoch geschätzt, aber aus Höflichkeit sagte er nichts. Am 2. Oktober 1402 starb Betta. Am 8. Mai 1403 wurde er mit Ginevra in der Kirche Maria sopra Porta verlobt. Die Mitgift betrug 1000 Gulden, 700 per Cassa und 300 aus einem Gutshof. Am 20. Mai heirateten sie, aber wegen der Trauer um seinen Sohn ohne Feierlichkeiten. Ginevra war 21 Jahre und besaß einen Sohn aus ihrer ersten Ehe. 1411 starb sie nach langen Leiden im Kindbett. Bei voller Klarheit empfing sie alle Sakramente und einen päpstlichen Ablaß. Am 28. 1. 1421 kam er mit Niccolo d'Andrea del Benino überein, seine Nichte Caterina zum Weib zu nehmen. Sie verlobten sich am 3. Februar. Er traf ihre Verwandten in der Kirche S. Maria sopra Porta. Niccolo d'Andrea war Vermittler. Die Mitgift betrug 600 Florentiner Gulden. Notar war Ser Niccolo di SerVerdiano. Sie aßen im Haus eines Verwandten, er gab ihr den Ring, und am 30. März kam sie ohne Zeremonie in sein Haus.

Wie Ehen in der vornehmen Gesellschaft von Florenz zustandekamen, schildert das Tagebuch des Bartolomeo Valori: Am 15. Juli 1452 suchte Niccolo di Piero Capponi ihn auf und fragte ihn nach vielen Umschweifen, ob er heiraten wolle, und sagte, daß Piero di Messer Andrea de Pazzi zwei heiratsfähige Töchter habe und ihm eine geben möchte. Er bat sich zwei Tage aus, um sich mit seinen Verwandten zu beraten, die ihm zurieten. Er sagte daraufhin, er möchte die älteste Tochter, die er gut kenne, denn bis zum 12. Lebensjahr seien sie zusammen aufgezogen worden. Als Mitgift erhielt Bartolomeo 14000 fl. in Kommunalobligationen, geschätzt auf 2000 fl. Seine Frau Caterina starb am 20. November 1474 und hinterließ zwei Knaben und sechs Mädchen. Am 5. Juli 1476 wünschte Lorenzo de Medici ihn zu sprechen; er besuchte ihn sofort. Lorenzo sagte, daß Averardo d'Alamanno Salviati zu ihm gekommen sei und erzählt habe, er habe eine Tochter im heiratsfähigen Alter und wolle sie Bartolomeos Sohn Filippo geben, wenn Lorenzo den Vermittler mache. Bartolomeo erklärte sein Wohlgefallen, wollte aber zuerst mit seinem Sohn sprechen und tat dies am selben Abend. Der Sohn war einverstanden; am nächsten Tag bat Bartolomeo Lorenzo, das Geschäft abzuschließen. Lorenzo schickte nach Averardo, und sie vereinbarten die Bedingungen. Am 7. Juli kam Lorenzo in Bartolomeos Haus und sagte ihm, daß Alessandra, Tochter Averardos, und Sohn Filippo heiraten möchten mit einer Mitgift von 2000 fl. Sie besiegelten die Vereinbarung förmlich im Palast der Signoria, wobei Lorenzo selbst die Einzelheiten des Übereinkommens verkündete. – Hier bewegten wir uns in den höchsten Florentiner Kreisen.

Lassen wir das Testament eines Steinmetzen folgen. Andrea di Feo errichtete es 1380. Zunächst kommen Beträge für fromme Stiftungen und ein Vermächtnis über Landbesitz an einen Verwandten. Da Cristofano di Piero, Andreas Partner in der Steinmetzengilde, sehr gut mit ihm zusammen arbeitete, wünscht er Cristofano als Nachfolger. Wenn Cristofano es wünscht, kann er fünf Jahre nach dem Tod des Testators den Laden erwerben, wo sie ihren Handel ausüben. Den Preis bestimmen die Vermögensverwalter. Er hinterläßt seiner Ehefrau Simona ihre Mitgift von 200 fl. Er vermacht die Einkünfte von dem Haus, in dem er lebt, seiner Tochter Simona und seiner Tochter Magdalena, beide verheiratet, wenn und solange sie Witwen sein werden. Er hinterläßt jeder Tochter 10 Lire. Um den Rest seines Eigentums in gleiche Teile zu teilen, ernennt er als Erben seine legitimen nachgeborenen Söhne. Sollten ihm noch Töchter geboren werden, vermacht er jeder 200 fl. als Mitgift und bis zum Datum der Heirat Nahrung und Kleidung, dem Vermögen entsprechend. Seiner Frau Simona hinterläßt er, solange sie Witwe bleibt, Nutzen und Einkünfte aus seinem Haus in Florenz. Wenn keine Kinder ihn überleben, hinterläßt er Simona, solange sie Witwe bleibt, 24 Scheffel Korn und 10 Faß Wein jährlich. Wenn sie wieder heiratet, hinterläßt er ihr nur ihre Mitgift, ihre Kleider und ihr Bett. Wenn ihm keine legitimen Söhne geboren werden, hinterläßt er das ganze Vermögen den Brüdern vom Konvent S. Spirito, wofür sie Seelenmessen lesen sollen. Wenn diese versäumt werden, soll das Vermögen an das Hospital von S. Maria Nuova fallen.

In seinem 1348 errichteten Testament sorgt Fetto Urbino für seine große Familie – fünf Töchter und acht Söhne. Einer seiner Söhne ist Mitglied des Augustinerordens geworden. Daher möchte er in der Tracht der Augustiner und durch die Augustiner begraben werden. Er bestimmt 100 fl. für Almosen und Seelenmessen, die durch seine Ehefrau Pia, seinen Sohn Fra Ubertino und einen weiteren Pater verteilt werden sollen. Wenn der Orden diesen Sohn zur Universität schicken will, soll er vier Jahre lang jährlich 25 fl. bekommen, um sich die Bücher zu kaufen, die er braucht. Bei seiner Frau Pia, seinen fünf Töchtern und seiner Schwiegertochter macht er die Höhe der Zuwendungen davon abhängig, ob ihre Mitgift bzw. ihre ausgesetzten Legate beim Familienvermögen bleiben oder nicht. Nur wenn sie Witwe bleibt oder Tertiarerin wird, bekommt seine Ehefrau Pia 125 fl. zusätzlich zu ihrer Mitgift und die Lebenskosten für sich und einen Diener in seinem Haus. Alle Töchter, die Witwe werden, können im Vaterhaus Unterkommen finden. Jeder Tochter vermacht er 400 fl. Mitgift, wenn sie heiratet, 225 fl., wenn sie Nonne werden will. Zu Testamentsexekutoren und Vormündern der Kinder unter 14 Jahren bestimmt er seine Frau und drei seiner Söhne, darunter Fra Ubertino.

So stellt sich der Alltag florentinischen Frauenlebens dar. Die Testamente belegen, daß eine verheiratete Frau zwei Familienverbänden angehört und nie einer Familie ausschließlich für ihr ganzes Leben verbunden ist. Im engen Verband der venetianischen Aristokratie haben – wie testamentarische Verfügungen schließen lassen – die Frauen sich beiden Familien, der ihrer Eltern wie der ihres Mannes verpflichtet gefühlt und ihr Vermögen in Unternehmen beider Seiten investiert, gelegentlich ihr Geld auch als Darlehen oder Beteiligungen in Unternehmen Dritter gesteckt. Derartige Geldgeschäfte waren im 13. Jahrhundert den Sieneser Frauen auch noch erlaubt. Es ist aber sehr bezeichnend, daß in Siena die Frau absolut ausgeschlossen ist vom Erbrecht am Turm ihrer Familie bzw. am Palast mit Turm. Der Turm, das Wahrzeichen der adligen und reichen Familien der mittelalterlichen italienischen Stadt – heute noch nacherlebbar in S. Gimignano –, ist das Symbol des Familienverbandes; er konnte nur in männlicher Linie vererbt werden.[302]

5. Die Frau in der Politik

In der Auswertung des Florentiner Katasters durch Herlihy/Klapisch fällt auch die Bemerkung, daß junge Mädchen manchmal über ein eigenes Zimmer im elterlichen Hause verfügten. Das habe z. B. auch für Katharina von Siena gegolten. Dieses junge Mädchen,[303] das einer zahlreichen, bescheidenen, aber nicht armen Familie des populo minuto Sienas entstammte – geboren um 1347 – stellen wir an den Anfang unserer Ausführungen über die Bedeutung der Frau im politischen Geschehen des Spätmittelalters.

Mit sechs Jahren erlebte Katharina ihre erste Vision; mit 12 Jahren wollten die Eltern sie verheiraten, aber sie verbrachte drei Jahre eines asketischen und meditativen Lebens im Vaterhaus und wurde Tertiarerin des Dominikanerordens, erstes Jungfrauenmitglied der Mantellaten, einer Witwenvereinigung. Dominikaner waren ihre Beichtväter und geistlichen Führer, und Angehörigen des Konvents von S. Domenico di Siena verdanken wir die wichtigsten Zeugnisse ihrer Biographie. Sie steht somit stark in der mystisch gefärbten religiösen Frauenbewegung. Spektakuläre Bekehrungen wurden ihr zugeschrieben, und um sie sammelte sich ein kleiner Kreis tief religiöser Persönlichkeiten, auch von einer gewissen Kultur und Bildung. In den 70er Jahren beginnt dann ihre politische Laufbahn. Ein Wendepunkt in ihrem Leben bedeutet die Begegnung mit Raimund von Capua, seit spätestens 1374 datieren ihre Beziehungen zum Papst Gregor XI. Ein neuer Kreuzzug, Rückkehr der Päpste nach Rom, Reform der Kirche waren ihre kirchenpolitischen Ziele. Es fehlte ihr aber gänzlich die Fähigkeit zu einer nüchternen Beurteilung der Situation. Ihr Verhältnis zur Politik war naiv und sentimental. Ihr Versuch, während ihres Aufenthaltes in Avignon im Sommer 1376 zwischen Papst Gregor XI. und dem aufrührerischen Florenz zu vermitteln, schlug fehl. Raimund von Capua mißt ihr zwar eine entscheidende Bedeutung bei an Gregors Entschluß, wieder nach Rom zu gehen; aber andere Stimmen, die ihr nur zubilligen, daß sie die Entscheidung des Papstes bestärkt habe, sehen die Dinge wohl abgewogener. Nach der Wahl des Gegenpapstes zu Urban VI. stellte sie sich mit einer weitgreifenden intensiven Briefaktion an Urbans Seite, die aber eher das Schisma schürte als beilegte. 1378 ging sie nach Rom, wo sie am 29. April 1380 starb. Pius II. hat sie 1461 kanonisiert.

Ihr literarischer, von R. Fawtier und E. Dupré-Theseider[304] kritisch durchgearbeiteter Nachlaß ist groß: weit über 300 Briefe, die lebendigsten Zeugnisse ihres Lebens und Wirkens, und ihre Bücher, darunter der „Dialog", den sie diktierte und der wohl Zusätze erfuhr. Ihre „teologia affetiva in alto grado" (so Dupré-Theseider, der eine eingehende Analyse gibt) ist stark dominikanisch beeinflußt. Wenn wir auch heute die Tragweite ihrer politischen publizistischen Tätigkeit zurückhaltend beurteilen, es bleibt bestehen, daß die junge Sieneserin aus dem populo minuto – aus dem Kleinbürgertum – mit Päpsten und Fürsten korrespondierte und asketische Religiosität mit einem leidenschaftlichen kirchenpolitischen Engagement verband und über eine starke persönliche Ausstrahlung verfügte.

In den höchsten Kreisen jenseits der Alpen, im Deutschen Reich und in Frankreich müssen wir dagegen Einbußen in der Stellung der Frau konstatieren. Die goldene Bulle, das Reichsgesetz über die Königswahl und die Kurfürstenrechte von 1356, bringt deutlich zum Ausdruck, daß die Herrscherin keine „Mitkaiserin" mehr, sondern dem Herrscher nachgeordnet ist. Sie verfügt (Kap. XXVI): Die Kaiserin und römische Königin, angetan mit den Zeichen ihrer Würde, soll nach dem König oder Kaiser der Römer und auch nach dem König von Böhmen (er war zugleich Kurfürst), der dem Kaiser unmittelbar folgt, in gebührendem Abstand, zusammen mit ihren Großen und begleitet von Jungfrauen, zum Sitzungsort ziehen. Das Kapitel XXVIII bestimmt für die Ordnung beim Festmahl: Sitz und Tisch der Kaiserin bzw. Königin wird seitlich in der Halle bereitet, so daß ihr Tisch drei Füße tiefer steht als der kaiserliche bzw. königliche und ebenso viele Füße höher als die Sitze der Kurfürsten. Das schloß nicht aus, daß Frauen sich in allen Reichen und Herrschaften als Regentinnen von Format erweisen konnten. Vor allem aber haben Frauen als begehrte Erbtöchter, als Heiratsobjekte – in passiver Weise – dazu beigetragen, politische Konzentrationsprozesse zu ermöglichen, Adelsgeschlechtern oft spektakuläre Aufstiegsmöglichkeiten zu eröffnen.

Greifen wir nur einige Fälle heraus. Von europäischer Bedeutung war die luxemburgisch-böhmische Heirat. Heinrich, Graf von Luxemburg, errang 1308 die deutsche Königswürde; als Kaiser Heinrich VII. starb er 1313 in Buonconvento bei Siena. Von seinen beiden Töchtern heiratete Maria König Karl IV. von Frankreich, Beatrix Karl II. Robert König von Ungarn; sein Sohn Johann wurde 14jährig mit dem Königreich Böhmen belehnt und mit der mehrere Jahre älteren Przemyslidin Elisabeth, Tochter des verstorbenen Königs Wenzel II. von Böhmen, vermählt. Johanns Sohn wurde als Karl IV. deutscher Kaiser, seine Enkel Wenzel und Sigismund regierten nacheinander das Deutsche Reich.

21. Burg Rheinfels, ehemals Residenz der Grafen von Katzenelnbogen

22. Jeanne d'Arc mit Banner. Im Schriftband: Hier kommt die Jungfrau, von Gott gesandt, dem Dauphin in sein Land.

23. Siegel der Gräfin Loretta von Sponheim
(an einer Urkunde vom 28. Juni 1330)

24. Stube einer Stiftsdame vom Fraumünster in Zürich

Als Graf Johann von Holland und Seeland, Herr zu Friesland, 1299 kinderlos starb, beanspruchte sein Verwandter Johann von Hennegau die Nachfolge. Sein Sohn Wilhelm von Hennegau-Holland verheiratete seine Tochter Margarete mit dem deutschen Kaiser Ludwig dem Bayern, seine Tochter Johanna mit Wilhelm V. Herzog von Jülich und seine Tochter Philippine mit König Eduard III. von England. Er selbst heiratete eine Tochter des Herzogs von Brabant. Die folgende Zusammenstellung führt die wichtigen Heiraten im nordwesteuropäischen Raum auf.

Die burgundisch-flandrische Hochzeit

19. Juni 1369:	Philipp der Kühne von Burgund
	Margarete von Flandern

Die geldrisch-wittelsbachische Hochzeit

19. Sept. 1379:	Wilhelm I. von Geldern
	Katharina, Tochter von Herzog Albrecht von Bayern, Regent in Hennegau-Holland und Seeland

Die burgundisch-bayerische Doppelhochzeit

12. April 1385:	Johann, Herzog von Burgund
	Margarete, Tochter von Herzog Albrecht von Bayern
April 1385:	Wilhelm VI., Herzog von Bayern, Graf von Holland
	Margarete, Tochter von Philipp dem Kühnen, Herzog von Burgund

Die französisch-wittelsbachische Hochzeit

13. Juli 1385:	Karl VI., König von Frankreich, geb. 1368
	Isabella, Tochter von Herzog Stefan von Bayern

Die burgundisch-luxemburgische Hochzeit

21. Febr. 1402:	Anton, Sohn Philipps des Kühnen
	Johanna, Tochter Walrams von Luxemburg, Graf von St. Paul
16. Juli 1409	Elisabeth von Görlitz, Enkelin Kaiser Karls IV.

Die geldrische Hochzeit

5. Mai 1405:	Reinold, Bruder Herzog Wilhelms von Geldern
	Maria, Tochter des Grafen Johann v. Harcourt

Die klevisch-burgundische Hochzeit

12. Juli 1406:	Adolf, Herzog von Kleve
	Maria, Tochter Johanns von Burgund

Die brabantisch (burgundisch)-wittelsbachische (holländ.) Hochzeit

10. April 1418:	Johann IV., Herzog von Brabant, Sohn Antons
	Jakobäa, Tochter Wilhelms VI. von Bayern, Graf von Holland

Zu einem Musterbeispiel territorialer Zusammenschlüsse durch Erben und Heiraten wird der Niederrhein. Das rechtsrheinisch gelegene Berg fällt 1329 nach dem Aussterben der Ravensberger Linie an die in Jülich regierende jüngere bergische Linie; in Kleve kommt 1347 mit dem Grafen von der Mark ebenfalls eine jüngere Linie des bergischen Hauses zur Herrschaft. 1423 stirbt der in Jülich regierende Zweig der bergischen Familie aus. Das Herzogtum Jülich fällt dem Herzog Adolf von Berg zu, diese Vereinigung Jülich-Berg ist endgültig. Im Jahr 1510 kam es dann zu der großen Düsseldorfer Hochzeit: Die Erbtochter Maria von Jülich-Berg heiratete den Jungherzog Johann von Kleve-Mark, der 1521 zur Regierung kam und 1524 auch Herzog von Jülich-Berg wurde. Diese niederrheinische Großraumbildung Jülich-Berg-Kleve-Mark wuchs freilich nicht zu einem geschlossenen Staatsgebilde zusammen. Für Düsseldorf bedeutete diese Hochzeit den Aufstieg zur Residenz- und Hauptstadt, zu einer Stadt der deutschen Renaissance. Noch viel bedeutender war es, daß es Maximilian von Habsburg gelang, die Hand der Erbin Maria, Tochter Herzog Karls des Kühnen von Burgund, der 1477 bei Nancy fiel, zu gewinnen und den größten Teil des Erbes zu behaupten. Auch beim Aufstieg dieser französischen Herzöge von Burgund und ihrem Ausgreifen in den niederländischen Raum hat vor allem die flandrische Heirat Philipps des Kühnen von Burgund mit Margarete von Flandern 1369 eine Rolle gespielt. Mit dem Herzogtum Burgund verknüpft sich die Vorstellung einer späten ritterlich-höfischen Kultur von großem Glanz.

Die deutsche Geschichte bietet im Spätmittelalter kein Gegenstück zu den großen Frauengestalten der Ottonenzeit. Im bescheidenerem landesfürstlichen Rahmen zeichneten sich Frauen auch in diesem Zeitraum aus. Sie wußten sich als Lehnsherrin und Landesfürstin auch großen männlichen Politikern gegenüber durchzusetzen. Hier seien zwei Beispiele etwas ausführlicher dargestellt.

Im Jahre 1315 zog in die Burg Starkenburg an der Mittelmosel Loretta,[305] die Junggräfin von Sponheim, ein. Sie stammte aus dem gräflichen Haus Salm in den Vogesen. Ihr Vater war Johann I., seit 1292 Graf von Salm, ihre Mutter eine Französin, Johaneta von Joinville. Ihr Gatte Heinrich von Sponheim hat wahrscheinlich am Italienzug Heinrichs VII. teilgenommen. Als Loretta 1315 durch Prokura getraut wurde, war sie 16 bis 18 Jahre, der Bräutigam 32 Jahre alt. Loretta brachte scheinbar eine schöne Mitgift ein; sie sollte 2200 Metzer Pfennige mitbringen, wofür ihr Vater dem Schwiegersohn die jährliche Zahlung von 420 Pfund kleinen Turnosen aus der Herrschaft Püttlingen westlich von Saargemünd in Aussicht stellte. Aber weder er noch sein Enkel Johann II. von Salm konnten das Versprechen einlösen. Der Wittumsbrief verschrieb Loretta neben einer Reihe von Dörfern das Haus Herrstein, wo das junge Paar Wohnung nahm und die Kinder, drei Söhne, zur Welt kamen. Die finanzielle Lage des Hauses war ungünstig; 1319 gab das Ehepaar Herrstein auf und zog nach Burg Wolfstein an der Lauter unweit Meisenheim. Aber schon im Herbst 1323 starb Heinrich, Loretta blieb mit den unmündigen Kindern als Witwe zurück. Im März des folgenden Jahres starb auch ihr Schwiegervater. Seinem letzten Willen gemäß und im Einvernehmen mit der Verwandtschaft übernahm Loretta als „Mumparse“ die Regierung für ihre Kinder. Ihre wirtschaftliche Lage war schwierig; beunruhigend auch waren die Burgenbauten des mächtigen Trierer Erzbischofs Balduin aus dem Hause Luxemburg, Bruder König Heinrichs VII., in ihrer Nachbarschaft auf dem Hunsrück. Zunächst kam es zur Fehde mit dem als gewalttätig verrufenen Wildgrafen Friedrich, der mit der jungen Witwe leichtes Spiel zu haben glaubte, aber von drei Reisigen der Gräfin gefangengenommen, zu ihrer Residenz, der Starkenburg, gebracht wurde und dort so lange in Haft blieb, bis er sich ihren Forderungen unterwarf. Ein weit gefährlicherer Gegner war Erzbischof Balduin. Es ging vor allem um ungeklärte Rechte im Bereich von Birkenfeld. Loretta verhandelte – vergeblich – und entschloß sich zu einem verwegenen Handstreich. Sie hatte von einer Schiffsreise des geistlichen Fürsten von Trier nach Koblenz erfahren; sie sollte Mai/Juni 1328 stattfinden, und der Erzbischof mußte auf dieser Strecke ihr Gebiet passieren. Am Fuß der Starkenburg legte sie ihm einen Hinterhalt. Ob nun zahlreiche Kähne das erzbischöfliche Schiff von allen Seiten einschlossen, ob, wie eine Erzählung des 17. Jahrhunderts berichtet, eine den Fluß überspannende Kette, plötzlich aus dem Wasser hochgezogen, das Schiff festhielt, man zog es an Land, machte die Insassen zu Gefangenen, und alle, der Erzbischof voran, mußten den steilen Weg zur Starkenburg hinaufwandern. Das Gepäck der Reisenden fiel als gute Beute den treuen Knechten in die Hände. Wahrscheinlich waren auch Lorettas Söhne, der älteste 12 Jahre alt, dabei. Der hohe Gefangene wurde natürlich gut behütet und verpflegt, eine gewaltsame Befreiung war angesichts der uneinnehmbaren Felskuppe Starkenburg nicht möglich. Allerdings trafen Loretta kirchliche Sanktionen. Balduins Neffe, der Böhmenkönig und Luxemburger Graf Johann, schaltete sich persönlich ein und hat wohl auch Balduin zur Nachgiebigkeit bewogen. Am 7. Juli fand die Sühne ihren Abschluß und ihre schriftliche Festlegung. Erst im Herbst 1328 hat Balduin in Freundschaft mit Loretta die Starkenburg verlassen. Aber die tapfere Gräfin war im Kirchenbann. Balduins Verhältnis zum Papst war damals gespannt, er konnte ihr nicht im versprochenen Umfang helfen, gab ihr aber ein Empfehlungsschreiben nach Avignon mit, denn sie entschloß sich kurzerhand, dorthin zu reisen und selbst ihre Sache beim Papst zu vertreten. Als „leidigen Zufall“ hatte Balduin ihre Tat in seinem Empfehlungsbrief hingestellt. Natürlich wurden die Gräfin und ihre wichtigsten Helfer zu Kirchenbußen verurteilt, aber Johannes XXII. hat sie auch persönlich empfangen, sie durfte für die Rückreise einen Schutzbrief mitnehmen: „Da die in Christus geliebte Tochter, die edele Frau Loretta von Spaynheim, die jüngst wegen einiger, ihr Gewissen beschwerender Angelegenheiten zum hl. Stuhl gekommen sei, jetzt ihr Schritte nach Deutschland zurückwende, soll man sie und ihre Familie – d.h. ihre Gefolgsleute – unbehelligt ziehen und Personen und Reisegepäck in keiner Weise schädigen lassen." Dazu kamen weitere Gnadenerweise. 1331 heiratete ihr im Jahr davor mündig gewordener ältester Sohn Mechtild, eine Tochter des Pfalzgrafen Rudolf; Loretta zog aufs Altenteil. Sie ging an die Nahe nach Burg Frauenberg und hat hier noch tatkräftig gewaltet, bis sie im Sommer 1346 starb. In den letzten Lebensjahren, als sie kränkelte, hat sie eine Reihe frommer Stiftungen gemacht; sie wurde wie ihr Gatte in der Klosterkirche zu Himmerod beigesetzt.

Verwitwet als Regentin für unmündige Kinder einzuspringen, war auch das Los Annas von Nassau, Herzogin von Braunschweig-Lüneburg.[306] Sie wurde 1440/41 als Tochter des Grafen Johann IV. von Nassau-Dillenburg, Diez, Vianden und Breda und der Gräfin von Loon-Heinsberg geboren und heiratete 1467 den 1439 geborenen Herzog Otto II., der 1464 die Regierung im Lande Lüneburg übernommen hatte. Die Eheverschreibung sah vor, daß Herzog Otto nach der Hochzeit 14000 rheinische Gulden erhalten sollte; er verschrieb Anna dagegen Schloß Lüchow samt Zubehör als Leibgedinge; das Schloß war verpfändet; für den Fall, daß diese Verpfändung nicht abzulösen wäre, sollte seine Ehefrau Schloß Winsen an der Luhe als Unterpfand bekommen; als Wittum und Morgengabe erhielt sie das fürstliche Haus und den Hof zu Lüneburg und die Hälfte der Elbzölle zu Hitzacker und Schnackenburg. Anna erlebte einen triumphalen Einzug in Celle, das würdig hergerichtet worden war. 1468 wurde der Sohn und spätere Nachfolger Heinrich geboren, ein zweiter Sohn Wilhelm starb früh, 1480. Aber schon 1471 wurde sie Witwe. 1473 machte ihr der 71jährige Graf Philipp von Katzenelnbogen einen Heiratsantrag.

Philipp, durch die Erträge der Rheinzölle und Geleitsrechte einer der reichsten rheinischen Herren, hatte mit 20 Jahren in Darmstadt 1422 die 14jährige Anna, Tochter Graf Eberhards V. von Württemberg und seiner Frau Henriette von Mömpelgard, geheiratet.[307] Sie brachte dem reichen Gatten eine große Mitgift: 32000 Gulden – frühere Katzenelnbogener Gräfinnen brachten meist um 4000 fl., einmal auch 8000 fl. ein. Die hohe Mitgift setzte voraus, daß der Bräutigam reich genug war, sie durch Sicherstellung, Wittum und Morgengabe zu widerlegen. – Als Graf Philipp 1458 seine Tochter Anna mit Landgraf Heinrich von Hessen vermählte, gab er ihr 52000 fl. mit, und als er seine Enkelin Ottilie mit Markgraf Christoph von Baden verheiratete, steuerte er sie mit fast 80000 fl. aus. Es waren außergewöhnlich hohe Mitgiften, wohl auch deshalb, weil das Aussterben des Katzenelnbogener Grafenhauses bevorstand und die Aussteuern bereits verkappte Erbabteilungen waren; aber auch das Vorbild der Aussteuer Annas von Württemberg wirkte nach. Kostbar war auch die Brautausstattung der Anna von Württemberg mit Kleidung, Schmuck, Hausrat, Gespann. Goldstoffe, das waren damals mit echten Goldfäden bestickte schwere Seiden, dienten als Material für ihren auf Hermelin gefütterten

Brautmantel und einen mit Marder- und Zobelpelz ausgestatteten Samtrock, grüne, rote und schwarze Samtkleider hatten perlenbesetzte und mit Pelzwerk ausgeschlagene Mieder und Ärmel, ein Rock aus weißem Damast und ein mit Pelzwerk gefütterter Seidenmantel aus grünem Damast werden aufgeführt, und sicher gab es die dazu passenden Kappen und Schleier. Zum Schmuck gehörten drei Perlenkränze und vier Perlenhalsbänder, einige davon mit goldenen Anhängern. Das Tafelsilber war 20teilig, und dazu kamen vier vergoldete Pokale. Die Braut verfügte über zwei Zelter und einen sechsspännig gefahrenen Reisewagen, der mit Sitzkissen aus Goldstoff ausgelegt und wie der Kammerwagen durch einen Umhang aus blauer Seide mit weißen Quasten geschützt war. Aber die so glänzend begonnene Ehe wurde sehr unglücklich. Annas schwieriger und leidenschaftlicher Charakter machte dem Gatten und dem Gesinde das Leben schwer. Vergeblich versuchte sie den Ehemann durch Liebeszauber zu halten; sie hat 1446 einer Kommission, der ihr ältester Sohn angehörte, diese Liebeszauber gestanden, daß sie eine Nuß, in die eine Spinne eingeschlossen war, in den Mund nahm; wenn sie damit jemanden küßte, müßte der Geküßte sie unbedingt lieben usw.[308] Was hier aufzüngelt, sollte im 17. Jahrhundert zum lodernden Brand der Hexenfeuer werden. Auf Grund des Zauberbekenntnisses verwies sie Graf Philipp in ihr Wittum Lichtenberg, und nach dem Tod ihrer beiden Söhne 1453 und 1456 ließ er durch den Papst die Ehe trennen. Anna ging wieder nach Württemberg, sie bekam von Graf Philipp eine jährliche Rente von 1000 fl. und von ihrem Bruder Ulrich einen Hof mit freiem Unterhalt zu Waiblingen. Dort ist sie 1471 63 Jahre alt einsam gestorben. Damit war Graf Philipp frei; er konnte an eine neue Ehe mit der Hoffnung auf eheliche Nachkommenschaft, auf einen Katzenelnbogener Erben denken. Alleinerbin der Grafschaft war damals seine mit Heinrich III., Landgrafen zu Hessen (Marburg), verheiratete Tochter Anna; die Beziehungen Philipps zu Tochter und hessischem Schwiegersohn blieben unvermindert herzlich, er sah den Landgrafen als seinen Erben an. Daß Philipp Ende 1473 mit Anna von Braunschweig geborene Nassau-Dillenburg eine Eheberedung schloß und sie Ende Januar 1474 heiratete, geschah offensichtlich unter dem Druck der Landstände, die nicht wollten, daß die Grafschaft an einen fremden Herrn fallen sollte. Nun war aber ausgerechnet Nassau-Dillenburg ein Gegner Hessens, dessen Aussichten durch die zweite Heirat Philipps sehr beeinträchtigt wurden. Die Eheberedung von Philipp und Anna[309] bestimmte neben den finanziellen Regelungen, daß eventuelle Söhne die Grafschaft Katzenelnbogen und Diez erhalten sollen; stirbt Philipp vor Anna, soll diese ihren Söhnen angemessene Vormünder setzen und selbst auf ihr Wittum – Burgschwalbach – ziehen; erzielen sie nur noch Töchter, erben diese zu gleichen Teilen mit der Landgräfin von Hessen, Graf Philipps Tochter. Auch in diesem Fall soll Anna, wenn Philipp vor ihr stirbt, auf ihr Wittum ziehen. Im übrigen bleibt Graf Philipp berechtigt, seinem Schwiegersohn Landgraf Heinrich von Hessen Zuwendungen über den jetzigen Stand hinaus zu machen, nur darf Annas Wittum und Morgengabe darunter nicht leiden. Für Hessen mußte die Geburt eines männlichen Erben Graf Philipps das Ende seiner Erbschaftserwartungen bedeuten, während für Nassau umgekehrt das Ausbleiben eines solchen Erben verhängnisvoll für die eigenen Aussichten sein mußte, da ihm über diesen Erben nach dem zu erwartenden vorzeitigen Tod des alten Grafen wohl Vormundschaft und Regentschaft des Landes zugefallen wäre. Die schon bestehende Feindschaft zwischen Nassau und Hessen mußte diese nassauische Heirat Graf Philipps gefährlich vertiefen.

Vor diesem politischen Hintergrund ist der Prozeß über einen wirklichen oder angeblichen Giftmordversuch an Herzogin Anna in der Kapelle des Schlosses Rheinfels noch vor ihrer Eheschließung zu sehen.[310] Vor dem Offizial der Kölner Kurie wurde im Juni 1474 von den Weihbischöfen von Köln, Trier, Mainz, Osnabrück, Lüttich, Cambrai und Speyer die Klage des erzbischöflichen Fiskals gegen den Bornicher Pfarrer und Rheinfelser Kaplan Johann verhandelt. Der Beklagte legte folgendes Geständnis ab: Er ist von etlichen Personen dazu gekauft worden, Anna, Tochter Graf Johanns von Nassau, Gemahlin Graf Philipps von Katzenelnbogen, zu vergiften, wofür er und seine Schwester je 1000 fl. erhalten haben. Dieses Verbrechen hat er in der Woche nach Neujahr 1474 in der Kapelle zu Rheinfels begangen, als er die Messe vor der Gräfin Anna zelebrierte. Es war üblich, für die Gräfin, wenn sie die Messe hören wollte, einen Kelch mit Wein beim Altar aufzustellen, ihn nach der Messe – es handelt sich also nicht um die Eucharistie – zu Ehren des hl. Johannes zu weihen und dann der Gräfin darzubieten. Johann tat Arsenik in den Kelch und reichte ihn nach der Messe der Gräfin, um sie zu vergiften. Weil der Wein durch das Arsen getrübt war, fragte die Gräfin, warum der Wein so trüb sei, worauf Johann antwortete, das hätten vielleicht Vögel oder Würmer getan oder es sei vielleicht Ingwer in dem Kelch zerschnitten worden. Nachdem die Gräfin getrunken hatte, erkrankte sie, der Arzt erklärte jedoch nach einer Urinuntersuchung, daß sie nicht vergiftet sei, sondern Fieber habe. Auf die Frage, wer ihn zu der Tat verleitet habe, erklärte der Pfarrer von Bornich, das sei vor allem Hans von Dörnberg, der Hauptberater des Landgrafen von Hessen, gewesen. Dieser sei kurze Zeit vor der Vermählung Annas von Nassau mit Graf Philipp von Katzenelnbogen im St. Goarer Wirtshaus „Zum Rad" mit ihm zusammengetroffen und habe ihm auseinandergesetzt, daß der Graf alt sei und bald sterben werde, und sei in ihn gedrungen, für Geschenke und Lehen in Hessen Anna zu vergiften. Das Geständnis wurde auf der Folter abgelegt. Es mußte die hessische Stellung am Katzenelnbogener Hof tödlich treffen. Johann von Bornich hat unter der Folter aber noch eine Serie weiterer Giftmorde und Giftmordversuche bekannt, bei der Verhandlung zum Teil widerrufen, während er die Anstiftung zum Giftmordversuch an Anna durch Hans von Dörnberg aufrechterhielt. Erst unmittelbar vor der Hinrichtung – er wurde nach seiner Ausstoßung aus dem Priesterstand vom weltlichen Gericht zum Feuertod verurteilt – hat er die Beschuldigung des Hans von Dörnberg zurückgenommen. Demandt hat auf die Ungereimtheiten der ganzen Sache aufmerksam gemacht: die ärztliche Untersuchung, die keine Vergiftung feststellte, daß nicht Graf Philipp als Ehegatte, sondern Annas Vater, Johann von Nassau, den Prozeß anstrengte, daß der Prozeß in Köln, in dessen Domkapitel zwei Nassauer Grafen saßen, durchgeführt wurde, obwohl der Angeklagte der Trierer Diözese angehörte – war das Ganze nicht ein Manöver des Nassauers, um den hessischen Hof zu diffamieren?

Demandt glaubt, daß der Vorgang dadurch ausgelöst wurde, daß Graf Johann IV. von Nassau durch seine Tochter wenige Monate nach der Eheschließung mit dem Katzenelnbogener erfahren hatte, daß Kinder aus dieser Ehe nicht mehr zu erwarten waren, die nassauischen Vormundschaftshoffnungen sich also nicht erfüllen könnten. Es ist Graf Philipp gelungen, die Häuser Hessen und Nassau – letzteres unter Graf Johann V. – zu versöhnen, wie er überhaupt bemüht war, nach allen Seiten den Frieden zu sichern. Sein langjähriger Kanzler Thiele von Remagen schildert ihn mit Recht als einen „uffrichtigen, waren, stracken" Herrn. Er war ein fähiger Politiker und ausgezeichneter Finanzmann, ein sorgsamer Landesvater. Am 28. Juli 1479 starb Philipp. Sein Schwiegersohn, der Landgraf Heinrich von Hessen, nahm die Grafschaft in Besitz. Am 3. August bekundete Gräfin Anna, daß ihr vom Landgrafen von Hessen ihr Wittum, ihre Leibzucht, Morgengabe und sonstigen Besitzungen urkundlich zugesichert worden seien, wogegen sie auf die Grafschaft Katzenelnbogen für alle Zeiten verzichtete. Im September 1478 noch hatte sie dem Herzog Ernst von Sachsen geschrieben, daß die Räte ihres Sohnes ihr mitgeteilt hätten, Ernst wolle ihren Sohn zu sich nehmen, darüber sei sie sehr erfreut und hoffe, daß ihr Sohn sich Ernstens Wohlgefallen gewinnen werde; er sei allerdings noch recht jung und unverständig.

Nun begann für Anna ein neuer Lebensabschnitt: Ende 1479 traf sie in Lüneburg ein, um mit den Räten des Landes die Vormundschaft über ihren Sohn zu übernehmen. Sie besaß Interesse für die Verwaltung und bewährte sich als sparsame Regentin; sie vermied die Aufnahme von Darlehen, sie wollte – wohl auch aus fürstlichem Selbstbewußtsein und Unabhängigkeitsstreben – keine Verschuldung des Herzogshauses bei Städten und Ritterschaft. Sie baute am Schloß in Celle und errichtete das neue Zollhaus gegenüber dem Rathaus. Sie trug Sorge für Kranke und Arme. Obwohl sie einmal gesagt haben soll, „ein gesundes Weib hat das Menschengeschlecht fortzupflanzen", trat sie für ein streng kirchliches Leben in den Klöstern ein und reformierte 1482 einige Nonnenklöster; sie stellte die strenge Klausur in Oldenstadt und Walsrode wieder her und bewies Interesse für die Franziskanerinnen und Beginen in Celle. Sie ließ die Verbindung zur alten Heimat nicht abreißen: An ihre Verwandten in Nassau schickte sie frischen und geräucherten Lachs, Aale, Nordseefische, eingesalzenen Stör und

Schollen. Dafür kam Rüdesheimer Wein nach Celle. Als 1485 die Kapelle in Celle eingeweiht wurde und sie den Bischof von Hildesheim und den Herzog von Grubenhagen zu Gast hatte, gab es Burgschwalbacher Wein und alten Rüdesheimer, Oliven, Datteln, Mandeln, Feigen, Gewürzkuchen und Malvasier. Im Jahr 1486 wurde ihr Sohn mündig und übernahm die Regierung.

Eine deutsche Besonderheit waren die Fürstäbtissinnen. Sie waren Landesherren wie irgend ein Mann. Viele bewährten sich als gute Verwalter ihres Stiftes, die Güterregister anlegten, die deutsche Herrscher aufsuchten, um sich ihre Rechte verbriefen zu lassen, denn ihre Gebiete waren klein, von größeren, wachsenden – ein männlicher Landesherr konnte, wie wir sahen, seine Gebiete durch Heiraten und Erbschaften vergrößern – weltlichen Territorien umschlossen und oft bedrängt. Sie hatten ihren Ärger mit selbstherrlichen Amtleuten, mit unbotmäßigen Städten. Sie hielten Hof, wie es einem Reichsfürsten geziemte, und bekundeten ihre Herrscherposition auch durch die Prägung goldener und silberner Münzen. Es gab interne Streitigkeiten und im 15. Jahrhundert Anzeichen starker Verweltlichung – wie natürlich auch in mediaten Klöstern.

In Frankreich wurden die Frauen und schließlich sogar ihre Nachkommen von der Thronfolge ausgeschlossen. Das bedeutete zwar keineswegs einen völligen Ausschluß politischen weiblichen Einflusses am Königshof und im Land; Frauen konnten weiterhin als Regentin tätig werden. Paul Viollet[311] hat zuerst die historische Situation herausgearbeitet, die 1316 zum Ausschluß der Frauen von der Thronfolge führte; 1322 vollzog sich dieser Ausschluß schon fast selbstverständlich: „Le fait commençait à créer le droit". Die weitere Folgerung war, daß die von der Thronfolge ausgeschlossene Frau auch nicht „pont et planche" sein konnte für einen männlichen Erben, daß, wie schon gesagt, auch die Nachkommen der Frau von der Thronfolge ausgeschlossen waren. Das wurde 1328 gegen den Thronanspruch Eduards III. von England geltend gemacht, dabei sprach natürlich auch die Abwehr nicht französischer Ansprüche mit. Dieser Fall konnte erst im Hundertjährigen Krieg entschieden werden. Erst in seinem Verlauf kam es zu der berühmten Bezugnahme auf die Lex salica. Dabei bediente man sich eines gefälschten Zitats. Aus „de terra vero salica nulla portio hereditatis mulieri veniat" wurde „mulier vero in regno nullam habet portionem". In seiner stoffreichen Untersuchung erörtert H. Scheidgen[312] weitere Argumentationen, Anschauungen, wie sie schon Aegidius Romanus in seinem Fürstenspiegel vertrat, „oportet autem talem dignitatem regiam magis transferre ad masculos quam ad foeminas quare masculus est foemina ratione praestantior, corde animosior; passionum minus insecutor". (Die königliche Würde kommt den Männern eher zu als den Frauen, denn die Männer haben einen vortrefflicheren Verstand, sind beherzter und weniger emotional.) Der französische Königsmythos von der geistlichen Stellung des Königs, die Konzeption des überpersönlichen Begriffs der Krone Frankreich – das alles stützte und begleitete die entsprechende Interpretation der Lex Salica. „Mais“ – so Viollet- „ce n’est pas la plume des avocats consultants, c’est l’épée de Jeanne d’Arc et de Charles le Victorieux qui a fixé cet article de notre vieille constitution: la royauté est déléguée héréditairement à la race régnante de mâle en mâle, à l’exclusion perpétuelle des femmes et de leur descendance“. – L’épée de Jeanne d’Arc – Ironie des Schicksals. So nüchtern man immer Johannas politisch-militärische Leistung beurteilen mag, für das französische Volk ist die „Jungfrau von Orléans“ ein nicht wegzudenkendes Element seines historischen Bewußtseins geworden.

In diesem Bauernmädchen aus Domremy – hier wurde sie am 6. Januar wahrscheinlich des Jahres 1412 geboren – verband sich eine religiös geprägte visionäre Berufung mit einer unbedingten Anhänglichkeit an das angestammte Königshaus und das verelendete Heimatland – verwüstet durch den englisch-französischen Krieg und durch Bürgerkrieg – der Herzog von Burgund stand auf der englischen Seite – zu unwiderstehlicher, mitreißender Kraft. An der Jungfrau von Orléans ist die Personalunion England-Frankreich unter englischer Führung gescheitert. „Als ich dreizehn Jahre alt war, hatte ich eine Stimme, die von Gott kam, die mir half, mein Leben gut zu führen. Und das erstemal hatte ich große Furcht. Und diese Stimme kam im Sommer um die Mittagsstunde im Garten meines Vaters ... Die Stimme war mir von Gott geschickt worden, und nachdem ich diese Stimme dreimal gehört hatte, habe ich erkannt, daß es die Stimme eines Engels war ... Vor allen Dingen sagte er [der heilige Michael] zu mir, ich solle ein braves Kind sein und Gott würde mir beistehen. Und unter anderem hieß er mich dem König von Frankreich zu Hilfe eilen ... Und der Engel erzählte mir von dem großen Jammer, der im Königreich Frankreich herrsche ...“[313] Die Not in Frankreich war in der Tat groß. Die Frau eines hohen Finanzbeamten, die dann auch zu Johannas unmittelbarer Umgebung gehören sollte, schildert das Elend, die Geldknappheit, die Verzweiflung selbst der Königstreuen: „Und die Stadt Orléans war von den Engländern belagert, und es gab kein Mittel, ihr zu Hilfe zu kommen. Und inmitten all dieser Not erschien Johanna, und ich glaube ganz fest, daß sie von Gott kam und gesandt worden war, den König und die ihm treu gebliebenen Völker wieder aufzurichten, denn zu dieser Zeit gab es keine Hoffnung außer auf Gott.“ Das Mädchen Johanna zog nun gerüstet wie ein Hauptmann in den Kampf – um anzuführen, nicht um zu töten: „Ich trug diese Fahne, wenn man zum Sturm gegen den Feind antrat, und vermied so, einen Menschen zu töten. Ich habe nie jemanden getötet.“ Zum eigentlichen Zeichen ihrer Sendung wurde der Entsatz von Orléans. Am 29. April zog sie in das belagerte Orléans ein. Am 6. Mai war sie „die erste, die an die kleine Bastion der Brücke die Sturmleiter anlegte.“ Diese Bastion war die wichtigste unter denen, welche die Befestigungsanlagen zur Verteidigung des Brückenkopfes deckten. Am 8. Mai gaben die Engländer die Belagerung auf, die sie am 12. Oktober 1428 begonnen hatten. Schon jetzt beginnen sich die Gruppen für oder gegen Johanna in Frankreich selbst abzuzeichnen. Nach der Salbung des Königs ließ sich Johanna Steuerfreiheit für die Leute von Greux und Domremy bewilligen, und im Dezember 1429 erhob der König sie in den Adelstand. Am 23. Mai 1430 geriet sie in englische Gefangenschaft und wurde am 30. Mai 1431 in Rouen als Ketzerin auf dem Scheiterhaufen verbrannt, nach einem Prozeß, der einen gleicherweise den kirchlichen französischen Autoritäten wie der englischen Besatzungsmacht anzulastenden abscheulichen Justizskandal darstellt. Ihre Heiligsprechung in unserem Jahrhundert gehört in die moderne, nicht in die mittelalterliche Kirchengeschichte.

Johanna war Laie, keine „religiöse Frau"; sie lebte in der Welt und für die Welt. Die Befreiung Frankreichs, die Krönung und Salbung des Dauphins aus dem Haus Valois waren politische, von Johanna als „gottgewollt" interpretierte Ziele. Johanna kommt auch nicht aus der städtischen Gesellschaft, sondern vom Land, von einem Landstrich, der seinen ländlichen Charme bis heute bewahrt hat. Interessanterweise hat sich im Formelbuch der Kanzlei König Sigismunds unter Johannas Namen ein lateinischer Brief an die Hussiten gefunden, der diese Haeretiker heftig anklagt; er ist von Johannas Beichtvater unterzeichnet und kündigt an, Johanna werde, nach Vertreibung der Engländer, da sie „an menschlichen und göttlichen Kräften allen ebenbürtig sei", kommen, um Vergeltung zu üben. Wie dieser Brief in Johannas Namen auch zustande gekommen sein mag, er bezeugt ihre weitreichende Wirkung noch auf Sigismund und seine Umgebung.[314]

Eine rein religiöse Dimension bekommt ihr Schicksal während des Prozesses, als dieses einfache Landmädchen, bei allem Gehorsam gegen die Kirche, ihre inneren Eingebungen, die Entscheidungen ihres Gewissens gegenüber der Kirche verteidigt: „Ich unterwerfe mich Gott, der mich gesandt hat, der heiligen Jungfrau und allen Heiligen des Paradieses. Und meiner Meinung nach sind Gott und die Kirche eines und dasselbe und man soll daraus keine Schwierigkeiten machen." (Pernoud, S. 202) – „Befehlen Euch Eure Stimmen, Euch nicht der streitenden Kirche auf Erden, noch ihrem Urteil zu unterwerfen?" (Johanna): „Ich kann nichts anderes antworten, als was ich in meinem Kopf finde, aber was ich antworte ist das, was mir meine Stimmen befehlen; sie befehlen mir nicht, ich solle der Kirche nicht gehorchen, wenn in erster Linie Gottes Wille erfüllt ist" (Pernoud, S. 231). Wie weit ihr Widerruf – aus begreiflicher menschlicher Schwäche – ging, bleibt m. E. ziemlich unerheblich. Letzten Endes starb sie für ihr Festhalten an einer Gewissensentscheidung. Johanna war keine Ketzerin, sie hat auch keine Zauberei getrieben, wie ihr vorgeworfen wurde.

Die Ketzerfrage gewinnt im 15. Jahrhundert erneut an Gewicht. Zauberei gilt jetzt als Ketzerei. Die Angst vor Zauberei, der Glaube an Hexen war bei den Germanen stark und allgemein verbreitet gewesen. Die Volksrechte nennen Zauberei als einen der Gründe, derentwegen ein Mann seine Frau verstoßen kann. Die Kirche hat den Hexenglauben bekämpft. Im 15. Jahrhundert nahm die Angst vor Zauberei und Hexen wieder zu, ein Ausdruck der allgemeinen Existenzangst im Zeitalter der Pestzüge, langer Kriege und politischer Unruhen. Papst Innozenz VIII. ließ sich dazu drängen, 1484 den Befehl zur Inquisition von Hexen zu geben. Die Eskalation der Hexenverfolgungen gehört der Frühneuzeit, und zwar erst dem 17. Jahrhundert an.

Von besonderer Art und Bedeutung war die Inquisition in Spanien. Am 19. Oktober 1469 heirateten Isabella von Kastilien, die 18jährige Stiefschwester des regierenden Königs Heinrich IV., und der 17jährige Ferdinand von Aragon, Isabellas Vetter, Thronfolger und bereits König von Sizilien. Nach dem Tod Heinrichs in der Nacht vom 11. zum 12. Dezember 1474 proklamierte Isabella am 13. Dezember sich selbst zur Königin von Kastilien; sie stieß auf Widerstand, vor allem des portugiesischen Königs, der sich aber 1479 zum Frieden von Alcaçovas bequemen mußte, der Isabellas Herrschaft sicherte. Im selben Jahr 1479 wurde Ferdinand König von Aragon; seitdem bestand die Personalunion beider Reiche. Kastilien besaß in dieser Union ein Übergewicht allein durch seine Größe, es drückte sich auch aus in der zunehmenden Geltung der kastilischen Sprache. Zudem litt Katalonien, das wichtigste der aragonesischen Länder noch an einer Wirtschaftskrise. Zunächst bewahrten beide Reiche weitgehende Selbständigkeit. Es ist nicht immer leicht, in der gemeinsamen Politik den Anteil Isabellas und Ferdinands auseinanderzuhalten. Daß Isabella zu den großen Herrscherpersönlichkeiten des ausgehenden Mittelalters gehört, steht fest. Die 1492 wieder aufgenommene Reconquista führte zur Eroberung der letzten Bastion des Islams in Spanien: Das Königreich Granada mit den Städten Granada, Malaga, Ronda wurde spanisch, die ursprüngliche Toleranz gegen die maurische Bevölkerung wurde nicht durchgehalten. In der Politik besaß bei Isabella die Glaubensfrage Priorität. Die Könige erhielten bereits 1478 auf ihren Antrag ein päpstliches Breve, das ihnen die Errichtung eines Inquisitionstribunals und die Berufung der Inquisitoren gestattete. Damit wurde in Spanien die Inquisition – einzigartig in Europa – ein staatliches Instrument. Es bedeutete die Unterstellung der Kirche unter den Staat in dieser wichtigen Frage und auch vermehrte Einkünfte für den Staat. 1491 erging das Ausweisungsdekret der Könige für die Juden, die sich nicht taufen lassen wollten, 1499 das Ausweisungsdekret an die Mauren Granadas, das auf die Mohammedaner Kastiliens und Leons ausgedehnt wurde. Diese Maßnahmen waren hart, außerdem vom wirtschaftspolitischen Gesichtspunkt aus unklug. Für die europäische Religionsgeschichte waren sie, wie Diwald ausführt,[315] von entscheidender Bedeutung. Isabella bestieg den Thron Kastiliens in einem Augenblick tiefen Verfalls der königlichen Macht. Sie wie ihr Gemahl erfaßten die Lage und trafen entschlossene Maßnahmen, die finanzielle Basis der Krone, Sicherheit und Recht in ihren Ländern wiederherzustellen. Sie griffen auf die alte Einrichtung der Hermandadas, Bruderschaften dem Wortsinn nach, eine ursprünglich städtische Einrichtung, zurück; schon 1476 rief Isabella ein neues Bündnis aller kastilischen Stände ins Leben, die „Heilige Hermandad"; sie stellte den Landfrieden wieder her. Dem Adel blieb das Richteramt in der Santa Hermandad verschlossen. Sie wurde 1488 auch auf Aragon ausgedehnt und eine der mächtigsten Stützen des Throns. Das rechtskundige Element im Staat wurde verstärkt. Der Staatsrat wurde reorganisiert und eine Institution, die auch beim Ableben des Herrschers Kontinuität sicherte. Isabellas Gerechtigkeitsempfinden war groß, ihre damit verbundene Härte gegenüber den Granden gehörte auch zu den Grundlagen der absoluten Monarchie, die unter den katholischen Königen in Spanien gelegt wurden. Ein Schatten der Regierungstätigkeit der beiden Herrscher, besonders Isabellas, bleibt ihre fehlende Einsicht in die Gründe der Wirtschaftsschwäche Kastiliens. Die spanische Landwirtschaft leidet noch heute unter der damaligen einseitigen Bevorzugung der Schafzucht, der großen Wanderherden, die das Land von der wintergrünen Ebene zu den Sommerweiden im Gebirge durchzogen. Die spanischen Herdenbesitzer waren seit dem 13. Jahrhundert in der Mesta organisiert. Die Wolle der spanischen Merinoschafe war der wichtigste Exportartikel des Landes – Isabella erkannte nicht, daß der Rohstoffexport mit teurem Gewerbeimport bezahlt wurde und die Entwicklung einer gesunden Infrastruktur im Lande nachhaltig verhinderte. Isabella hat noch ein historisches Verdienst, sie hat Christoph Columbus, als er Spanien schon verlassen wollte, die Möglichkeit zu seiner ersten Entdeckungsfahrt gegeben. Eroberung und Kolonisation Amerikas erfolgten von Anfang an ausschließlich im Namen der Krone Kastilien. Isabella trat dabei für Christianisierung und gute Behandlung der Eingeborenen ein. Auch innerkirchliche Reformen hat sie mit Hilfe ihrer Beichtväter durchgeführt. Der Grundstein zu Spaniens Weltmachtstellung und für seine wichtige Rolle in der kirchlichen Reform des 16. Jahrhunderts wurden unter ihr und ihrem Gatten gelegt.[316]

6. Die Frauen auf dem Land

Die ausgeprägten Besonderheiten der mittelitalienischen, besonders der toskanischen und der spanischen Landwirtschaft haben wir skizziert. Mitteleuropa bietet ein variationenreiches Bild, das wir schon in der Einleitung kurz beschrieben. Gebieten mit Einzelhöfen und kleinen Weilern stehen Gebiete mit Dorfsiedlungen gegenüber; die Siedlungsformen sind so mannigfaltig wie die Hausformen. Wasserburgen mit Wirtschaftsvorburgen im ebenen Land, in den Dörfern feste Herrenhäuser neben großen Bauernhöfen, kleinen Höfchen und Hütten deuten schon auf die gesellschaftlichen Unterschiede unter den Landbewohnern. Hier in Mitteleuropa wohnen auch Herren, Ritter, Amtleute und Schultheissen auf dem Land; zum Dorf gehört die Kirche mit Pfarrhof und Zehntscheune, in den Einzelhofgebieten ein kleines Zentrum um die Kirche gruppierter Häuser. Etwas abgelegen in Waldtälern die Klöster. Die bäuerliche Bevölkerung selbst ist geschichtet: in Vollbauern, Seldner oder Kötter, in wohlhabende Pächter und arme Zinsbauern, je nachdem in welcher Region wir uns befinden. Das Gewerbe ist nicht mehr ausschließlich in den Städten konzentriert, ganze Gewerbelandschaften vor allem des textilen Sektors entstehen auf dem Land im westfälisch-niedersächsischem wie im süddeutschen Raum. Der Bergbau gewinnt an Bedeutung, Mühlen, Hammerwerke gehören zu manchen Landschaften. Die Landwirtschaft ist auf den städtischen Markt ausgerichtet mit Schäfereien, Flachsfeldern, Waid- und Krappanbau, Hopfenfeldern und Rebgärten, wo immer noch die Traube einigermaßen gedeihen mag. Schon wird im Umkreis großer Städte die Brache besömmert und daraus Futter gewonnen für die Pferde des städtischen Kaufmanns. Der Bauer nutzt den städtischen Markt zum Verkauf seiner Überschüsse. Die starken Wandlungen im Zusammenhang mit dem Bevölkerungsrückgang bringen auch Krisen: Die Städte ergänzen ihre Pestverluste aus dem Land, sie locken – Arbeitskraft ist knapp – mit hohen Löhnen in die Stadt. Fluren und sogar Siedlungen auf dem Land fallen wüst. Diese Wandlungen und die großen Unterschiede der Agrarverfassung und der Betriebsweise im Westen, Süden und Osten haben die Lebensformen der Frauen wohl viel weniger verändert als die rechtlichen Vorteile und die wirtschaftlichen Möglichkeiten, die ihnen die Stadt bot. Immer noch gab es für die Bauersfrauen auf dem Land fühlbare Ehebeschränkungen. In Süddeutschland z.B. vermochte die sich immer mehr auflockernde Grundherrschaft ihre Ansprüche nur noch als Rechtsanspruch gegenüber der Person zu fixieren; nur auf den Leib konnte der Herr seine Zinsansprüche fundieren. Nur dort, wo der Gerichtsherr zugleich Leibherr war, konnte er seine Rechte gesichert ausüben, während er denjenigen gegenüber, die einem anderen Gerichtsherrn unterstanden, auf den guten Willen dieses Gerichtsherrn angewiesen war. Vor allem die Stellung des Leibherrn wurde schwierig, dessen Eigenleute im fremden Territorium saßen. Die persönlichen Bindungen an den Leibherrn manifestierten sich im ausgehenden Mittelalter neben der jährlichen Entrichtung des Fastnachthuhns, insbesondere in den Abgaben von Todes wegen, Einschränkungen der Freizügigkeit und der Eheschließung. Die territoriale Zersplitterung schränkte die Partnerwahl für die Eigenleute unerträglich ein. Die großen geistlichen Körperschaften haben sich damals gegen die Ansprüche der Territorialherren vor allem durch die „Ehegenoßsame" behauptet. Über Einzelvereinbarungen über Austausch oder Teilung der Kinder aus Ungenossenehen hinaus strebten im südalemannischen Raum viele Leib- und Grundherren nach einer umfassenden Bereinigung. Sie schlossen auf Gegenseitigkeit Verträge über die Aufhebung der Ehebeschränkung für alle ihre Eigenleute.[317] Das neue Rechtsinstitut heißt paritas, consortium in contrahendo matrimonium oder concordia, in deutschen Quellen genoßsame. Die weitere Entwicklung der Ehegenoßsame wurde von den großen geistlichen Grundherrschaften geprägt; man kann zwei Gruppen unterscheiden: die Ehegenoßsame im Zürichgau, die mit der Reformation endet, und die Ehegenoßsame der zwölfeinhalb Gotteshäuser, der Verband des Hochstifts Konstanz mit den Benediktinerklöstern und Augustinerchorherrenstiften des Bodenseeraumes, der vom 14. Jahrhundert bis 1786 bestand. Vielleicht hängt es mit dem Aufhören der Ehegenoßsame im Züricher Gebiet zusammen, daß just hier in zwei Weistümern des 16. Jahrhunderts das berüchtigte, maßlos „überschätzte" Recht ‚der ersten Nacht' (ius primae noctis)" genannt wird. Es sind die einzigen Belege für dieses Recht in der großen Weistümersammlung von Jakob Grimm. Es handelt sich um die Öffnungen – ein Synonym für Weistum – von Hirslanden und Stadelhofen von 1538 und von Mur in der Herrschaft Greifensee von 1543. In beiden Fällen hat der Bräutigam das Recht auf eine Ablösung in Geld; das Recht der ersten Nacht wird hier auch nicht dem Grundherrn selbst geschuldet, sondern seinem Beamten.[318] Der Bräutigam hätte sich wohl dem Gespött seiner Dorfgenossen ausgesetzt, wenn er das Recht nicht ablöste. Aber geht es hier überhaupt nicht in erster Linie um das Geld, um die Abgabe, die im Wege einer „scherzhaften Rechtsübertreibung" – so interpretiert Erler – angemahnt wurde? Das entspricht der zeitlichen Situation – der verschärften Geltendmachung solcher Abgaben – und der bildhaften und schillernden Sprache der Weistümer. Koebners 1911 gegebene Interpretation scheint mir dem Charakter dieser Quellengattung nicht gemäß. Er stellt drei Fälle zusammen, in denen ein einmaliger außerehelicher Beischlaf der Frau keine Entehrung gewesen sei. Der Mann kann mit dem Leib seiner Frau zinsen, indem er sie die erste Nacht dem grundherrlichen Beamten überläßt; der Mann kann zur Zeugung eines Nachkommen sein Eherecht abtreten, das sehen einige niederdeutsche Weistümer vor, allerdings auch mit Wendungen, die an einer wörtlichen Interpretation zweifeln lassen; und schließlich kann der Mann mit dem Leib seiner Frau büßen: Ein Weistum von Wilzhut bei Salzburg bestimmt, daß einem Mann, der unentschuldigt vom Ding fernbleibt und die Geldbuße nicht zahlen kann, der Ofen eingeschlagen werden soll, ist kein Ofen da, soll der Pfleger, Amtmann oder Gerichtsschreiber die Frau des Schuldigen notzüchtigen dürfen; es ist schwer vorstellbar, daß ein dingpflichtiger verheirateter Mann, der doch kein Herumstreicher ist, keine Feuerstelle besitzen soll. Mir erscheint in allen diesen Fällen Erlers Deutung quellengemäßer. Auf jeden Fall handelt es sich um Randerscheinungen, die wie so vieles Ungemach Mann und Frau gleicherweise angehen.

Diese süddeutsche Leibeigenschaft bedeutet also Verbot der Freizügigkeit und Einschränkung der Heiratsmöglichkeit und ist mit der osteuropäischen Leibeigenschaft, die erst in der Frühneuzeit fertig ausgebildet wurde, auch in deren Härten für den Einzelnen nicht zu vergleichen. Die Sterbfallabgabe der süddeutschen Eigenleute bedeutete eine Reduzierung der Erbschaft für die Kinder. Die oberschwäbischen Herrn litten unter dem Verfall ihrer Einkommen durch Geldentwertung und Sinken der Getreidepreise. Sie suchten dem durch Steigerung der Abgaben entgegenzuwirken. Die Erhöhung der Abgaben hielt sich in Grenzen, sie wurde fühlbar, weil mehr Menschen von einem Hof ihr Auskommen finden mußten, als kurz vor 1500 wieder ein Bevölkerungszuwachs begann. Der Aufteilung der Höfe waren Grenzen gesetzt. Das war schlecht für die zunehmende Schicht landhungriger Leute. Es kam zu Spannungen innerhalb der Dorfgemeinschaft; die Zahl der Tagelöhner stieg. Die um ihre Stellung im Dorf besorgten Lehnsinhaber verlangten Kontrolle über Allmenden, Wälder und Fischteiche; sie wollten die Veräußerung der Allmenden zugunsten der Tagelöhner begrenzen. Die im 15. Jahrhundert einsetzende Forstschutzpolitik führte zum Verbot der Rodung, zur Einschränkung der Waldweiderechte und des Holzbezugs. Eine unliebsame Folge der an sich berechtigten Forstpolitik war auch die Verwüstung der Äcker durch Schwarz- und Rotwild und durch die Jagden. Der Bauer war es gewohnt, Bäche, Flüsse und Seen zur Fischerei zu nutzen. Seit der 2. Hälfte des 15. Jahrhunderts wurden auch die Gewässer gebannt, und nicht nur das Fischrecht, auch das Tränken des Viehs und das Bewässern der Wiesen wurde eingeschränkt.

Eine aufkommende Rationalisierung und beginnende Bürokratisierung stellte dabei manches in Frage, was dem Verhältnis des hörigen Bauern zum Herrn menschliche Wärme gegeben hatte: die freundliche Rücksichtnahme auf Schwangere und Kindbetterinnen.[319] Die Schwangere durfte im herrschaftlichen Weinberg Trauben abschneiden, ihr Mann im Herrenweiher einen Fisch für sie fangen; in Kriegszeiten öffnete der Hof zu Hillesheim in der Eifel seine Pforten und nahm sie auf, bis jede Gefahr beseitigt war. Ein Weistum beauftragte den Bäcker, der Schwangeren den Teig zu kneten, ihr, während sie wartete, einen Sessel mit einem Kissen hinzustellen. In einem Wald, in dem niemand ohne Erlaubnis der Herrschaft ungestraft fischen und jagen durfte, konnte die Schwangere, die es nach Wild gelüstete, so viel fangen lassen, bis ihr Gelüsten gestillt war. Der Wein durfte nicht gezapft werden, bevor ihn die Schöffen geprüft und „aufgetan“ hatten; eine Ausnahme war nur dann gestattet, wenn es der Herr oder eine Kindbetterin begehrte. Bei allgemeinem Aufgebot brauchte der Mann der Kindbetterin nur soweit mitzuziehen, daß er nachts wieder zu Hause war. Die Kindbetterin genoß Abgabenfreiheit: Der Bote der Herrschaft sollte dem Fastnachtshuhn den Kopf abschlagen – als Symbol der Verpflichtung –, das Huhn der Kindbetterin aber wieder ins Haus zurückwerfen. Das Recht sorgte für die warme Stube der Wöchnerin: Ihr Mann hatte Recht auf eine Karre Holz, wenn sie ihm ein Mädchen, auf zwei, wenn sie ihm einen Sohn schenkte. Auch auf die Witwe wurde Rücksicht genommen: Nach einem Prümer Weistum durfte die Witwe die Kurmede – sonst eine Viehabgabe – mit einem dreibeinigen Stuhl ablösen, das heißt in der bilderreichen Sprache der Weistümer, daß sie nichts zu geben brauchte. Der Gerichtsherr, der beim Bauern Quartier nahm, sollte vor der Tür Schwert und Sporen abtun, damit er die Frau nicht erschrecke. Herrschaftliche Eingriffe gerade in diese Gewohnheiten erbitterten die Bauersleute – sie haben die Stimmung geschürt, die zu den Bauernaufständen des 15. Jahrhunderts in Süddeutschland führte.

Die Frauen mußten sich in den grundherrlichen Gerichten einfinden; sie konnten dort auch ihren durch echte Not verhinderten Ehemann vertreten. Aber sie besaßen kein Stimmrecht in der Gemeinde. Sie waren zur Aussage über ihre Morgengabe und über Notzucht zugelassen, vielerorts auch zur Ablegung eines gerichtlichen Zeugnisses fähig. Es ist bemerkenswert, daß der Hexenglaube die Weistümer kaum beschäftigt hat. Die Witwe übte mütterliche Gewalt aus; die Mutter hatte neben dem Vater ein Ehebewilligungsrecht. Die Bauernrechte kennen aber keinen Heiratszwang. Knaben und Mädchen konnten die Eltern im Gemeindedienst vertreten; die Arbeit der Söhne wurde der Arbeit der Mädchen vorgezogen.

Die Weistümer, die uns persönlichere Einblicke gewähren als Urkunden, fehlen im ostelbischen Gebiet. G. Franz teilt uns einen Bericht aus einer einzigartigen – also nach ihren Aussagen nicht zu verallgemeinernden – Quelle über eine Bauernfamilie im Danziger Werder mit.[320] Der Stammvater Jacob Lubbe aus Großlichtenau, dessen Tochter auch den rheinischen Namen Ursula trug, wurde 1400 geboren. Mit 20 Jahren machte er zu Fuß eine Wallfahrt nach Santiago de Compostela in Spanien. Sein Leben hindurch fastete er freitags bei Wasser und Brot und wallfahrtete jährlich an drei Marientagen barfuß zur Marienburg. Sonntags saßen stets drei Bettler an seinem Tisch, Weihnachten kleidete er drei Arme, einen Mann, eine Frau und einen Schüler, völlig neu ein. Sein Hof war, wie es heißt, der Mönche und Pfaffen Herberge. Nach seiner Rückkehr aus Spanien wollte er wie andere Bauern, die ihr Land verkauften und in die Stadt zogen, auch Städter werden, blieb aber aus kindlicher Liebe auf dem Lande und heiratete eine Bauerstochter. Seinen Sohn schickte er nach dem Besuch der Dorfschule nach Danzig auf die Schule und ließ ihn bei einem Verwandten, dessen Teilhaber er später wurde, die Kaufmannschaft erlernen. Den Hof erbte seine Tochter Ursula, die erste Frau in der Familie, die lesen und schreiben konnte. Sie hatte eigentlich ins Kloster gehen wollen, die Familie verheiratete sie aber jung mit einem reichen Bauern, dem sie drei Kinder schenkte. Sie behielt ihren frommen Lebenswandel bei; sieben Arme saßen täglich umschichtig an ihrem Tisch, jeden Freitag fastete sie und ging barfuß. Mit ihrem Mann und ihren Söhnen wallfahrtete sie nach Gnesen.

Die Aussagen über den Lebensstandard der Bauern sind widersprüchlich. Berichten vom bäuerlichen Aufwand stehen Aussagen gegenüber wie die des Johannes Boemus (um 1500): „Die Lage der Bauern ist ziemlich bedauernswert und hart. Ihre Hütten bestehen aus Lehm und Holz, ragen wenig über die Erde empor, sind mit Stroh bedeckt. Geringes Brot, Haferbrei, gekochtes Gemüse ist ihre Speise, Wasser und Molken ihr Getränk. Ein leinener Rock, ein Paar Stiefel, ein brauner Hut ist ihre Kleidung."[321] Johannes Boemus spricht vorher von den köstlichen Mahlzeiten der Adligen und von den mäßig lebenden Bürgern: Er gibt eine verallgemeinernde Darstellung der Stände; wir wissen, daß die Bürger nicht alle „mäßig" lebten. Wiegelmann errechnet für das 16. Jahrhundert einen enorm hohen Fleischgenuß. Die Festspeisen der Bauern bestanden auch damals wesentlich aus Fleisch. Im Alltag überwogen Suppen und vegetabilische Speisen. Wiegelmann teilt folgende Aufzeichnung der Speisen mit, die im Bauhof des Chorherrenstiftes Indersdorf/Oberbayern nach einer Aufzeichnung von 1493 an gewöhnlichen Tagen gegeben wurden: Die Speisenfolge gilt für die männlichen Arbeiter wie für die Köchin und die „Hennen Frauen". „... von sant Georgentag piss auf Sand Michelstag [24. 4.–29. 9.] gibt man zu morgen knechten und diern [Mägden] und allen, die bedingt sein zu dem pauhof, ain wassersuppen mit ainem schweinen schmaltz, genent ain räbl. Item zu Miterntag ain gersten, ain krawt, ein milich ungevarlich; ob obß, arbeiß, prein vorhannen wär, stet zu ainen schafner zu fursehen, so sy als guttwillig als arbeitsam sein. Item gen der nacht ain milichsuppen, genant gräman, ain krawt, ain milich nach gewonhait." Die Winterkost unterschied sich nur wenig vom Sommer. Morgens gab es zusätzlich „ain mueß", mittags statt Milch Buttermilch, abends nur eine Milchsuppe. Ein eigener Abschnitt über die Fleischgaben läßt erkennen, daß damals in Niederbayern der Fleischverzehr anstieg: „Item den obgeschriben git man von dem ostertag piß auf den pfingstag All wochen drey Tag: Suntag, Erichtag [Dienstag], pfintztag [Donnerstag], all tag vier pfunt schweinenfleisch vnder das Kraut, macht ain wochen XII pfunt (ist vor nicht gewesen, allein zu heiligen Zeiten) ... Item von Weihnachten auff die vastnacht gibt man In maß, als oben geschriben stet, all wochen XII pfunt schweinenfleisch in das krawt."

Der Schenk Erasmus zu Erbach im Odenwald stellte im Jahre 1493 für seine Leute folgende Speisekarte auf: Alle Tagelöhner, die gedungen sind, sowie die Fronleute sollen gemeinlich, als auch die Knechte und Mägde, jeden Tag erhalten zweimal Fleisch und Zukost und eine halbe Krause (Krug) Weines, ausgenommen die Fasttage, da sollen sie Fische haben oder sonst nahrhafte Speisen. Auch soll man einem jeden, der in der Woche gearbeitet, den Sonn- und Feiertag gütlich tun nach der Meß und Predigt. Sie sollen haben Brot und Fleisch genugsam und einen halben Krausen Weins. An den Hochzeiten (hohen Feiertagen) auch Bratens genugsam. Auch soll man ihnen mitgeben nach Haus einen großen Laib Brot und von Fleisch soviel als zwei in einem Imbiß essen können." In einer Vorschrift des Mainzer Erzbischofs Berthold von Henneberg (1484–1504) für seine

Güter im Rheingau heißt es: „Jedweder Tagwerker, er arbeite auf dem Felde oder sonst, erhält morgens eine Suppe samt Brot, zum Imbiß eine starke Suppe, gut Fleisch und Gemüse und einen halben Krausen gemeinen Weins, abends Fleisch und Brot oder eine starke Suppe.[322] Die ausführlichen Speisepläne, die der Reichsgraf Joachim von Oettingen (gest. 1520) für seinen Haushalt niederschreiben ließ, und zwar sowohl für seine Knechte wie für die eigene Tafel, geben die Möglichkeit des Vergleichs für die ländlichen Stände; die Wächter, landwirtschaftlichen Knechte, Jägerbuben, Arbeiter und fronenden Bauern erhielten damals: „Des morgens ain suppen oder gemues (das bedeutet einen Brei von Getreide, aber auch von Hülsenfrüchten), ain millich den arbeitern, den andern ain suppen. – Des Mittags suppen vnd flaisch, ain kraut, ein pfeffer (scharf gewürzte Brühe, vielfach mit eingeschnittenen Stücken Fleisch) oder eingemacht flaisch, ain gemues oder millich ... Des Nachts suppen vnd flaisch, ruben vnd flaisch oder eingemacht flaisch, ain gemues oder millich.“ An den Fast- und Abstinenztagen gab es kein Fleisch, aber neben breiartigen Speisen auch gebackene Mehlspeisen. Es wurde auch für Abwechslung in der Zubereitung gesorgt, je süß, je sauer, Rüben je gespalten, gewürfelt, klein gehackt, mit einer Käsebrühe, Erbsen und Linsen je ganz oder durchgeschlagen usw. Der Reichsgraf erwartete auf seiner Tafel mittags acht – entgegen vier für die Arbeiter – und abends sechs Gänge – drei für die Arbeiter. Die einfachen Speisen für Herrn und Gesinde sind gleich; was auf der Herrentafel hinzukommt, sind die vielfältigen Fleischsorten – Wildbret, Geflügel, Innereien – und die besonderen Zubereitungsarten: gebeizter Lendenbraten, Schweinebraten, Sülze, Wurst. Der Reisbrei des herrschaftlichen Nachtischs war – da Reis Importware – für den Bauern unerreichbar. Die Zahl der Gänge nahm mit der sozialen Stellung ab, die Räte und Jungfrauen bekamen mittags sechs Gänge, die Priester, Edelleute und Marstaller fünf. Der schärfste Einschnitt lag also oberhalb der Knechte, Bauern und Arbeiter. Auf dem Tisch des Gesindes fehlen in der Fastenzeit die Fische. Wiegelmann konstatiert[323] als regionalen Unterschied: In Bayern und Franken überwiegen Brei und Suppen, in der fruchtbaren Landschaft eines mitteldeutschen Streifens wird schon relativ viel Brot gegessen. Dem vom Herrn den Knechten und Mägden gereichten Essen dürfte das Essen im Bauernhaus selbst entsprochen haben.

Der Abstand zwischen bäuerlichem und ritterlichem Haushalt war unterschiedlich hoch. Herren mit einem kleinen, nur landwirtschaftlich nutzbaren Gebiet, womöglich noch in wenig fruchtbarer Gegend, lebten nicht viel besser als ihre Bauern, ganz anders Herren, die Bergbau- oder Hüttenbetriebe besaßen, sich im Handel erfolgreich betätigten oder im fürstlichen Dienst Gewinne machten.[324] Der burgliche Sitz war im allgemeinen besser ausgestattet als das Bauernhaus mit Glasfenstern, Öfen, Himmelbetten, vielleicht sogar einer kleinen Bibliothek. Ein Verzeichnis von Hausrat auf den Burgen Gerolstein und Kasselburg von 1381[325] nennt für Gerolstein

15 Betten, eine beträchtliche Menge von Kissen, Laken und Decken aller Art, 25 Handtücher und 25 Tischdecken, drei Handfässer, zwei Waschkessel, drei Töpfe und eine Pfanne; der Hausrat in Kasselburg war viel bescheidener, vor allem was das Leinen angeht, es gab nur vier Betten, zwei Handfässer, drei Becken und einen Topf. Einen guten Einblick gewähren die zuletzt von Irsigler[326] ausgewerteten Drachenfelser Haushaltsrechnungen von 1395–98. Sie belegen den hohen Fleisch- und Fischverbrauch. Die Burggrafen von Drachenfels ließen jedes Jahr auf dem Kölner Ochsenmarkt drei bis sechs Ochsen kaufen; die Fische kamen aus eigenen Teichen und Bächen, Salzfische, vor allem die tonnenweise gekauften Heringe und Bücklinge aus dem Kölner Fischkaufhaus. Die Ausgaben für Gewürze waren allerdings geringer als die des Kölner Großbürgers Hermann Goch; Adelheid, die Frau des Burggrafen Godaert, mochte allerdings nicht auf die kostbaren Gewürze verzichten; wenn sie überraschend auf der Burg Drachenfels erschien oder dort im Wochenbett lag, kaufte man das Gewürz sogar schnell beim Krämer zu Königswinter ein, wo es doch viel teurer war als in Köln. Man süßte auf dem Drachenfels vornehmlich mit Honig und noch nicht mit teurem Rohrzucker wie die reichen Bürger. Aber feines Salz benutzten sie in der Drachenfelser Burgküche; man bezog es hut- und sackweise aus Köln wie die Bierwürze für die Hausbrauerei; Wein hatte man aus eigenem Wachstum. Der Schuhverbrauch war hoch, obwohl auch die Mitglieder der burggräflichen Familie im Haus in Holzschuhen herumliefen. Textilien kamen aus Köln. Man ließ bei Kölner Schneidern, aber auch bei einem Königswinterer und Godesberger Schneider arbeiten. Die Kleider für das Gesinde nähte man in den Wintermonaten, wenn weniger Arbeit anfiel, im Hause. Auch Wolle aus der eigenen Schafzucht wurde verarbeitet. Die Burggräfin nahm sich gelegentlich Stickereiarbeiten auf den Sieglarer Hof mit, wo Stube und Kemenate, geheizte Räume, für sie reserviert waren. Die Bedeutung der Frauenarbeit ist in den Rechnungen gut belegt: angefangen von der Burggräfin, die sich vor allem bei Abwesenheit des Mannes intensiv um die Wirtschaftsführung kümmerte, über die Schaffnerin bis zu den Mägden und Lohnarbeiterinnen in der Landwirtschaft – die Frauenlöhne waren geringer als die der Männer. Den geradezu fürstlich ausgestatteten Haushalt des Konrad von Weinsberg (etwa 1370–1448) hat wiederum Irsigler farbig und exakt belegt geschildert.[327] Seiner Frau gingen mehrere „Jungfrauwen" und Mägde zur Hand, und außerdem erholte sie sich von der Arbeit im Haushalt gelegentlich auf Kur- oder Badereisen nach Wildbad im Schwarzwald. Das Zahlenverhältnis männlicher und weiblicher Dienerschaft ist sehr unterschiedlich; an englischen Adelshöfen überwog absolut das männliche Personal. Die erhaltenen Kochbücher des 14. und 15. Jahrhunderts sind von Männern, die königlichen, geistlichen und fürstlichen Haushaltungen angehörten, verfaßt.[327a]

Auch die alltägliche Plackerei der Bäuerin unterbrachen Familienfeste, Hochzeiten, Taufen, Begräbnisse oder auch einmal eine Wallfahrt. Da zogen Männer und Frauen ganzer Pfarreien mit Reliquien, Vortragskreuzen und Fahnen über Land „unter dem Vorwand des Gebetes und der Gottesdienste", in Wirklichkeit aber, wie Erzbischof Walram von Köln wettert,[328] um sich zu betrinken, wobei es oft zu blutigen Streitigkeiten kam. Auch die weltliche Obrigkeit sah Anlaß, gegen Verschwendungssucht auf bäuerlichen Kirchmessen und Familienfesten einzuschreiten. Aber Ausschweifungen aller möglichen Art und übertriebener Aufwand wurden gleichermaßen Klerikern, Bürgern und sogar Nonnen vorgehalten, das ist zeittypisch und nicht standestypisch.

Wir konnten schon verschiedentlich darauf hinweisen, daß man sich die Kinderzahl und Größe der Kernfamilie im Spätmittelalter nicht zu hoch vorstellen darf. Für die unfreie ländliche Bevölkerung bestätigt das auch die Untersuchung der ländlichen Verhältnisse in der Südchampagne von Patault.[329] Sie stellt im 14. Jahrhundert 2,5 bis 3,1 Kinder pro Familie fest. Sie glaubt, darin eine allgemeine, nicht auf die unfreie Bevölkerung beschränkte Tendenz sehen zu können, die sich in der ersten Hälfte des 15. Jahrhunderts noch verschärft. Ab 1460 kommt es zur Geburtenzunahme: Die durchschnittliche Kinderzahl beträgt dann 3,3 bis 4 Kinder. Im gleichen Zeitraum nimmt auch die Getreideproduktion zu.

Im gebirgigen Süden der Grafschaft von Foix nahm der Bischof der zuständigen Diözese von Pamiers, Jacques Fournier, der spätere Papst Benedikt XII., 1318/25 eine Inquisition vor, deren Protokolle der französische Forscher Le Roy Ladurie auswertete, um ein Bild des Dorfes Montaillou zu zeichnen.[330] In die 98 Fälle, über die Jacques Fournier zu Gericht saß, waren 114 Angeklagte verwickelt; die Mehrzahl von ihnen wurde der albigensischen Ketzerei beschuldigt; von diesen wurden 94 vor Gericht gestellt, überwiegend einfache Leute, Handwerker, Krämer und vor allem Bauern und Bauersfrauen; 48 der 114 Angeklagten waren Frauen. Zur Zeit des Prozesses hatte Montaillou knapp 250 Einwohner. Das Dorf lag auf einer von Weideland und Wald umgebenen Hochebene, auf der Höhe das Schloß, am Hang terrassenförmig die Bauernhäuser, unterhalb des Ortes die Pfarrkirche. Der Graf von Foix war zugleich der seigneur, der Grundherr von Montaillou; seine Befugnisse nahmen der „châtelain" und der „bayle" wahr. Das „ostal", das Haus, die domus war das Grundelement, aus dem sich das Dorf aufbaute. Der dominus domus ist noch durchaus im Besitz seiner hausherrlichen Gewalt. „Mein Sohn Raymond", sagte Alazaïs Azéma aus, „pflegte den ‚perfecti' in einem Sack oder Korb Essen zu bringen und fragte mich deshalb nicht um Erlaubnis, denn er war ja der Herr im Hause." Pons Rives von Montaillou wird als ein wahrer Haustyrann geschildert. Trotz dieser patriarchalischen Familienstruktur hatte eine Frau, die ein eigenes „ostal" besaß, einen gewissen Einfluß und Anspruch auf den Titel „Madame". In Montaillou galt nicht die gesetzliche Erbfolge, sondern okzitanischen und römischen Rechtsvorstellungen entsprechend Testierfreiheit. Die Verfügungsgewalt des Hausherrn verhinderte die Zersplitterung der domus, brachte aber die im Testament nicht berücksichtigten Kinder in eine schwierige Lage. Wenn sie das Haus verließen, konnten sie nur ihre Mitgift oder ihr Pflichtteil aus dem Erbe mitnehmen. Die Mitgift wurde als persönlicher Besitz der Frau betrachtet; sie blieb Besitz der Witwe. Die Notwendigkeit, den Töchtern eine Mitgift zu geben, wurde als Gefahr für den Bestand der domus angesehen; das begünstigte u. a. das häufig vorkommende Konkubinat. Der Haushalt im domus umfaßte mehr als eine bloße Kernfamilie, nämlich weitere Familienangehörige, Knechte und Mägde, in den wohlhabenderen Häusern oft noch einen unverheirateten Mieter. Die unter einem Dach wohnende, mehrere Generationen vollständig umfassende Großfamilie war selten, die aus einer Geschwistergruppe erwachsende Brüdergemeinschaft (frérèche) ist in Nachbarorten belegt, aber auch nicht häufig. Die domus untereinander waren vielfach durch Verwandtschaft verbunden; bis zu vier Generationen reichte das Gedächtnis zurück, aber die Ahnen waren ferner als Basen, Vettern, Onkel, Tanten in Montaillou und der nächsten Umgebung. Die Nachbarschaft, Freundschaften wie Feindschaften schufen Beziehungen. Es gab im Dorf auch eine beherrschende bäuerliche domus und eine Vermögensschichtung.

Eine besondere Stellung nahmen die Wanderschäfer ein.[331] In acht Familien des Dorfes gab es Wanderhirten; sie hatten keinen eigenen Hausstand, gründeten keine Familie. Sie hausten in ihrer „cabane". Die Zonen der cabanes – also auch die Weidestraßen der Wanderhirten – reichten bis Andalusien. Während in der domus die traditionelle Arbeitsteilung der Geschlechter galt – Feldarbeit der Männer, Hausarbeit der Frauen –, gab es in der cabane Arbeit nur für erwachsene Männer.

Die zentrale gesellschaftliche Institution im Dorf war die Einehe. Sogar der Prophet und katharische perfectus Guillaume Bélibaste verteidigte sie: „Hält sich aber der Mann an eine einzige Frau, wird sie ihm helfen, ein gutes ‚ostal' zu halten. Inzest entweder mit blutsverwandten Frauen oder den Frauen von Blutsverwandten ist schändlich, und ich kann Gläubigen keinesfalls dazu raten ... So wollt ihr beiden also heiraten? Wenn ihr einander begehrt, so sei's denn. Versprecht, daß ihr einander treu sein wollt und in guten und schlechten Tagen einander dienen. Küßt euch! Und fertig, nun seid ihr verheiratet. Zur Kirche braucht ihr deswegen nicht mehr zu gehen." Am Zustandekommen der Ehen wirkten viele Verwandte oder sonstwie qualifizierte Ehestifter mit. „Die Hochzeit war das große Ereignis im Leben einer Bauersfrau von Montaillou. Das Brautkleid wurde bis zum Tode sorgfältig aufgehoben" (Le Roy Ladurie). Der Heiratskreis war eng. Eine von Le Roy Ladurie veranlaßte Diplomarbeit hat festgestellt, daß von 63 Frauen nur sieben sich außerhalb des Dorfes verheirateten, nur eine aus einem anderen Dorf in Montaillou einheiratete. Achtzig von Hundert der in Montaillou Gebürtigen heirateten innerhalb des heimatlichen Kirchspiels. Diese Endogamie hängt auch mit der Anhängerschaft an die

Sekte zusammen: Katharer wünschen sich eine Lebensgefährtin, die auch ihrer Lehre anhängt. Diese engen Grenzen des connubium verschärfen die Probleme der Verwandtenehen. Auch Liebesheiraten kamen vor – wenigstens bei den Männern. Die Mädchen heirateten jung –, mit 15 bis 18 Jahren, sie hatten kaum Zeit für die „Liebe"; als Ehefrauen wünschten sie die Liebe ihrer Ehemänner zu gewinnen – womöglich durch Liebeszauber. Die Männer heirateten im allgemeinen erst mit 25 Jahren. „Beneidenswert war die Lage der jungen Braut in Montaillou und Umgebung um 1300 nicht", konstatiert Le Roy Ladurie, belegt eheherrliche Züchtigungen mit einer Reihe von überlieferten Vorfällen und gibt abschätzige Bemerkungen über die Frauen wieder. Er erzählt auch von tatkräftigen Witwen, die als Haushaltungsvorstand fungierten, wenn kein männlicher Nachfolger da war. „Die Leute pflegten solchen Frauen zu dem durch die weibliche Endung auf –a veränderten Namen ihres Vaters oder verstorbenen Mannes den Ehrentitel Na– für domina ... zu geben. Die alte Na Roqua in Montaillou war eine der Mütter der katharischen Gemeinde und Beraterin der dazu gehörigen Familienoberhäupter. Na Carminagua war ebenfalls eine einflußreiche Frau und Herrscherin einer „domus" ... Na Ferriola in Mérens besaß ein Haus und eine Ziegenherde, die sie von zu diesem Zweck angestellten Hirten hüten ließ. Auch sie war häretisch." Manche Witwen lebten auch im Haushalt ihrer Söhne.

Aus dem Rahmen der normalen Arbeitsteilung fiel es, daß Frauen gelegentlich im Wein- und Käsehandel tätig waren oder eine Gastwirtschaft betrieben. Der häusliche Bereich verlangte der Frau harte Arbeit ab. Aus ihren Pflichten erwuchs ihr aber auch Einfluß und Respekt. Die Mutter war immer eine Respektsperson. Ein strenger Ehrbegriff erfüllte auch die bäuerliche Gesellschaft. Die „Verguenza" einer Frau – d.h. ihre Zurückhaltung, ihre Sorge für ihren guten Ruf – ließ sich nicht wiederherstellen, wenn sie einmal verlorengegangen war. Nur in einem Fall verstieß ein Mann seine Frau – weil sie keine Ketzerin war.

Das Verhältnis zwischen Eltern und Kindern war liebevoll und herzlich. Eine Mutter, die Haus und Kind verließ, um zu den Ketzern zu gehen, konnte sich von dem Kind in der Wiege kaum trennen; immer wieder lief sie zurück, um das Kind noch einmal zu küssen. Man sollte daher die von Ariès gemachten Beobachtungen und Deutungen über nur gering entwikkelte Kindesliebe im Mittelalter[332] nicht verallgemeinern und überbewerten. Die große Anzahl der Kinder, die insgesamt in einer Ehe geboren wurden, der Tod so vieler Säuglinge und Kleinkinder hatte natürlich zur Folge, daß dem einzelnen Kind nicht das große Maß elterlicher Liebe zukam wie heute. Aber auch damals traf der Tod kleiner Kinder die Eltern schwer.

Das Ansehen der Frauen wuchs mit dem Alter. Das Fehlen von Kirchenbüchern gestattet keine statistischen Angaben über die Sterblichkeit. Bei jedem Sterbefall waren festgelegte Zeremonien durchzuführen, für die hauptsächlich die Frauen der „domus“ des Sterbenden verantwortlich waren. „Die rituelle Klage um eine tote, sterbende oder sterbenskranke Mutter oder Schwiegermutter oblag deren Töchtern oder Schwiegertöchtern. Diese mediterrane Praxis des ‚lamentu‘ war zwar älter als der Katharismus, ja älter sogar als das Christentum, doch in Montaillou war sie nicht mehr wie ursprünglich eine Angelegenheit aller Frauen des Dorfes, sondern wurde nur von den Frauen der jeweils vom Tod betroffenen ‚domus‘ geübt“ (S. 245 f.). Die perfecti versuchten diese Übung überhaupt abzuschaffen. Die Frauen wachten am Bett der Sterbenden; die Herrichtung der Leiche war ihre Sache.

Die geselligen Beziehungen zwischen den Frauen gingen in den ländlichen Kirchspielen über die Standesgrenzen hinweg. Die Schloßherrin mußte schon mit den Frauen aus dem Dorf verkehren, wenn sie nicht ganz isoliert bleiben wollte. Und die Mägde nahmen eine wichtige Funktion im Kommunikationssystem der Gemeinde wahr. Ein Treffpunkt, wo Neuigkeiten ausgetauscht werden konnten, war auch die Mühle, die Frauen brachten gewöhnlich das Korn zum Mahlen. Der katharischen Agitation gegenüber verhielten sich die Frauen verhältnismäßig passiv. Die Beziehungen der Männer im Dorf untereinander waren umfassender und politisch bedeutender als der gesellige Verkehr der Frauen.

Schluß

Konstanten und Wandlungen und Dauer im Wandel

In der Geschichte der Frau im Mittelalter gibt es Konstanten und Wandlungen – und Dauer im Wandel. Die stärkste Konstante: Die Frau ist die reiche Erbtochter, die Frau gebiert den Nachfolger und Erben. Das gilt für König und Bauer, Adel und Bürger. Je höher die Stellung, umso bedeutender diese „Funktion", die in den Wergeldfestsetzungen der fränkischen Leges für die gebärfähige und schwangere Frau ihre rechenhafte Bewertung findet. Der Bestand der Dynastie hängt von ihr ab. Ist der Mann lange abwesend, stirbt er früh und hinterläßt nur einen unmündigen Sohn, wird aus dieser Funktion eine Aufgabe: sei es die Regentschaft im Königreich, im Fürstentum, sei es die Verwaltung der Liegenschaften, Renten, Kapitalien eines Handelshauses oder die Weiterführung des Handwerkerbetriebes. Die Frauen haben sich diesen Aufgaben meist gewachsen gezeigt. Agnes von Poitou, die es nicht vermochte, die Vormundschaft über ihren unmündigen Sohn, den späteren Heinrich IV., zu behaupten, erscheint da fast als Ausnahme. Die Frauen hatten männliche Berater, aber auch klare eigene Zielvorstellungen. Sie haben fast immer bewahrend und ausgleichend gewirkt. Im Deutschen Reich stand ihnen bis ins 12. Jahrhundert das consortium imperii, die Mitherrschaft, schon zu Lebzeiten des Gatten zu. Das kam einer späteren Regentenrolle zustatten. Ottos II. Witwe, die Byzantinerin Theophanu, hat sieben Jahre lang die Geschicke des Reiches geleitet, und wenn sie in Ravenna als „Theophanius imperator" urkundet, spricht sich ein Selbstbewußtsein aus, das dem einer modernen Regierungschefin nicht nachsteht. Diese Herrscherinnen der Kaiserzeit waren oft gebildeter als ihre Männer, manche kamen aus einem anderen Kulturkreis und vermittelten zwischen den Kulturen, gaben bedeutende Anregungen für Dichtkunst, höfisches Brauchtum wie die zweite Ehefrau Heinrich des Löwen Mathilde oder Beatrix, die Gattin Barbarossas. Das Buch erscheint als Attribut dieser Frauen: bei Beatrix von Tuszien, bei Eleonore von Poitou. Zwar können wir keiner mittelalterlichen Herrscherin eine Leistung von epochaler Wirkung zuweisen – aber das auch nur wenigen Männern.

In der mittelalterlichen Stadt war den Frauen keine politische Wirksamkeit beschieden. Die Frauen in der Stadt partizipierten wohl am Bürgerrecht des Mannes, aber sie stiegen hier nicht zur politischen Verantwortung auf – ja sie haben es anscheinend auch gar nicht erstrebt –, das war folgenschwer angesichts der wachsenden Bedeutung der Städte und des

Bürgertums. Wir finden sie auch nicht unter den Hofesgeschworenen einer Grundherrschaft, unter den landesherrlichen Amtsträgern, in den ständischen Vertretungen. Dadurch war der Kreis der Frauen, die sich in einer politischen oder politisch-administrativen Tätigkeit bewähren konnten, sehr klein, normalerweise auf die Herrscherhäuser und den Hochadel beschränkt. Daß nach der Goldenen Bulle von 1356 die Kaiserin dem Kaiser nachgeordnet ist, daß in Frankreich die Frauen und die Nachkommen der Frauen im 14. Jahrhundert von der Thronfolge ausgeschlossen wurden, hat die Frauen später nicht daran gehindert, erfolgreich als Regentinnen hervorzutreten. Die Geschichte bietet neben vielen Regelmäßigkeiten – Gesetze im strikten Sinn des Wortes kennt sie nicht – immer wieder Überraschungen: Da rettet ein einfaches Bauernmädchen dem französischen Herrscher Krone und Thron und verhindert eine drohende Personalunion von England und Frankreich. Aber – die charismatische Ausstrahlung der Jeanne d'Arc ist etwas anderes als nüchterne Politik.

„Ich habe nie getötet", sagte Jeanne d'Arc. Auch dies eine konstante Haltung, die erst in unserer Zeit aufgegeben zu werden droht. Nicht einmal die germanischen Frauen zur Zeit des Tacitus nahmen normalerweise am Kampfgeschehen teil; sie blieben bei der Wagenburg und griffen erst im äußersten Notfall in den Kampf ein. Wir erinnern uns, daß Jahrhunderte später der Langobardenkönig Liutprand befahl, Weiber, die sich zu gewaltsamem Tun zusammengerottet hatten, kahlzuscheren und auszupeitschen, und androhte, daß künftig jeder alle Frauen, die sich vermessen sollten, in dieser Weise gewalttätig zu werden, bußlos verletzen und umbringen könne. Der Merowingerkönigin Brunichilde gelang es nicht, ihr Heer im Endkampf gegen Chlothar II. zusammenzuhalten, stolze Äbtissinnen wie Sophie von Gandersheim brachten ein kriegerisches Aufgebot zusammen, mitgekämpft haben sie dann doch nicht. Der mittelalterliche Reiterkampf überforderte schon rein physisch die Frau. In voller Rüstung im Lanzenkampf zu bestehen, war unvergleichlich anstrengender als heute die Bedienung automatischer Waffen. Es entsprach aber auch nicht Sitte, Brauch und Empfinden, daß Frauen gewalttätig wurden, das zeigt deutlich die Reaktion Liutprands. In der fehlenden Wehrfähigkeit lag ein Handicap für die politische Betätigung der Frau. Sie konnte das militärische Aufgebot nicht anführen wie der König, der Herzog, der Graf – das hat sie von politischer Betätigung als Regentin zwar nicht abgehalten. Sie konnte einem Lehnsherrn den Reiterdienst, die militärische Hilfe nicht leisten – die sich allmählich durchsetzende Lehnsfähigkeit erkaufte sie mit Heiratszwängen, oder sie mußte Stellvertreter für den Reiterdienst stellen. Sie konnte in der städtischen Miliz nicht mitziehen zur Verteidigung der Stadt und ihrer Freiheit. Die achtzig Frauen, die einem Chronisten zufolge zu Beginn des 12. Jahrhunderts die Türme der Stadt Amiens verteidigten, sind eine Ausnahme. Im allgemeinen mußte die Frau, die Bürgerrecht und Zunftmitgliedschaft besaß, für die militärischen Dienste einen Vertreter stellen. Mir gegenüber hat ein Schweizer Historiker den Ausschluß der Frau in der Eidgenossenschaft vom Stimmrecht – jetzt ist er in manchen Kantonen beseitigt – damit begründet, daß die Frau keinen Militärdienst leiste. Wer keine Waffen führen, sich und die Seinen nicht aus eigener Kraft verteidigen konnte, war schutzbedürftig und damit nach alter germanischer Anschauung nicht vollfrei. Wir brauchen hier nicht zu wiederholen, welche Folgerungen für die Frauen sich daraus ergaben, wie sie nach den „Leges" der Muntgewalt eines Mannes unterstanden und rechtlich handlungsunfähig waren. Nach germanischem Recht waren sie bei der Vertragsehe Objekt und gingen von der Muntgewalt des Vaters in die des Gatten über.

Andererseits beweisen die strengen Bestimmungen der „Leges" nicht nur zur Sicherung ihres Lebens, sondern auch ihrer Ehre und Schamhaftigkeit, daß die fehlende oder geringe rechtliche Handlungsfähigkeit ein hohes Ansehen der ehrbaren Frau und des unberührten jungen Mädchens nicht ausschließt. Im Laufe des Mittelalters ergaben sich wesentliche Besserungen in der Rechtsstellung der Frau; entstanden Freiräume außerhalb der Ehe, boten sich vielseitige berufliche Entfaltungsmöglichkeiten; verantwortlich dafür sind zwei Institutionen: die Kirche und die Stadt.

Das kirchliche Recht machte den Konsens der Brautleute zur einzigen Gültigkeitsvoraussetzung der Ehe. Wir sahen, wie es sich sehr allmählich durchsetzte; es verhinderte theoretisch und rechtlich erzwungene Heiraten, es führte zur Ehefähigkeit, wenn auch nicht zur vollen Ehefreiheit der grundhörigen ländlichen Bevölkerung. Die Ehe entwickelt sich zur Genossenschaft der Eheleute – die allerdings die eheherrliche Vormundschaft des Mannes einbegreift. Noch im 15. Jahrhundert erklärt die Kölnerin dem Verheirater, daß sie diesen Mann „zum Momper und Ehegenossen" nehme. Die patriarchalische Familienstruktur ist also auch eine Konstante. Sie wurde abgemildert durch eine gewisse Geschäftsfähigkeit auch der Hausfrau, durch wesentliche Änderungen im ehelichen Güterrecht und im Erbrecht für Frauen und Töchter. Abgemildert wurde auch das ursprünglich bis zum Tötungsrecht gehende Züchtigungsrecht des Ehemannes. Die Tötung gestatten kirchliches und weltliches Recht nicht mehr – aber das weltliche Recht billigt dem Mann, der die Ehebrecherin tötet, gerne Milderungsgründe zu. Es bleibt dabei, daß der Mann die Frau „erziehen" soll, daß er sie strafen darf. Er darf nur nicht härter zuschlagen, als es dem ehelichen Maß (ultra modum maritale!) entspricht. Der Witwe – bei der Witwe beginnen manche Verbesserungen der Rechtsstellung der Frau – wächst elterliche Gewalt gegenüber ihren unmündigen Kindern zu.

Welche Bedeutung der Erbtochter zukam, können wir auf Grund unserer modernen Gepflogenheiten kaum noch ermessen. Mit der Heirat verbinden sich zwei Familien, sie vermehren so ihre Macht und ihren Einfluß. Nach diesem Gesichtspunkt werden die Heiraten geschlossen, die Ehepartner ausgesucht. Die Gefühle der Partner haben zurückzutreten. Ich erinnere nur an Judith von England-Flandern, an Mathilde von Tuszien. Nicht nur für die Habsburger galt: „Tu felix Austria, nube". Beim Zustandekommen des neuburgundischen Reiches, dessen Erbin Maria den Habsburger Maximilian heiratete, hatten günstige Heiraten – die burgundisch-flandrische Hochzeit 1369, die burgundisch-bayerische Doppelhochzeit 1385, die burgundisch-luxemburgische Hochzeit 1402 – eine wichtige Rolle gespielt. Der Niederrhein wurde im Spätmittelalter zu einem Musterbeispiel territorialer Zusammenschlüsse durch Heiraten und Erben. Diese hohe Bedeutung politischer Heiraten ist freilich an die Staatsform der Monarchie geknüpft. Aber auch im städtischen Patriziat war die Einheirat vielfach notwendig, um in einen geschlossenen Patrizierkreis hineingelangen zu können. Die Witwe eines zünftischen Handwerksmeisters war in ihrem Heiratsentschluß oft nicht frei. Der Lehnsherr übte Heiratszwang aus. Wie verfügt Heinrich VI. in seinem Vertrag mit dem gefangenen Richard Löwenherz: „Der König wird seine Nichte, die Tochter des Grafen von England, dem Sohn des Herzogs von Österreich zur Frau geben, innerhalb von sieben Monaten nach seiner Befreiung. Er wird sie bis an die Grenze des Kaiserreichs schaffen, wenn man sie haben will. Falls man sie nicht haben will, bleibe der König unbetroffen." Hier war die Frau wirklich nur Objekt. Dieser Einstellung begegnen wir auch in der Renaissance, die der Frau die Entfaltung der eigenen Persönlichkeit wohl zubilligte – aber sie ebenso zu verheiraten gestattete, wie das im ganzen Mittelalter üblich war; denken wir nur an die Ehen der Lukrezia Borgia. Eine bis in unsere Tage spürbare konstante Besonderheit weiblichen Schicksals besteht darin, daß eine verheiratete Frau im Laufe ihres Lebens zwei Familienverbänden angehört und nie für ihr ganzes Leben ausschließlich einer Familie verbunden bleibt. Die Eltern müssen die Töchter hergeben, sie müssen sie dabei auch ausstatten. Die Tochter verläßt das Haus, in das hinein sie geboren wurde, sie kommt in ein fremdes Haus. Ist sie dort allen willkommen? War sie im Elternhaus so geliebt wie die Söhne? Ich glaube nicht, daß man die Töchter nicht auch liebte. Aber man hat in die Töchter weniger investiert, weniger Ausbildung z.B. Das blieb so bis in unsere Tage.

Für die Frauen aller Stände und Schichten gilt bis heute die geschlechtsspezifische Arbeitsteilung, die der Frau die Binnenwirtschaft zuweist. Für die Bauersfrau und die Frauen im städtischen Handwerkerhaushalt bedeutete das eine lebenslange Plackerei, zumal zum Haushalt damals viele Arbeiten gehörten, die heute von Maschinen oder außerhäuslich wahrgenommen werden: die Hausschlachterei und -brauerei z.B. Diese Arbeitsteilung galt auch für die Frauen des Adels, aber sie hatten ihre Mägde. Im statistischen Durchschnitt sind die Haushalte nicht so groß, wie wir uns das für die älteren Zeiten gerne vorstellen. Die Geburtenrate war vor allem im frühen und hohen Mittelalter hoch – aber viele Kinder starben als Säuglinge oder Kleinkinder. In den Städten rechnen wir mit durchschnittlichen

Haushaltsgrößen von 4 bis 5 Personen. In der Frühzeit heiraten die Frauen ab dem 13. Lebensjahr, im späten Mittelalter liegt das Heiratsalter auch für die Frau etwas höher.

Es gibt auch Konstanten in dem Bild, das sich die öffentliche Meinung von der Frau damals machte, in den Charakterzügen, die ihr eigentümlich waren oder zugeschrieben wurden – in guten wie unguten. Über diesen Punkt können wir nur Andeutungen machen, da wir die Literatur, die Dichtung, die künstlerische Darstellung der Frau nicht berücksichtigt haben. Die Frau gilt leicht als zänkisch. Es mag wohl sein, daß ihre Rolle im Haushalt, wo sie allein entscheiden und anordnen konnte, sie weniger an gemeinsames Tätigsein gewöhnte als den Mann, der in der Politik und Kriegsführung, im Rat der Herren wie der Städte, auf kameradschaftliches und kollegiales Wirken angewiesen war. Wir erinnern uns an den Streit im Kloster zu Poitiers, an die Vorwürfe in bischöflichen Kommissionsberichten über Zustände in Frauenklöstern aus dem späten Mittelalter. „Ve illi domui, in qua uxor litigiosa proprio viro dominatur", seufzt Caesarius von Heisterbach und erzählt dann eine Anekdote von einer streitsüchtigen und „schlagfertigen" Kölnerin. Keineswegs war die mittelalterliche Frau ein fügsames Heimchen am Herd. Denken wir an Adela aus der Wichmannsippe, die sich ihr Erbteil tatkräftig erstritt. Lust am Besitz, Freude an der Macht hatten viele Frauen, auch Freude an Schmuck, schönen Kleidern und kostbaren Pelzen. Die Frau war fürsorglich. Die Äbtissin Adelheid von Vilich wirkte im Kloster als eine mütterliche Frau. Die Genter Patrizierin Ermentrude Uten Hove stiftete ein Spital. Die Frau konnte dem Mann zur unentbehrlichen Gefährtin werden, wie Gisela einem so harten Mann wie Konrad II. „Sanctum aliquid providumque": Der Frau wurden magische Kräfte zugeschrieben. Ihre Frömmigkeit war emotional; ihr eignet die visionäre Schau, die mystische Versenkung; das gilt für eine so gelehrte und verstandesklare Frau wie Hildegard von Bingen wie für die naive Katharina von Siena. Es war eine gefährliche Gabe: Die charismatische Führungskraft der Jungfrau von Orléans führte ihren König zur Salbung und Krönung nach Reims und sie selbst auf den Scheiterhaufen von Rouen.

Wollen wir die Wandlungen, die sich im Mittelalter ergaben, die Lebenswirklichkeit, Ermessensspielräume, Handlungsfreiheit und -unfreiheit der Frauen schärfer zusammenfassend rekapitulieren, müssen wir wieder chronologisch vorgehen. Am fremdartigsten mutet uns das frühe Mittelalter an. Die von dem fast nur äußerlich angenommenen Christentum kaum gezügelte Wildheit der Merowingerkönige und Großen, die auch vor den Frauen nicht Halt macht und auch von Frauen ausgeht, erschrecken uns. Das kirchliche Gebot der strikten Einehe und der Unauflöslichkeit des ehelichen Bandes wird – nach den Vorgängen im Herrscherhaus zu schließen – kaum beachtet; das gilt auch noch für die Karolingerzeit. Die Gegensätze zwischen Hoch und Nieder waren außerordentlich schroff. Vergegenwärtigen wir uns die Merowingerkönigin Arnegunde in ihrer prunkvollen Kleidung, ihrem kostbaren Geschmeide. Solche Frauen verfügten über alle damals im Frankenreich möglichen Annehmlichkeiten des Lebens und eine große Dienerschaft – freilich hatte auch ihr Leben seine Höhen und Tiefen. Stellen wir daneben jenes unglückselige Sklavenpaar, von dem uns Gregor von Tours berichtet, das einander in Liebe angehören wollte und von einem grausamen Herrn lebendig begraben wurde. Ein spektakulärer Einzelfall gewiß – aber er besagt, was allgemein galt, daß die Sklaven an den germanischen Herrenhöfen bis ins 8. Jahrhundert hinein keine legitime Ehe führen konnten. Das traf Frauen wie Männer. Für diesen unfreien Teil der Bevölkerung brachte, wie wir darstellten, die Karolingerzeit eine Wende: die Abschichtung Unfreier vom Herrenhof, die ihnen erlaubte Familienstiftung, die Ansetzung auf einer kleinen, vom Herrn gegebenen Bauernstelle. Sie werden grundhörige Bauern. Aus Mitteleuropa verschwindet dann die Kaufsklaverei zunehmend. Im mediterranen Raum bleibt sie, wenn auch nicht in sehr großem Umfang, erhalten, wie wir es für Genua darlegten. Der enorme Unterschied im Lebenszuschnitt der kleinen Herrenschicht und der Masse der Unfreien bleibt überall bestehen.

Schwierig war stets die Lage alleinstehender Frauen. Die langobardischen Könige haben sich in ihrer Gesetzgebung der Witwe, der unverheiratet im Vaterhaus lebenden Frau, der Tanten sehr verständnisvoll angenommen. Es war aber auch offensichtlich nötig, daß sie das taten. Sie schützten die weibliche Schamhaftigkeit, sie berichteten aber auch von Witwen, die ein lockeres Leben führten, verdammten das und ordneten an, daß solche Frauen schleunigst in einem Kloster unterzubringen seien. Man erwartete von den Frauen größte Sittenreinheit – gegenüber dem Mann war man nachsichtig. Im 10. und 11. Jahrhundert und auch noch später kam es immer wieder vor, daß alleinstehende volksrechtlich freie Frauen sich einem Kloster als Zinspflichtige ergaben, also ihren Freienstatus aufgaben, um sich den Schutz eines geistlichen Herrn zu sichern, auch männliche Freie haben das getan, aber anscheinend bei weitem nicht so häufig wie Frauen.

Seit der zweiten Hälfte des 4. Jahrhunderts gab es Frauenklöster. Sie boten Zuflucht und Möglichkeiten karitativen Wirkens, der Bildung und geistig-literarischer Betätigung. Die Frauen haben den Preis der Ehelosigkeit vielfach gering erachtet, sei es weil sie die Ehe schon zur Genüge erlebt hatten und als Witwen eintraten, sei es weil sie als Kinder dem Kloster übergeben wurden und ganz selbstverständlich in den geistlichen Beruf hineinwuchsen. In der gesamten Lebenshaltung, in Speise und Trank, Ausstattung mit Dienerschaft, Festlichkeiten mit Gästen war das Leben im Kloster oder Stift von dem in der Königspfalz oder der Burg nicht so sehr verschieden. Diese Klöster und Stifte waren vom König oder Hochadel gestiftet und den Töchtern des Hochadels vorbehalten. Die schroffe Trennung zwischen einer kleinen Herrenschicht und einer breiten Unterschicht ging auch durch die Kirche.

Dann aber markieren das ausgehende 11., das 12. und 13. Jahrhundert eine große Wende: Städtische Bürgerschaften schieben sich als neue Schicht zwischen Adel und unfreie Bauern. Ein intensives und erfolgreiches Streben nach Freiheit und Frieden, nach besserer gesetzlicher Ordnung kennzeichnet diese Zeit.

Nach Freiheit von bevormundender Laiengewalt strebt die Kirche. Wir lernten in Mathilde von Tuszien eine Frau kennen, die in der großen Auseinandersetzung zwischen Heinrich IV. und Papst Gregor VII. eine Rolle spielt. Eine breite Reformbewegung bricht auf, man will die Kirche von Grund auf erneuern, ein apostolisches Leben führen, in unbedingter Nachfolge dem armen Christus gleichwerden. Von der Armutsbewegung werden Frauen aller Stände und Gruppen, vom Hochadel bis zur Dirne ergriffen. Die Frauen der ritterlichen Dienstmannen, die zum Niederadel aufsteigen, die Patriziertöchter in den Städten, bedrängte Witwen kämpfen leidenschaftlich dafür, ein gottgeweihtes Leben führen zu können, sei es im Kloster oder in freier Gemeinschaft. Die Frauen nehmen auch das Recht der Laienpredigt für sich in Anspruch. Die in anderer Hinsicht konservative Hildegard von Bingen – sie hielt am Adelsprivileg im Kloster fest – hat mehrere Predigtreisen unternommen. Erst in jüngster Zeit gestehen einige katholische Bischöfe entsprechend vorgebildeten Frauen dieses Recht wieder zu. Wir schilderten die Armutsbewegung als eine Gratwanderung zwischen kirchlicher Erneuerung und Ketzerei. Anzumerken bleibt, daß sowohl die neuen Orden – Prämonstratenser, Zisterzienser, Dominikaner und Franziskaner wie auch die Katharer – in der ersten Begeisterung zwar den Wünschen der Frauen nach Teilnahme an ihrem Gottesdienst und seelsorglicher Betreuung entgegenkamen, sobald sie sich stärker institutionalisierten aber eher auf Distanz zu den religiös bewegten Frauen gingen. Die Päpste haben dafür gesorgt, daß die Frauen die notwendige geistliche Betreuung durch die Orden nicht zu entbehren brauchten. Die Zahl der Frauenklöster nahm sehr zu; das Leben in diesen Klöstern war oft von größter Einfachheit, ja Armseligkeit. Es treten auch ganz neue Formen eines gottgeweihten Lebens auf, in der Familie oder in freier, nicht an eine Ordensregel gebundener Gemeinschaft als Begine. Begine ist übrigens ursprünglich ein Ketzername, und der Ketzerei wurden die Beginen auch immer wieder verdächtigt. Auch in der Mystik ist der Frauenanteil groß, gerade die Beginenmystik zeichnet sich durch ihre literarischen Leistungen in der Volkssprache aus. Die Vielfalt weiblichen geistlichen Lebens wurde auf diese Weise ständig größer, und um Abtei, Stift, Konvent gruppierte sich ein zahlreicher Personenkreis: Konversen, Laienschwestern, entlohnte Dienstkräfte, Frauen, die sich durch Schenkungen das Recht erwarben, von den Ordensfrauen und ihren Leitern Lebensunterhalt und geistliche Betreuung zu erhalten. Aus dieser vielfältigen intensiven religiösen Frauenbewegung heraus ist Elisabeth von Thüringen zu verstehen.

Wir konstatieren einen auffallenden Gegensatz im weiblichen Engagement des Hochmittelalters: Für die bürgerlichen Freiheitskämpfe interessieren sich die Frauen offensichtlich nicht; erst recht fehlt jeder Beleg für eine weibliche Teilnahme an der Auseinandersetzung mit dem Stadtherrn. An der religiösen Bewegung nehmen sie, obwohl sie vom Weiheamt ebenso ausgeschlossen bleiben wie vom Sitz im städtischen Rat, leidenschaftlich Anteil, hier entwickeln sie Initiative, stellen sich gegen ihre ganze Familie, verhandeln mit Päpsten, scheuen keine Mühe und machen wirklich Ernst mit dem apostolischen Leben in Armut und Erniedrigung. Das muß tieferliegende Gründe haben. Die Frau lebt offensichtlich mehr aus der Emotionalität heraus als der Mann, und ihr religiöses Bedürfnis ist stark, stärker als ihr politisches Interesse. Zum mindesten gilt das für viele Frauen. Und es bedeutet nicht – dafür haben wir genügend Beispiele erbracht –, daß Frauen nicht auch in den Bereichen der Verwaltung und Politik gute Leistungen erbringen können.

Es handelt sich hier nicht um polare Gegensätze zwischen Mann und Frau, allenfalls um Praevalenztendenzen.

Im gleichen Zeitraum wie die Armutsbewegung bildet sich die ritterlich-höfische Kultur heraus. Die Frauen haben daran ihren Anteil, sie haben dazu beigetragen, die rauhen Reiter zu zivilisieren, der Frauendienst, die höfische Minne wird ein Kennzeichen des Rittertums, d.h. einer neuen Lebensform der oberen Schichten. „L'amour, cette invention du XIIe siècle ..." überschreibt Régine Pernoud ein Kapitel ihres Buches „La femme au temps des cathédrales". Sie apostrophiert den „Traité de l'amour" von André le Chapelain und Frauen wie Eleonore von Aquitanien, ihre Tochter Marie von der Champagne und andere aus dem französischen Kulturkreis. Sicher – die Liebeshöfe dieser Zeit, das ganze raffinierte Liebesspiel waren neu, aber die Liebe zwischen Mann und Frau gab es immer schon; wir erinnern an Balduin und Judith, an Otto und Irmgard von Hammerstein, die keine Gewalt zu trennen vermochte.

Es war auch nur ein kleiner Kreis von Frauen, die an diesen Spielen und erotischen Genüssen teilhaben konnten. Auch die neuen Lebensformen der italienischen Renaissance kamen voll nur einer schmalen Schicht von Frauen an der Spitze der sozialen Pyramide zugute.

Im Spätmittelalter verfliegt der große Elan der religiösen Frauenbewegung. Die Breite, die das religiöse Leben gewann, führte zur Verflachung; der Versorgungsgedanke bestimmte oft den Eintritt ins Kloster oder Beginat. In schlecht dotierten Konventen mußten die Beginen von ihrer Hände Arbeit leben, da war wenig geistige Leistung möglich. Das Bildungsniveau in den Klöstern nahm ab. Verweltlichung, Mißstände machen sich breit, auch in den Reformorden. Erst im 15. Jahrhundert erwächst in der devotio moderna wieder eine Reformbewegung, die wie ein stiller Abglanz des hohen Aufschwungs im 12. und 13. Jahrhundert wirkt. In diesem von Epidemien heimgesuchten, von wirtschaftlichen

Strukturveränderungen und daraus folgenden Krisen, von politischen Unruhen betroffenen Zeitalter herrschen Materialismus – auch in der Frömmigkeit –, Lebensgier und Todesangst, Ungebundenheit der Sitten. Das zeigt sich in der Erotisierung der Kleidung, Zunahme der Konkubinate und der Prostitution, von Hexenglauben, zauberischen Praktiken, wie Liebeszauber u. dgl. Die öffentliche Meinung ist jetzt den Frauen gegenüber nachsichtiger, während der Ehebruch des Mannes ihm gelegentlich Unannehmlichkeiten bereitet. Man spottete über Agneta Willeken, nahm aber ihr Verhalten hin. Das Heiratsalter verschiebt sich etwas; es liegt jetzt für die Frauen bei 15–18 Jahren, gelegentlich noch höher.

Auch das späte Mittelalter hat eine ständisch geordnete Gesellschaft, aber die geburtsständischen Trennungsmerkmale – die auch früher den Aufstieg Einzelner wie ganzer Gruppen nicht verhindert hatten – sind jetzt sehr stark mit leistungsständischen Elementen durchmischt. Die Dreigliederung Adel – Bürger – Bauer mindert insgesamt die Schroffheit der ständischen Unterschiede. In den Städten war eine Gesellschaft entstanden, die besonders stark von leistungsständischen Prinzipien beherrscht, in ihrer landsmannschaftlichen Herkunft sehr gemischt war – die Pestverluste wurden zum Teil durch Zuwanderung ausgeglichen –, die viele Aufsteiger eingeschmolzen hatte und eine starke Differenzierung in Vermögen und Sozialprestige zeigte. Die Großstädte wiesen schon erste Ansätze jener Anonymität der Beziehungen auf, die für die neuzeitliche Großstadt, in einem mitunter allerdings überschätzten Ausmaß, bezeichnend wurde. „Als offene Leistungsgesellschaft, horizontal wie vertikal durchlässig", hat A. v. Brandt die Lübecker Stadtgesellschaft im 14. Jahrhundert charakterisiert. Das gilt für viele Städte ohne geschlossenes Patriziat. Die sozialen Unterschiede sprechen sich nicht nur in der Vermögensdifferenzierung aus, sondern auch in Kleidung und Schmuck der Frau, in der Zulassung zu Fest und Tanz, in der gesamten Lebenshaltung. In den städtischen Oberschichten herrscht ausgesprochener Luxus, in der Wohnung und ihrer Ausstattung, in der raffinierten Eßkultur, im gesamten Lebensstil. Die Stadträte sehen sich zur Antiluxusgesetzgebung veranlaßt, die teils schädlicher und sündhafter Verschwendung vorbeugen, teils die ständischen Schranken befestigen will.

Es gibt zahlenmäßig breite Unterschichten der armen Witwen, der Mägde, deren Lohnniveau stets unter dem der Knechte, das sind vor allem die Handwerksgesellen, liegt. Die Handwerksgesellen hatten eine Berufsausbildung, sie schlossen sich zu Gesellenbünden zusammen und stellten ihre Forderungen auf. Die Mägde wohnten weiterhin im Haus des Arbeitgebers, sie entwickelten keinerlei Solidarität, ihre niedrigen Löhne wurden – sehr unterschiedlich – aufgebessert durch persönliche Zuwendungen von seiten der Herrschaft. In den Unterschichten sind die Frauen nachweisbar oft überrepräsentiert. Als weibliche Randgruppe erwiesen sich die Dirnen. Die kirchlichen Institute reichten nicht immer aus, die bedürftigen Frauen hinreichend zu versorgen und Randgruppen eventuell zu integrieren, bekehren nannte man das damals.

Die Quellen, von denen der Historiker ja immer abhängig ist, fließen jetzt zwar reichlicher, aber das hindert nicht, daß viele Fragen offenbleiben, z.B. die wichtige nach dem Zahlenverhältnis von Männern und Frauen in der Stadt. Früher nahm man für die mittelalterlichen Städte einen Frauenüberschuß an; neuere Forschungen haben daran wenigstens in einigen Fällen berechtigte Zweifel geweckt. Da Verallgemeinerungen wissenschaftlich nicht zu verantworten sind, muß Stadt für Stadt erforscht werden – aber mitunter fehlen für eine Stadt so gut wie alle Angaben, die eine Berechnung ermöglichen könnten. Wohl hat Schuler, der kürzlich für Freiburg im Breisgau überzeugend einen erheblichen Männerüberschuß nachwies, dabei eine bisher nicht gebührend berücksichtigte Quelle herangezogen, die Register des Gemeinen Pfennigs von 1496–99. Hier läßt sich also noch etwas machen. Schon wegen der Quellenlage stehen in unserer Betrachtung große Städte im Vordergrund. Sie, und in beträchtlichem Ausmaß wohl nur sie boten den Frauen neue berufliche Möglichkeiten. Dabei ergeben sich einige allgemeine Erkenntnisse. In manchen mittelalterlichen Städten sind nicht nur alleinstehende Frauen, junge Mädchen, Witwen berufstätig, sondern mitunter auch in beträchtlichem Umfang verheiratete Frauen, und zwar gut verheiratete Frauen von Kaufleuten und sogar Ratsherren. Hier fragt sich, ob diese Frauen ihren Handel, den sie auf eigenen Gewinn und Verlust treiben, ihren selbständigen Gewerbebetrieb aus ähnlichen Gründen führen, die heute viele verheiratete Frauen zur Berufstätigkeit veranlassen: Erringung eines hohen Lebensstandards, Finanzierung der Laufbahn des Mannes, das bedeutet im Mittelalter einer ehrenamtlichen politischen Laufbahn im Rat. Die Berufstätigkeit der Frau wurde in der spätmittelalterlichen Stadt dadurch erleichtert, daß es infolge der handwerklichen Organisation auch der Exportgewerbe noch keine Trennung zwischen Wohnung und Arbeitsplatz gab: Die Werkstätte der selbständigen Handwerkerin lag in ihrem Wohnhaus, ebenso wie das Kontor der Kauffrau. Die Gewerbetätigkeit der Frauen war besonders da gegeben, wo die Stadt in einzelnen Gewerbezweigen für den Export arbeitete und daher viele Arbeitskräfte gebraucht wurden. Da wiederum bevorzugten die Frauen das Seidengewerbe, wohl auf Grund ihrer besonderen Eignung, mit einem so feinen und empfindlichen Stoff umzugehen. Für London, Paris, Zürich, Straßburg (Schleier) und Köln ist das bezeugt. In Köln, wo wir uns für die wirtschaftliche Stellung der Frau auf die moderne, ergebnisreiche und zuverlässige Arbeit von Margret Wensky stützen können, liegt die Seidenverarbeitung ausschließlich in der Hand der beiden Frauenzünfte der Seidmacherinnen und der Seidenspinnerinnen. Aber auch die Kölner Meisterfrauen und Kauffrauen erstreben keinen eigenen Anteil am Stadtregiment, keinen politischen Einfluß. Ein anderer, von Frauen bevorzugter Gewerbezweig ist der Vertrieb kleinster Kleinigkeiten, von „Tand", bezeugt für Regensburg und Frankfurt. Auch in der Kaufmannschaft haben Frauen selbständig und erfolgreich gearbeitet. Alles hat bekanntlich seine zwei Seiten: Während z.B. in Lübeck die verheiratete Frau mit ihrem Brautschatz nicht für die Schulden ihres Ehemannes haftete, allerdings sich auch nur in einem sehr geringen Umfang (2½ Denare) selbständig verpflichten konnte, war die Kauffrau zwar unbeschränkt verpflichtungsfähig, aber dann auch verschuldens- und konkursfähig; sie haftete mit ihrem ganzen Vermögen. Auch die Mitarbeit im Betrieb des Ehemannes konnte einen beträchtlichen Umfang annehmen. In dem großen Regensburger Handelshaus der Runtinger hat lange Zeit Margarete Runtinger die Buchführung erledigt und das Wechselbuch geführt. Dadurch war es ihrem Mann möglich, seine zahlreichen Ehrenämter wahrzunehmen.

Köln ist wohl das am besten erforschte und imponierendste Beispiel weiblicher Berufstätigkeit im Mittelalter. Voraussetzungen dafür waren die Verfassung der freien Reichsstadt, die immer auch die Bürgerin in die Grundrechte einbezog, ferner die breit gefächerte Ausbildung einer Reihe von Exportgewerben, deren Organisation nicht so ausgesprochen kapitalistisch war wie im Florentiner Wollentuch- und Seidengewerbe. Zwischen den berufstätigen Ehegatten kam es zu interessanter Arbeitsteilung. Die Männer der Seidmacherinnen waren öfters Rohseidenimporteure oder besorgten den Absatz, während umgekehrt im Schmiedeamt die Frauen die kaufmännischen Aktivitäten übernahmen. Solche kaufmännisch-handwerkliche Verlagskombinationen waren in der Seidentuch- und Garnproduktion bis gegen Ende des 15. Jahrhunderts vorherrschend, erst dann kam es zu „Konzentrationsprozessen, die vor allem im Seidengewerbe zur marktbeherrschenden Position einer kleinen Verlegergruppe führten" (Irsigler). In dieser Hinsicht waren die Verhältnisse im Florentiner Textilgewerbe anders gelagert. Hier setzte sich viel früher der Verleger durch, in dessen kapitalistisch organisierten Unternehmen Angestellte auch auf den Märkten der Landgemeinden Frauen als billige Arbeitskräfte anheuerten. Die Spinnerinnen in der Florentiner Wollentuchproduktion waren überwiegend ländliche Heimarbeiterinnen. Im gesamten Textilgewerbe waren die Frauen in Florenz sehr zahlreich vertreten, aber in gedrückter wirtschaftlicher Lage, oft als reine Lohnarbeiterinnen.

Die Schulbildung der Kauffrauen reichte offenbar aus, die in einem kaufmännischen Betrieb anfallenden schriftlichen Arbeiten zu erledigen. Seit dem 15. Jahrhundert kam es allerdings zu einem Bildungsgefälle zwischen Jungen und Mädchen; die jungen Bürgersöhne besuchen jetzt die Universitäten, die nun auch in Mitteleuropa verbreitet sind. Die Frauen tun das höchstens in romantisch-abenteuerlichen Ausnahmefällen. Damit bahnt sich im Spätmittelalter eine Entwicklung an, die für die Frauen zu einem schweren Handicap im Berufsleben wurde. Denn die „Gelehrten" eroberten sich immer neue Positionen. Sie drangen in die Stadträte ein wie in die landesherrlichen Kollegialbehörden. Ärzte, Notare, Lizentiaten, Prokuratoren hatten an einer Universität studiert. Daß Frauen immer wieder in die zweitrangige, die assistierende, helfende Position gedrängt wurden, lag großenteils an ihrer fehlenden akademischen Ausbildung. Sie waren Krankenpflegerinnen, aber nicht Ärzte, Lehrerinnen, aber nicht an den jetzt aufkommenden humanistischen Gymnasien, sie waren keine Beamte in leitenden Funktionen und keine Richter. Im Gewerbe waren es andere Gründe, die Verknappung des Erwerbsspielraums, das Aufkommen neuer Produktionsformen, die dazu führten, daß die Zünfte sich gegen Frauenarbeit sperrten; das zeigt sich im 16. Jahrhundert schon sehr entschieden. Daher ist in der Neuzeit, vor etwa 1918, die Benachteiligung der Frau im Berufsleben größer gewesen als im Spätmittelalter. Da die Frauen keine Universitäten besuchten, wurden sie auch von der geistigen Entwicklung weitgehend ausgeschlossen. Frauen der Oberschicht waren im frühen Mittelalter oft gebildeter als ihre Männer. Das war jetzt vorbei. Die Erscheinung ist gemeineuropäisch. Auch in Florenz ging die Schulbildung für Knaben und Mädchen seit dem 14. Jahrhundert getrennte Wege. Die Renaissance hatte hochgebildete Frauen hervorgebracht, sie sind Ausnahmen. Weshalb war das so? Man investierte in die Tochter weniger Kosten für die Ausbildung als in den Sohn. Die Tochter mußte sowieso ausgesteuert werden, entweder für die Ehe oder für das Kloster. Und die Kosten eines Studiums waren enorm groß, wie wir belegten. Für junge Mädchen gab es keine Klerikerpfründen an der Universität. Ein besorgter Vater mochte seine Tochter auch nicht gerne dem oft recht ungezügelten studentischen Treiben aussetzen. Zu den im Beginn dieser Entwicklung wohl vorwiegend ökonomischen Gründen treten in der Frühzeit andere verschärfend hinzu: Es entstehen männliche und weibliche Schulorden, deren Bildungsziele sich sehr unterscheiden; die jetzt auf Förderung der Schulen bedachten Landesherren wollen ihren Beamtennachwuchs ausbilden, nicht jungen Mädchen zweckfreie Bildung vermitteln; im Haus des gelehrten Rates sollen die Frauen repräsentieren, das heißt musizieren und französisch parlieren; dem Ehemann oder Vater in der Berufsarbeit beistehen können sie nicht.

Der Bauersmann hatte Recht auf eine Karre Holz, wenn seine Frau ihm ein Mädchen, auf zwei, wenn sie ihm einen Sohn schenkte. Ein vernünftiger Grund für diese Bevorzugung des Sohnes bestand nicht; sie war eben geläufig. Diese Bestimmung gehörte zu den fürsorglichen Maßnahmen, die in den bäuerlichen Weistümern des späten Mittelalters für die Schwangere und die Kindbetterin festgelegt werden; sie gaben dem Verhältnis des hörigen Bauern zu seinem Herrn auch eine gewisse menschliche Wärme. Der Wegfall solcher Vergünstigungen durch eine einsetzende Bürokratisierung und Rationalisierung machte böses Blut – das Spätmittelalter ist in Europa erfüllt von Bauernunruhen, deren Gründe natürlich vielfältig und regional differenziert sind. Immer noch bestanden Heiratsbeschränkungen für die ländliche hörige Bevölkerung. Durch eine große Besitz- und Rechtszersplitterung wurden im südalemannischen Raum die Verhältnisse unerträglich; viele Leib- und Grundherren schlossen daher auf Gegenseitigkeit Verträge über die Aufhebung der Ehebeschränkung für alle ihre Eigenleute. Das zeigt uns, wie langsam sich im bäuerlichen Bereich Verbesserungen für die hörige Bevölkerung durchsetzten; die Diskrepanz in Bezug auf Rechtsstellung, Aufstiegsmöglichkeiten, Selbstständigkeit zwischen der Bürgerin in der Stadt und der Bäuerin auf dem Land war sehr groß. Die Arbeitsteilung zwischen Mann und Frau in der bäuerlichen Wirtschaft war sich gleichgeblieben. Die bäuerlichen Haushaltungen sind vor allem da, wo es die Brüdergemeinschaft gibt (frérèche), in Südfrankreich und Italien, größer als die Haushaltungen in der Stadt. Zahlen haben wir für 1427 für die Toskana: Der Haushalt umfaßte in der ganzen Toskana 4,42 Personen im Schnitt; in den Städten nur 3,91 und in der Metropole Florenz nur 3,8 Personen. Die größte damals festgestellte Familiengruppe war die von Lorenzi di Jacopo, der in der Bannmeile von Florenz lebte, mit seinen drei Brüdern, einem Mann unbekannten Verwandschaftsgrades, seinen verheirateten drei Söhnen und zwei Neffen, dazu 18 unverheirateten Neffen und Kindern und acht Enkeln bzw. Großneffen; unter einem Dach wohnten also 10 Ehepaare, 47 Personen, verteilt auf vier Generationen, da die Mutter des jüngsten Bruders, Stiefmutter der übrigen, 74 Jahre alt wurde. So weit kann sich die Wirklichkeit vom statistischen Durchschnitt entfernen.

Die Speisezettel für Landarbeiter und Gesinde, die wir mitteilten, zeigten, daß auch die ländliche Bevölkerung am wachsenden Wohlstand teilhatte. Der Fleischverzehr nahm allgemein zu, die Festspeisen der Bauern bestanden wesentlich aus Fleisch – Fisch war Herrenspeise; im Alltag überwogen Suppen und vegetabilische Speisen. Suppen und Brei herrschten in Bayern und Franken vor, in der fruchtbaren Landschaft eines mitteldeutschen Streifens wurde schon relativ viel Brot gegessen.

Die Lebenshaltung der Ritter war sehr unterschiedlich, manche lebten nicht viel besser als ihre Bauern, andere konnten sich einen geradezu fürstlichen Aufwand leisten wie z.B. Konrad von Weinsberg, an dem seine Frau – auch mit Kur- und Badereisen – partizipierte.

Ich hoffe klargemacht zu haben, wie differenziert nach Zeit und Raum die Verhältnisse jeweils lagen. Wir brauchen noch eine Fülle moderner Einzeluntersuchungen, um zu einer Europa umfassenden Typologisierung zu kommen. Eine die regionalen Unterschiede nicht gebührend berücksichtigende Gesamtübersicht wird immer fehlerhaft sein. Von gegenwärtigen Gesichtspunkten aus gesehen, dürften zwei mittelalterliche Besonderheiten hervorstechen: Es gab Freiräume für die ehelose Frau und die Witwe – aber nur in religiös-kirchlicher Gebundenheit boten sie eine gesicherte und erfüllte Existenz mit reichen Bildungs- und Wirkungsmöglichkeiten. Wir müssen auch hier wieder differenzieren. Die Entscheidung für ein Leben in der Welt oder im Kloster und Stift entfiel da, wo Kinder von ihren Eltern einem Kloster tradiert wurden; wahrscheinlich fiel es den

Mädchen im allgemeinen leichter, dann in die klösterliche Lebensform hineinzuwachsen. Freilich – es gab auch Naturen wie Chrodechilde, die im Kloster durchaus fehl am Platz waren. Aus freiem Entschluß drängten in der Aufbruchperiode des 12. und 13. Jahrhunderts Frauen ins Kloster um der reinen Nachfolge Christi willen. Im Spätmittelalter überwog beim Eintritt in die nunmehr vielfältig ausgebauten religiösen Gemeinschaften der Versorgungsgedanke, oft ist der Klostereintritt auch eine Flucht vor oder aus der Ehe. Es gab im Mittelalter viele alleinstehende Frauen: die Witwen, die Mägde. Manche Witwen waren wohlhabend oder reich; aber auch für sie war es nicht immer leicht. Mitten in die Eintragungen ihres „Schenkbuches", das die Silberschalen und -löffel, die Messingleuchter, Babyausstattungen usw. verzeichnet, die sie Verwandten und Freunden schenkte, schrieb die Nürnberger Patrizierfrau Walburg Kuncz Kressin die Ältere: „Item 1430 Samstag an St. Agnesentag da starb mein lieber Mann Conrad Kress, dem Gott gnade. Und ließ mir Barbara, Aennlein, Keterlein (Katharina), Walpurglein und Cecily die fünf Töchter, und Fritz, Sebald, Hieronymus, Kaspar die vier Söhne. Gott lasz mich sy alle mit lieb ziehen noh seinem lob amen". Erst recht schwer hatten es arme Witwen, die sich und ihre Kinder durchbringen mußten. Die Mägde verdienten zwar wenig, aber viele wohnten in einem wohlhabenden Haus und litten keine Not. Wer aber keine Arbeit fand, keine Leibrente besaß, nicht Mitglied einer frommen Schwesternschaft war, im Alter keinen Spitalsplatz hatte, gehörte zu den ehrbaren Armen oder geriet gar unter die Randgruppen der Fahrenden, der Dirnen.

Was uns weiter befremdet, ist das Adelsprivileg auch in der Kirche, der enorme Abstand, den rechtsständische Ordnung und sozialer Unterschied schufen. Er war im Frühmittelalter am schroffsten. Die ersten Verbesserungen brachte die Karolingerzeit mit der Umwandlung der Sklaverei zur Hörigkeit. Eine viel weitergehende und durchschlagendere Wandlung schuf die Entstehung der Stadtwirtschaft und des Bürgertums als neue ständische Rechtsform mit vielen günstigen Wirkungen für die Frau. Die vollentwickelte Stadt gewährte den Frauen bedeutende berufliche Entfaltungsmöglichkeiten, allerdings keine politische Mitbestimmung. Sie blieb einer kleinen Schicht der Regentinnen und adligen Frauen vorbehalten. Die Situation der Bauersfrau besserte sich in weit geringerem Maß.

Unbekannt blieb im Mittelalter das Streben nach einer rein persönlichen Freiheitssphäre. Auch der Bürger kämpfte nicht für einen persönlichen Freiheitsraum, sondern für die Freiheit seiner Stadtgemeinde gegen den Stadtherrn oder gegen das Geschlechterregiment. Die Frau erstrebte die Freiheit, außerhalb der Ehe in einer religiösen Gemeinschaft leben zu können. Männer wie Frauen wollten die Freiheit in der Bindung.

Anmerkungen

1 Ich kann hier natürlich keine Geschichtsdarstellung geben, sondern nur meine Einteilung des Mittelalters begründen und seine Perioden kurz kennzeichnen. Ich denke dabei vor allem an den Laien, dem ich hier für die spätere Darstellung wichtige Daten, Begriffe und Literatur an die Hand geben kann. Für das frühe Mittelalter verweise ich auf das von Th. Schieder herausgegebene Handbuch der europäischen Geschichte, Bd. 1, Stuttgart 1976. E. Zöllner, Die Geschichte der Franken bis zur Mitte des 6. Jahrhunderts, München 1970. J. Fleckenstein, Grundlagen und Beginn der deutschen Geschichte. (= Deutsche Geschichte hrsg. von J. Leuschner Bd. 1) Göttingen 1974. Fr. Prinz, Grundlagen und Anfänge. Deutschland bis 1056. (= Neue Deutsche Geschichte hrsg. von P. Moraw u. a. Bd. 1) München 1985.

2 K. Fr. Stroheker, Germanentum und Spätantike. Zürich/Stuttgart 1965, Zitat im Text auf S. 204.

3 Zum vielbehandelten Problem siehe zuletzt: H. v. Petrikovits, Der diachorische Aspekt der Kontinuität von der Spätantike zum frühen Mittelalter. (= Nachrichten d. Akad. der Wissenschaften in Göttingen, Phil. hist. Kl. Jg. 1982, Nr. 5) Göttingen 1982.

4 W. Braunfels, Hg., Karl der Große, Bd. 1; Persönlichkeit und Geschichte, hg. v. H. Beumann. Düsseldorf 1965.

5 R. Buchner, Die Rechtsquellen. (= Beiheft zu Wattenbach-Levison, Deutschlands Geschichtsquellen. Vorzeit u. Karolinger) Weimar 1953. Cl. Schott, Der Stand der Leges-Forschung, in: Frühmittelalterliche Studien 13, 1979.

6 F. Irsigler, Untersuchungen zur Geschichte des frühfränkischen Adels. (= Rhein. Archiv 70) 2., um einen Nachtrag erweiterte Auflage, Bonn 1981.

7 Für die agrarwirtschaftlichen Fragen vgl. E. Ennen u. W. Janssen, Deutsche Agrargeschichte vom Neolithikum bis zur Schwelle des Industriezeitalters. (= Wissenschaftl. Paperbacks 12, Soz.- und Wirtschaftsgesch., hrsg. v. H. Pohl) Wiesbaden 1979. Für Westeuropa: G. Duby, L'économie rurale et la vie des campagnes dans l'Occident médiéval. 2 Bde. Paris 1962. Für die oben skizzierten Verhältnisse: A. Verhulst, La diversité du régime domanial entre Loire et Rhin à l'époque carolingienne, in: W. Janssen u. D. Lohrmann, Hg., Villa-curtis-grangia. (= Beihefte der Francia 11) München 1983.

8 Vgl. E. Ennen, Die europäische Stadt des Mittelalters. 4. Aufl. Göttingen 1987.

9 P. Chaunu, Die verhütete Zukunft. Stuttgart 1981, Zitat im Text S. 71 f.

10 Lynn White jr., Medieval technology and social change. Oxford 1962. Deutsch: Die mittelalterliche Technik und der Wandel der Gesellschaft. München 1968.

11 L. Weinrich, Quellen zur deutschen Verfassungs-, Wirtschafts- und Sozialgeschichte bis 1250. (= Frh. v. Stein-Gedächtnisausgabe, Bd. 32) Darmstadt 1977. Dort Nr. 19, S. 70 f. Kapitulare gegen Freiheitsbestrebungen der Hörigen.

12 L. Weinrich (wie in Anm. 11) Nr. 36, S. 140 ff.

13 W. Altmann u. E. Bernheim, Ausgewählte Urkunden zur Erläuterung der Verfassungsgeschichte Deutschlands im Mittelalter. Berlin 1904, Nr. 74, S. 151 [30]. L. Weinrich (wie in Anm. 11), Nr. 23, S. 88 ff.

14 Kurzer, tiefdringender Überblick: K. Elm, Die Stellung des Zisterzienserordens in der Geschichte des Ordenswesens, in: Die Zisterzienser. Ordensleben zwischen Ideal und Wirklichkeit. (= Schriften d. Rhein. Museumsamtes, Nr. 10) Bonn 1980.

15 H. Borger u. F. G. Zehnder, Köln. Die Stadt als Kunstwerk. Köln 1982, Zitat im Text auf S. 57.

16 A. Borst, Hg., Das Rittertum im Mittelalter. (= Wege der Forschung, Bd. 340) Darmstadt 1976.

17 G. Duby, La société aux XIe et XIIe siècles dans la région mâconnaise. Paris 1953. D. Herlihy, The agrarian revolution in southern France and Italy, in: Speculum 33, 1958.

18 Für das 15. Jahrhundert mit seinen in die Frühneuzeit vorausweisenden Besonderheiten vgl. E. Meuthen, Das 15. Jahrhundert. (= Oldenbourg, Grundriß der Geschichte Bd. 9) München-Wien 1980.

19 Vgl. meine Ausführungen in E. Ennen u. W. Janssen, Deutsche Agrargeschichte (wie in Anm. 7) S. 189 und S. 194 ff.

20 F. Dörrenhaus, Wo der Norden dem Süden begegnet: Südtirol. Ein geographischer Vergleich. Bozen 1959. Dsb., Urbanität und gentile Lebensform. (= Erdkundl. Wissen 25) Wiesbaden 1971.

21 M. Mollat u. Phil. Wolff, Ongles bleus. Jacques et Ciompi. Les révolutions populaires en Europe aux XIVe et XVe s. Paris 1967. W. Ehbrecht, Hg., Städtische Führungsgruppen und Gemeinde in der werdenden Neuzeit. (= Städteforschung, Veröffentl. d. Inst. f. vgl. Städtegesch. in Münster, Reihe A, 9) Köln-Wien 1980.

22 E. Maschke,, Städte und Menschen. Beiträge zur Geschichte der Stadt, der Wirtschaft und Gesellschaft 1959–77. (= VSWG Beihefte 68) Wiesbaden 1980, Zitat im Text auf S. 371.

23 W. Hess. Rechnung Legen auf Linien. Rechenbrett und Zahltisch in der Verwaltungspraxis in Spätmittelalter und Neuzeit, in: E. Maschke u. J. Sydow, Hg., Städt. Haushalts- u. Rechnungswesen (= Stadt in der Geschichte 2) Sigmaringen 1977.

24 E. Sestan, Die Anfänge der städtischen Signorien: ein erschöpfend behandeltes europäisches Problem? In: Altständisches Bürgertum, hg. v. H. Stoob. Bd. 1 (= Wege der Forschung 352) Darmstadt 1978.

25 Königstein i. Ts. 1981. Englische Ausgabe unter dem Titel: The Fourth Estate. A history of women in the Middle Ages. London-New York 1983.

26 R. v. Uslar, Die Germanen vom 1. bis 4. Jahrhundert n. Chr. Stuttgart 1980.

27 R. Bruder, Die germanische Frau im Lichte der Runeninschriften und der antiken Historiographie. Berlin-New York 1974.

28 H. J. Wolff, Zur Stellung der Frau im klassischen römischen Dotalrecht, in: ZRG Roman. Abt. 53, 1933.

29 Es gibt keine voll zutreffende deutsche Bezeichnung für diese Quellengattung; am besten spricht man von Leges, sie sind ja auch in lateinischer Sprache abgefaßt. „Stammesrechte" scheint mir weniger mißverständlich als die auch gebräuchlichen Benennungen „Volksrechte" und „Germanenrechte". Vgl. R. Buchner (wie in Anm. 5), K. Kroeschell, Deutsche Rechtsgeschichte, 2 Bde. Hamburg 1972/73. Schott (wie in Anm. 5). H. Nehlsen, Sklavenrecht zwischen Antike und Mittelalter. Germanisches und römisches Recht in den germanischen Rechtsaufzeichnungen. I. Ostgoten, Westgoten, Franken, Langobarden. (= Göttinger Studien zur Rechtsgeschichte Bd. 7) Frankfurt-Zürich 1972.

30 R. Köstler, Raub-, Kauf- und Friedelehe bei den Germanen, in: ZRG Germ. Abt. 63, 1943, S. 120, noch mit manchen Fehldeutungen. P. Mikat, Dotierte Ehe – rechte Ehe. Zur Entwicklung des Eheschließungsrechtes in fränkischer Zeit. (= Rheinisch-Westfälische Akademie der Wissenschaften, Geisteswissenschaften, Vorträge G. 227) Opladen 1978. Dort Literaturübersicht.

31 K. Wührer, Zum altschwedischen Eherecht, in: ZRG Germ. Abt. 74, 1957, S. 231 ff.

32 H. Conrad, Deutsche Rechtsgeschichte, Bd. 1, 2. Aufl. Karlsruhe 1962, S. 153 ff.

33 H. Meyer, Ehe und Eheauffassung der Germanen, in: Festschrift E. Heymann ... Bd. 1. Weimar 1940. Dsb., Friedelehe und Mutterrecht, in: ZRG Germ. Abt. 47, 1927. W. Ogris, Artikel Friedelehe, in: HRG I, Sp. 1293 ff. P. Mikat (wie in Anm. 30), S. 50 ff.

34 Th. Melicher, Die germanischen Formen der Eheschließung im westgotisch-spanischen Recht. Wien 1940. Dazu die Rezension von A. Schultze, in: ZRG Germ. Abt. 63, 1943 S. 378 ff. Zur arrha vgl.: K. Ritzer, Formen, Riten und religiöses Brauchtum der Eheschließung in den christlichen Kirchen des ersten Jahrtausends, Münster 1962 S. 223 ff. H. Dillard, Daughters of the Reconquest. Women in Castilian Town Society. Cambridge 1984.

35 F. Beyerle, Hg., Gesetze der Burgunden. (= Germanenrechte Bd. 10) Weimar 1936. In allen Zitaten aus den Leges habe ich „die verharmlosende Übersetzung von servus und ancilla der Germanenrechte mit Knecht, Magd oder Unfreie" wie Nehlsen und R. Buchner (Rez. von Nehlsen, in ZRG Germ. Abt. 91, 1974, S. 201) in „Sklave, Sklavin" geändert.

36 F. Beyerle, Die Gesetze der Langobarden. Weimar 1947, S. 302.

37 F.-L. Ganshof, Le statut de la femme dans la monarchie franque, in: La Femme, (= Recueils de la Société Jean Bodin 12) Brüssel 1962. 2. Teil.

38 Zur Datierung der Lex Salica vgl. auch: P. Mikat, Dotierte Ehe – rechte Ehe. Zur Entwicklung des Eheschließungsrechts in fränkischer Zeit. (= Rhein.-Westfäl. Ak. d. Wissenschaften, Vorträge, G. 227) Opladen 1978, S. 20, Anm. 44. Ich halte hier an der Datierung des 65 Titel-Textes auf den Anfang des 6. Jahrhunderts fest. Zum Erbrecht vgl. auch: K. Kroeschell, Söhne und Töchter im germanischen Erbrecht, in: G. Landwehr Hg., Studien zu den germanischen Volksrechten, Frankfurt 1982.

39 K. A. Eckhardt, Die Gesetze des Karolingerreiches. (= Germanenrechte Bd. 2) Weimar 1934, § 36.

39a E. Ennen, Die Frau in der deutschen Landwirtschaft, in: H. Pohl u. W. Treue Hg., Die Frau in der deutschen Wirtschaft (= Zs. f. Unternehmensgeschichte, Beiheft 35) mit besonderem Bezug auf die Weissenburger Traditionen, S. 22. Summarische Statistiken betr. die Verfügung über Grundbesitz durch Frauen gibt auch S. F. Wemple; ihrer Interpretation vermag ich mich nicht in allen Punkten anzuschließen. – In St. Gallen verfügen die Frauen über Grundbesitz meist „cum manu advocati N." also mit Billigung ihres Vogtes.

40 H. Würdinger, Einwirkungen des Christentums auf das angelsächsische Recht, in: ZRG, Germ. Abt. 55, 1935, S. 105 ff.

41 R. Buchner, Hg., Gregor v. Tours. Zehn Bücher Geschichten. (Frh. v. Stein-Gedächtnisausgabe Bd. 2–3) 2 Bde. Darmstadt 1967. I, S. 338 f.

42 G. Dilcher, Ehescheidungen und Säkularisation, in: L. Lombardi Vallauri u. G. Dilcher, Hg., Christentum, Säkularisation u. modernes Recht. Baden-Baden/Milano 1981.

43 A. Kalsbach, Die altkirchliche Einrichtung der Diakonissen bis zu ihrem Erlöschen. (= Röm. Quartalschrift für christliche Altertumskunde und für Kirchengeschichte, 22. Supplementheft) Freiburg 1926, S. 110 f.

44 Aurelius Augustinus, Schriften gegen die Pelagianer. Hrsg. v. Seb. Kopp, D. Morrick, A. Zumkeller. Bd. 3. Würzburg 1977. Emile Schmitt, Le mariage chrétien dans l'œuvre de Saint Augustin. Une théologie baptismale de la vie conjugale. Paris 1983.

45 P. Toubert, La théorie du mariage chez les moralistes carolingiens, in: Il matrimonio nella società altomedievale. Spoleto 1977. Bd. 1, S. 277 ff.

46 P. Mikat, Dotierte Ehe – rechte Ehe (wie in Anm. 30).

47 R. Schröder, Geschichte des ehelichen Güterrechts in Deutschland. 1. Teil. Die Zeit der Volksrechte. Stettin-Danzig-Elbing 1863, S. 79, S. 112: „Die römisch-rechtliche dos ist von der der Volksrechte zwar himmelweit verschieden, aber darin stimmen beide überein, daß sie nur in wirklichen Ehen vorkommen".

48 E. Ewig, Studien zur merowingischen Dynastie, in: Frühmittelalterliche Studien, 8, 1974.

49 P. Toubert (wie in Anm. 45) S. 273 ff.

50 H. Nehlsen (wie in Anm. 29) S. 178 u. S. 368.

50a M. Weidemann, Kulturgeschichte der Merowingerzeit nach Gregor von Tours, Mainz 1982.

51 E. Ewig (wie in Anm. 48) S. 38ff.

52 Für die gesamten politischen Hintergründe, die wir nur kurz andeuten, um das Drama der beiden Königinnen verständlich zu machen, vgl. F. Steinbach, Das Frankenreich, in: Handbuch d. dt. Geschichte, neu hrsg. v. L. Just, Bd. 1. Konstanz 1967. E. Ewig, Das merow. Frankenreich (561–687), in: Handbuch d. eur. Geschichte, Bd. 1. Stuttgart 1976. Jane L. Nelson, Queens as Jezebels: The career of Brunhild and Balthild in Merovingian history, in: D. Baker Hg., Medieval women. Oxford 1978.

53 MG SS rer. Merov. Tomus II (sog. Fredegar) S. 302.: die schöne allzu listenreiche u. ehebrecherische Königin.

54 MG SS rer. Merov. Tomus II, S. 310f.

55 G. Scheibelreiter, Königstöchter im Kloster. Radegund († 587) und der Nonnenaufstand von Poitiers (589), in: Mitt. d. Instituts f. österr. Geschichtsforschung 87, 1979. M. Weidemann, S. 257ff.

56 A. France-Lanord u. M. Fleury, Das Grab der Arnegundis in St. Denis, in: Germania 40, 1962.

57 . O. Doppelfeld, Das fränkische Frauengrab unter dem Chor des Kölner Domes, in: Germania 38, 1960.

58 O. Doppelfeld, Köln von der Spätantike bis zur Karolingerzeit, in: Vor- und Frühformen der europäischen Stadt im Mittelalter. Göttingen 1973, S. 125.

59 E. Hlawitschka, Die Vorfahren Karls d. Gr., in: W. Braunfels (wie in Anm. 4). Dsb., Zur landschaftlichen Herkunft der Karolinger, in: Rhein. Vjbll. 27, 1962. Dsb., Studien zur Genealogie und Geschichte der Merowinger und der frühen Karolinger, in: Rhein. Vjbll. 43, 1979. S. Konecny, Die Frauen des karolingischen Königshauses. Die politische Bedeutung der Ehe und die Stellung der Frau in der fränkischen Herrscherfamilie vom 7.–10. Jahrhundert. (Diss. der Universität Wien 132) Wien 1980 (in manchem überholt). K. Schmid, Heirat, Familienfolge, Geschichtsbewußtsein, in: Il matrimonio, Bd. 1 (wie in Anm. 45).

60 E. Hlawitschka, Zu den klösterlichen Anfängen in St. Maria im Kapitol in Köln, in: Rhein. Vjbll. 31, 1966/67.

61 R. Schieffer, Ludwig „Der Fromme". Zur Entstehung eines karolingischen Herrscherbeinamens, in: Frühmittelalterliche Studien 16, 1982.

62 E. Hlawitschka, Zum Werden der Unteilbarkeit des mittelalterlichen Deutschen Reiches. Erw. Sonderdruck aus: Jb. d. Universität Düsseldorf. 1969/70.

63 U. Gauwerky, Frauenleben in der Karolingerzeit. Ein Beitrag zur Kulturgeschichte. (Phil. Diss. Göttingen. Masch. Schr. 1951). Dort auch zu Dhuoda und Angilberga. P. Riché, Les bibliothèques de trois aristocrates laïcs carolingiens, in: Le moyen-âge 69, 1963. Auch zu Dhuoda. Zu Angilberga: E. Hlawitschka, Die Widonen im Dukat von Spoleto, in: Quellen u. Forschungen aus italienischen Archiven u. Bibliotheken, 63, 1983, S. 55ff.

64 W. Mohr, Boso von Vienne und die Nachfolgefrage nach dem Tode Karls des Kahlen und Ludwigs des Stammlers, in: Archivum Latinitatis Medii Aevi 26, 1956, S. 147ff.

65 Th. Schieffer, Das karolingische Ostreich (751–843) in: Handbuch der europäischen Geschichte, Bd. 1. Stuttgart 1976, S. 613ff. – Dsb., Eheschließung und Ehescheidung im Hause der karolingischen Kaiser und Könige, in: Theologisch-praktische Quartalschrift, 116. Jg. 1968.

66 H. Sproemberg, Beiträge zur belgisch-niederländischen Geschichte. Berlin 1959, S. 56ff. Der hier wiederabgedruckte Aufsatz über Judith erschien zuerst 1936 in der Revue belge de philologie et d'histoire, 15.

67 C. Brühl, Palatium und Civitas. Bd. I. Gallien. Köln-Wien 1975, S. 84.

68 Wenn M. G. Enright (Charles the Bald and Aethelwulf of Wessex. The alliance of 856 and strategies of royal succession, in: Journal of medieval history, 5, 1979) glaubt, Judiths Salbung habe den magischen Zweck gehabt, ihre Fruchtbarkeit zu erhöhen, scheint mir das bei der Persönlichkeit Hinkmars wenig wahrscheinlich.

69 Ann. Bert. ad a. 862: „Canonicam in iam dictum Balduinum et Judith, quae cum fure cucurrit et adulteri portionem se fecit, secundum edicta beati Gregorii: ut siquis viduam in uxorem furatus fuerit, et consentientes ei, anathema sint, depromi sententiam ab episcopis petiit."

70 MG Epp. VI. S. 273[25]: „Sanctorum Apostolorum Petri ac Pauli quorum auxilium ipse Balduinus magis quam regum terrae fide devota quaesivit." 23. Nov. 862.

71 Cap. III ad legem Salicam: „Siquis mulier vidua post mortem mariti sui ad alterum marito se dare voluerit, prius qui eam recipere voluerit reibus secundum legem donet. Et postea mulier si de anteriore marito filios habet, parentes infantum suorum consiliare debent."

72 MG Epp. VI, 273[17] Nr. 7: „Balduinus, vasallus vester ... qui vestram se habere indignationem eo quod Judith filiam vestram, illum prae ceteris diligentem, sine vestrae voluntatis consensu in coniugium elegerit, eamque volentem acceperit, ore proprio retulit."

73 „Quod si nulla invenitur ex latere alia causa, quod grave pariat peccatum, non reperitur auctoritas, ut eorum scindi debeat coniugium, nec nostrum est eis sine manifesti delicti culpa suae separacionis inferre preiudicium."

74 MG Epp. VI, 413[33]: „... denuo quod deest oblatis pro eo petitionibus nostris supleri per pietatis vestrae munificentiam deprecamur."

75 H. Patze, Adel und Stifterchronik, in: Bll. f. deutsche Landesgeschichte 100, 1964, S. 17: „Quam Judith prudentissimam ac speciosam se sociavit Balduinus comes fortissimus in matrimonii coniugium."

76 Th. Vogelsang, Die Frau als Herrscherin im hohen Mittelalter. Studien zur „consors regni"-Formel. Göttingen/Frankfurt/Berlin 1954.

77 Vgl. auch W. Ohnsorge, Das Mitkaisertum in der abendländischen Geschichte des früheren Mittelalters, in: ZRG Germ. Abt. 67, 1950.

78 M. Uhlirz, Die rechtliche Stellung der Kaiserinwitwe Adelheid im Deutschen und im Italischen Reich, in: ZRG Germ. Abt. 74, 1957.

79 H. Goetting u. H. Kühn, Die sog. Heiratsurkunde der Kaiserin Theophanu (DO II, 21), ihre Untersuchung u. Konservierung, in: Archival. Zs. 64, 1968. W. Deeters, Zur Heiratsurkunde der Kaiserin Theophanu, in: Braunschweig. Jb. 54. 1973. W. Ohnsorge, Die Heirat Kaiser Ottos II. mit der Byzantinerin Theophanu (972), in: Ebenda. Zu den unterschiedlichen Auffassungen von Goetting und Deeters einerseits, Ohnsorge andererseits können wir hier nicht Stellung nehmen; der zitierte Aufsatz von Goetting bringt Teile der Urkunde in schönem Facsimiledruck.

80 M. Uhlirz, Die Jahrbücher des Deutschen Reiches unter Otto II. und Otto III. Bd. 2: Otto III 983–1002. Berlin 1954. H. Zimmermann, Das dunkle Jahrhundert. Graz/Wien/Köln 1971.

81 MG DD reg. et imp. II, S. 876, Nr. 1 u. 2, dazu M. Uhlirz (wie in Anm. 80) S. 121.

82 MG SS III 91. Ann. Hild: „in qua ultra sexum mira prudentia enituit."

83 J. Wollasch, Das Grabkloster der Kaiserin Adelheid in Selz am Rhein, in: Frühmittelalterliche Studien 2, 1968.

84 G. Wunder, Gisela von Schwaben. Gemahlin Kaiser Konrads II., gest. 1043, in: Lebensbilder aus Schwaben und Franken, 14. Bd. Stuttgart 1980. E. Hlawitschka, Beiträge und Berichte zur Bleitafelinschrift aus dem Grab der Kaiserin Gisela, in: Hist. Jb. 97/98, 1978.

85 W. Goez, Gestalten des Hochmittelalters. Personengeschichtliche Essays im allgemeinhistorischen Kontext. Darmstadt 1983.

86 H. Zimmermann, Der Canossagang von 1077. Wirkungen und Wirklichkeit. (=

Akademie der Wissenschaften und der Literatur, Mainz, Abh. d. geistes- und sozialwissenschaftlichen Klasse Jg. 1975, Nr. 5) Mainz 1975.

86a T. Struve, Zwei Briefe der Kaiserin Agnes, in: Hist. Jahrbuch 104, 1984; dsb., Die Romreise der Kaiserin Agnes, in: Hist. Jahrbuch 105, 1985.

87 J. Dhondt, Sept femmes et un trio de rois, in: Contributions à l'histoire économique et sociale III, 1964/65.

88 Fr. Prinz, Frühes Mönchtum im Frankenreich. Kultur und Gesellschaft in Gallien, den Rheinlanden und Bayern am Beispiel monastischer Entwicklung. München/Wien 1965, S. 77f.

89 M. Zender, Räume und Schichten mittelalterlicher Heiligenverehrung in ihrer Bedeutung für die Volkskunde. 2. erw. Aufl. Köln 1973. Zu Gertrud von Nivelles, s. dort S. 89ff. – A. Angenendt, Die irische Peregrinatio und ihre Auswirkungen auf dem Kontinent, und H. J. Vogt, Zur Spiritualität des frühen irischen Mönchtums, in: H. Löwe, Hg., Die Iren und Europa im früheren Mittelalter. Stuttgart 1982.

90 W. Levison, England and the continent in the eighth century. Oxford 1946, S. 70ff. Th. Schieffer, Winfried-Bonifatius und die christliche Grundlegung Europas. Freiburg 1954, besonders S. 162ff. R. Rau, Bearb., Briefe des Bonifatius. Willibalds Leben des Bonifatius. (= Freiherr vom Stein-Gedächtnisausgabe Bd. IVb) Darmstadt 1968.

91 Vor Liobas Auftreten bestanden Frauenklöster in Säckingen, Lauterbach im Schwarzwald, Baumerlenbach in Hohenlohe und auf einer Insel im Federsee; Bonifatius wollte für sie die Benediktinerregel verbindlich machen; vgl. E. Blessing, Frauenklöster nach der Regel Benedikts in Baden-Württemberg (735–1981), in: Zs. f. württembergische Landesgeschichte 41, 1982.

92 W. Levison (wie in Anm. 90) S. 81.

93 W. Levison und H. Löwe, Deutschlands Geschichtsquellen im Mittelalter. Vorzeit und Karolinger. II. Heft. Weimar 1953, S. 178.

94 A. Bauch, Quellen zur Geschichte der Diözese Eichstätt. Bd. 2: Ein bayerisches Mirakelbuch aus der Karolingerzeit. Die Monheimer Walpurgis-Wunder des Priesters Wolfhard. (= Eichstätter Studien N.F. 12) Regensburg 1979.

95 Untersuchungen zu Kloster und Stift. (= Veröffentl. des Max-Planck-Instituts f. Geschichte 68; Studien zur Germania Sacra 14) Göttingen 1980. R. Kottje, Claustra sine armario? Zum Unterschied von Kloster und Stift im Mittelalter, in: Consuetudines monasticae. Eine Festgabe f. K. Hallinger, (= Studia Anselmiana, 85) Rom 1982. K.H. Schäfer, Die Kanonissenstifter im deutschen Mittelalter. (= Kirchenrechtl. Abh. 43/44) Stuttgart 1907.

96 Gute Übersichten bieten J. Torsy, Lexikon der deutschen Heiligen. Köln 1959. P. Manns, Hg., Die Heiligen. Alle Biographien zum Regionalkalender f. d. deutsche Sprachgebiet. Mainz 1975. D. H. Farmer, The Oxford Dictionary of Saints. Oxford 1978.

97 S. Corsten, Die Grafen von Jülich unter den Ottonen und Saliern, in: Bibliothek – Buch – Geschichte. Karl Köster zum 65. Geburtstag. Frankfurt 1977. F.W. Oediger, Das Bistum Köln von den Anfängen bis zum Ende des 12. Jahrhunderts. Köln 1972, S. 282, 401f.

97a K.J. Leyser, Rule and conflict in an early medieval Society. Ottonian Saxony. London 1979. Dt. Ausgabe unter dem Titel: Herrschaft und Konflikt: König und Adel im ottonischen Sachsen. Göttingen 1984.

98 H. Goetting, Das Bistum Hildesheim 1, Das reichsunmittelbare Kanonissenstift Gandersheim. (= Germania Sacra N.F. 7) 1973.

98a M. Schütze Pflug, Herrschafts- und Märtyrerauffassung bei Hrotsvit von Gandersheim. (= Frankfurter hist. Abh. 7) Wiesbaden 1972.

98b O. Perst, Die Kaisertochter Sophie, Äbtissin von Gandersheim und Essen (975–1039), in: Braunschweig. Jahrbuch 38, 1957.

99 O. Feger, Herzogin Hadwig von Schwaben in Dichtung und Wirklichkeit, in: Hohentwiel, Bilder aus der Geschichte des Berges. 2. Aufl. Konstanz 1957, S. 144ff.

100 Vgl. zu dieser Geschichte der Adele: J. Düffel, Gräfin Adela von Hamaland und ihr Kampf um das Stift Hochelten, in: Gedenkbuch f. J. Düffel. Emmerich 1978 (der Aufsatz erschien zuerst 1953). F.W. Oediger, Vom Leben am Niederrhein. Düsseldorf 1973 (der Aufsatz: Adelas Kampf um Elten 996–1002 erschien zuerst 1954). G. Binding, Spätkarolingisch-ottonische Pfalzen und Burgen am Niederrhein, in: Château Gaillard, 5. Caen 1972. Anna Wirtz, geb. Henningsen, Die Geschichte des Hamalandes, in: Ann. hist. Ver. Niederrhein 173, 1971. J.M. van Winter, Die Hamaländer Grafen. Angehörige der Reichsaristokratie im 10. Jhd., in: Rhein. Vierteljahrsbll. 44, 1980.

101 F.-J. Schmale, Hg. Bischof Otto von Freising und Rahewin. Die Taten Friedrichs, oder richtiger: Cronica (= Frh. v. Stein-Gedächtnisausgabe, Bd. 17). Darmstadt 1965, S. 150.

102 K. Bosl, Die Sozialstruktur der mittelalterlichen Residenz- und Fernhandelsstadt Regensburg. (= Bayer. Akad. d. Wiss. Phil. Hist. Kl. Abh. N. F. H. 63) München 1966, S. 33f.

103 K. Schulz, Zensualität und Stadtentwicklung im 11./12. Jahrhundert, in: B. Diestelkamp, Hg. Beiträge zum hochmittelalterlichen Städtewesen. (= Städteforschung. Veröffentl. d. Instituts f. vgl. Städtegeschichte in Münster A, 11) Köln-Wien 1982; dort die ältere Literatur.

104 M. Gysseling, A.C. F. Koch, Hg., Diplomata Belgica ante annum millesimum centesimum scripta. (Tongeren) 1950. Nr. 61, S. 157f. Angebliches Original.

105 Ebda., Nr. 73, 78, S. 179, 184.

106 Ebda., ferner Nr. 91 (angebliches Original), 83, 84 (angebliches Original), 85 (angebliches Original), 86, S. 188ff.

107 J.C. Charles, La ville de St. Trond au Moyen-Age. Paris 1965, S. 122 Anm. 19.

108 J. Barchewitz, Beiträge zur Wirtschaftstätigkeit der Frau. Untersuchungen von der vorgeschichtlichen Zeit bis in das Hochmittelalter, auf dem Boden des Karolingerreiches. Phil. Diss. Breslau 1937, S. 98ff.

109 F. Tenckhoff, Vita Meinwerci Episcopi Patherbrunnensis. (MG SS rer. Germ. in usum scholarum) Hannover 1921. Dazu: F. Irsigler, Divites und pauperes in der Vita Meinwerci, in: VSWG 57, 1970.

110 W. Janssen, Essen und Trinken im frühen und hohen Mittelalter aus archäologischer Sicht, aus: Liber Castellorum. 40 variaties op het thema kasteel. Zutphen 1981.

111 J.-L. Kupper, Une „conventio" inédite entre l'évêque de Liège Théoduin et le comte Albert II. de Namur (1056–64), in: Bulletin d. l. Commission royale d'histoire t. 145, 1979.

112 S. Bovet, Die Stellung der Frau im deutschen und langobardischen Lehnrecht, in: Jahrbuch der Basler Juristenfakultät V.–VII. Heft, 1926–1928, S. 47.

113 H. Nehlsen (wie in Anm. 29) S. 271f.

114 Nehlsen (wie in Anm. 29) S. 368.

115 H.G. Müller-Lindenlauf, Germanische und spätrömisch-christliche Eheauffassung in fränkischen Volksrechten und Kapitularien. Rechtswissenschaftl. Diss. Freiburg 1969. Vgl. auch S. 48.

116 L. Kuchenbuch, Bäuerliche Gesellschaft und Klosterherrschaft im 9. Jhd. Studien zur Sozialstruktur der Familia der Abtei Prüm. (VSWG, Beiheft 66) Wiesbaden 1978.

117 Vgl. J. Barchewitz (wie Anm. 108) und besonders die eingehenden Angaben bei Irsigler (wie in Anm. 109) S. 482ff.

118 P. Grimm, Zwei bemerkenswerte Gebäude in der Pfalz Tilleda. Eine zweite Tuchmacherei, in: Prähistorische Zeitschr. 41, 1963.

119 F. Schwind, Beobachtungen zur inneren Struktur des Dorfes in karolingischer Zeit, in: Das Dorf der Eisenzeit und des frühen Mittelalters. (Abh. d. Akademie d. Wiss. zu Göttingen, Phil.-Hist. Kl. 3. F. Nr. 101) Göttingen 1977.

120 M. Heinzelmann, Beobachtungen zur Bevölkerungsstruktur einiger grundherrschaftlicher Siedlungen im karolingischen Bayern, in: Frühmittelalterl. Studien 11, 1977.

121 Diplomata Belgica (wie in Anm. 104) S. 188, Nr. 82.

122 E. Ennen, Die Grundherrschaft St. Maximin und die Bauern von Wasserbillig, in: Ges. Abhandlungen. Bonn 1977, S. 472ff.

123 F. Vercauteren, Etude sur les civitates de la Belgique seconde. (= Académie Royale de Belgique. Cl. des lettres et des sciences moral. et polit. Mémoires Sér. 2, t. 33) Brüssel 1934, S. 105, Anm. 2. MG SS t. XXV p. 154.

124 F. Keutgen, Urkunden zur städtischen Verfassungsgeschichte. Berlin 1899, Nr. 21, 14.

125 Wie in Anm. 103 S. 81ff.

126 H. Büttner, Zur Stadtentwicklung von Worms im Früh- und Hochmittelalter, in: Aus Geschichte und Landeskunde, Festgabe F. Steinbach. Bonn 1960.

127 B. Diestelkamp, Quellensammlung zur Frühgeschichte der deutschen Stadt (bis 1250), in: Elenchus fontium hist. urb. quem edendum curaverunt C. van de Kieft et J.E. Niermeyer. Leiden 1967. Nr. 51, S. 79f. Nr. 91, S. 150ff.

128 Wie in Anm. 127, Urkunde Nr. 51.

129 W. Ebel, Über die rechtsschöpferische Leistung des mittelalterlichen deutschen Bürgertums, in: Untersuchungen zur gesellschaftlichen Struktur der mittelalterlichen Städte in Europa. (Vorträge und Forschungen 11) Konstanz-Stuttgart 1966, besonders S. 249f.

130 Urkunde Ludwigs VI. vom 26. 8. 1128, Absatz 10: „homines pacis, exceptis familiis ecclesiarum vel procerum qui de pace sunt, cuiuscumque generis potuerint uxores accipere; de familiis autem ecclesiarum, quae sunt extra terminos pacis, vel procerum qui de pace sunt, nisi voluntate dominorum uxores accipere non licebit."

131 Keutgen (wie in Anm. 124) Nr. 349, S. 448.

132 M. Martens, Recueil de textes d'histoire urbaine belge ..., in: Elenchus fontium (wie in Anm. 127), Nr. 12, S. 302 § 6 u. 7.

133 W. Mummenhoff, Bearb., Regesten der Reichsstadt Aachen. 1. Bd. 1251–1300. (= Publ. d. Ges. f. rhein. Geschichtskde 47) Bonn 1961, Nr. 243, S. 127, u. 245, S. 127f.

134 G. Dilcher, Zum Bürgerbegriff im späteren Mittelalter. Versuch einer Typologie am Beispiel von Frankfurt am Main, in: J. Fleckenstein u. K. Stackmann, Hgg., Über Bürger, Stadt u. städtische Literatur im Spätmittelalter. (Abh. Ak. Wiss. Göttingen Phil.-Hist. Kl. 3. F. Nr. 121) Göttingen 1980.

135 R. Meissner, Hg., Stadtrecht des Königs Magnus Hakonarson für Bergen, Bruchstücke des Birkinselrechtes ... (= Germanenrechte, NF. Nordgermanisches Recht Bd. 3) Weimar 1950. Vgl. zum Begriff „mundr" auch: A. Schultze, Zum altnordischen Eherecht. Leipzig 1939, S. 32ff.

136 A. Gieysztor, La femme dans les civilisations des Xe–XIIIe s. La femme en Europe orientale, in: Actes du Colloque tenu à Poitiers les 23–25 septembre 1976. Poitiers 1977. Dsb., Le tradizioni locali e le influenze ecclesiastiche nel matrimonio in Polonia nei secoli X–XIII, in: Il matrimonio (wie in Anm. 45) Bd. 1. S. Vilfan, Le tradizioni locali e le influenze ecclesiastiche nel matrimonio in Slovenia e nelle regioni vicine, in: Il matrimonio, Bd. 1.

137 J. Dhondt (wie in Anm. 87). G. Duby, Les mariages du roi Philippe, in: Le chevalier, la femme et le prêtre. Paris 1981.

138 G. Duby, ib. S. 214ff.

139 Karl P. Wentersdorf, The clandestine marriage of the Fair Maid of Kent, in: Journal of medieval history 5, 1979, S. 203ff.

140 P. J. Payer, Early medieval regulations concerning marital sexual relations, in: Journal of medieval history 6, 1980.
141 G. Theuerkauf, Burchard von Worms und die Rechtskunde seiner Zeit, in: Frühmittelalterliche Studien 2, 1968. G. Duby (wie in Anm. 137) S. 65ff.
142 J. G. Ziegler, Die Ehelehre der Poenitentialsummen von 1200–1350. (= Studien zur Geschichte der kathol. Moraltheologie 4) Regensburg 1956.
143 Sh. Shahar (wie in Anm. 25) S. 116ff.
144 P. Chaunu (wie in Anm. 9) S. 81.
145 B. Schimmelpfennig, Zölibat und Lage der „Priestersöhne" vom 11.–14. Jahrhundert, in: Hist. Zschr. 227, 1978. J. Gaudemet, Le célibat ecclésiastique. Le droit et la pratique du XIe au XIIIe siècle, in: ZRG kanon. Abt. 68, 1982.
146 R. Schröder, Geschichte des ehelichen Güterrechts in Deutschland. 2. Teil 3. Abt. Stettin-Danzig-Elbing 1874, S. 295.
147 W. Ebel, Das Soester Recht. Wesen, Herkunft, Bedeutung, in: Soester Zs. 72, 1959. Kl. Deißner, Zum Güter- und Erbrecht im ältesten Schleswiger Stadtrecht. Iur. Diss. Kiel. Kiel 1966.
148 L. v. Winterfeld, Die stadtrechtlichen Verflechtungen in Westfalen, in: Der Raum Westfalen, hrsg. v. H. Aubin u. F. Petri, Bd. II. Erster Teil. Münster 1955, S. 189ff.
149 F. Keutgen, Urkunden zur städtischen Verfassungsgeschichte, Berlin 1899. Darin: Münster: Mitteilung des Stadtrechtes an Bielefeld. [um 1221] S. 153f. § 58 u. 59.
149a D. Nicholas, The domestic life of a medieval city: Women, children and the family in fourteenth century Ghent. Lincoln a. London 1985, S. 11 u. S. 26ff. N. hebt die Übereinstimmung des Genter Rechts mit dem von Paris hervor. Ebenso wahrscheinlich sind Zusammenhänge mit dem Niederrhein.
150 Elenchus (wie in Anm. 127) Nr. 165, S. 256, §§ 4, 5, 6 und 24.
151 Elenchus, Nr. 133, S. 209, Absatz 9, 10 und 11.
152 Elenchus, Nr. 111, S. 179.
153 Elenchus, Nr. 159, S. 253.
154 E. Ennen, Das Gewerbe auf dem europäischen zisalpinen Kontinent vom 6. bis 11. Jahrhundert in verfassungsgeschichtlicher Sicht, in: Early medieval studies 8, 1975, S. 9f.
155 F. Keutgen (wie in Anm. 124) Nr. 256.
156 Das belegt für die Weberinnung von Stendal: F. Keutgen (wie in Anm. 124) Nr. 264, S. 358.
157 Vgl. L. v. Winterfeld, Handel, Kapital und Patriziat in Köln bis 1400. (= Pfingstbll. d. Hans. Geschichtsvereins XVI, 1925) Lübeck 1925.
157a Th. u. M. Metzger, Jüdisches Leben im Mittelalter nach illuminierten hebräischen Handschriften vom 13. bis ins 16. Jhd. Deutsche Ausgabe Würzburg 1983.
158 E. Ennen, Zur Typologie des Stadt-Land-Verhältnisses im Mittelalter, in: Ges. Abh. (wie in Anm. 122) S. 181f. H. Keller, Der Übergang zur Kommune: Zur Entwicklung der italienischen Stadtverfassung im 11. Jhd., in: B. Diestelkamp, Hg., Beiträge zum hochmittelalterlichen Städtewesen. Köln/Wien 1982.
159 A. Haverkamp, Zur Sklaverei in Genua während des 12. Jahrhunderts, in: Geschichte in der Gesellschaft. Festschrift f. K. Bosl. Stuttgart 1974.
160 H. Grundmann, Religiöse Bewegungen im Mittelalter, nebst Anhang. Darmstadt 1970. K. Elm, Die Stellung der Frau im Ordenswesen. Semireligiosentum und Häresie zur Zeit der heiligen Elisabeth, in: Sankt Elisabeth. Fürstin, Dienerin, Heilige. Sigmaringen 1981. Dort weitere Literatur.
161 Reg. Eb. Köln II, Nr. 228.
162 F. Pauly, Anfänge und Bedeutung der Chorherrenreform von Springiersbach, in: Rhein. Vjbll. 26, 1961.
163 M. Kuhn-Rehfus, Die soziale Zusammensetzung der Konvente in den oberschwäbischen Frauenzisterzen, in: Zs. f. wuertt. Landesgeschichte 41, 1982. Dsb., Zisterzienserinnen in Deutschland, in: Die Zisterzienser. Bonn 1980.

164 Reg. Eb. Köln II, Nr. 1522, 1523 und 1524.
165 F.W. Oediger, Das Bistum Köln (wie in Anm. 97) S. 402ff.
166 B. Degler-Spengler, Zisterzienserorden und Frauenklöster, in: K. Elm u. P. Joerißen, Hgg., Die Zisterzienser. Erg.bd. Köln 1982.
166a A. Legner, Hg., Ornamenta ecclesiae. Kunst und Künstler der Romanik in Köln. [Kat]. Köln 1985 B. 43, vgl. auch B 44.
167 Die Zisterzienser (wie in Anm. 163) Katalog D 28, S. 497.
167a Reg. Eb. Köln II Nr. 655a, S. 348f.
168 M. Bernards, Speculum virginum. Geistigkeit und Seelenleben der Frau im Hochmittelalter. (= Forschungen zur Volkskunde hg. v. G. Schreiber, Bd. 36/38) Köln/Graz 1955.
169 Reg. Eb. Köln I, Nr. 1093 ad annum 1065–1075.
169a Vgl. aber auch E. Gössmann, Das Menschenbild der Hildegard von Bingen und Elisabeth von Schönau vor dem Hintergrund der frühscholastischen Anthropologie, in: P. Dinzelbacher u. D. R. Bauer, Hg., Frauenmystik im Mittelalter. Ostfildern 1985.
170 Hildegard von Bingen. 1179–1979. Festschrift hg. von A. Ph. Brück. (= Quellen und Abh. z. mittelrhein. Kirchengeschichte 33) Mainz 1979.
171 Reg. Eb. Köln II, Nr. 412. Reg. Eb. Köln II, Nr. 761.
172 A. Haverkamp, Tenxwind von Andernach und Hildegard von Bingen. Zwei „Weltanschauungen" in der Mitte des 12. Jahrhunderts, in: Institutionen, Kultur und Gesellschaft im Mittelalter. Festschrift f. J. Fleckenstein. Sigmaringen 1984.
172a P. Segl, Die religiöse Frauenbewegung in Südfrankreich im 12. und 13. Jahrhundert zwischen Häresie und Orthodoxie, in: P. Dinzelbacher u. D. R. Bauer, Religiöse Frauenbewegung und mystische Frömmigkeit im Mittelalter (im Druck).
173 Grundmann (wie in Anm. 160) S. 170.
173a K. Ruh, Beginenmystik. Hadewijch, Mechtild von Magdeburg, Marguerite Porète, in: Zs. f. deutsches Altertum und Literatur 106, 1977.
174 A. Schulte, Der hohe Adel im Leben des mittelalterlichen Köln. (Sitzungsber. d. Bayer. Ak. d. Wiss. Jg. 1919 Phil. Hist. Kl. 8) München 1919. E. Ennen, Kölner Wirtschaft im Früh- und Hochmittelalter. in: H. Kellenbenz, Hg., Zwei Jahrtausende Kölner Wirtschaft. Köln 1975, S. 165f. F.M. Stein, The religious women of Cologne: 1200–1320. Phil. Diss. Yale University 1977. Xerox Univ. Microfilms Ann Arbor Michigan 48/06. G. M. Löhr, Das Necrologium des Dominikanerinnenklosters St. Gertrud in Köln, in: Annalen des Hist. Ver. f. d. Ndrh. 110, 1927. J. Prieur, Das Kölner Dominikanerinnenkloster St. Gertrud am Neumarkt. (= Kölner Schriften zur Geschichte und Kultur 3) Köln 1983.
175 G. Koch bringt in seinem Buch Frauenfrage und Ketzertum im Mittelalter. Berlin 1962 keine Widerlegung Grundmanns.
176 K. Elm, Hg., Ordensstudien I: Beiträge zur Geschichte der Konversen im Mittelalter. (= Berliner Histor. Studien Bd. 2) Berlin 1980.
177 M. Toepfer, Die Konversen der Zisterzienserinnen von Himmelspforten bei Würzburg, in: K. Elm (wie in Anm. 176).
178 St. Elisabeth. Fürstin, Dienerin, Heilige. Sigmaringen 1981.
179 A. Borst, Das Rittertum im Hochmittelalter. Idee und Wirklichkeit, in: Das Rittertum (wie in Anm. 16) S. 219f.
180 E. Köhler, Die Rolle des niederen Rittertums bei der Entstehung der Troubadourlyrik, in: Das Rittertum (wie in Anm. 16) S. 293ff.
181 Sidney Painter, Die Ideen des Rittertums, in: Das Rittertum (wie in Anm. 16) S. 41.
182 R. Pernoud, Eleonore von Aquitanien. Düsseldorf/Köln 1966. G. Duby (wie in Anm. 137) S. 201ff.
183 H.G. Richardson, The letters and charters of Eleanor of Aquitaine, in: English

Historical Review 74, 1959. E. Ennen, Zur Städtepolitik der Eleonore von Aquitanien, in: Civitatum Communitas. Festschrift H. Stoob. Köln-Wien 1984.

184 Reg. Eb. Köln II, Nr. 1466–1471.

185 K. Jordan, Heinrich der Löwe. München 1979.

185a Er und seine Gattin widmeten St. Blasius in Braunschweig das 1986 wieder für Deutschland erworbene Evangeliar.

186 J. Fleckenstein, Friedrich Barbarossa und das Rittertum. Zur Bedeutung der großen Mainzer Hoftage von 1184 und 1188, in: Das Rittertum (wie in Anm. 16) S. 392ff.

186a H. Thomas, Zur Datierung, zum Verfasser und zur Interpretation des Moritz von Craûn, in: Zs. d. deutsche Philologie 103, 1984, S. 362ff.

187 De rebus Laudensibus, MG SS 18, S. 640.

188 MG SS 16, S. 541. Vgl. auch J. Mühlberger, Lebensweg und Schicksale der staufischen Frauen. 2. Aufl. Esslingen 1977.

189 H. Decker-Hauff, Das Staufische Haus, in: Die Zeit der Staufer. Katalog der Ausstellung. Stuttgart 1977. Bd. 3, Aufsätze, S. 352.

190 MG. Const. I, Nr. 159, 222, c. 4.

191 MG. Const. IV, 1 Nr. 59, 47.

192 H. Mitteis, Lehnrecht und Staatsgewalt. Weimar 1933, S. 653ff.

193 E. Maschke, Die Familie in der deutschen Stadt des späten Mittelalters. (= Sitzungsberichte der Heidelberger Akademie der Wissenschaften, Phil.-Hist. Kl. Jg. 1980, 4. Abh.) Heidelberg 1980.

194 L. Ennen, G. Eckertz, Hg., Quellen zur Geschichte der Stadt Köln, II, Köln 1863, S. 74.

195 R. Schröder (wie in Anm. 146) 2. Teil, S. 100f. und 2. Teil, 2. Abt. S. 10.

196 P.P. Krebs, Die Stellung der Handwerkerswitwe in der Zunft vom Spätmittelalter bis zum 18. Jahrhundert. Diss. iur. Regensburg 1974. E. Bodemann, Bearb., Die älteren Zunfturkunden der Stadt Lüneburg. (= Quellen und Darstellungen zur Geschichte Niedersachsens Bd. 1) Hannover 1883.

197 R. Scholten, Die Stadt Kleve. Beiträge zur Geschichte derselben aus archivalischen Quellen. Kleve 1879. Urkundenanhang Nr. 65, S. XC.

198 Herrn Dr. Kl. Flink bin ich sehr zu Dank verpflichtet für die Zugänglichmachung der Kopien des Stadtprivilegs von 1368 und des Stadtrechts von Kleve (letzteres im Stadtarchiv Kleve Hs 1).

199 St. Jenks, Frauensiegel in den Würzburger Urkunden des 14. Jahrhundert, in: Zs. f. bayer. Landesgesch. 45, 1982.

200 Ph. Wolff, Famille et mariage en Toulousain aux XIVe et XVe siècles, in: Regards sur le Midi médieval. Toulouse 1978.

201 U. Floßmann, Die Gleichberechtigung der Geschlechter in der Privatrechtsgeschichte, in: Rechtsgeschichte und Rechtsdogmatik, Festschr. H. Eichler. Wien 1977, Anm. 20 auf S. 140.

202 R. Weigand, Zur mittelalterlichen kirchlichen Ehegerichtsbarkeit, an Hand von Augsburger, Regensburger, englischen und französischen Beispielen, in: ZRG kanon. Abt. 67, 1981.

203 K. Ruh, Beginenmystik (wie in Anm. 173a), Dsb., Vorbemerkungen zu einer neuen Geschichte der abendländischen Mystik im Mittelalter. (= Bayer. Ak. d. Wiss. Phil. Hist. Kl. Sitzungsber. Jg. 1982 Heft 7) München 1982. Dsb., Kleine Schriften Bd. II Scholastik und Mystik im Spätmittelalter. Berlin-New York 1984. – M. Schmidt, Elemente der Schau bei Mechtild von Magdeburg u. Mechtild von Hackeborn. Zur Bedeutung der geistlichen Sinne, in: P. Dinzelbacher u. D.R. Bauer, Frauenmystik (wie in Anm. 169a).

204 R. Stachnik u. A. Triller, Hg., Dorothea von Montau. Münster 1976.

205 O. Nübel, Mittelalterliche Beginen- und Sozialsiedlungen in den Niederlanden.

Ein Beitrag zur Vorgeschichte der Fuggerei. (= Studien zur Fuggergeschichte 23) Tübingen 1970.

206 M. Wehrli-Johns, Geschichte des Zürcher Predigerkonvents (1230–1524). Zürich 1980.

206a J. Cl. Schmitt, Mort d'une hérésie. L'église et les clercs face aux béguines et aux béghards du Rhin supérieur du XIVe au XVe siècle. (Civilisations et sociétés 56) Paris/La Haye/New York 1978.

206b G. Rehm, Die Schwestern vom gemeinsamen Leben im nordwestlichen Deutschland (= Berliner hist. Studien Bd. 11) Berlin 1985.

206c K. Kossert, Aleydis Raiscop: Die Humanistin von Nonnenwerth (= Gocher Schriften 6) Goch [1985] – G. Krabbel, Caritas Pirckheimer. Ein Lebensbild aus der Zeit der Reformation (Vereinsschriften zur Herausgabe des Corpus Catholicum 7) Münster 1940.

207 P. J. Schuler, Die Bevölkerungsstruktur der Stadt Freiburg im Breisgau im Spätmittelalter. Möglichkeiten und Grenzen einer quantitativen Quellenanalyse, in: W. Ehbrecht, Hg., Voraussetzungen und Methoden geschichtlicher Städteforschung. Köln/Wien 1979. Zitat im Text S. 168.

208 P. J. Schuler, Die Erhebungslisten des Gemeinen Pfennigs von 1496–1499. Eine demographische, wirtschafts- und sozialgeschichtliche Untersuchung, in: Quantitative Methoden in der Wirtschafts- und Sozialgeschichte der Vorneuzeit, hg. v. F. Irsigler. Stuttgart 1978.

209 H. Ammann, Die Bevölkerung von Stadt und Landschaft Basel am Ausgang des Mittelalters, in: Basler Zeitschr. f. Geschichte und Altertumskunde 49, 1950, S. 38.

210 K. Wesoly, Der weibliche Bevölkerungsanteil in spätmittelalterlichen und frühneuzeitlichen Städten und die Betätigung von Frauen im zünftigen Handwerk (insbesondere am Mittel- und Oberrhein), in: Zs. f. d. Geschichte des Oberrheins, 128, 1980. Die Nürnberger Volkszählung bequem greifbar in: G. Möncke, Quellen zur Wirtschafts- und Sozialgeschichte mittel- und oberdeutscher Städte im Spätmittelalter. (= Frh. v. Stein-Gedächtnisausgabe 37) Darmstadt 1982, Nr. 100, S. 317ff.

211 C.M. Cipolla u. K. Borchardt, Bevölkerungsgeschichte Europas. München 1971, S. 30 und 44ff.

211a M. Mitterauer, Familie und Arbeitsorganisation in städtischen Gesellschaften des späten Mittelalters und der frühen Neuzeit, in: A. Haverkamp, Hg., Haus und Familie in der spätmittelalterlichen Stadt (= Städteforschung A 18) Köln-Wien 1984.

212 H. Stoob, Helmold von Bosau. Slawenchronik. (= Freiherr vom Stein-Gedächtnisausgabe 19). Berlin 1963. Stoob übersetzt civitas bei Alt-Lübeck mit Hauptort, eine Kaufleutekolonie bei Alt-Lübeck ist aber belegt.

213 G.P. Fehring, Zur archäologischen Erforschung topographischer, wirtschaftlicher und sozialer Strukturen der Hansestadt Lübeck, in: Ber. z. dt. Landeskunde 54, 1980. Dsb., Alt-Lübeck und Lübeck. Zur Topographie und Besiedlung zweier Seehandelszentren im Wandel vom 12. zum 13. Jhd., in: Die Heimat, Zs. f. Natur- u. Landeskunde von Schleswig-Holstein und Hamburg 89, 1982.

214 Fr. Bruns, Die Lübecker Bergenfahrer und ihre Chronistik (= Hans. Geschichtsquellen N.F. 2). Berlin 1900. E. Maschke, Die Familie in der deutschen Stadt des späten Mittelalters. (= Sitzungsberichte der Heidelberger Akademie der Wissenschaften Phil. hist. Kl. Jg. 1980, 4. Abh.) Heidelberg 1980.

215 Vgl. Zum 600. Jahrestag des Stralsunder Friedens, in: Hans. Geschbll. 88, 1, 1970, S. 83ff.

216 A. v. Brandt, Lübeck und die Lübecker vor 600 Jahren, in: Zs. d. Ver. f. Lüb. Gesch. u. Altertumskde. 58, 1978. Dsb., Die gesellschaftliche Struktur des spätmittelalterlichen Lübeck, in: Untersuchungen zur gesellschaftlichen Struktur der mittelalterlichen Städte in Europa. (= Vorträge u. Forschungen 11) Konstanz/Stuttgart 1966.

217 F. Rörig, Das älteste erhaltene deutsche Kaufmannsbüchlein, in: Hansische Beiträge zur deutschen Wirtschaftsgeschichte. Breslau 1928. Mittlerweile wissen wir, daß es noch ältere erhaltene Handlungsbücher gibt.
218 F. Rörig, Hansische Beiträge zur deutschen Wirtschaftsgeschichte. Breslau 1928, S. 132f.
219 W. Ebel, Forschungen zur Geschichte des lübischen Rechts. (= Veröffentlichungen zur Geschichte der Hansestadt Lübeck 14) Lübeck 1950; darin Kapitel 8: Die Brautschatzfreiung und 9: Zur Rechtsstellung der Kauffrau.
220 J. Hartwig, Die Frauenfrage im mittelalterlichen Lübeck, in: Hans. Geschichtsbll. 14, 1908, S. 35ff. H.D. Loose, Erwerbstätigkeit der Frau im Spiegel Lübecker und Hamburger Testamente des 14. Jh., in: Zs. d. Ver. f. Lüb. Geschichte u. Altertumskunde 60, 1980.
221 Der oben im Text zitierte Rechtssatz fährt nämlich fort: „exceptis illis que habent kopschat et solent emere et vendere, quicquid promittit, de iure solvere tenetur, si de promissi convinci poterit." („ausgenommen diejenigen, die kopschat haben, und zu kaufen und zu verkaufen pflegen; was sie verspricht, muß sie bezahlen, wenn sie des Versprechens überführt werden kann").
222 W. Stein, Akten zur Geschichte der Verfassung und Verwaltung der Stadt Köln im 14. und 15. Jahrhundert. (= Publ. d. Ges. f. Rhein. Geschichtskunde 10) Bd. 1, Bonn 1893, Nr. 86, S. 236ff. Vgl. dazu: J. Brück, Die Grundzüge des in der Stadt Köln bis zur Einführung des französischen Rechts geltenden Ehelichen Güterrechts. Iur. Diss. Bonn 1900, S. 68ff.
223 B. Kuske, Quellen zur Geschichte des Kölner Handels und Verkehrs im Mittelalter (Publ. d. Ges. f. rhein. Geschichtskde 33) Bonn 1917–1934. Bd. II Nr. 188.
224 M. Hasse, Neues Hausgerät, neue Häuser, neue Kleider. Eine Betrachtung der städtischen Kultur im 13. und 14. Jahrhundert sowie ein Katalog der metallenen Hausgeräte, in: Zs. f. Archäologie des Mittelalters, Jg. 7, 1979. W. Erdmann, Die Entwicklung des Lübecker Bürgerhauses im 13. u. 14. Jhd. unter dem Einfluß von Profanarchitektur des Ostseeraums, in: Die Heimat 89, 1982.
225 U. Dirlmeier, Die kommunalpolitischen Zuständigkeiten und Leistungen süddeutscher Städte im Spätmittelalter, in: J. Sydow, Hg., Städtische Versorgung und Entsorgung im Wandel der Geschichte. (= Stadt in der Geschichte 8) Sigmaringen 1981.
226 H. Reincke, Bevölkerungsprobleme der Hansestädte, in: Hans. Geschichtsbll. 70, 1951, S. 20ff.
227 H. Reincke, Agneta Willeken. Ein Lebensbild aus Wullenwevers Tagen. (= Pfingstbll. d. Hans. Geschichtsvereins 19) Lübeck 1928.
228 Ebda, S. 4.
229 W. Stein, Akten zur Geschichte der Verfassung und Verwaltung der Stadt Köln im 14. und 15. Jahrhundert. (= Publ. d. Ges. f. rhein. Geschichtskunde 10) 1. Bd. Bonn 1893. Nr. 335, Zitat im Text S. 717f. Zu den Kölner Verhältnissen im Spätmittelalter vgl.: F. Irsigler, Kölner Wirtschaft im Spätmittelalter, in: H. Kellenbenz, Hg., Zwei Jahrtausende Kölner Wirtschaft. Köln 1975, S. 217ff. F. Irsigler, Die wirtschaftliche Stellung der Stadt Köln im 14. und 15. Jahrhundert. Strukturanalyse einer spätmittelalterlichen Exportgewerbe- und Fernhandelsstadt. (= VSWG Beihefte Nr. 65) Wiesbaden 1979. W. Herborn, Die politische Führungsschicht der Stadt Köln im Spätmittelalter. (= Rhein. Archiv 100) Bonn 1977.
230 Zu allen Frauenfragen in Köln maßgebend: M. Wensky, Die Stellung der Frau in der stadtkölnischen Wirtschaft im Spätmittelalter. (= Quellen u. Darstellungen z. Hans. Geschichte N.F. 26) Köln/Wien 1980.
231 W. Stein, Akten (wie in Anm. 222) I, S. 766f.
232 Ebda, Nr. 331, S. 631ff.
233 Ebda, Nr. 311, S. 553f.

234 G. Schmülling, Das Strafrecht der Stadt Köln bis zum 16. Jahrhundert. Diss. iur. Münster. Bottrop 1937. H. P. Korsch, Das materielle Strafrecht der Stadt Köln. Vom Ausgang des Mittelalters bis in die Neuzeit. (= Veröffentl. d. Kölnischen Geschichtsvereins 20) Köln 1958.
235 G. Aders, Das Testamentsrecht der Stadt Köln im Mittelalter. (= Veröff. d. Köln. Geschichtsver. 8) Köln 1932. Dazu die Rezension von A. Schultze in ZRG Germ. Abt. 154, 1934.
236 W. Stein, Akten (wie in Anm. 222) 1. Bd., S. 640ff.
237 F. Irsigler, Kölner Wirtschaft (wie in Anm. 229) S. 229ff.
238 S. Anm. 230.
239 G. Schmitz, Die Berufstätigkeit der Frau in der Reichsstadt Nürnberg bis zum Ende des 16. Jahrhunderts. Phil. Diss. Erlangen. Masch.-Schrift 1950.
240 H. Wachendorf, Die wirtschaftliche Stellung der Frau in den deutschen Städten des späteren Mittelalters. Diss. phil. Hamburg 1934, S. 48ff.
241 E. Power, Medieval Women, hg. v. M. M. Postan. Cambridge 1975.
242 R. Lespinasse et F. Bonnardot, Hgg., Etienne Boileau. Le livre des métiers. Les métiers et corporations de la ville de Paris. Paris 1877. M. Höppner, Die Frauenarbeit in Paris im Mittelalter. Diss. Göttingen 1922 (Masch.schrift).
243 U. Dirlmeier, Untersuchungen zu Einkommensverhältnissen und Lebenshaltungskosten in oberdeutschen Städten des Spätmittelalters. (Mitte 14. bis Anfang 16. Jahrhundert). (= Abh. d. Heidelberger Akademie d. Wiss. Phil.-hist. Kl. Jg. 1978, 1) Heidelberg 1978.
244 E. Maschke, Städte und Menschen (wie in Anm. 22) S. 30f.
245 H. Vogts, Das Kölner Wohnhaus bis zur Mitte des 19. Jahrhunderts. 2 Bde. (= Rhein. Ver. f. Denkmalpflege u. Heimatschutz Jb. 1964/65) Neuss 1966.
246 Über die Rinck vgl. F. Irsigler, Peter Rinck (gest. 8. Februar 1501), in: Rheinische Lebensbilder Bd. 6. Köln 1975.
247 H. Vogts (wie in Anm. 245) S. 46f.
248 M. Hasse (wie in Anm. 224) S. 63.
249 H. U. Haedeke, Eisen, Zinn, Bronze, in: Herbst des Mittelalters. Spätgotik in Köln und am Niederrhein. (= Ausstellungskatalog Kunsthalle Köln 1970) 2. Aufl. Köln 1970. Vgl. auch die Angaben bei U. Dirlmeier (wie in Anm. 243) S. 303ff.
250 F. Irsigler, Ein großbürgerlicher Kölner Haushalt am Ende des 14. Jahrhunderts, in: Festschrift M. Zender. Studien zu Volkskultur, Sprache und Landesgeschichte. Bonn 1972. 2. Bd., S. 635ff. Dsb., Hermann von Goch (gest. 7. 5. 1398), in: Rhein. Lebensbilder Bd. 8. Köln 1980.
251 H. Hundsbichler, Stadtbegriff, Stadtbild und Stadtleben des 15. Jahrhunderts nach ausländischen Berichterstattern über Österreich, in: Das Leben in der Stadt ... Wien 1977.
252 W. Stein, Akten (wie in Anm. 222) 1. Bd., S. 106ff. (ca. 1396); S. 389 (ca. 1460); 2. Bd., S. 287ff. (1439).
253 Ebda, Bd. 1, S. 10 (1327 März 6).
254 P. Fuchs, Hg., Das Rathaus zu Köln. Köln 1973, S. 78ff.
255 Vgl. Die Aufstellung bei Keussen (wie in Anm. 256) S. 143*.
256 H. Keussen, Köln im Mittelalter. Topographie und Verfassung. Bonn 1918. S. 135*. F. Irsigler, Bettler, Dirnen und Henker im spätmittelalterlichen und frühneuzeitlichen Köln. Zur Analyse sozialer Randgruppen, in: Geschichte in Köln. Studentische Zs. am hist. Seminar 7, 1980. Zum Gesamtproblem Fr. Graus, Randgruppen der städtischen Gesellschaft im Spätmittelalter, in: Zeitschrift f. hist. Forschung 8, 1981.
257 W. Stein, Akten (wie in Anm. 222) 1. Bd., S. 768 (1435).
258 Ebda, 1. Bd. S. 693 (1437); 2. Bd., S. 352 (Mitte des 15. Jhds.). Korsch (wie in Anm. 234) S. 83.
259 Ebda, 2. Bd., S. 353, S. 499.

260 B. Geremek, Les marginaux parisiens aux XIVe et XVe siècles. Paris 1976.
261 J. Asen, Die Klausen in Köln, in: Ann. hist. Ver. Ndrhn. 110, 1926.
262 H. Keussen, Köln im Mittelalter. Topographie und Verfassung. Bonn 1918, S. 150* ff. J. Asen, Die Beginen in Köln, in: Ann. hist. Ver. Ndrhn. 111, 1927.
263 W. Stein, Akten (wie in Anm. 222), 2. Bd. S. 383, 8 (1459). Verbot der Hausmühlen von Geistlichen und Beginen. S. 575, Nr. 430 (1482): Verbot der Mühlen in den Häusern der Bürger und Beginen; S. 659f. Nr. 498 (1499): dsgl.
264 Ebda, Nr. 423, S. 571.
265 Ebda, Nr. 457, S. 594.
266 Ebda, Nr. 463, S. 624f. Nr. 507, S. 687ff.
267 Ebda, Nr. 452, S. 590f.
268 F. W. Oediger (wie in Anm. 100) S. 36, S. 389ff.
269 E. Wisplinghoff, Geschichte der Stadt Neuss. Von den mittelalterlichen Anfängen bis zum Jahre 1794. Neuss 1975, besonders S. 202ff. und S. 221ff.
270 E. Ennen, Geschichte der Stadt Bonn. II. Teil. Bonn 1962, S. 129ff.
271 J. Dietz, Bonner Handwerker und Gewerbetreibende bis zur Mitte des 17. Jahrhunderts, in: Bonner Geschichtsbll. 15, 1961, S. 274, 291, 294, 297.
272 H. Ammann, Die Anfänge des Aktivhandels und der Tucheinfuhr aus Nordwesteuropa nach dem Mittelmeergebiet, in Studi in onore di Amando Sapori. Milano 1957 – Fr. Blockmans, Twee patriziers: Een klassieke en een uitwijkeling, in: Revue belge XVI, 1937. Dsb., Het Gentsche Stadspatriciaat tot omstreks 1302. Antwerpen 1938.
272a C. Vleeschhouvers, Het beheer van het O. L. Vrouw – hospitaal te Gent en de stichting van de Cisterciënserinnenabdijen O. L. Vrouw – ten-Bos ... door uten Hove's, in: Annales d. l. Société belge d'histoire des hôpitaux IX, 1971.
272b D. Nicholas (wie in Anm. 149a).
273 K. Wesoly hat in seinem Aufsatz „Der weibliche Bevölkerungsanteil" (wie in Anm. 210) damit begonnen; es erscheint mir allerdings wichtig, die spätmittelalterlichen und die frühneuzeitlichen Belege voneinander zu sondern. K. Bücher, Die Frauenfrage im Mittelalter. Tübingen 1910. Zitat im Text S. 21ff. Dsb., Die Bevölkerung von Frankfurt a. M. im 14. und 15. Jahrhundert. Tübingen 1886. Dsb., Die soziale Gliederung der Frankfurter Bevölkerung im Mittelalter, in: Ber. d. Freien deutschen Hochstifts, N. F. 3, 1887.
274 G. Dilcher, Zum Bürgerbegriff im späteren Mittelalter. Versuch einer Typologie am Beispiel von Frankfurt am Main, in: J. Fleckenstein, K. Stackmann, Hgg., Über Bürger, Stadt und städtische Literatur im Spätmittelalter. Göttingen 1980.
275 W. Moritz, Die bürgerlichen Fürsorgeanstalten der Reichstadt Frankfurt a. M. im späten Mittelalter. (= Studien zur Frankfurter Geschichte H. 14) Frankfurt 1981.
276 E. Maschke, Städte und Menschen (wie in Anm. 22) S. 332, S. 335.
277 A. Winter, Studien zur sozialen Situation der Frauen in der Stadt Trier nach der Steuerliste von 1364. Die Unterschicht, in: Kurtrier. Jahrb. 15, 1975. J. Roth, Die Steuerlisten von 1363/64 und 1374/75 als Quellen zur Sozialstruktur der Stadt Trier im Spätmittelalter, in: Kurtrier. Jahrb. 16, 1976.
278 R. Laufner, Der Handelsbereich des Trierer Marktes im Spätmittelalter, in: Rhein. Vjbll. 22, 1957. S. 192ff. mit Karte.
279 G. Wunder in Verbindung mit G. Lenckner, Die Bürgerschaft der Reichsstadt Hall von 1395–1600. Stuttgart/Köln 1956. G. Wunder, Die Bürger von Hall. Sozialgeschichte einer Reichsstadt 1216–1802. Sigmaringen 1980.
280 W. Gauer, Urbs, Arx, Metropolis und Civitas Regia. Untersuchungen zur Topographie der frühmittelalterlichen Stadt Regensburg, in: Verhandlungen d. Hist. Vereins f. Oberpfalz u. Regensburg 121, 1981.
281 F. Bastian, Das Manual des Regensburger Kaufhauses Runtinger und die mittelalterliche Frauenfrage, in: Jahrb. f. Nationalökonomie u. Statistik 115 (3. F. 60.) 1920.
282 F. Bastian, Das Runtingerbuch. Regensburg 1386–1407. 3 Bde. Regensburg 1935–44.

W. Eikenberg, Das Handelshaus der Runtinger zu Regensburg. (= Veröff. d. Max Planck Instituts f. Gesch. 43) Göttingen 1976; darin: W. Boll, Zur Baugeschichte des Runtingerhauses in Regensburg.

283 H. Ammann, Von der Wirtschaftsgeltung des Elsaß im Mittelalter, in: Alem. Jahrbuch 3, 1955.

284 G. Schmoller, Die Straßburger Tucher- und Weberzunft. Urkunden und Darstellung. Straßburg 1897.

285 K. Wesoly (wie in Anm. 210) S. 92ff.

286 J. Cl. Schmitt, Mort d'une hérésie. L'Eglise et les clercs face aux béguines et aux béghards du Rhin supérieur du XIVe au XVe siècle. (= Civ. et sociétés 56) Paris 1978.

287 L. C. Eisenbart, Kleiderordnungen der deutschen Städte zwischen 1350 und 1700. (= Göttinger Bausteine zur Geschichtswissenschaft 32) Göttingen 1962.

288 Keutgen (wie in Anm. 124) Nr. 355, S. 455f.

289 Keutgen (wie in Anm. 124) Nr. 358, S. 457.

290 H. Wachendorf (wie in Anm. 240) S. 28.

291 S. oben S. 28.

292 Die Kultur der Renaissance in Italien, hg. von W. Goetz. 18. Aufl. Leipzig 1928, S. 123.

292a St. Chojnacki, Patrician women in early Renaissance Venice, in: Studies in the Renaissance 21, 1974.

293 J. Burckhardt (wie in Anm. 292) S. 368f.

294 W. L. Gundersheimer, Ferrara. The style of a Renaissance Despotism. Princeton 1973. F. Gregorovius, Lucrezia Borgia (1874). München 1982. Maria Bellonci, Lucrezia Borgia (1932). Mailand 1974.

295 L. Chiappini, Eleanora d'Aragona, prima duchessa di Ferrara. Rovigo 1956.

295a J. Lauts, Isabella d'Este. Fürstin der Renaissance 1474–1539. Hamburg 1952.

296 H. Diwald, Anspruch auf Mündigkeit. Um 1400–1555. (= Propyläen Geschichte Europas. Bd. 1). Frankfurt/M. u. a. 1975, S. 88ff.

297 D. Herlihy et Chr. Klapisch-Zuber, Les Toscans et leur familles. Paris 1978. Die Arbeit gibt eine sorgfältige Auswertung des Katasters und zieht andere statistisch verwertbare Quellen heran, so wie die reiche Literatur der Zeit: L. B. Alberti, Antonio, Bernardino da Siena usw. D. Herlihy, Family and property in Renaissance Florence, in: H. A. Miskimin, D. Herlihy, A. L. Udowitch, The medieval city. New Haven and London 1977.

298 E. S. Riemer glaubt, für das 13. Jhd. in Siena ökonomische Aktivitäten der Frauen zu sehen, die frei über ihre Mitgift verfügten, Geldgeschäfte tätigten und Immobilien kauften und verkauften, bis sie in der 2. Hälfte des Jahrhunderts durch Gesetze hierin eingeschränkt wurden; aus ihren Darlegungen geht aber nicht hervor, daß Frauen einen Beruf aus solchem Tun machten, Gewinne erwirtschafteten u. dgl.: Women in the medieval city. Sources and uses of wealth bei Sienese women in the thirteenth century. New York University Ph. D. 1975.

299 A. Doren, Die Florentiner Wollentuchindustrie vom 14. bis zum 16. Jh. Stuttgart 1901. Dsb., Das Florentiner Zunftwesen vom 14. bis zum 16. Jh. Stuttgart/Berlin 1908. H. Lange, Frauenerwerbsarbeit im mittelalterlichen Florenz (14. u. 15. Jh.) Diss. iur. Göttingen 1924.

300 Vgl. dazu auch: P. Leisching, Eheschließung vor dem Notar im 13. Jahrhundert, in: ZRG kanon. Abt. 63, 1977.

301 G. Brucker, The society of Renaissance Florence. A documentary study. New York 1971.

302 Riemer (wie in Anm. 298) S. 33.

303 E. Dupré-Theseider, Caterina da Siena, in: Dizionario Biografico degli Italiani. Rom 1979. M. Denis-Boulet, La carrière politique de Ste Catherine de Sienne. Paris 1939.

304 Vgl. die bibliographischen Angaben bei E. Dupré-Theseider, wie in der vor. Anm.
305 Heinrich Disselnkötter, Gräfin Loretta von Spanheim [= Sponheim] geborene von Salm. (= Rhein. Archiv 37) Bonn 1940.
306 Otto v. Boehn, Anna von Nassau, Herzogin von Braunschweig-Lüneburg, in: Niedersächs. Jahrbuch für Landesgeschichte 29, 1957.
307 K. E. Demandt, Die letzten Katzenelnbogener Grafen und der Kampf um ihr Erbe, in: Nassauische Annalen 66, 1955.
308 K. E. Demandt, Regesten der Grafen von Katzenelnbogen 1060–1468. (= Veröffentl. d. Hist. Komm. f. Nassau XI) Bd. 2. Wiesbaden 1954, S. 1237f.
309 Regesten der Grafen von Katzenelnbogen (wie in d. vor. Anm.) Nr. 5753, 1473, Nov. 30, S. 1603ff.
310 Regesten der Grafen von Katzenelnbogen, Nr. 5785, S. 1615ff. K. E. Demandt, Die letzten Katzenelnbogener Grafen (wie in Anm. 307) S. 117ff.
311 P. Viollet, Comment les femmes ont été exclues de la succession à la couronne. (Extrait des Mémoires de l'Académie des Inscriptions et Belles-Lettres, t. 34, 2e partie) Paris 1893.
312 H. Scheidgen, Die Französische Thronfolge (987–1500). Der Ausschluß der Frauen und das Salische Gesetz. Phil. Diss. Bonn. Stuttgart 1976.
313 Dieses und die folgenden Zitate aus: Régine Pernoud, Jeanne d'Arc. Zeugnisse und Selbstzeugnisse. Freiburg/Basel/Wien 1965. Widerlegung der Legenden ihrer unehelichen Abkunft auf S. 331ff., ihrer Nichtverbrennung auf S. 356f. Vgl. auch H. Nette, Jeanne d'Arc. Reinbeck bei Hamburg 1977, S. 116ff.
314 H. Thomas, Jeanne La Pucelle, das Basler Konzil und die „Kleinen" der Reformatio Sigismundi, in: Francia. Forschungen z. westeuropäischen Geschichte 11, 1983, 1984. Dort bietet Anm. 19 eine gute Literaturübersicht.
315 H. Diwald, Anspruch auf Mündigkeit (wie in Anm. 296) S. 281.
316 Tarzisio Pater De Azcona, Isabel la Catolica. Estudio critico de sua vida y su reinando. Madrid 1964.
317 W. Müller, Entwicklung und Spätformen der Leibeigenschaft am Beispiel der Heiratsbeschränkungen. Die Ehgenoßsame im alemannisch-schweizerischen Raum. (= Vorträge u. Forschungen Sonderbd. 14) Sigmaringen 1974.
318 J. Grimm, Weistümer I. S. 43 und IV, S. 321: „und so die hochzit vergat, so sol der brütgam den meyger by sim wib lassen ligen die ersten nacht, oder er sol sy lösen mit V Schilling IIII denaren" (Mur 1543); „ouch hand die burger (bedeutet Gemeindegenossen, nicht Stadtbürger) di rechtung, wer der ist, der uf den gütern, die in den kelnhof gehörend, die ersten nacht bi sinem wibe ligen wil, die er nüwelich zu der ee genomen, der soll der obgenannten burger vogt dieselben ersten nacht bi demselben sinem wibe lassen ligen; will aber er das nüt thun, so soll er dem vogt geben 4 und 3 Schilling Züricher Pfennig weders er wil; die wal hat der brügom" (1538 Hirslanden-Stadelhofen). Vgl. A. Erler, Ius primae noctis, in: Handwörterbuch zur deutschen Rechtsgeschichte, II, Sp. 498. R. Koebner, Die Eheauffassung des ausgehenden deutschen Mittelalters, in: Archiv für Kulturgeschichte 9, 1911.
319 H. Fehr, Die Rechtsstellung der Frau und der Kinder in den Weistümern. Jena 1912. B. Markgraf, Das moselländische Volk in seinen Weistümern. (= Geschichtl. Untersuchungen hg. v. K. Lamprecht IV) Gotha 1907.
320 G. Franz, Geschichte des deutschen Bauernstandes vom frühen Mittelalter bis zum 19. Jahrhundert. (= Deutsche Agrargeschichte IV) Stuttgart 1970, S. 116.
321 W. Abel, Geschichte der deutschen Landwirtschaft vom frühen Mittelalter bis zum 19. Jahrhundert. (= Deutsche Agrargeschichte II) 3. Aufl. Stuttgart 1978. G. Wiegelmann, Alltags- und Festspeisen. Wandel und gegenwärtige Stellung. Marburg 1967, S. 28ff.
322 W. Abel (wie in der vor. Anm.) S. 125.
323 G. Wiegelmann (wie in Anm. 321) S. 32ff.

324 Vgl. F. Irsigler, Die Wirtschaftsführung der Burggrafen von Drachenfels im Spätmittelalter, in: Bonner Geschichtsbll. 34, 1982.

325 J. Joester, Hg., UB Steinfeld. Bonn 1976 Nr. 340, 1381 Januar 1, S. 278.

326 F. Irsigler, Die Wirtschaftsführung der Burggrafen von Drachenfels im Spätmittelalter, in: Bonner Geschichtsbll. 34, 1982.

327 F. Irsigler, Konrad von Weinsberg (etwa 1370–1448). Adeliger – Diplomat – Kaufmann, in: Jahrbuch des Vereins für Württembergisch Franken 66, 1982.

327a M. Girouard, Life in the English Country House. A Social and Architectural History. London [u. a.] 1978; ich verdanke diesen Hinweis Herrn Kollegen K. U. Jäschke. J. M. van Winter, Kochen und Essen im Mittelalter, in: B. Herrmann, Hrsg., Mensch und Umwelt im Mittelalter. Stuttgart 1986, S. 94ff.

328 J. Joester, Hg., UB Steinfeld. Bonn 1976 Nr. 267, 1340 Juli 10, S. 206.

329 A.-M. Patault, Hommes et femmes de corps en Champagne méridionale à la fin du Moyen-Age. (= Annales de l'Est, Mémoire n° 58) St. Nicolas-de-Port 1978. Die Werke von P. Laslett, Family life and illicit love in earlier generations. Essays in historical society. Cambridge 1977 und J. L. Flandrin, Familien. Soziologie-Ökonomie-Sexualität. Frankfurt u. a. 1978 bringen nur Statistiken für die frühneuzeitlichen Jahrhunderte.

330 E. Le Roy Ladurie, Montaillou, Ein Dorf vor dem Inquisitor 1294 bis 1324. (Paris 1975) Deutsche Ausgabe Frankfurt/Berlin/Wien 1980.

331 M. Th. Kaiser-Guyot, Le berger en France aux XIVe et XVe siècl. Paris 1974.

332 Ph. Ariès, Geschichte der Kindheit. (Paris 1960) München 1975.

Quellen- und Literaturverzeichnis

Quellen

W. Altmann, E. Bernheim, Ausgewählte Urkunden zur Erläuterung der Verfassungsgeschichte Deutschlands im Mittelalter. Berlin 1904,[5] 1920

F. Bastian, Das Runtingerbuch 1383–1407 und verwandtes Material zum Regensburger südostdeutschen Handel und Münzwesen. 3 Bde. (= Deutsche Handelsakten des Mittelalters und der Neuzeit 6–8) Regensburg 1935–44

H. Beckers, Rezension, s. unter P. Grégoire

F. Beyerle, Hg., Gesetze der Burgunden. (= Germanenrechte 10) Weimar 1936

F. Beyerle, Hg., Die Gesetze der Langobarden. Weimar 1947

E. Bodemann, Bearb., Die älteren Zunfturkunden der Stadt Lüneburg. (= Quellen und Darstellungen zur Geschichte Niedersachsens 1) Hannover 1883

G. Brucker, The society of Renaissance Florence. A documentary study. New York u. a. 1971

R.Buchner, Hg., Gregor von Tours. Zehn Bücher Geschichten. 2 Bde. (= Freiherr vom Stein-Gedächtnisausgabe 2–3) Darmstadt 1967

Die Nürnberger Bürgerbücher. T. 1: Die Pergamentenen Neubürgerlisten 1312–1448. Mit einer Einführung in die mittelalterlichen Quellen zur Bevölkerungs- und Sozialgeschichte Nürnbergs. (= Quellen zur Geschichte und Kultur der Stadt Nürnberg 9, I) Nürnberg 1974

Die Chroniken der deutschen Städte vom 14. bis ins 16. Jahrhundert. Leipzig u. a. 1862–1931

K. E. Demandt, Regesten der Grafen von Katzenelnbogen 1060–1486. 4 Bde. (= Veröffentlichungen der Historischen Kommission für Nassau 11) Wiesbaden 1953–1957

B. Diestelkamp, Quellensammlung zur Frühgeschichte der deutschen Stadt (bis 1250), in: E. van de Kieft, J. F. Niermeyer, Hg., Elenchus fontium hist. urb. Leiden 1967

A. Doll, Hg., Traditiones Wizenburgenses. Die Urkunden des Klosters Weißenburg 661–864. Darmstadt 1979

K. A. Eckhardt, Die Gesetze des Karolingerreiches. (= Germanenrechte 2) Weimar 1934

K. A. Eckhardt, Die Gesetze des Merowingerreiches. (= Germanenrechte 1) Weimar 1935

K. A. Eckhardt, Lex Ribvaria. Hannover 1966

K. A. Eckhardt, Lex Salica. 100 Titel/Text. Weimar 1953

K. A. Eckhardt, Pactus Legis Salicae. I. Einführung und 81 Titel/Text. Göttingen 1954; II. 65 Titel/Text. Göttingen 1955–56

L. Ennen, G. Eckertz, Hg., Quellen zur Geschichte der Stadt Köln. 6 Bde. Köln 1860 ff.

W. D. Fritz, Hg., Lampert von Hersfeld, Annalen. (= Freiherr vom Stein-Gedächtnisausgabe 13) Darmstadt 1973

W. D. Fritz, Bearb., Die Goldene Bulle Kaiser Karls IV. vom Jahre 1356. Hg. von der Deutschen Akademie d. Wissenschaften zu Berlin. Weimar 1972

P. Grégoire, Das „Yolanda"-Epos. Bruder Hermanns Dichtung im Urtext mit einer metrischen Übersetzung und einer historisch-literarhistorischen Einführung. Luxemburg 1979. Vgl. die Rezension von H. Beckers in: Annalen d. Historischen Vereins f. d. Niederrhein 184, 1981

J. Grimm, Weisthümer. Göttingen 1840ff.

M. Gysseling, A. C. F. Koch, Hg., Diplomata Belgica ante annum millesimum centesimum scripta. Tongeren 1950

A. Hilka, Die Wundergeschichten des Caesarius von Heisterbach. (= Publikationen der Gesellschaft für rheinische Geschichtskunde 43) Bonn 1933–37

I. Joester, Urkundenbuch der Abtei Steinfeld. (= Publikationen der Gesellschaft für rheinische Geschichtskunde 60) Köln, Bonn 1976

H. Kallfelz, Lebensbeschreibungen einiger Bischöfe des 10.–12. Jahrhunderts. (= Freiherr vom Stein-Gedächtnisausgabe 22) Darmstadt 1973

P. Ketsch, Frauen im Mittelalter. Bd. 1: Frauenarbeit im Mittelalter. Quellen und Materialien; Bd. 2: Frauenbild und Frauenrechte in Kirche und Gesellschaft. Quellen und Materialien, hg. v. A. Kuhn (= Geschichtsdidaktik hg. v. K. Bergmann [u.a.] Studien Materialien 14, 19) Düsseldorf 1983/84.

F. Keutgen, Urkunden zur städtischen Verfassungsgeschichte. Berlin 1899

C. van de Kieft, J. F. Niermeyer, Hg., Elenchus fontium historiae urbanae quem edendum curaverunt ... Leiden 1967. S. auch unter B. Diestelkamp, M. Martens

K. Kollnig, Elsässische Weistümer. Untersuchungen über bäuerliche Volksüberlieferung am Oberrhein. (= Schriften des wissenschaftlichen Instituts der Elsaß-Lothringer im Reich N.F. 26) Frankfurt 1941

Frh. G. v. Kress, Das Schenkbuch einer Nürnberger Patriciersfrau von 1416–1438, in: Anzeiger f. Kunde der deutschen Vorzeit N.F. 23, 1876

B. Kuske, Quellen zur Geschichte des Kölner Handels und Verkehrs im Mittelalter. 4 Bde. (= Publikationen der Gesellschaft für rheinische Geschichtskunde 33) Bonn 1917–34

W. Lautemann, Mittelalter. (= Geschichte in Quellen 2) München 1970

R. Lespinasse, F. Bonnardot, Hg., Etienne Boileau, Le livre des métiers. Les métiers et corporations de la ville de Paris. Paris 1877

H. v. Loesch, Die Kölner Zunfturkunden nebst anderen Gewerbeurkunden bis zum Jahre 1500. 2 Bde. (= Publikationen der Gesellschaft für rheinische Geschichtskunde 22) Bonn 1907, Nachdruck Düsseldorf 1984

M. Martens, Recueil des textes d'histoire urbaine belge des origines au milieu du XIIIe siècle, in: C. van de Kieft, J. F. Niermeyer, Hg., Elenchus fontium hist. urb. Leiden 1967

R. Meissner, Hg., Stadtrecht des Königs Magnus Hakonarson für Bergen. Bruchstücke des Birkinselrechts ... (= Germanenrechte N. F. Nordgerm. Recht 3) Weimar 1950

O. Menzel, Hg., Das Leben der Liutbirg. Eine Quelle zur Geschichte der Sachsen in karolingischer Zeit. (= Deutsches Mittelalter 3) Leipzig 1937

E. Meuthen, Aachener Urkunden 1101–1250. (= Publikationen der Gesellschaft für rheinische Geschichtskunde 58) Bonn 1972

G. Möncke, Quellen zur Wirtschafts- und Sozialgeschichte mittel- und oberdeutscher Städte im Spätmittelalter. (= Freiherr vom Stein-Gedächtnisausgabe 37) Darmstadt 1982

Monumenta Germaniae historica, Diplomata Karolinorum. 1ff. Hannover u.a. 1906ff. (zit. MGDD Karolinorum)

Monumenta Germaniae historica, Diplomata regum Germaniae ex stirpe Karolinorum. 1ff. Berlin 1956ff. (zit. MGDD ex stirpe Karolinorum)

Monumenta Germaniae historica, Diplomata regum et imperatorum Germaniae. 1ff. Hannover 1879ff. (zit. MGDD)

Monumenta Germaniae historica, Epistolae. 3ff. Epistolae Merovingici et Carolini aevi. Berlin 1892–1919 (zit. MG Epp.)

Monumenta Germaniae historica, Legum sectio IV, Constitutiones et acta publica imperatorum et regum. 1ff. Hannover 1893ff. (zit. MG Const.)

Monumenta Germaniae historica, Scriptores. 1ff. Hannover 1826ff. (zit. MGSS)

Monumenta Germaniae historica, Scriptores rerum Merovingicarum. 1 ff. Hannover 1951 (zit. MGSS rer. Merov.)
R. Much, Die Germania des Tacitus. Heidelberg ³1967
W. Mummenhoff, Bearb., Regesten der Reichsstadt Aachen. 1. Bd. 1251–1300. (= Publikationen der Gesellschaft für rheinische Geschichtskunde 47) Bonn 1961
R. Rau, Hg., Briefe des Bonifatius. Willibalds Leben des Bonifatius (= Freiherr vom Stein-Gedächtnisausgabe Bd. IV b) Darmstadt 1968.
R. Rau, Hg., Quellen zur karolingischen Reichsgeschichte. 3 Teile (= Freiherr vom Stein-Gedächtnisausgabe 5–7) Darmstadt 1955–1960
Die Regesten der Erzbischöfe von Köln im Mittelalter. Bonn 1901 ff. 1. Bd. 313–1099, bearb. v. Fr. W. Oediger (1954–1961); 2. Bd. 1100–1206, bearb. v. R. Knipping (1901); 3. Bd. 1205–1304, bearb. v. R. Knipping (1909); 4. Bd. 1304–1332, bearb. v. W. Kisky (1915); 5. Bd. 1332–1349, bearb. v. W. Janssen (1973); 6. Bd. 1349–1362, bearb. v. W. Janssen (1977); 7. Bd. 1362–1370, bearb. v. W. Janssen (1982); 8. Bd. 1370–1381, bearb. v. N. Andernach (1981), 9. Bd. 1381–1390 bearb. v. N. Andernach (1983) (= Publ. d. Ges. f. rh. Gesch. 21)
P. Riché, Hg., Dhuoda, Manuel pour mon fils (Liber manualis). Paris 1975
F.-J. Schmale, Hg., Bischof Otto von Freising und Rahewin. Die Taten Friedrichs, oder richtiger: Cronica. (= Freiherr vom Stein-Gedächtnisausgabe 17) Darmstadt 1965
Statuto dell'Arte della Lana di Firenze (1317–1319). (= Fonti e studi sulle corporazioni artigiane del medio evo, Fonti 1) Firenze 1939
W. Stein, Akten zur Geschichte der Verfassung und Verwaltung der Stadt Köln im 14. und 15. Jahrhundert. (= Publikationen der Gesellschaft für rheinische Geschichtskunde 10) 1. Bd. Bonn 1893, 2. Bd. Bonn 1895
H. Stoob, Hg., Helmold von Bosau, Slawenchronik. (= Freiherr vom Stein-Gedächtnisausgabe 19) Berlin 1963
F. Tenckhoff, Hg., Vita Meinwerci Episcopi Patherbrunnensis. (= MGSS rer. Germ. in usum scholarum) Hannover 1921
H. Wartmann, Bearb., Urkundenbuch der Abtei St. Gallen. Zürich 1863.
L. Weinrich, Quellen zur deutschen Verfassungs-, Wirtschafts- und Sozialgeschichte bis 1250. (= Freiherr vom Stein-Gedächtnisausgabe 32) Darmstadt 1977
Das Buch Weinsberg. Kölner Denkwürdigkeiten aus dem 16. Jahrhundert. Bd. 1–2 bearb. v. K. Höhlbaum, Leipzig 1886–87; Bd. 3–4 bearb. v. F. Lau, Bonn 1897–98; Kulturhistorischer Ergänzungsbd. 5 bearb. v. J. Stein, Bonn 1926
J. Widemann, Die Traditionen des Hochstifts Regensburg und des Klosters St. Emmeram. (= Quellen und Erörterungen zur bayerischen Geschichte N.F. 8) München 1943
K. Zeumer, Quellensammlung zur Geschichte der Deutschen Reichsverfassung in Mittelalter und Neuzeit. Leipzig 1904

Bibliographie

H. H. Kaminsky, Die Frau in Recht und Gesellschaft des Mittelalters, in: A. Kuhn, G. Schneider, Hg., Frauen in der Geschichte, Bd. 1. Düsseldorf 1979 [= Bibliographie]

Literatur

W. Abel, Geschichte der deutschen Landwirtschaft vom frühen Mittelalter bis zum 19. Jahrhundert. (= Deutsche Agrargeschichte 2) Stuttgart ³1978

M. Accarie, Féminisme et antiféminisme dans le Jeu d'Adam, in: Le Moyen Age 87, 1981
G. Aders, Das Testamentsrecht der Stadt Köln im Mittelalter. (= Veröffentlichungen des Kölnischen Geschichtsvereins 8) Köln 1932
Aus dem Alltag der mittelalterlichen Stadt. (= Hefte des Focke-Museums 62) Bremen 1982
H. Ammann, Die Bevölkerung von Stadt und Landschaft Basel am Ausgang des Mittelalters, in: Basler Zeitschrift f. Geschichte u. Altertumskunde 49, 1950
H. Ammann, Von der Wirtschaftsgeltung des Elsaß im Mittelalter, in: Alemannisches Jahrbuch 3, 1955
W. Andreas, Deutschland vor der Reformation. Eine Zeitenwende. Stuttgart, Berlin 1932, ^{2}1934, ^{6}1959
A. Angenendt, Die irische Peregrinatio und ihre Auswirkungen auf dem Kontinent, in: H. Löwe, Hg., Die Iren und Europa im früheren Mittelalter, 2 Bde. (= Veröffentlichungen d. Europa-Zentrums Tübingen, Kulturwissenschaftliche Reihe) Bd. 2. Stuttgart 1982
H. Appuhn, J. Wittstock, Mittelalterliche Hausmöbel in Norddeutschland, in: Aus dem Alltag der mittelalterlichen Stadt. (= Hefte des Focke-Museums 62) Bremen 1982
Ph. Ariès, Geschichte der Kindheit. (Paris 1960) München 1975
J. Asen, Die Beginen in Köln, in: Annalen d. Historischen Vereins f. d. Niederrhein 111, 1927
J. Asen, Die Klausen in Köln, in: Annalen d. Historischen Vereins f. d. Niederrhein 110, 1926
Augustinus Aurelius, Werke hrsg. von A. Kunzelmann u. U. Zumkeller, darin: Schriften gegen die Pelagianer Bd. 3: Ehe u. Begierlichkeit; gegen zwei pelagianische Briefe, hg. v. S. Kopp, D. Morrick, G. Zumkeller. Würzburg 1977
K. Baldinger, Der freie Bauer im Alt- und Mittelfranzösischen, in: Frühmittelalterliche Studien 13, 1979
J. Barchewitz, Beiträge zur Wirtschaftstätigkeit der Frau. Untersuchungen von der vorgeschichtlichen Zeit bis in das Hochmittelalter auf dem Boden des Karolingerreiches. Diss. phil. Breslau 1937
F. Bastian, Das Manual des Regensburger Kaufhauses Runtinger und die mittelalterliche Frauenfrage, in: Jahrbuch f. Nationalökonomie u. Statistik 115 (3. Folge 60), 1920
A. Bauch, Quellen zur Geschichte der Diözese Eichstätt, Bd. 2 (= Eichstätter Studien N.F. 12) Regensburg 1979
V. Baur, Kleiderordnungen in Bayern vom 14. bis zum 19. Jahrhundert. (= Miscellanea Bavarica Monacensia 62) München 1975
M. Bellonci, Lucrezia Borgia. (= Scrittori italiani e stranieri) Mailand 1974
A. Bellù, Margarete von Wittelsbach, in: Zeitschrift f. bayerische Landesgeschichte 44, 1981
M. Bernards, Zur Seelsorge in den Frauenklöstern des Hochmittelalters, in: Revue bénédictine 66, 1956
M. Bernards, Speculum Virginum. Geistigkeit und Seelenleben der Frau im Hochmittelalter. (= Forschungen zur Volkskunde 36–38) Köln u. Graz 1955, ^{2}1982
J. Bernhart, Hildegard von Bingen, in: Archiv f. Kulturgeschichte 20, 1930
H. Beumann, Hg., Karl der Große. Lebenswerk und Nachleben (hg. v. W. Braunfels), Bd. 1: Persönlichkeit und Geschichte. Düsseldorf 1965
G. Binding, Spätkarolingisch-ottonische Pfalzen und Burgen am Niederrhein, in: Château Gaillard 5. Caen 1972
E. Blessing, Frauenklöster nach der Regel Benedikts in Baden-Württemberg (735–1981), in: Zeitschrift f. württembergische Landesgeschichte 41, 1982
L. Boehm, Das Haus Wittelsbach in den Niederlanden, in: Zeitschrift f. bayerische Landesgeschichte 44, 1981
O. v. Boehn, Anna von Nassau, Herzogin von Braunschweig-Lüneburg. Ein Fürstenle-

ben am Vorabend der Reformation, in: Niedersächsisches Jahrbuch f. Landesgeschichte 29, 1957

G. Bohne, Zur Stellung der Frau im Prozeß- und Strafrecht der italienischen Statuten, in: Gedenkschrift f. L. Mitteis. (= Leipziger Rechtswissenschaftliche Studien 11) Leipzig 1926

W. Boll, Zur Baugeschichte des Runtingerhauses in Regensburg, in: W. Eikenberg, Das Handelshaus der Runtinger zu Regensburg. Ein Spiegel süddeutschen Rechts-, Handels- und Wirtschaftslebens im ausgehenden 14. Jahrhundert. (= Veröffentlichungen d. Max-Planck-Instituts f. Geschichte 43) Göttingen 1976

K. Borchardt, siehe unter C. M. Cipolla

H. Borger, F. G. Zehnder, Köln. Die Stadt als Kunstwerk. Köln 1982

A. Borst, Die Katharer. (= Schriften d. Monumenta Germaniae historica 12) Stuttgart 1953

A. Borst, Hg., Mönchtum, Episkopat und Adel zur Gründungszeit des Klosters Reichenau. (= Vorträge und Forschungen, hg. v. Konstanzer Arbeitskreis f. mittelalterliche Geschichte 20) Sigmaringen 1974

A. Borst, Hg., Das Rittertum im Mittelalter. (= Wege der Forschung 349) Darmstadt 1976

K. Bosl, Die Sozialstruktur der mittelalterlichen Residenz- und Fernhandelsstadt Regensburg. (= Bayerische Akademie der Wissenschaften, Phil.-Hist. Klasse, Abhandlungen N.F. 63) München 1966

K. Bosl, Die Sozialstruktur der mittelalterlichen Residenz- und Fernhandelsstadt Regensburg. Die Entwicklung ihres Bürgertums vom 9. bis 14. Jahrhundert, in: Untersuchungen zur gesellschaftlichen Struktur der mittelalterlichen Städte in Europa. (= Vorträge und Forschungen, hg. v. Konstanzer Arbeitskreis f. mittelalterliche Geschichte 11) Konstanz, Stuttgart 1966, Sigmaringen ²1974

S. Bovet, Die Stellung der Frau im deutschen und im langobardischen Lehnsrecht, Diss. iur. Basel 1927. Auszug in: Jahrbuch d. Basler Juristenfakultät 5.–7. Heft, 1926–1928

A. v. Brandt, Lübeck und die Lübecker vor 600 Jahren, in: Zeitschrift d. Vereins f. Lübeckische Geschichte u. Altertumskunde 58, 1978

A. v. Brandt, Die gesellschaftliche Struktur des spätmittelalterlichen Lübeck, in: Untersuchungen zur gesellschaftlichen Struktur der mittelalterlichen Städte in Europa. (= Vorträge und Forschungen, hg. v. Konstanzer Arbeitskreis f. mittelalterliche Geschichte 11) Konstanz, Stuttgart 1966, Sigmaringen ²1974

F. Braudel, Civilisation matérielle, économie et capitalisme, 15ᵉ–18ᵉ siècles. 3 Bde. Paris 1979

W. Braunfels, Hg., Karl der Große. Lebenswerk und Nachleben. 5 Bde. Düsseldorf 1965–68

R. Bruder, Die germanische Frau im Lichte der Runeninschriften und der antiken Historiographie. (= Quellen u. Forschungen zur Sprach- u. Kulturgeschichte der germanischen Völker N.F. 57) Berlin 1974

A. Ph. Brück, Hg., Hildegard von Bingen 1179–1979. (= Quellen und Abhandlungen zur mittelrheinischen Kirchengeschichte 33) Mainz 1979

J. Brück, Die Grundzüge des in der Stadt Köln bis zur Einführung des französischen Rechts geltenden Ehelichen Güterrechts. Diss. iur. Bonn 1900

C. Brühl, Palatium und Civitas. Studien zur Profantopographie spätantiker Civitates vom 3. bis zum 13. Jahrhundert. Bd. 1: Gallien. Köln, Wien 1975

F. Bruns, Die Lübecker Bergenfahrer und ihre Chronistik. (= Hansische Geschichtsquellen N. F. 2) Berlin 1900

G. Buchda, Untertanenpflicht, Frauenschwurgebärde und ein paar ältere Rechtswörter in einem Meusebacher Gerichtsbuch, in: Zeitschrift der Savigny-Stiftung f. Rechtsgeschichte, Germ. Abt. 57, 1937

R. Buchner, Die Rechtsquellen. (Beiheft zu: Wattenbach-Levison, Deutschlands Geschichtsquellen im Mittelalter. Vorzeit und Karolinger) Weimar 1953

K. Bücher, Die Berufe der Stadt Frankfurt am Main im Mittelalter. (= Abhandlungen d. Sächsischen Akademie d. Wissenschaften, Phil.-Hist. Klasse 30, 3) Leipzig 1914

K. Bücher, Die Bevölkerung von Frankfurt am Main im 14. und 15. Jahrhundert. (= Socialstatistische Studien 1) Tübingen 1886

K. Bücher, Die Frauenfrage im Mittelalter. Tübingen 1882, ²1910

K. Bücher, Die soziale Gliederung der Frankfurter Bevölkerung im Mittelalter, in: Berichte d. Freien Deutschen Hochstifts N. F. 3, 1887

H. Büttner, Zur Stadtentwicklung von Worms im Früh- und Hochmittelalter, in: Aus Geschichte und Landeskunde. Forschungen und Darstellungen. Festgabe F. Steinbach, Bonn 1960

J. Burckhardt, Die Kultur der Renaissance in Italien, hg. von W. Goetz 18. Aufl., Leipzig 1928 (auch Gesamtausgabe 5 Stuttgart u. a. 1930)

L. Carlsson, „Jag giver dig min dotter". (= Skrifter utgivna av Inst. f. rättshist. forskning, Serie I, Rättshist. Bibliotek 8) Bd. 1, Stockholm 1965

E. Carpentier, J. Glénisson, Bilans et méthodes: La démographie française au 14ᵉ siècle, in: Annales 17, 1962

J. L. Charles, La ville de Saint-Trond au Moyen-Age. (= Bibliothèque de la Faculté de Philosophie et Lettres de l'Université de Liège 173) Paris 1965

P. Chaunu, Die verhütete Zukunft. Stuttgart 1981

L. Chiappini, Eleanora d'Aragona, prima duchessa di Ferrara. Rovigo 1956

C. M. Cipolla, K. Borchardt, Bevölkerungsgeschichte Europas. Mittelalter bis Neuzeit. München 1971

E. R. Coleman, Medieval Marriage Characteristics: A Neglected Factor in the History of Medieval Serfdom, in: Journal of Interdisciplinary History 2, 2, 1971

H. Conrad, Deutsche Rechtsgeschichte, Bd. 1. Karlsruhe ²1962

S. Corsten, Die Grafen von Jülich unter den Ottonen und Saliern, in: Bibliothek, Buch, Geschichte. K. Köster zum 65. Geburtstag. (= Sonderveröffentlichungen d. Deutschen Bibliothek 5) Frankfurt a. M. 1977

M. David, Le mariage dans la société féodale, in: Annales 36, 1981

H. Decker-Hauff, Das Staufische Haus, in: Die Zeit der Staufer, Katalog der Ausstellung, Bd. 3. Stuttgart 1977

W. Deeters, Zur Heiratsurkunde der Kaiserin Theophanu, in: Braunschweigisches Jahrbuch 54, 1973

B. Degler-Spengler, Zisterzienserorden und Frauenklöster. Anmerkungen zur Forschungsproblematik, in: Die Zisterzienser. Ergänzungsbd. hg. v. K. Elm, P. Joerißen. (= Schriften d. Rheinischen Museumsamtes 18) Köln 1982

K. Deißner, Zum Güter- und Erbrecht im ältesten Schleswiger Stadtrecht. Diss. iur. Kiel 1966. Kiel 1966

J. Delumeau, La peur en Occident (14ᵉ–18ᵉ siècles). Une cité assiégée. Paris 1978

K. E. Demandt, Die letzten Katzenelnbogener Grafen und der Kampf um ihr Erbe, in: Nassauische Annalen 66, 1955

H. Demelius, Eheliches Güterrecht im spätmittelalterlichen Wien. (= Österreichische Akademie der Wissenschaften, Phil.-Hist. Klasse, Sitzungsberichte 265,4) Wien 1970

M. Denis-Boulet, La carrière politique de Sainte Catherine de Sienne. Etude historique. Paris 1939

J. Dhondt, Sept femmes et un trio de rois, in: Contributions à l'histoire économique et sociale 3, 1964–65

B. Diestelkamp, Hg., Beiträge z. hochmittelalterl. Städtewesen. (= Städteforschung. Veröffentlichungen d. Inst. f. vergl. Städtegesch. i. Münster, Reihe A, 11) Köln, Wien 1982

J. Dietz, Bonner Handwerker und Gewerbetreibende bis zur Mitte des 17. Jahrhunderts, in: Bonner Geschichtsblätter 15, 1961

G. Dilcher, Zum Bürgerbegriff im späteren Mittelalter. Versuch einer Typologie am Beispiel von Frankfurt am Main, in: J. Fleckenstein, K. Stackmann, Hg., Über Bürger, Stadt und städtische Literatur im Spätmittelalter. (= Abhandlungen d. Akademie der Wissenschaften in Göttingen, Phil.-Hist. Klasse. Dritte Folge Nr. 121) Göttingen 1980

G. Dilcher, Ehescheidung und Säkularisation, in: L. Lombardi Vallauri, G. Dilcher, Hgg., Christentum, Säkularisation und modernes Recht. Baden-Baden, Mailand 1981

U. Dirlmeier, Untersuchungen zu Einkommensverhältnissen und Lebenshaltungskosten in oberdeutschen Städten des Spätmittelalters (Mitte 14. bis Anfang 16. Jahrhundert). (= Abhandlungen d. Heidelberger Akademie der Wissenschaften, Phil.-Hist. Klasse, Jahrgang 1978, 1) Heidelberg 1978

U. Dirlmeier, Die kommunalpolitischen Zuständigkeiten und Leistungen süddeutscher Städte im Spätmittelalter, in: J. Sydow, Hg., Städtische Versorgung und Entsorgung im Wandel der Geschichte. 18. Arbeitstagung in Villingen, 1979 (= Stadt in der Geschichte, Veröffentlichungen des Südwestdeutschen Arbeitskreises für Stadtgeschichtsforschung Band 8) Sigmaringen 1981

H. Disselnkötter, Gräfin Loretta von Spanheim [= Sponheim] geborene von Salm. (= Rheinisches Archiv 37) Bonn 1940

H. Diwald, Propyläen Geschichte Europas. Anspruch auf Mündigkeit. Um 1400–1555. (= Propyläen Geschichte Europas 1) Frankfurt a. M., Berlin, Wien 1975

F. Dörrenhaus, Wo der Norden dem Süden begegnet: Südtirol. Ein geographischer Vergleich. Bozen 1959

F. Dörrenhaus, Urbanität und gentile Lebensform. (= Erdkundliches Wissen 25) Wiesbaden 1971

O. Doppelfeld, Das fränkische Frauengrab unter dem Chor des Kölner Domes, in: Germania 38, 1960

O. Doppelfeld, Köln von der Spätantike bis zur Karolingerzeit, in: Vor- und Frühformen der europäischen Stadt im Mittelalter, Bd. 1. (= Abhandlungen der Akademie der Wissenschaften in Göttingen, Phil.-Hist. Klasse 3, 83) Göttingen 1973

A. Doren, Die Florentiner Wollentuchindustrie vom 14. bis zum 16. Jahrhundert. Stuttgart 1901

A. Doren, Das Florentiner Zunftwesen vom 14. bis zum 16. Jahrhundert. Stuttgart, Berlin 1908

G. Duby, Le chevalier, la femme et le prêtre. Le mariage dans la France féodale. (= La Force des Idées) Paris 1981 (siehe auch unter M. David)

G. Duby, L'économie rurale et la vie des campagnes dans l'Occident médiéval (France, Angleterre, Empire, 9ᵉ–15ᵉ s.). Essai de synthèse et perspective de recherches. (= Collection historique) 2 Bde. Paris 1962

G. Duby, La société aux 11ᵉ et 12ᵉ siècles dans la région mâconnaise. (= Bibliothèque générale de l'Ecole pratique des Hautes Etudes) Paris 1953

I. Dübeck, Købekoner og konkurrence: studier over myndighets- og erhvervsrettens udvikling med stadigt henblik på kvinders historiske retstilling. (= Skrifter fra det retsvidenskabelige Institut ved Kobenhavns Universitet 29) Kopenhagen 1978

J. Düffel, Gräfin Adela von Hamaland und ihr Kampf um das Stift Hochelten, in: Gedenkbuch für J. Düffel, Emmerich 1978

E. Dupré-Theseider, Caterina da Siena, in: Dizionario Biografico degli Italiani, Rom 1979

W. Ebel, Forschungen zur Geschichte des lübischen Rechts. (= Veröffentlichungen zur Geschichte der Hansestadt Lübeck 14) Lübeck 1950

W. Ebel, Über das „ungezweite Gut" im Sachsenspiegel, Landrecht I, 31, in: Zeitschrift der Savigny-Stiftung f. Rechtsgeschichte, Germ. Abteilung, 92, 1975

W. Ebel, Über die rechtsschöpferische Leistung des mittelalterlichen deutschen Bürgertums, in: Untersuchungen zur gesellschaftlichen Struktur der mittelalterlichen Städte in Europa. (= Vorträge und Forschungen, hg. v. Konstanzer Arbeitskreis f. mittelalterliche Geschichte 11) Konstanz, Stuttgart 1966, Sigmaringen [2]1974

W. Ebel, Das Soester Recht. Wesen, Herkunft und Bedeutung, in: Soester Zeitschrift 72, 1959

W. Ehbrecht, Hg., Städtische Führungsgruppen und Gemeinde in der werdenden Neuzeit. (= Städteforschung, Veröffentlichungen des Instituts f. vergleichende Städtegeschichte, Reihe A, 9) Köln, Wien 1980

W. Ehbrecht, Hg. siehe unter P. J. Schuler, Die Bevölkerungsstruktur ...

W. Eikenberg, Das Handelshaus der Runtinger zu Regensburg. Ein Spiegel süddeutschen Rechts-, Handels- und Wirtschaftslebens im ausgehenden 14. Jahrhundert. (= Veröffentlichungen d. Max-Planck-Instituts f. Geschichte 43) Göttingen 1976

L. C. Eisenbart, Kleiderordnungen der deutschen Städte zwischen 1350 und 1700. (= Göttinger Bausteine zur Geschichtswissenschaft 32) Göttingen 1962

K. Elm, R. Manselli, Beg(h)inen, in: Lexikon des Mittelalters, Bd. 1. München, Zürich 1980

K. Elm, Hg., Ordensstudien, Bd. 1: Beiträge zur Geschichte der Konversen im Mittelalter. (= Berliner Historische Studien 2) Berlin 1980

K. Elm, Hg., Ordensstudien, Bd. 2: Stellung und Wirksamkeit der Bettelorden in der städtischen Gesellschaft. (= Berliner Historische Studien 3) Berlin 1981

K. Elm, Die Stellung der Frau in Ordenswesen, Semireligiosentum und Häresie zur Zeit der hl. Elisabeth, in: Sankt Elisabeth. Fürstin, Dienerin, Heilige. Sigmaringen 1981

K. Elm, Die Stellung des Zisterzienserordens in der Geschichte des Ordenslebens, in: Die Zisterzienser. Ordensleben zwischen Ideal und Wirklichkeit. (= Schriften des Rheinischen Museumsamtes 10) Bonn 1980

E. Ennen, W. Janssen, Deutsche Agrargeschichte vom Neolithikum bis zur Schwelle der Industriezeit. (= Wissenschaftliche Paperbacks 12) Wiesbaden 1979

E. Ennen, Geschichte der Stadt Bonn. II. Teil. Bonn 1962

E. Ennen, Das Gewerbe auf dem europäischen zisalpinen Kontinent vom 6. bis 11. Jahrhundert in verfassungsgeschichtlicher Sicht, in: Early Medieval Studies 8, 1975

E. Ennen, Die Grundherrschaft St. Maximin und die Bauern von Wasserbillig, in: E. Ennen, Gesammelte Abhandlungen zum europäischen Städtewesen und zur rheinischen Geschichte. Bonn 1977

E. Ennen, Die europäische Stadt des Mittelalters. Göttingen [4]1987

E. Ennen. Zur Typologie des Stadt-Land-Verhältnisses im Mittelalter, in: E. Ennen, Gesammelte Abhandlungen zum europäischen Städtewesen und zur rheinischen Geschichte. Bonn 1977

E. Ennen, Kölner Wirtschaft im Früh- und Hochmittelalter, in: H. Kellenbenz, Hg., Zwei Jahrtausende Kölner Wirtschaft. Bd. 1. Köln 1975

M. G. Enright, Charles the Bald and Aethelwulf of Wessex: the alliance of 856 and strategies of royal succession, in: Journal of medieval history 5, 1979

W. Erdmann, Die Entwicklung des Lübecker Bürgerhauses im 13. und 14. Jahrhundert unter dem Einfluß von Profanarchitektur des Ostseeraumes, in: Die Heimat, Zeitschrift f. Natur- u. Landeskunde von Schleswig-Holstein und Hamburg 89, 1982

W. Erdmann, Entwicklungstendenzen des Lübecker Hausbaus 1100 bis um 1340 – eine Ideenskizze, in: Lübecker Schriften zur Archäologie und Kulturgeschichte 7, 1983

W. Erdmann, Zum staufischen Saalgeschoßbau Kleine Burgstraße 22 zu Lübeck, dem sogenannten „Cranenkonvent", in: Zeitschrift f. Lübeckische Geschichte u. Altertumskunde 63, 1983

A. Erler, Ius primae noctis, in: Handwörterbuch zur deutschen Rechtsgeschichte, Bd. 2. Berlin 1978

E. Ewig, Das merowingische Frankenreich (561–687), in: Th. Schieder, Hg., Handbuch der europäischen Geschichte, Bd. 1. Stuttgart 1976

E. Ewig, Studien zur merowingischen Dynastie, in: Frühmittelalterliche Studien 8, 1974

A. Falk, Hausgeräte aus Holz, in: Aus dem Alltag einer mittelalterlichen Stadt. (= Hefte des Focke-Museums 62) Bremen 1982

D. H. Farmer, The Oxford Dictionary of Saints. Oxford 1978

O. Feger, Herzogin Hadwig von Schwaben in Dichtung und Wirklichkeit, in: Hohentwiel. Bilder aus der Geschichte des Berges. Konstanz ²1957

H. Fehr, Die Rechtsstellung der Frau und der Kinder in den Weistümern. Jena 1912

G. P. Fehring, Alt-Lübeck und Lübeck. Zur Topographie und Besiedlung zweier Seehandelszentren im Wandel vom 12. zum 13. Jahrhundert, in: Die Heimat, Zeitschrift f. Natur- und Landeskunde von Schleswig-Holstein und Hamburg 89, 1982

G. P. Fehring, Der Beitrag der Archäologie zum „Leben in der Stadt des späten Mittelalters“, in: Das Leben in der Stadt des Spätmittelalters. (= Veröffentlichungen des Instituts f. mittelalterliche Realienkunde Österreichs 2) Wien 1977, ²1981

G. P. Fehring, Zur archäologischen Erforschung topographischer, wirtschaftlicher und sozialer Strukturen der Hansestadt Lübeck, in: Berichte z. dt. Landeskunde 54, 1980

La Femme. Bd. 2. (= Recueils de la Société Jean Bodin 12) Brüssel 1962

La femme dans les civilisations des 10ᵉ–13ᵉ siècles. Actes du colloque tenu à Poitiers les 23–25 septembre 1976, in: Cahiers de civilisation médiévale 20, 1977

J. L. Flandrin, Familien. Soziologie – Ökonomie – Sexualität. Frankfurt a. M., Berlin, Wien 1978

J. Fleckenstein, Friedrich Barbarossa und das Rittertum. Zur Bedeutung der großen Mainzer Hoftage von 1184 und 1188, in: Festschrift für H. Heimpel, 3 Bde. (= Veröffentlichungen d. Max-Planck-Instituts f. Geschichte 36, I–III) Göttingen 1971–72. Bd. 2. 1972. Auch in: A. Borst, Hg., Das Rittertum im Mittelalter. (= Wege der Forschung 349) Darmstadt 1976

J. Fleckenstein, Grundlagen und Beginn der deutschen Geschichte. (= Deutsche Geschichte, hg. v. J. Leuschner, 1) Göttingen 1974

J. Fleckenstein, siehe unter G. Dilcher, Zum Bürgerbegriff ...

U. Floßmann, Die Gleichberechtigung der Geschlechter in der Privatrechtsgeschichte, in: Rechtsgeschichte und Rechtsdogmatik. Festschrift H. Eichler zum 70. Geburtstag. (= Linzer Universitätsschriften. Festschriften 1) Wien 1977

A. France-Lanord, M. Fleury, Das Grab der Arnegundis in Saint-Denis, in: Germania 40, 1962

G. Franz, Geschichte des deutschen Bauernstandes vom frühen Mittelalter bis zum 19. Jahrhundert. (= Deutsche Agrargeschichte 4) Stuttgart 1970

P. Fuchs, Hg., Das Rathaus zu Köln. Köln 1973

F. L. Ganshof, Qu'est-ce que la féodalité? Bruxelles ⁴1969 [dt. Ausgabe ⁶1983]

F. L. Ganshof, Le statut de la femme dans la monarchie franque, in: La Femme, Bd. 2. (= Recueils de la Société Jean Bodin 12) Bruxelles 1962

J. Gaudemet, Le célibat ecclésiastique. Le droit et la pratique du 11ᵉ au 13ᵉ siècle, in: Zeitschrift der Savigny-Stiftung f. Rechtsgeschichte, Kan. Abt. 68, 1982

J. Gaudemet, Les leges du droit romain en matière matrimoniale, in: Il Matrimonio nella società altomedievale. Bd. 1. (= Settimane di studio del Centro italiano di studi sull' alto medioevo 24) Spoleto 1977

W. Gauer, Urbs, Arx, Metropolis und Civitas Regia. Untersuchungen zur Topographie der frühmittelalterlichen Stadt Regensburg, in: Verhandlungen d. Hist. Vereins f. Oberpfalz und Regensburg 121, 1981

U. Gauwerky, Frauenleben in der Karolingerzeit. Ein Beitrag zur Kulturgeschichte, Diss. phil. Göttingen 1951 (masch.schr.)

B. Geremek, Les marginaux parisiens aux 14ᵉ et 15ᵉ siècles. Paris 1976

D. Giesen, Grundlagen und Entwicklung des englischen Eherechts in der Neuzeit bis zum Beginn des 19. Jahrhunderts. Vor dem Hintergrund der englischen Geschichte, Rechts- und Kirchengeschichte. (= Schriften zum deutschen und europäischen Zivil-, Handels- u. Prozeßrecht 74) Bielefeld 1973

H. Gieysztor, La femme dans les civilisations des 10e–13e siècles. La femme en Europe orientale, in: Cahiers de civilisation médiévale 20, 1977
H. Gieysztor, Le tradizioni locali e le influenze ecclesiastiche nel matrimonio in Polonia nei secoli 10–13, in: Il Matrimonio nella società altomedievale. Bd. 1. (= Settimane di studio del Centro italiano di studi sull'alto medioevo 24) Spoleto 1977
D. V. Glass, D. E. C. Eversley, Population in History. London 1965
H. Goetting, H. Kühn, Die sog. Heiratsurkunde der Kaiserin Theophanu (DO II, 21), ihre Untersuchung und Konservierung, in: Archivalische Zeitschrift 64, 1968
W. Goez, Gestalten des Hochmittelalters. Personengeschichtliche Essays im allgemeinhistorischen Kontext. Darmstadt 1983
R. Gräfe, Das Eherecht in den Coutumiers des 13. Jahrhunderts. Eine rechtsvergleichende Darstellung des französischen Ehepersonen- und Ehegüterrechts im Mittelalter. (= Göttinger Studien zur Rechtsgeschichte 6) Göttingen, Zürich, Frankfurt 1972
F. Graus, Ketzerbewegungen und soziale Unruhen im 14. Jahrhundert, in: Zeitschrift f. Historische Forschung 1, 1974
F. Graus, Randgruppen der städtischen Gesellschaft im Spätmittelalter, in: Zeitschrift f. Historische Forschung 8, 1981
F. Gregorovius, Lucrezia Borgia (1874). Wien, Leipzig 1939, München 1982
P. Grimal, Hg., Histoire mondiale de la Femme, Bd. 2: L'Occident des Celtes à la Renaissance. Paris 1966
P. Grimm, Zwei bemerkenswerte Gebäude in der Pfalz Tilleda. Eine zweite Tuchmacherei, in: Prähistorische Zeitschrift 41, 1963
H. Grundmann, Religiöse Bewegungen im Mittelalter. Anhang: Neue Beiträge zur Geschichte der religiösen Bewegungen im Mittelalter. Darmstadt ^{3}1970
H. Grundmann, Die Frauen und die Literatur im Mittelalter, in: Archiv f. Kulturgeschichte 26, 1936
G. Gudian, Ingelheimer Recht im 15. Jahrhundert. (= Untersuchungen zur deutschen Staats- und Rechtsgeschichte N. F. 10) Aalen 1968
W. L. Gundersheimer, Ferrara. The Style of a Renaissance Despotism. Princeton 1973
A. M. Haas, Mechtild von Hackeborn. Eine Form zisterziensischer Frauenfrömmigkeit, in: Die Zisterzienser, Ergänzungsbd. (= Schriften d. Rheinischen Museumsamtes 18) Köln 1982
R. Haaß, Devotio moderna in der Stadt Köln im 15. und 16. Jahrhundert. (= Veröffentlichungen d. Kölnischen Geschichtsvereins 25) Köln 1960
H. U. Haedeke, Eisen, Zinn, Bronze, in: Herbst des Mittelalters. Spätgotik in Köln und am Niederrhein. (= Ausstellungskatalog Kunsthalle Köln 1970) Köln ^{2}1970
B. Händler-Lachmann, Die Berufstätigkeit der Frau in den deutschen Städten des Spätmittelalters und der beginnenden Neuzeit, in: Hessisches Jahrbuch für Landesgeschichte 30, 1980
K. Haff, Die Kaufmannschaften nach dem hamburgischen Privatrecht, in: Beiträge zum Wirtschaftsrecht. (= Arbeiten zum Handels-, Gewerbe- und Landwirtschaftsrecht 62) I, Festgabe E. Heymann zum 60. Geburtstag, Marburg 1931
H. R. Hagemann, Basler Stadtrecht im Spätmittelalter, in: Zeitschrift d. Savigny-Stiftung f. Rechtsgeschichte, Germ. Abt. 78, 1961
J. Hartwig, Die Frauenfrage im mittelalterlichen Lübeck, in: Hansische Geschichtsblätter 14, 1908
M. Hasse, Neues Hausgerät, neue Häuser, neue Kleider. Eine Betrachtung der städtischen Kultur im 13. und 14. Jahrhundert, sowie ein Katalog der metallenen Hausgeräte, in: Zeitschrift f. Archäologie des Mittelalters 7, 1979
A. Haverkamp, Hg., Zur Geschichte der Juden im Deutschland des Mittelalters und der frühen Neuzeit. (= Monographien zur Geschichte des Mittelalters 24) Stuttgart 1981
A. Haverkamp, Zur Sklaverei in Genua während des 12. Jahrhunderts, in: Geschichte in der Gesellschaft. Festschrift K. Bosl. Stuttgart 1974

J. Heers, Le clan familial au Moyen-Age. Etude sur les structures politiques et sociales des milieux urbains. Paris 1974

H. Heimpel, Das Gewerbe der Stadt Regensburg im Mittelalter. (= Beihefte zur Vierteljahrsschrift f. Sozial- u. Wirtschaftsgeschichte 9) Stuttgart 1926

H. Heimpel, Seide aus Regensburg, in: Mitteilungen d. Instituts f. Österreichische Geschichtsforschung 62, 1954

H. Heimpel, Auf neuen Wegen der Wirtschaftsgeschichte, in: Vergangenheit und Gegenwart 32, 1933

M. Heinzelmann, Beobachtungen zur Bevölkerungsstruktur einiger grundherrschaftlicher Siedlungen im karoling. Bayern, in: Frühmittelalterliche Studien 11, 1977, 12, 1978

S. Hellmann, Die Heiraten der Karolinger, in: Festgabe K. Th. von Heigel zur Vollendung seines 60. Lebensjahres. München 1903

W. Herborn, Die Familie von Schwelm/von Weinsberg. Entwicklungsstufen einer bäuerlichen Familie im großstädtischen Milieu an der Schwelle zur Neuzeit, in: Beiträge zur Heimatkunde der Stadt Schwelm und ihrer Umgebung NF 32, 1982

W. Herborn, Die politische Führungsschicht der Stadt Köln im Spätmittelalter. (= Rheinisches Archiv 100) Bonn 1977

D. Herlihy, Land, family and women in Continental Europe, 701–1200, in: Traditio 18, 1962

D. Herlihy, The agrarian revolution in southern France and Italy, in: Speculum 33, 1958

D. Herlihy, Familiy and property in Renaissance Florence, in: H. A. Miskimin, D. Herlihy, A. L. Udowitsch, The medieval city. New Haven, London 1977

D. Herlihy, C. Klapisch-Zuber, Les Toscans et leurs familles. Une étude du Catasto florentin de 1427. Paris 1978

H. U. Herzog, Beiträge zur Geschichte des eherechtlichen Güterrechts der Stadt Zürich. Mit 34 unveröffentlichten Urkunden aus dem 14. bis ins 18. Jahrhundert. (= Zürcher Beiträge zur Rechtswissenschaft N. F., Heft 92) Aarau 1942

L. Heß, Die deutschen Frauenberufe des Mittelalters. (= Beiträge zur Volkstumsforschung 6) München 1940

W. Hess, Rechnung Legen auf Linien. Rechenbrett und Zahltisch in der Verwaltungspraxis in Spätmittelalter und Neuzeit, in: Städtisches Haushalts- und Rechnungswesen, hg. v. E. Maschke, J. Sydow. (= Stadt in der Geschichte, Veröffentlichungen d. Südwestdeutschen Arbeitskreises f. Stadtgeschichtsforschung 2) Sigmaringen 1977

A. Higounet, La femme du Moyen-Age en France dans la vie politique, économique et sociale, in: P. Grimal, Hg., Histoire mondiale de la Femme, Bd. 2.

E. Hlawitschka, Zu den klösterlichen Anfängen in St. Maria im Kapitol in Köln, in: Rheinische Vierteljahrsblätter 31, 1966–67

E. Hlawitschka, Beiträge und Berichte zur Bleitafelinschrift aus dem Grab der Kaiserin Gisela, in: Historisches Jahrbuch 97–98, 1978

E. Hlawitschka, Beobachtungen und Überlegungen zur Konventsstärke im Nonnenkloster Remiremont während des 7.–9. Jahrhunderts, in: Secundum regulam vivere. Festschrift für P. N. Backmund O. Praem. Windberg 1978

E. Hlawitschka, Zur landschaftlichen Herkunft der Karolinger, in: Rheinische Vierteljahrsblätter 27, 1962

E. Hlawitschka, Studien zur Genealogie und Geschichte der Merowinger und der frühen Karolinger, in: Rheinische Vierteljahrsblätter 43, 1979

E. Hlawitschka, Die Vorfahren Karls des Großen, in: Karl der Große. Lebenswerk und Nachleben, hg. v. W. Braunfels, Bd. 1: Persönlichkeit und Geschichte, hg. v. H. Beumann. Düsseldorf 1965

E. Hlawitschka, Zum Werden der Unteilbarkeit des mittelalterlichen Deutschen Reiches. Erw. Sonderdruck aus: Jahrbuch d. Universität Düsseldorf 1969–70

M. Höppner, Die Frauenarbeit in Paris im Mittelalter. Diss. Göttingen 1922 (masch. schr.) Teildruck Braunschweig 1921

K. Hörger, Die reichsrechtliche Stellung der Fürstäbtissinnen, in: Archiv f. Urkundenforschung 9, 1926

T. A. Hollingworth, A demographic study of the British ducal families, in: D. V. Glass, D. E. C. Eversley, Population in History. London 1965

J. Huizinga, Herbst des Mittelalters, hg. v. K. Köster. Stuttgart 1953

H. Hundsbichler, Stadtbegriff, Stadtbild und Stadtleben des 15. Jahrhunderts nach ausländischen Berichterstattern über Österreich, in: Das Leben in der Stadt des Spätmittelalters. (= Veröff. d. Inst. f. mittel. Realienkunde Österreichs 2) Wien 1977, [2]1981

F. Irsigler, Bettler, Dirnen und Henker im spätmittelalterlichen und frühneuzeitlichen Köln. Zur Analyse sozialer Randgruppen, in: Geschichte in Köln. Studentische Zeitschrift am historischen Seminar 7, 1980

F. Irsigler, Divites und pauperes in der Vita Meinwerci, in: Vierteljahrsschrift f. Sozial- u. Wirtschaftsgeschichte 57, 1970

F. Irsigler, Ein großbürgerlicher Kölner Haushalt am Ende des 14. Jahrhunderts, in: Festschrift M. Zender. Studien zu Volkskultur, Sprache und Landesgeschichte, hg. v. E. Ennen, G. Wiegelmann, Bd. 2. Bonn 1972

F. Irsigler, Hermann von Goch († 7. 5. 1398), in: Rheinische Lebensbilder 8, Köln 1980

F. Irsigler, Peter Rinck (gest. 8. Februar 1501), in: Rheinische Lebensbilder 6, Köln 1975

F. Irsigler, Konrad von Weinsberg (etwa 1370–1448). Adeliger – Diplomat – Kaufmann, in: Württembergisch Franken 66, 1982

F. Irsigler, Die wirtschaftliche Stellung der Stadt Köln im 14. und 15. Jahrhundert. Strukturanalyse einer spätmittelalterlichen Exportgewerbe- und Fernhandelsstadt. (= Beihefte zur Vierteljahrsschrift f. Sozial- u. Wirtschaftsgeschichte 65) Wiesbaden 1979

F. Irsigler, Untersuchungen zur Geschichte des frühfränkischen Adels. (= Rheinisches Archiv 70) Bonn 1969, 2. um einen Nachtrag erw. Aufl. 1981

F. Irsigler, Kölner Wirtschaft im Spätmittelalter, in: Zwei Jahrtausende Kölner Wirtschaft. 2 Bde., hg. v. H. Kellenbenz. Bd. 1. Köln 1975

F. Irsigler, Die Wirtschaftsführung der Burggrafen von Drachenfels im Spätmittelalter, in: Bonner Geschichtsblätter 34, 1982

F. Irsigler, Hg., siehe unter P. J. Schuler, Die Erhebungslisten ...

G. Jaacks, Städtische Kleidung im Mittelalter, in: Aus dem Alltag der mittelalterlichen Stadt. (= Hefte des Focke-Museums 62) Bremen 1982

R. Jahn, Essener Geschichte. Essen 1952, [2]1957

W. Janssen, Essen und Trinken im frühen und hohen Mittelalter aus archäologischer Sicht, in: Liber Castellorum, 40 variaties op het thema kasteel. Zutphen 1981

W. Janssen, siehe unter E. Ennen, Deutsche Agrargeschichte ...

S. Jenks, Frauensiegel in den Würzburger Urkunden des 14. Jahrhunderts, in: Zeitschrift f. bayerische Landesgeschichte 45, 1982

K. Jordan, Heinrich der Löwe. München 1979

M. Th. Kaiser-Guyot, Le berger en France aux 14e et 15e siècles. Paris 1974

A. Kalsbach, Die altkirchliche Einrichtung der Diakonissen bis zu ihrem Erlöschen. (= Römische Quartalschrift f. christliche Altertumskunde u. Kirchengeschichte, Supplementheft 22) Freiburg i. Br. 1926

H. Keller, Der Übergang zur Kommune. Zur Entwicklung der italienischen Stadtverfassung im 11. Jahrhundert, in: B. Diestelkamp, Hg., Beiträge zum hochmittelalterlichen Städtewesen. (= Städteforschung, Veröffentlichungen d. Instituts f. vergleichende Städtegeschichte in Münster, Reihe A, 11) Köln, Wien 1982

A. Kelly, Krone der Frauen. Eleonore von Aquitanien und die vier Könige. München 1953

H. Keussen, Köln im Mittelalter. Topographie und Verfassung. (Rev. Sonderabdruck aus der 2. Preisschrift der v. Mevissen-Stiftung) Bonn 1918

C. Klapisch-Zuber, siehe unter D. Herlihy, Les Toscans ...

O. Klose, Die Familienverhältnisse auf Island vor der Bekehrung zum Christentum auf

Grund der Ilendingasogur. (= Nordische Studien 10) Braunschweig, Berlin, Hamburg 1929
G. Koch, Frauenfrage und Ketzertum im Mittelalter. (= Forschungen zur mittelalterlichen Geschichte 9) Berlin 1962
R. Koebner, Die Eheauffassung des ausgehenden deutschen Mittelalters, in: Archiv f. Kulturgeschichte 9, 1911
E. Köhler, Observations historiques et sociologiques sur la poésie des troubadours, in: Cahiers de civilisation médiévale 7, 1964
E. Köhler, Die Rolle des niederen Rittertums bei der Entstehung der Troubadourlyrik, in: A. Borst, Hg., Das Rittertum im Mittelalter. (= Wege der Forschung 349) Darmstadt 1976
R. Köstler, Die väterliche Ehebewilligung. Eine kirchenrechtliche Untersuchung auf rechtsvergleichender Grundlage. (= Kirchenrechtliche Abhandlungen 51) Stuttgart 1908, Nachdruck Amsterdam 1965
R. Köstler, Raub-, Kauf- und Friedelehe bei den Germanen, in: Zeitschrift der Savigny-Stiftung f. Rechtsgeschichte, Germ. Abt. 63, 1943
S. Konecny, Die Frauen des karolingischen Königshauses. Die politische Bedeutung der Ehe und die Stellung der Frau in der fränkischen Herrscherfamilie vom 7. bis zum 10. Jahrhundert. (= Dissertationen d. Universität Wien 132) Wien 1976
S. Kopp, Hg., siehe Aurelius Augustinus
H. P. Korsch, Das materielle Strafrecht der Stadt Köln. Vom Ausgang des Mittelalters bis in die Neuzeit. (= Veröffentlichungen des Kölnischen Geschichtsvereins 20) Köln 1958
P. Koschaker, Die Eheformen der Indogermanen, in: Deutsche Landesreferate zum 2. Internationalen Kongreß für Rechtsvergleichung im Haag (= Zeitschrift f. ausländisches u. internationales Privatrecht, Jahrgang 11, Sonderheft) Berlin 1937
R. Kottje, Claustra sine armario? Zum Unterschied von Kloster und Stift im Mittelalter, in: Consuetudines monasticae. Eine Festgabe f. Kassius Hallinger aus Anlaß seines 70. Geburtstages. (= Studia Anselmiana 85) Rom 1982
P.-P. Krebs, Die Stellung der Handwerkerswitwe in der Zunft vom Spätmittelalter bis zum achtzehnten Jahrhundert. Diss. iur. Regensburg 1974. Regensburg 1974
K. Kroeschell, Deutsche Rechtsgeschichte. 2 Bde. (= rororo Studium 8–9) Hamburg 1972–73
K. Kroeschell, Söhne und Töchter im germanischen Erbrecht, in: G. Landwehr, Hg., Studien zu den germanischen Volksrechten. Gedächtnisschrift f. W. Ebel. (= Rechtshistorische Reihe 1) Frankfurt/Main 1982
L. Kuchenbuch, Bäuerliche Gesellschaft und Klosterherrschaft im 9. Jahrhundert. Studien zur Sozialstruktur der Familia der Abtei Prüm. (= Beihefte zur Vierteljahrsschrift f. Sozial- u. Wirtschaftsgeschichte 66) Wiesbaden 1978
H. Kühn, siehe unter H. Goetting, Die sog. Heiratsurkunde ...
M. Kuhn-Rehfus, Zisterzienserinnen in Deutschland, in: Die Zisterzienser. Ordensleben zwischen Ideal und Wirklichkeit, hg. v. K. Elm. (= Schriften des Rheinischen Museumsamtes 10) Bonn 1980
M. Kuhn-Rehfus, Die soziale Zusammensetzung der Konvente in den oberschwäbischen Frauenzisterzen, in: Zeitschrift f. württemberg. Landesgeschichte 41, 1982
J.-L. Kupper, Une „conventio" inédite entre l'évêque de Liège Théoduin et le comte Albert II de Namur (1056–64), in: Bulletin de la Commission royale d'Histoire 145, 1979
B. Kuske, Die Frau im mittelalterlichen deutschen Wirtschaftsleben, in: Zeitschrift f. handelswissenschaftliche Forschung N.F. 11, 1959
G. Landwehr, Hg., Studien zu den germanischen Volksrechten. Frankfurt/M., Bern 1981
H. Lange, Frauenerwerbsarbeit im mittelalterlichen Florenz (14 u. 15. Jh.) Diss. iur. Göttingen 1924 (masch. schr.)

P. Laslett, Family life and illicite love in earlier generations. Essays in historical sociology. Cambridge 1977

R. Laufner, Die „Elenden-Bruderschaft" zu Trier im 15. und 16. Jahrhundert. Ein Beitrag zur Sozialgeschichte der untersten Unterschichten im ausgehenden Mittelalter und der frühen Neuzeit, in: Jahrbuch für westdeutsche Landesgeschichte 4, 1978

R. Laufner, Der Handelsbereich des Trierer Marktes im Spätmittelalter, in: Rheinische Vierteljahrsblätter 22, 1957

Das Leben in der Stadt des Spätmittelalters. (= Veröffentlichungen des Instituts für mittelalterliche Realienkunde Österreichs 2) Wien 1977, ²1981

A. Leineweber, Die rechtliche Beziehung des nichtehelichen Kindes zu seinem Erzeuger in der Geschichte des Privatrechts. (= Beiträge zur Neueren Privatrechtsgeschichte 7) Königstein/Ts. 1978

P. Leisching, Eheschließung vor dem Notar im 13. Jahrhundert, in: Zeitschrift der Savigny-Stiftung f. Rechtsgeschichte, Kanon. Abt. 63, 1977

E. Lenckner, siehe unter G. Wunder, Die Bürgerschaft ...

E. Le Roy Ladurie, Montaillou. Ein Dorf vor dem Inquisitor 1294 bis 1324. (Paris 1975) Frankfurt, Berlin, Wien 1980 (dt. Ausgabe)

W. Levison, England and the continent in the eighth century. Oxford 1946

W. Levison, H. Löwe, Hg., Deutschlands Geschichtsquellen im Mittelalter. Vorzeit und Karolinger, Heft 2. Weimar 1953

G. M. Löhr, Das Necrologium des Dominikanerinnenklosters St. Gertrud in Köln, in: Annalen d. Historischen Vereins f. d. Niederrhein 110, 1927

H. Löwe, Hg., Die Iren und Europa im früheren Mittelalter. 2 Bde. (= Veröffentlichungen des Europa Zentrums Tübingen, Kulturwissenschaftliche Reihe) Stuttgart 1982

H. D. Loose, Erwerbstätigkeit der Frau im Spiegel Lübecker und Hamburger Testamente des 14. Jahrhunderts, in: Zeitschrift d. Vereins f. Lübeckische Geschichte u. Altertumskunde 60, 1980

K. J. Lorenzen-Schmidt, Zur Stellung der Frauen in der frühneuzeitlichen Städtegesellschaft Schleswigs und Holsteins, in: Archiv für Kulturgeschichte 61, 1979

P. Manns, Hg., Die Heiligen: Alle Biographien zum Regionalkalender für das deutsche Sprachgebiet. Mainz 1975

R. Manselli, siehe unter K. Elm, Beg(h)inen ...

B. Markgraf, Das moselländische Volk in seinen Weistümern. (= Geschichtliche Untersuchungen 4) Gotha 1907

E. Maschke, Die Familie in der deutschen Stadt des späten Mittelalters. (= Sitzungsberichte d. Heidelberger Akademie d. Wissenschaften, Phil.-hist. Kl. Jg. 1980, 4. Abh.) Heidelberg 1980

E. Maschke, Städte und Menschen. Beiträge zur Geschichte der Stadt, der Wirtschaft und Gesellschaft 1959–77. (Beihefte zur Vierteljahrsschrift f. Sozial- und Wirtschaftsgeschichte 68) Wiesbaden 1980

Il Matrimonio nella società altomedievale, 2 Bde. (= Settimane di studio del centro italiano di studi sull' alto medioevo 24) Spoleto 1977

G. May, Zu der Frage der Weihefähigkeit der Frau, in: Zeitschrift der Savigny-Stiftung f. Rechtsgeschichte, Kanon. Abt. 60, 1974

Th. Melicher, Die germanischen Formen der Eheschließung im westgotisch-spanischen Recht. Wien 1940

E. Meuthen, Das 15. Jahrhundert. (= Oldenbourg-Grundriß der Geschichte 9) München, Wien 1980

H. Meyer, Ehe und Eheauffassung der Germanen, in: Festschrift E. Heymann zum 70. Geburtstag Bd. 1: Rechtsgeschichte. Weimar 1940

H. Meyer, Friedelehe und Mutterrecht, in: Zeitschrift der Savigny-Stiftung f. Rechtsgeschichte, Germ. Abt. 47, 1927

P. Mikat, Dotierte Ehe – rechte Ehe. Zur Entwicklung des Eheschließungsrechts in fränkischer Zeit. (= Rheinisch-Westfälische Akademie d. Wissenschaften, Geisteswissenschaften: Vorträge G 227) Opladen 1978

P. Mikat, Religionsrechtliche Schriften. Abhandlungen zum Staatskirchenrecht und Eherecht. (= Staatskirchenrechtliche Abhandlungen 5) 2 Bde. Berlin 1974

H. Mitteis, Lehnrecht und Staatsgewalt. Weimar 1933

M. Mitterauer, R. Sieder, Vom Patriarchat zur Partnerschaft. München 1977

W. Mohr, Boso von Vienne und die Nachfolgefrage nach dem Tode Karls des Kahlen und Ludwigs des Stammlers, in: Archivum Latinitatis Medii Aevi 26, 1956

E. Molitor, Zur Entwicklung der Munt, in: Zeitschrift der Savigny-Stiftung f. Rechtsgeschichte, Germ. Abt. 64, 1944

M. Mollat, La notion de pauvreté au Moyen Age: position des problèmes, in: Revue d'histoire de l'Eglise de France 52, 1966

M. Mollat, Ph. Wolff, Ongles bleus. Jacques et Ciompi. Les révolutions populaires en Europe aux 14e et 15e siècles. Paris 1967

M. Mollat, Les pauvres au Moyen Age. Etude sociale. Paris 1978 [dt. Ausgabe 1984]

C. G. Mor, Consors regni: La Regina nel diritto publico italiano dei secoli IX–X, in: Archivio giuridico 6, 1948

R. T. Morewedge, Hg., The role of women in the Middle Ages. (= Papers of the 6th Annual Conference of the Center for Medieval and Early Renaissance Studies 1972) Albany 1975

W. Moritz, Die bürgerlichen Fürsorgeanstalten der Reichsstadt Frankfurt am Main im späten Mittelalter. (= Studien zur Frankfurter Geschichte 14) Frankfurt 1981

D. Morrick, Hg., siehe unter Aurelius Augustinus

O. Moser, Zum Aufkommen der „Stube" im Bürgerhaus des Spätmittelalters, in: Das Leben in der Stadt des Spätmittelalters. (= Veröffentlichungen des Instituts f. mittelalterliche Realienkunde Österreichs 2) Wien 1977, ²1981

J. Mühlberger, Lebensweg und Schicksale der staufischen Frauen. Esslingen ²1977

W. Müller, Entwicklung und Spätformen der Leibeigenschaft am Beispiel der Heiratsbeschränkungen. Die Ehegenoßsame im alemannisch-schweizerischen Raum. (= Vorträge und Forschungen, hg. v. Konstanzer Arbeitskreis f. mittelalterliche Geschichte, Sonderband 14) Sigmaringen 1974

G. H. Müller-Lindenlauf, Germanische und spätrömisch-christliche Eheauffassung in fränkischen Volksrechten und Kapitularien. Diss. iur. Freiburg 1969

E. Mummenhoff, Frauenarbeit und Arbeitsvermittlung, in: Vierteljahrsschrift für Sozial- u. Wirtschaftsgeschichte 19, 1926

H. Nehlsen, Sklavenrecht zwischen Antike und Mittelalter. Germanisches und Römisches Recht in den germanischen Rechtsaufzeichnungen. Göttingen 1972

E. G. Neumann, Rheinisches Beginen- und Begardenwesen. (= Mainzer Abhandlungen zur mittleren u. neueren Geschichte 4) Meisenheim am Glan 1960

U. Nonn, Erminethrud – eine vornehme neustrische Dame um 700, in: Historisches Jahrbuch 102, 1982

J. T. Noonan, Contraception et mariage. Paris 1969

O. Nübel, Mittelalterliche Beginen- und Sozialsiedlungen in den Niederlanden. Ein Beitrag zur Vorgeschichte der Fuggerei. (= Studien zur Fuggergeschichte 23) Tübingen 1970

F. W. Oediger, Das Bistum Köln von den Anfängen bis zum Ende des 12. Jahrhunderts. Köln 1972

F. W. Oediger, Vom Leben am Niederrhein. Düsseldorf 1973

O. G. Oexle, Die funktionale Dreiteilung der „Gesellschaft" bei Adalbero von Laon, in: Frühmittelalterliche Studien 12, 1978

W. Ohnsorge, Die Heirat Kaiser Ottos II. mit der Byzantinerin Theophanu (972), in: Braunschweigisches Jahrbuch 54, 1973

W. Ohnsorge, Das Mitkaisertum in der abendländischen Geschichte des früheren Mittelalters, in: Zeitschrift der Savigny-Stiftung f. Rechtsgeschichte, Germ. Abt. 67, 1950
H. Pappe, Methodische Strömungen in der eherechtsgeschichtlichen Forschung (bis zur Epoche der germanischen Christianisierung). Ein literargeschichtlicher Beitrag. Würzburg 1934
A.-M. Patault, Hommes et femmes de Corps en Champagne méridionale à la fin du Moyen Age. (= Annales de l'Est, Mémoire n° 58) Saint-Nicolas-de-Port 1978
H. Patze, Adel und Stifterchronik. Frühformen territorialer Geschichtsschreibung im hochmittelalterlichen Reich, in: Blätter f. dt. Landesgesch. 100, 1964 und 101, 1965
H. Patze, Die Wittelsbacher in der mittelalterlichen Politik Europas, in: Zeitschrift f. bayerische Landesgeschichte 44, 1981
L. Pauli, Infirmitas sexus – [Die rechtliche Lage der Frau im Lichte der strafrechtlichen Vorschriften der Statutengesetzgebung italienischer Städte], Warszawa, Krakow 1975 (mit franz. Zusammenfassung)
F. Pauly, Anfänge und Bedeutung der Chorherrenreform von Springiersbach, in: Rheinische Vierteljahrsblätter 26, 1961
P. J. Payer, Early medieval regulations concerning marital sexual relations, in: Journal of medieval history 6, 1980
R. Pernoud, Eleonore von Aquitanien. Düsseldorf, Köln 1966
R. Pernoud, La femme au temps des cathédrales. Paris 1980
R. Pernoud, Jeanne d'Arc. Zeugnisse und Selbstzeugnisse. Freiburg, Basel, Wien 1965
G. Peters, Norddeutsches Beginen- und Begardenwesen im Mittelalter, in: Niedersächs. Jahrbuch f. Landesgeschichte 41–42, 1969–70
H. v. Petrikovits, Der diachorische Aspekt der Kontinuität von der Spätantike zum frühen Mittelalter. (= Nachrichten d. Akademie d. Wissenschaften in Göttingen, Phil.-Hist. Klasse, Jg. 1982, Nr. 5) Göttingen 1982
V. Pfaff, Das kirchliche Eherecht am Ende des 12. Jahrhunderts, in: Zeitschrift d. Savigny-Stiftung f. Rechtsgeschichte, Kanon. Abt. 63, 1977
M. L. Portmann, Die Darstellung der Frau in der Geschichtsschreibung des frühen Mittelalters. (= Basler Beiträge zur Geschichtswissenschaft 69) Basel, Stuttgart 1958
M. M. Postan, Hg., siehe unter E. Power, Medieval Women ...
E. Power, Medieval Women, hg. v. M. M. Postan. Cambridge 1975
J. Prieur, Das Kölner Dominikanerinnenkloster St. Gertrud am Neumarkt. (= Kölner Schriften zur Geschichte und Kultur 3) Köln 1983
F. Prinz, Askese und Kultur. Vor- und frühbenediktinisches Mönchtum an der Wiege Europas. München 1980
F. Prinz, Frühes Mönchtum im Frankenreich. Kultur und Gesellschaft in Gallien, den Rheinlanden und Bayern am Beispiel der monastischen Entwicklung (4. bis 8. Jahrhundert). München, Wien 1965
I. Raming, Der Ausschluß der Frau vom priesterlichen Amt. Gottgewollte Tradition oder Diskriminierung? Eine rechtshistorisch-dogmatische Untersuchung der Grundlagen von Kanon 968 § 1 des Codex iuris canonici. Köln, Wien 1973
F. Ranieri, Hg., Rechtsgeschichte und quantitative Geschichte. (= Ius commune, Sonderheft 7) Frankfurt/M. 1977
E. v. Ranke, Der Interessenkreis des deutschen Bürgers im 16. Jahrhundert, in: Vierteljahrsschrift f. Sozial- u. Wirtschaftsgeschichte 20, 1928
F. Rapp, Die Mendikanten und die Straßburger Gesellschaft am Ende des Mittelalters, in: K. Elm, Ordensstudien, Bd. 2. Siehe unter Elm
P. Rassow, Der Prinzgemahl. Ein Pactum matrimoniale aus dem Jahr 1188. (= Quellen und Studien zur Verfassungsgeschichte des Deutschen Reiches in Mittelalter und Neuzeit 8,1) Weimar 1950
Z. Razi, Life, Marriage and Death in a Medieval Parish. Economy, Society and Demography in Halesowen 1270–1400, Cambridge u. a. 1980

H. Reincke, Agneta Willeken. Ein Lebensbild aus Wullenwevers Tagen. (= Pfingstblätter des Hansischen Geschichtsvereins 19) Lübeck 1928

H. Reincke, Bevölkerungsprobleme der Hansestädte, in: Hansische Geschichtsblätter 70, 1951

H. G. Richardson, The letters and charters of Eleanor of Aquitaine, in: English Historical Review 74, 1959

P. Riché, Les bibliothèques de trois aristocrates laïcs carolingiens, in: Le Moyen Age 69, 1963

P. Riché, Les écoles et l'enseignement dans l'Occident chrétien de la fin du 5e siècle au milieu du 11e siècle. Paris 1979

P. Riché, Die Welt der Karolinger, hg. v. C. u. U. Dirlmeier. Stuttgart 1981

E. S. Riemer, Women in the medieval city. Sources and uses of wealth by Sienese women in the 13th century. Diss. phil. New York University 1975

K. Ritzer, Formen, Riten und religiöses Brauchtum der Eheschließung in den christlichen Kirchen des ersten Jahrtausends. Münster 1962

F. Rörig, Hansische Beiträge zur deutschen Wirtschaftsgeschichte. Breslau 1928

J. Roth, Die Steuerlisten von 1363/64 und 1374/75 als Quellen zur Sozialstruktur der Stadt Trier im Spätmittelalter, in: Kurtrierisches Jahrbuch 16, 1976

W. Salmen, Vom Musizieren in der spätmittelalterlichen Stadt, in: Das Leben in der Stadt des Spätmittelalters. (= Veröffentlichungen d. Instituts f. mittelalterliche Realienkunde Österreichs 2) Wien 1977, ²1981

Sankt Elisabeth. Fürstin – Dienerin – Heilige. Aufsätze. Dokumentation. Katalog. Ausstellung zum 750. Todestag der hl. Elisabeth, Marburg, Landgrafenschloß und Elisabethkirche, 19. November–6. Januar 1982. Sigmaringen 1981

K. F. M. Schabinger Freiherr v. Schowingen, Das St. Gallische Freilehen. Ein Beitrag zur Geschichte des deutschen Grundeigentums, Diss. iur. Heidelberg 1938. Heidelberg 1938

K. H. Schäfer, Die Kanonissenstifter im deutschen Mittelalter. Ihre Entwicklung und innere Einrichtung im Zusammenhang mit dem altchristlichen Sanktimonialentum. (= Kirchenrechtliche Abhandlungen 43–44) Stuttgart 1907

G. Scheibelreiter, Königstöchter im Kloster. Radegund († 587) und der Nonnenaufstand von Poitiers (589), in: Mitteilungen des Instituts für österreichische Geschichtsforschung 87, 1979

H. Scheidgen, Die Französische Thronfolge (987–1500). Der Ausschluß der Frauen und das Salische Gesetz. Diss. phil. Bonn 1976. Stuttgart 1976

R. Schieffer, Ludwig „der Fromme". Zur Entstehung eines karolingischen Herrscherbeinamens, in: Frühmittelalterliche Studien 16, 1982

Th. Schieffer, Eheschließung und Ehescheidung im Hause der karolingischen Kaiser und Könige, in: Theologisch-praktische Quartalschrift 116, 1968

Th. Schieffer, Das karolingische Ostreich (751–843), in: Handbuch der europäischen Geschichte, hg. v. Th. Schieder. Bd. 1: Europa im Wandel von der Antike zum Mittelalter. Stuttgart 1976

Th. Schieffer, Winfried-Bonifatius und die christliche Grundlegung Europas. Freiburg i. Br. 1954

B. Schimmelpfennig, Zölibat und Lage der „Priestersöhne" vom 11.–14. Jahrhundert, in: Historische Zeitschrift 227, 1978

G. K. Schmelzeisen, Die Rechtsstellung der Frau in der deutschen Stadtwirtschaft. (= Arbeiten zur deutschen Rechts- u. Verfassungsgeschichte 10) Stuttgart 1935

K. Schmid, Die Erschließung neuer Quellen zur mittelalterlichen Geschichte, in: Frühmittelalterliche Studien 15, 1981

K. Schmid, Heirat, Familienfolge, Geschichtsbewußtsein, in: Il matrimonio nella società altomedievale. (= Settimane di studio del centro italiano di studi sull'alto medioevo 24) Bd. 1. Spoleto 1977

E. Schmitt, Le mariage chrétien dans l'œuvre de Saint Augustin. Une théologie baptismale de la vie conjugale. Paris 1983

J. C. Schmitt, Mort d'une hérésie. L'Eglise et les clercs face aux béguines et aux béghards du Rhin supérieur du 14e au 15e siècle. (= Civilisations et Sociétés 56) Paris u. a. 1978

G. Schmitz, Die Berufstätigkeit der Frau in der Reichsstadt Nürnberg bis zum Ende des 16. Jahrhunderts. Diss. phil. Erlangen 1950 (masch.schr.)

G. Schmoller, Die Straßburger Tucher- und Weberzunft. Urkunden und Darstellung. Straßburg 1897

G. Schmülling, Das Strafrecht der Stadt Köln bis zum 16. Jahrhundert. Diss. iur. Münster 1937. Bottrop 1937

R. Scholten, Die Stadt Kleve. Beiträge zur Geschichte derselben aus archivalischen Quellen. Kleve 1879

G. Schormann, Hexenprozesse in Deutschland (= Kleine Vandenhoeck-Reihe 1470). Göttingen 1981 [Mit kommentierter Auswahlbibliographie]

C. Schott, Der Stand der Leges-Forschung, in: Frühmittelalterliche Studien 13, 1979

P. E. Schramm, Der hl. Bonifaz als Mensch, in: Archiv f. mittelrhein. Kirchengeschichte 20, 1968

K. Schreiner, Adel oder Oberschicht. Bemerkungen zur sozialen Schichtung der fränkischen Gesellschaft im 6. Jahrhundert, in: Vierteljahrsschrift f. Sozial- u. Wirtschaftsgeschichte 68, 1981

R. Schröder, Geschichte des ehelichen Güterrechts in Deutschland. Teil 1: Die Zeit der Volksrechte, 2 Bde. Stettin, Danzig, Elbing 1863, 1868. Teil 2: Das Mittelalter, 2 Bde. Stettin, Danzig, Elbing, 1871, 1874

G. Schubart-Fikentscher, Das Eherecht im Brünner Schöffenbuch. Diss. iur. Berlin 1933. Stuttgart 1935

G. Schubart-Fikentscher, Eine Ehescheidung im 14. Jahrhundert, in: Die Frau, März 1936

G. Schubart-Fikentscher, Römisches Recht im Brünner Schöffenbuch, in: Zeitschrift d. Savigny-Stiftung f. Rechtsgeschichte, Germ. Abt. 65, 1947

P. J. Schuler, Die Bevölkerungsstruktur der Stadt Freiburg im Breisgau im Spätmittelalter. Möglichkeiten und Grenzen einer quantitativen Quellenanalyse, in: W. Ehbrecht, Hg., Voraussetzungen und Methoden geschichtlicher Städteforschung. (= Städteforschung, Veröffentlichungen des Instituts für vergleichende Städtegeschichte in Münster, Reihe A, 7) Köln, Wien 1979

P. J. Schuler, Die Erhebungslisten des Gemeinen Pfennigs von 1496–1499. Eine demographische, wirtschafts- und sozialgeschichtliche Untersuchung, in: F. Irsigler, Hg., Quantitative Methoden in der Wirtschafts- und Sozialgeschichte der Vorneuzeit. (= Historisch-sozialwissenschaftliche Forschungen 4) Stuttgart 1978

A. Schulte, Der hohe Adel im Leben des mittelalterlichen Köln. (= Sitzungsberichte d. Bayerischen Akademie der Wissenschaften, Phil.-Hist. Klasse, 8) München 1919

A. Schultze, Das Eherecht in den älteren angelsächsischen Königsgesetzen. (= Berichte über die Verhandlungen d. Sächsischen Akademie der Wissenschaften, Phil.-Hist. Klasse 93, 5) Leipzig 1941

A. Schultze, Zum altnordischen Eherecht. (= Berichte über die Verhandlungen d. Sächsischen Akademie der Wissenschaften, Phil.-Hist. Klasse 91, 1) Leipzig 1939

A. Schultze, Rezension zu: Th. Melicher, Die germanischen Formen . . ., in: Zeitschrift d. Savigny-Stiftung f. Rechtsgeschichte, Germ. Abt. 63, 1943

K. Schulz, Zensualität und Stadtentwicklung im 11./12. Jahrhundert, in: B. Diestelkamp, Hg., Beiträge zum hochmittelalterlichen Städtewesen. (= Städteforschung, Veröffentlichungen des Instituts für vergleichende Städtegeschichte in Münster, Reihe A, 11) Köln, Wien 1982

D. Schuster, Die Stellung der Frau in der Zunftverfassung. (= Quellenhefte zum Frauenleben in der Geschichte 7) Berlin 1927

F. Schwind, Beobachtungen zur inneren Struktur des Dorfes in karolingischer Zeit, in: Das Dorf der Eisenzeit und des frühen Mittelalters. (= Abhandlungen der Akademie der Wissenschaften in Göttingen, Phil.-Hist. Klasse 3. F. 101) Göttingen 1977

E. Sestan, Die Anfänge der städtischen Signorien: Ein erschöpfend behandeltes europäisches Problem? in: Altständisches Bürgertum, hg. v. H. Stoob, Bd. 1. (= Wege der Forschung 352) Darmstadt 1978

S. Shahar, Die Frau im Mittelalter. Königstein/Ts. 1981

R. Sieder, siehe unter M. Mitterauer

S. Skalweit, Der Beginn der Neuzeit. Epochengrenze und Epochenbegriff. (= Erträge der Forschung 178) Darmstadt 1982

R. M. Smith, Hypothèses sur la nuptialité en Angleterre aux 13e et 14e siècles, in: Annales 38, 1983

H. Sproemberg, Beiträge zur belgisch-niederländischen Geschichte. Berlin 1959

K. Stackmann, siehe unter G. Dilcher, Zum Bürgerbegriff ...

B. Stasiewski, Der historische Wert der ältesten nicht urkundlichen Quelle zum Leben der hl. Hedwig und zur Gründung der Zisterzienserinnenabtei Trebnitz aus der Feder des Caesarius von Heisterbach, in: Beiträge zur schlesischen Kirchengeschichte. Gedenkschrift für K. Engelbert. (= Forschungen u. Quellen zur Kirchen- u. Kulturgeschichte Ostdeutschlands 6) Köln, Wien 1969

F. M. Stein, The religious women of Cologne: 1200–1320. Diss. phil. Yale Univ. 1977

F. Steinbach, Das Frankenreich, in: Handbuch der deutschen Geschichte, neu hg. v. L. Just. Bd. 1, 2. Abschnitt. Konstanz 1967

H. Steinbach, Jeanne d'Arc. Wirklichkeit und Legende. (= Persönlichkeit und Geschichte 78) Göttingen 1973

H. G. Stephan, Die mittelalterliche Keramik in Norddeutschland (1200–1500), in: Aus dem Alltag einer mittelalterl. Stadt. (= Hefte des Focke-Museums 62) Bremen 1982

H. W. Strätz, Der Verlobungskuß und seine Folgen, rechtsgeschichtlich besehen. (= Konstanzer Universitätsreden 112) Konstanz 1979

Th. Straub, Isabeau de Bavière, Legende und Wirklichkeit, in: Zeitschrift f. bayerische Landesgeschichte 44, 1981

K. F. Stroheker, Germanentum und Spätantike. Zürich, Stuttgart 1965

J. Sydow, Hg., siehe unter U. Dirlmeier, Die kommunalpolitischen Zuständigkeiten ...

G. Theuerkauf, Burchard von Worms und die Rechtskunde seiner Zeit, in: Frühmittelalterliche Studien 2, 1968

H. Thomas, Deutsche Geschichte des Spätmittelalters. Stuttgart u. a. 1983

R. Thompson, Women in Stuart England and America. A comparative study, in: Journal of American Studies, Spring 1978

R. Till, Die berufstätige Frau im mittelalterlichen Wien, in: Wiener Geschichtsblätter 25, 1970

H. Tillmann, Zum Eheprozeß Philipp II. Augusts von Frankreich. (= Bonner Historische Forschungen 3) Bonn 1954

P. C. Timbal, J. M. Turlan, Justice laïque et lien matrimonial en France au Moyen Age, in: Revue de droit canonique 30, 1980

M. Toepfer, Die Konversen der Zisterzienserinnen von Himmelspforten bei Würzburg. Von der Gründung des Klosters bis zum Ende des 14. Jahrhunderts, in: K. Elm, Hg., Ordensstudien I. Beiträge zur Geschichte der Konversen im Mittelalter. (= Berliner Historische Studien 2) Berlin 1980

J. Torsy, Lexikon der deutschen Heiligen. Köln 1959

P. Toubert, La théorie du mariage chez les moralistes carolingiens, in: Il matrimonio nella società altomedievale. (= Settimane di studio del centro italiano di studi sull' alto medioevo 24) Bd. 1. Spoleto 1977

M. Uhlirz, Die Jahrbücher des Deutschen Reiches unter Otto II. und Otto III. Bd. 2: Otto III. 983–1002. Berlin 1954

M. Uhlirz, Die rechtliche Stellung der Kaiserinwitwe Adelheid im Deutschen und im Italischen Reich, in: Zeitschrift d. Savigny-Stiftung f. Rechtsgeschichte, Germ. Abt. 74, 1957

Untersuchungen zu Kloster und Stift. (= Veröffentlichungen des Max-Planck-Instituts für Geschichte 68, Studien zur Germania Sacra 14) Göttingen 1980

R. v. Uslar, Die Germanen vom 1. bis 4. Jahrhundert nach Christus. (= Handbuch der europäischen Wirtschafts- und Sozialgeschichte, hg. v. H. Kellenbenz, Teilveröffentlichung) Stuttgart 1980

P. Vaccari, Il matrimonio germanico. (= Pubblicazioni della R. Università di Pavia 52) Pavia 1935

J. M. van Winter, Ernährung im spätmittelalterlichen Hanseraum, in: Aus dem Alltag der mittelalterlichen Stadt. (= Hefte des Focke-Museums 62) Bremen 1982

J. M. van Winter, Die Hamaländer Grafen, Angehörige der Reichsaristokratie im 10. Jahrhundert, in: Rheinische Vierteljahrsblätter 44, 1980

J. M. van Winter, Van Soeter Cokene. Recepten uit de romeinse en middeleeuwse keuken. Enschede, Bussum 1971

F. Vercauteren, Etude sur les civitates de la Belgique seconde. (= Académie Royale de Belgique, Classe des lettres et des sciences morales et politiques, Mémoires, Série 2, 33) Brüssel 1934

J. Verdon, La femme vers le milieu du 9e siècle d'après le polyptique de l'abbaye de Saint-Rémi de Reims, in: Mémoires de la Société d'agriculture, commerce, sciences et arts du département de la Marne 91, 1976

A. Verhulst, La diversité du régime domanial entre Loire et Rhin à l'époque carolingienne. Bilan de quinze années de recherches, in: Villa – Curtis – Grangia, hg. v. W. Janssen, D. Lohrmann. (= Beihefte der Francia 11) München 1983

Ch. Verlinden, Le „mariage" des esclaves, in: Il matrimonio nella società alto medievale. (= Settimane di studio del centro italiano di studi sull' alto medioevo 24) Bd. 2. Spoleto 1977

S. Vilfan, Le tradizioni locali e le influenze ecclesiastiche nel matrimonio in Slovenia e nelle regioni vicine, in: Il matrimonio nella società altomedievale. (= Settimane di studio del centro italiano di studi sull'alto medioevo 24) Bd. 1. Spoleto 1977

P. Viollet, Comment les femmes ont été exclues de la succession à la couronne. (= Extrait des Mémoires de l'Académie des Inscriptions et Belles-Lettres 34, 2e partie) Paris 1893

Th. Vogelsang, Die Frau als Herrscherin im hohen Mittelalter. Studien zur „consors regni"-Formel. Göttingen, Frankfurt, Berlin 1954

H. J. Vogt, Zur Spiritualität des frühen irischen Mönchtums, in: H. Löwe, Hg., Die Iren und Europa im früheren Mittelalter. 2 Bde. (= Veröffentlichungen d. Europa-Zentrums Tübingen, Kulturwissenschaftliche Reihe) Bd. 1. Stuttgart 1982

H. Vogts, Das Kölner Wohnhaus bis zur Mitte des 19. Jahrhunderts. 2 Bde. (= Rheinischer Verein für Denkmalpflege und Heimatschutz, Jahrbuch 1964–65) Neuß ^{2}1966

H. Wachendorf, Die wirtschaftliche Stellung der Frau in den deutschen Städten des späteren Mittelalters. Diss. phil. Hamburg 1934

M. Weber, Ehefrau und Mutter in der Rechtsentwicklung. Tübingen 1907

R. Weigand, Zur mittelalterlichen kirchlichen Ehegerichtsbarkeit. Rechtsvergleichende Untersuchung, in: Zeitschrift d. Savigny-Stiftung f. Rechtsgesch., Kanon. Abt. 67, 1981

H. Weiß, Lebenshaltung und Vermögensbildung des „mittleren" Bürgertums. Studien zur Sozial- und Wirtschaftsgeschichte der Reichsstadt Nürnberg zwischen 1400–1600. (= Zeitschrift f. bayerische Landesgeschichte, Beiheft 14) München 1980

K. P. Wentersdorf, The clandestine marriage of the Fair Maid of Kent, in: Journal of medieval history 5, 1979

M. Wensky, Die Stellung der Frau in der stadtkölnischen Wirtschaft im Spätmittelalter. (= Quellen und Darstellungen zur Hansischen Geschichte N.F. 26) Köln, Wien 1980

K. Wesoly, Der weibliche Bevölkerungsanteil in spätmittelalterlichen und frühneuzeitlichen Städten und die Betätigung von Frauen im zünftigen Handwerk (insbesondere an Mittel- und Oberrhein), in: Zeitschrift für die Geschichte des Oberrheins 128, N.F. 89 1980

L. White jr., Medieval Technology and Social Change. Oxford 1962 (Deutsch: Die mittelalterliche Technik und der Wandel der Gesellschaft, München 1968)

A. Wiedenau, Form, Funktion und Bedeutung romanischer Wohnhäuser in Köln und im Rheinland, in: Wallraf-Richartz-Jahrbuch 51, 1980

G. Wiegelmann, Alltags- und Festspeisen. Wandel und gegenwärtige Stellung. (= Atlas der deutschen Volkskunde N.F., Beiheft 1) Marburg 1967

A. Winter, Studien zur sozialen Situation der Frauen in der Stadt Trier nach der Steuerliste von 1364. Die Unterschicht, in: Kurtrierisches Jahrbuch 15, 1975

L. v. Winterfeld, Handel, Kapital und Patriziat in Köln bis 1400. (= Pfingstblätter des Hansischen Geschichtsvereins 16) Lübeck 1925

L. v. Winterfeld, Die stadtrechtlichen Verflechtungen in Westfalen, in: Der Raum Westfalen, Bd. 2, 1. Teil, hg. v. H. Aubin, F. Petri. Münster 1955

A. Wirtz geb. Henningsen, Die Geschichte des Hamalandes, in: Annalen d. historischen Vereins f. d. Niederrhein 173, 1971

E. Wisplinghoff, Geschichte der Stadt Neuss. Von den mittelalterlichen Anfängen bis zum Jahre 1974. Neuss 1975

J. Wittstock, siehe unter H. Appuhn, Mittelalterliche Hausmöbel ...

E. Wohlhaupter, Das Privatrecht der Fueros de Aragón, in: Zeitschrift der Savigny-Stiftung f. Rechtsgeschichte, Germ. Abt. 62, 1942

H. J. Wolff, Zur Stellung der Frau im klassischen römischen Dotalrecht, in: Zeitschrift der Savigny-Stiftung f. Rechtsgeschichte, Roman. Abt. 53, 1933

Ph. Wolff, Famille et mariage en Toulousain aux 14ᵉ et 15ᵉ siècles, in: Regards sur le Midi médiéval, Toulouse 1978

Ph. Wolff, siehe unter M. Mollat, Ongles bleus ...

J. Wollasch, Eine adelige Familie des frühen Mittelalters, in: Archiv f. Kulturgeschichte 39, 1957

J. Wollasch, Das Grabkloster der Kaiserin Adelheid in Selz am Rhein, in: Frühmittelalterliche Studien 2, 1968

Ch. T. Wood, Queens, Queans and Kingship: An Enquiry into Theories of Royal Legitimacy in Late Medieval England and France, in: Order and Innovation in the Middle Ages. Essays in honour of J. R. Stranger, hg. v. W. Jordan. Princeton 1976

K. Wührer, Zum altschwedischen Eherecht, in: Zeitschrift d. Savigny-Stiftung f. Rechtsgeschichte, Germ. Abt. 74, 1957

H. Würdinger, Einwirkungen des Christentums auf das angelsächsische Recht, in: Zeitschrift d. Savigny-Stiftung f. Rechtsgeschichte, Germ. Abt. 55, 1935

G. Wunder, Die Bürger von Hall. Sozialgeschichte einer Reichsstadt 1216–1802. (= Forschungen aus Württembergisch Franken 16) Sigmaringen 1980

G. Wunder, G. Lenckner, Die Bürgerschaft der Reichsstadt Hall von 1395–1600, (= Württembergische Geschichtsquellen 25) Stuttgart, Köln 1956

G. Wunder, Gisela von Schwaben, Gemahlin Kaiser Konrads II., gest. 1043, in: Lebensbilder aus Schwaben und Franken, Bd. 14. Stuttgart 1980

M. Zender, Räume und Schichten mittelalterlicher Heiligenverehrung in ihrer Bedeutung für die Volkskunde. Köln ^{2}1973

J. G. Ziegler, Die Ehelehre der Pönitentialsummen von 1200–1350. Eine Untersuchung zur Geschichte der Moral- und Pastoraltheologie. (= Studien zur Geschichte der katholischen Moraltheologie 4) Regensburg 1956

H. Zimmermann, Der Canossagang von 1077. Wirkungen und Wirklichkeit. (= Akade-

mie der Wissenschaften und der Literatur Mainz, Abhandlungen der geistes- u. sozialwissenschaftlichen Klasse, Jahrgang 1975, Nr. 5) Mainz 1975
H. Zimmermann, Das dunkle Jahrhundert. Ein historisches Porträt. Graz, Wien, Köln 1971
Die Zisterzienser. Ordensleben zwischen Ideal und Wirklichkeit. Hg. v. K. Elm, P. Joerißen, H. J. Roth. (= Schriften des Rheinischen Museumsamtes 10) Bonn 1980. Ergänzungsband, hg. v. K. Elm, P. Joerißen. (= Schriften des Rheinischen Museumsamtes 18) Köln 1982
E. Zöllner, Die Geschichte der Franken bis zur Mitte des 6. Jahrhunderts. München 1970
A. Zumkeller, Hg., siehe unter Aurelius Augustinus

Nachtrag

W. Affeldt, A. Kuhn, Frauen in der Geschichte 7. Interdisziplinäre Studien zur Geschichte der Frauen im Frühmittelalter. Methoden – Probleme – Ergebnisse. (= Geschichtsdidaktik 39) Düsseldorf 1986
H. Ammann, Die Anfänge des Aktivhandels und der Tucheinfuhr aus Nordwesteuropa nach dem Mittelmeergebiet, in: Studi in onore di Armando Sapori. Milano 1957
T. de Azcona, Isabel la Católica. Estudio crítico de su vida y su reinado. Madrid 1964
T. de Azcona, La elección y reforma del episcopado español en tiempo de los Reyes Católicos. Madrid 1960
D. Baker, Hg., Medieval women. Dedicated and presented to Prof. Rosalind M. T. Hill on the occasion of her seventieth birthday. Oxford 1978
D. R. Bauer, siehe unter P. Dinzelbacher, Frauenmystik ...
D. R. Bauer, siehe unter M. Schmidt, Eine Höhe ...
B. Bischoff, Die Kölner Nonnenhandschriften und das Scriptorium von Chelles, in: Mittelalterliche Studien. Ausgewählte Aufsätze zur Schriftkunde und Literaturgeschichte. Stuttgart 1966, Bd. 1
F. Blockmans, Twee patriciërs: Een klassieke in een uitwijkeling, in: Revue belge de philologie et d'histoire 16, 1937
F. Blockmans, Het Gentsche Stadspatriciaat tot omstreks 1302. Antwerpen 1938
W. N. Bonds, Genoese noblewomen and goldthread manufacturing, in: Medievalia et Humanistica 17, 1966
G. A. Brucker, Florenz, Stadtstaat – Kulturzentrum – Wirtschaftsmacht. München 1984
S. J. Chojnacki, Patrician women in early Renaissance Venice, in: Studies in the Renaissance 21, 1974
D. Claude, Die Handwerker nach den erzählenden und urkundlichen Quellen der Merowingerzeit, in: Das Handwerk in vor- und frühgeschichtlicher Zeit, Teil 1. Göttingen 1981
H. Dillard, Daughters of the Reconquest: Women in Castilian town society, 1100–1300. Cambridge 1984
P. Dinzelbacher, D. R. Bauer, Hg., Frauenmystik im Mittelalter. Ostfildern b. Stuttgart 1985
P. Dinzelbacher, Die Offenbarungen der hl. Elisabeth von Schönau: Bildwelt, Erlebnisse u. Zeittypisches, in: Studien und Mitt. zur Geschichte des Benediktiner-Ordens 97, 1984
U. Dirlmeier, Zum Problem von Versorgung und Verbrauch privater Haushalte im Spätmittelalter, in: A. Haverkamp, Hg., Haus und Familie in der spätmittelalterlichen Stadt. Köln, Wien 1984
R. Elze, Über die Sklaverei im christlichen Teil des Mittelmeerraumes (12.–15. Jahrhundert), in: H. Mommsen, W. Schulze, Hg., Vom Elend der Handarbeit. Probleme historischer Unterschichtenforschung. (= Geschichte und Gesellschaft. Bochumer Historische Studien 24) Stuttgart 1981

E. Ennen, Die Frau in der Landwirtschaft vom Mittelalter bis zur frühen Neuzeit, in: H. Pohl, W. Treue, Hg., Die Frau in der deutschen Wirtschaft. (= Zeitschrift für Unternehmensgeschichte, Beiheft 35) Wiesbaden 1985

E. Ennen, Zur Städtepolitik der Eleonore von Aquitanien, in: Civitatum Communitas. Festschrift H. Stoob zum 65. Geburtstag. Teil 1. Köln-Wien 1984

E. Ewig, Das Privileg des Bischofs Berthefrid von Amiens für Corbie von 664 und die Klosterpolitik der Königin Balthild, in: Francia 1, 1973

J. Fleckenstein, Hg., Das ritterliche Turnier im Mittelalter. Beiträge zu einer vergleichenden Formen- und Verhaltensgeschichte des Rittertums. (= Veröffentlichungen des Max-Planck-Instituts für Geschichte 80) Göttingen 1985

U. Floßmann, O. Lehner, Hg., Frau – Recht – Gesellschaft. Seminar zur Frauenrechtsgeschichte. (= Sozialwissenschaftliche Materialien 11) Linz ²1986

Frau und spätmittelalterlicher Alltag (= Veröffentl. des Instituts für mittelalterliche Realienkunde Österreichs 9) Wien 1986

A. Führkötter, Hildegard von Bingen (1089–1179), in: Rheinische Lebensbilder 10. Köln 1985

M. Girouard, Life in the English country house. A social and architectural history. New Haven, London 1978

E. Gössmann, Das Menschenbild der Hildegard von Bingen und Elisabeth von Schönau vor dem Hintergrund der frühscholastischen Anthropologie, in: P. Dinzelbacher, D. R. Bauer, Hg., Frauenmystik im Mittelalter. Ostfildern 1985

H. Goetting, Das Bistum Hildesheim 1: Das reichsunmittelbare Kanonissenstift Gandersheim. (= Germania Sacra N.F. 7,1) Berlin, New York 1973

H. W. Goetz, Unterschichten im Gesellschaftsbild karolingischer Geschichtsschreiber und Hagiographen, in: H. Mommsen, W. Schulze, Hg., Vom Elend der Handarbeit (= Geschichte und Gesellschaft. Bochumer Historische Studien 24) Stuttgart 1981

H. Grundmann, Die geschichtlichen Grundlagen der deutschen Mystik, in: Deutsche Vierteljahresschrift f. Literatur u. Geistesgeschichte 12, 1934

A. Haverkamp, Tenxwind von Andernach und Hildegard von Bingen. Zwei „Weltanschauungen" in der Mitte des 12. Jahrhunderts, in: Institutionen, Kultur und Gesellschaft im Mittelalter. Festschrift für J. Fleckenstein zu seinem 65. Geburtstag. Sigmaringen 1984

A. Haverkamp, Hg., Haus und Familie in der spätmittelalterlichen Stadt. (= Städteforschung. Veröffentlichungen des Instituts f. vergleichende Städtegeschichte in Münster A, 18) Köln, Wien 1984

B. Herrmann, Hg., Mensch und Umwelt im Mittelalter. Stuttgart 1986

U. Hess, Oratrix humilis. Die Frau als Briefpartnerin von Humanisten, am Beispiel der Caritas Pirckheimer, in: F. J. Worstbrock, Hg., Der Brief im Zeitalter der Renaissance. (= Mitteilungen der Kommission f. Humanismusforschung 9) Weinheim 1983

E. Hlawitschka, Die Widonen im Dukat von Spoleto, in: Quellen und Forschungen aus italienischen Archiven und Bibliotheken 63, 1983

F. Irsigler, A. Lassotta, Bettler und Gaukler, Dirnen und Henker. Randgruppen und Außenseiter in Köln 1300–1600. (= Aus der Kölner Stadtgeschichte) Köln 1984

G. Kentenich, Aus dem Leben einer Trierer Patrizierin. Ein Beitrag zur Kunst- und Wirtschaftsgeschichte der Stadt Trier im 15. Jahrhundert. Trier 1909

P. Ketsch, siehe unter Quellen

R. Kieckhefer, European witch trials: Their foundations in popular and learned culture 1300–1500. London 1976

G. Köbler, Das Familienrecht in der spätmittelalterlichen Stadt, in: A. Haverkamp, Hg., Haus und Familie in der spätmittelalterlichen Stadt. (= Städteforschung. Veröffentlichungen d. Instituts f. vergleichende Städtegeschichte in Münster A, 18) Köln, Wien 1984

U. Köpf, Bernhard von Clairvaux in der Frauenmystik, in: P. Dinzelbacher, D. R. Bauer, Hg., Frauenmystik im Mittelalter. Ostfildern 1985

W. Kohl, Inventar eines Kölner Hauses aus dem Jahre 1519, in: Jahrbuch des Kölner Geschichtsvereins 31/32, 1957

K. Kossert, Aleydis Raiscop. Die Humanistin von Nonnenwerth. (= Gocher Schriften 6) Goch (1985)

R. Kottje, Ehe und Eheverständnis in den vorgratianischen Bußbüchern, in: Love and Marriage in the Twelfth Century, hg. von W. van Hoecke u. A. Welkenhuysen, Lörren 1981

R. Kottje, Eine wenig beachtete Quelle zur Sozialgeschichte: Die frühmittelalterlichen Bußbücher. Probleme ihrer Erforschung, in: Vierteljahresschrift für Sozial- und Wirtschaftsgeschichte 73, 1986

G. Krabbel, Caritas Pirckheimer. Ein Lebensbild aus der Zeit der Reformation. (= Vereinsschriften der Gesellschaft zur Herausgabe des Corpus Catholicum 7) Münster 1940

A. Kuhn, siehe unter W. Affeldt, Frauen in der Geschichte ... und P. Ketsch

F. C. Lane, Family partnerships and joint ventures in the Venetian Republic, in: Venice and History. Baltimore 1966

J. Lauts, Isabella d'Este. Fürstin der Renaissance 1474–1539. Hamburg 1952

J. Leclercq, Neue Perspektiven in der monastischen Theologie: Das Weibliche und die eheliche Liebe, in: Renovatio et Reformatio. Wider das Bild vom „finsteren" Mittelalter. Festschrift für L. Hödl zum 60. Geburtstag. Münster 1985

A. Legner, Hg., Ornamenta ecclesiae. Kunst und Künstler der Romanik. Katalog der Ausstellung. Köln 1985

K. J. Leyser, Rule and conflict in an early medieval society. Ottonian Saxony. London 1979 [Dt. Ausgabe unter dem Titel: Herrschaft und Konflikt. König und Adel im ottonischen Sachsen. (= Veröffentlichungen des Max-Planck-Instituts f. Geschichte 76) Göttingen 1984]

M. Matheus, Trier am Ende des Mittelalters. Studien zur Sozial-, Wirtschafts- und Verfassungsgeschichte der Stadt Trier vom 14. bis 16. Jahrhundert. (= Trierer Historische Forschungen 5) Trier 1984

V. Mertens, Hg., siehe unter K. Ruh, Kleine Schriften

T. u. M. Metzger, Jüdisches Leben im Mittelalter nach illuminierten hebräischen Handschriften vom 13. bis ins 16. Jahrhundert. (Dt. Ausgabe) Würzburg 1983

M. Mitterauer, Familie und Arbeitsorganisation in städtischen Gesellschaften des späten Mittelalters und der frühen Neuzeit, in: A. Haverkamp, Hg., Haus und Familie in der spätmittelalterlichen Stadt. (= Städteforschung. Veröffentlichungen des Instituts f. Vergleichende Städtegeschichte in Münster A, 18) Köln, Wien 1984

H. Mommsen, Hg., siehe unter R. Elze, Über die Sklaverei ... und H. W. Goetz, Unterschichten ...

H. Mordek, Ehescheidung und Wiederheirat in der Frühkirche, in: Revue de droit canonique 28, 1978 (Etudes offertes à J. Gaudemet)

C. Munier, Le témoignage d'Origène en matière de remariage après séparation, in: Revue de droit canonique 28, 1978 (L'exception à la norme dans le domaine du mariage)

J. L. Nelson, Queens as Jezebels: The careers of Brunhild and Balthild in Merovingian history, in: D. Baker, Hg., Medieval women. Oxford 1978

H. Nette, Jeanne d'Arc in Selbstzeugnissen und Bilddokumenten. Reinbek b. Hamburg 1977

D. Nicholas, The domestic life of a medieval city: Women, children and the family in fourteenth century Ghent. Lincoln, London 1985

Cl. Opitz, Mutterschaft und Mütterlichkeit im 13. Jahrhundert, in: Schweizerische Historikerinnentagung. Beiträge 3. Zürich 1986

M. Parisse, Les nonnes au Moyen Age. Le Puy 1983

R. Pernoud, La Reine Blanche. Paris 1972

O. Perst, Die Kaisertochter Sophie, Äbtissin von Gandersheim und Essen (975–1039), in: Braunschweigisches Jahrbuch 38, 1957

H. Pohl, W. Treue, Hg., Die Frau in der deutschen Wirtschaft. (= Zeitschrift für Unternehmensgeschichte, Beiheft 35) Wiesbaden 1985

F. Prinz, Grundlagen und Anfänge. Deutschland bis 1050. (= Die Neue Deutsche Geschichte 1) München 1985

G. Rehm, Die Schwestern vom gemeinsamen Leben im nordwestlichen Deutschland. (= Berliner historische Studien 11, Ordensstudien 5) Berlin 1985

K. Ruh, Beginenmystik. Hadewich, Mechtild von Magdeburg, Marguerite Porète, in: Zeitschrift für deutsches Altertum und deutsche Literatur 106, 1977

K. Ruh, Kleine Schriften 2. Scholastik und Mystik im Spätmittelalter. Hg. v. V. Mertens. (= Kleinere Schriften 3. Literatur- u. Geistesgeschichte 8) Berlin, New York 1984

K. Ruh, Hg., Abendländische Mystik im Mittelalter (Symposion Kloster Engelberg 1984). Stuttgart 1986

K. Ruh, „Le miroir des simples âmes" der Marguerite Porète, in: Kleine Schriften 2. Scholastik und Mystik im Spätmittelalter. (= Kleinere Schriften 3. Literatur- und Geistesgeschichte 8) Berlin, New York 1984

K. Ruh, Vorbemerkungen zu einer neuen Geschichte der abendländischen Mystik im Mittelalter. (= Sitzungsberichte der Bayerischen Akademie der Wissenschaften, Phil.-Hist. Klasse Jhg. 1982, 7) München 1982

M. Schmidt, Elemente der Schau bei Mechtild von Magdeburg und Mechtild von Hackeborn. Zur Bedeutung der geistlichen Sinne, in: P. Dinzelbacher, D. R. Bauer, Hg., Frauenmystik im Mittelalter. Ostfildern 1985

M. Schmidt, D. Bauer, Hg., Eine Höhe, über die nichts geht. Spezielle Glaubenserfahrung in der Frauenmystik? (= Mystik in Geschichte und Gegenwart Abt. 1, Bd. 4) Stuttgart 1986

R. Schneider, Katharina von Siena als Mystikerin, in: P. Dinzelbacher, D. R. Bauer, Hg., Frauenmystik im Mittelalter. Ostfildern 1985

M. Schütze-Pflugk, Herrscher- und Märtyrerauffassung bei Hrotsvit von Gandersheim. (= Frankfurter historische Abhandlungen 1) Wiesbaden 1972

W. Schulze, Hg., siehe unter R. Elze, Über die Sklaverei ... und H. W. Goetz, Unterschichten ...

R. Stachnik, A. Triller, Hg., Dorothea von Montau. Eine preußische Heilige des 14. Jahrhunderts. Münster 1976

H. Steuer, Hg., Zur Lebensweise in der Stadt um 1200. Ergebnisse der Mittelalterarchäologie (= Zs. f. Archäologie des Mittelaters Beiheft 4) Köln 1986

T. Struve, Zwei Briefe der Kaiserin Agnes, in: Historisches Jahrbuch 104, 1984

T. Struve, Die Romreise der Kaiserin Agnes, in: Historisches Jahrbuch 105, 1985

Tarsicio (Pater), siehe unter de Azcona

A. Thomas, Frühe Erwähnung einer Trierer Apotheke in einer Schenkungsurkunde an das Zisterzienserinnenkloster in St. Thomas an der Kyll, in: Bonner Universitätsblätter 1983

H. Thomas, Zur Datierung, zum Verfasser und zur Interpretation des Moritz von Craûn, in: Zeitschrift für deutsche Philologie 103, 1984

H. Thomas, Jeanne La Pucelle, das Basler Konzil und die „Kleinen" der Reformatio Sigismundi, in: Francia 11, 1983, 1984

W. Treue, Hg., siehe unter H. Pohl, Die Frau ...

A. Triller, siehe unter R. Stachnik, Dorothea von Montau ...

C. Ulbrich, Leibherrschaft am Oberrhein im Spätmittelalter. (= Veröffentlichungen des Max-Planck-Instituts für Geschichte 58) Göttingen 1979

A. Verhulst, Die Frühgeschichte der Stadt Gent. (= Studia Historica Gandensia 174) Gent 1972

C. Vleeschouvers, Het beheer van het O. L. Vrouw-hospitaal te Gent en de stichting van de Cisterciënserinnenabdijen O. L. Vrouw-ten-Bos (1215) in Bijloke (1228) door uten Hove's, in: Annales de la Société belge d'histoire des hôpitaux 9, 1971

M. Wehrli-Johns, Geschichte des Zürcher Predigerkonvents (1230–1524). Mendikantentum zwischen Kirche, Adel und Stadt. Zürich 1980

M. Wehrli-Johns, Aktion und Kontemplation in der Mystik. Über Maria und Martha, in: Lerne leiden. Leidensbewältigung in der Mystik. (= Herrenalber Texte 67) Karlsruhe 1985

M. Weidemann, Kulturgeschichte der Merowingerzeit nach den Werken Gregors von Tours. (= Römisch-Germanisches Zentralmuseum, Monographien 3,1) Mainz 1982

S. F. Wemple, Women in Frankish Society: Marriage and the Cloister, 500 to 900. Philadelphia 1981

M. Wensky, Die Stellung der Frau in Familie, Haushalt und Wirtschaftsbetrieb im spätmittelalterlichen und frühneuzeitlichen Köln, in: A. Haverkamp, Hg., Haus und Familie in der spätmittelalterlichen Stadt. (= Städteforschung. Veröffentlichungen des Instituts f. vergleichende Städtegeschichte in Münster A, 18) Köln, Wien 1984

J. M. van Winter, Kochen und Essen im Mittelalter, in: B. Herrmann, Hrg. Mensch und Umwelt im Mittelalter. Stuttgart 1986

G. Wunder, Sibilla Egen. Wohltäterin der Reichsstadt Hall, um 1470–1538, in: Lebensbilder aus Schwaben und Franken 15. Stuttgart 1983

Bildnachweis

1. Aus: A. France-Lanord u. M. Fleury, Das Grab der Arnegundis in St. Denis, in: Germania 40, 1962.
2. Ullstein Bilderdienst Berlin. Vgl. H. Zimmermann, Der Canossagang von 1077, Mainz 1975, Tafel 1, Abb. 1.
3. Rheinisches Bildarchiv Köln. Vgl. D. Höroldt, Hg., 1000 Jahre Stift Vilich 978–1978, Bonn 1978, Abb. 56.
4. Rheinisches Landesmuseum Bonn, Inv.-Nr. 15328.
5. Rheinisches Bildarchiv Köln. Tuschezeichnung aus der 1. Hälfte des 14. Jhds. im Schnütgenmuseum Köln (vgl. U. Köpf, S. 69).
6. Foto Marburg. Reliefs vom Schrein der hl. Elisabeth (1235–49) in der Elisabethkirche in Marburg a. d. Lahn.
7. Ullstein Bilderdienst Berlin.
8. Staatliche Graphische Sammlung München.
9. Kunstmuseum Basel.
10. Ullstein Bilderdienst Berlin.
11. Württembergische Landesbibliothek Stuttgart (Foto-Kirchhoff KG Stuttgart).
12. Westfälisches Landesmuseum für Kunst und Kulturgeschichte Münster.
13. Germanisches Nationalmuseum Nürnberg.
14. Wie 11.
15. Aus: A. Wiedenau, Funktion und Bedeutung romanischer Wohnhäuser in Köln und im Rheinland, in: Wallraf-Richarz-Jahrbuch 51, 1980.
16. Rheinisches Bildarchiv (Kölnisches Stadtmuseum) Köln.
17. British Library Board. Vgl. Eileen Power, Medieval Women, Cambridge ^{2}1976, Abb. 26.
18. Wilkin Spitta, Regensburg. Vgl. Regensburg, Geschichte in Bilddokumenten, hg. v. A. Kraus u. W. Pfeiffer, München 1979, Abb. 141.
19. Aus: Pierre Savonne, L'Arithmétique, Lyon 1571.
20. Verlag Vandenhoeck & Ruprecht in Göttingen. Aus: W. Eikenberg, Das Handelshaus der Runtinger zu Regensburg, Göttingen 1976, Plan 3.
21. Ullstein Bilderdienst Berlin.
22. Bildarchiv Preußischer Kulturbesitz Berlin. Vgl. H. Steinbach, Jeanne d'Arc. Göttingen 1973, Umschlagbild.
23. Bayerisches Hauptstaatsarchiv München.
24. Schweizerisches Landesmuseum Zürich.

Personenregister

unter Mitarbeit von Arlette Kosch

Abkürzungen:
B. = Bischof; Eb. = Erzbischof; Ehef. = Ehefrau; Gem. = Gemahlin; Hl. = Heilige(r); Hz. = Herzog; K. = Kaiser; Kan. = Kanoniker; Kg. = König; Konk. = Konkubine

⚭ = verheiratet mit

┌─┴─┐ = Sohn/Tochter von ...

Herrscher und Geistliche stets, und Personen des frühen und hohen Mittelalters werden unter ihrem Vornamen aufgeführt; städtische Einwohner, die meisten Italiener und nichtadeligen Personen des späten Mittelalters und der frühen Neuzeit unter ihrem Familiennamen, wenn sie einen solchen besitzen, dabei werden Familien zusammengefaßt.

Die im Register kursiv gesetzten Seitenzahlen beziehen sich auf Anmerkungen und Bibliographie.

Frauen in der Geschichte

Ingeborg Weber-Kellermann
Frauenleben im 19. Jahrhundert
Empire und Romantik, Biedermeier, Gründerzeit
1983. 246 Seiten mit 265 Abbildungen, davon 16 in Farbe.
Leinen im Schuber

Sibylle Meyer / Eva Schulze
Von Liebe sprach damals keiner
Familienalltag in der Nachkriegszeit
1985. 269 Seiten mit 54 Abbildungen, 2 Schaubildern
und 9 Tabellen. Leinen

Sibylle Meyer / Eva Schulze
Wie wir das alles geschafft haben
Alleinstehende Frauen berichten über ihr Leben nach 1945
3., durchgesehene Auflage 1985. 239 Seiten mit 51 Abbildungen,
5 Schaubildern und 11 Tabellen. Leinen

Peter Gay
Erziehung der Sinne
Sexualität im bürgerlichen Zeitalter
Aus dem Englischen von Holger Fließbach.
1986. 572 Seiten und 60 Abbildungen auf Tafeln. Leinen

Herrad Schenk
Die feministische Herausforderung
150 Jahre Frauenbewegung in Deutschland
3. Auflage 1983. 246 Seiten. Paperback
Beck'sche Reihe Band 213